WITHDRAWN

ФРАГМЕНТЫ ВЕЛИКОЙ СУДЬБЫ

...nation, colored or not by personal judgments.
...et by budgetary pressures. All I would...
...ears ago I was impressed enough with Professor Rub...
...ussian literature to entrust him with the transl...
That's what he did, and that's why I am me the bel...
...1927
...e, I believe, should give you some idea of the...
...your ax. You can add to that his lifelong...
...n language and literature (twenty-seven...
...d add to that also a meticulousness that fully...
...more accurately, is the latter's true measure...
...e, it's hard to argue against the empty purse...
...the firing of Professor Rubin overlaps with Queens
...poet, Mr. Y. Yevtushenko. One can't think of a...
...You are about to kick out a man who for over a...
...ht to bring the American public to a greater unde...
...and hire an individual who during the same perio...
...spewing poison of the 'stars on your banner are b...
...y' in the Soviet press. Times have changed, of co...
...be bygones. Or does it? 'the end of history.' Mr. Presid...
...ethics. Or does it? it is within the powers of your office t...
...ope that it is within the powers of your office t...
...rcng of, barring that, reduce somewhat its volume...
...in the classroom. Speaking of budgetary matters...
...initely get their money's worth...

В. СОЛОВЬЕВ

POST
MORTEM

ЗАПРЕТНАЯ КНИГА
о БРОДСКОМ

ФРАГМЕНТЫ ВЕЛИКОЙ СУДЬБЫ

МОСКВА
ИЗДАТЕЛЬСТВО «НАТАЛИС»
РИПОЛ КЛАССИК
2006

УДК 82-312.9
ББК 83.3(2Рос=Рус)6
С60

С60   **Соловьев, В.**

POST MORTEM. Запретная книга о Бродском.
Фрагменты великой судьбы: роман с автокомментарием/Владимир Соловьев.— М.: Наталис; Рипол Классик,
2006.— 544 с.

ISBN 5-8062-0218-6 (Наталис)
ISBN 5-7905-4332-4 (Рипол Классик)

Новая книга Владимира Соловьева, живущего в Нью-Йорке известного писателя, политолога и журналиста, автора двух дюжин книг, переведенных на 13 языков,— это страстный, живой рассказ о поэте-изгнаннике, прототипом которого послужил Иосиф Бродский. В романе читатель встретит и других представителей русского зарубежья под их реальными именами — Барышникова, Довлатова, Шемякина...

В основе сюжета — любовная драма поэта, его открытая, так и не зажившая до конца, кровоточащая рана.

Футурологический пролог «Дорогие мои покойники», главы «Плохой хороший еврей», «Остров смерти», «Мой друг Джеймс Бонд», «Мяу с того света» печатались в «Русском базаре» (Нью-Йорк), «Новом русском слове» (Нью-Йорк), «В новом свете» (Нью-Йорк), «Слове» (Нью-Йорк), «Панораме» (Лос-Анджелес) и «Литературной газете» (Москва). Отдельные фрагменты, где фигурирует Довлатов, вошли в книгу Владимира Соловьева и Елены Клепиковой «Довлатов вверх ногами» (М.: Коллекция «Совершенно секретно», 2001).

УДК 82-312.9
ББК 83.3(2Рос=Рус)6

ISBN 5-8062-0218-6
(Наталис)
ISBN 5-7905-4332-4
(Рипол Классик)

Post Mortem

Фрагменты великой судьбы

Запретная книга о Бродском

Ты — это я.
ИБ. Письмо Горацию

Я — это он.
ИБ об Одене

На что уповаю — что не снижу уровень его рассуждений, планку его анализа. Самое большее, что можно сделать для того, кто лучше нас,— продолжать в его духе. В этом, полагаю, суть всех цивилизаций.
ИБ. Поклониться тени

...да простит меня
читатель добрый, если кое-где
прибавлю к правде элемент Искусства,
которое, в конечном счете, есть
основа всех событий (хоть искусство
писателя не есть Искусство жизни,
а лишь его подобье).
ИБ. Посвящается Ялте

Бродский говорил, что любит метафизику и сплетни. И добавлял:
— Что в принципе одно и то же.
Сергей Довлатов. Записные книжки

P. S. ДОРОГИЕ МОИ ПОКОЙНИКИ

Письмо на тот свет

За сегодняшним днем стоит неподвижно завтра, как сказуемое за подлежащим.
ИБ

...после двухтысячного года как-то смысла нет года считать. Даже после тысячного уже ничего не понятно. До тысячи еще можно досчитать, а потом засыпаешь... да и для кого считать-то вообще? Это же не деньги... Ничего же не остается. Не потрогаешь...
ИБ. Мрамор, 1982

Помимо стремления к реорганизации, катастрофизм милленарного мышления может также найти себе выражение в вооруженных конфликтах религиозного и/или этнического порядка. К двухтысячному году так называемая белая раса составит всего лишь 11 (одиннадцать) процентов населения земного шара. Вполне вероятным представляется столкновение радикального крыла мусульманского мира с тем, что осталось от христианской культуры; призывы к мировой мусульманской революции раздаются уже сегодня, сопровождаемые взрывами и применением огнестрельного и химического оружия. Религиозные или этнические войны неизбежны хотя бы уже потому, что чем сложнее картина реального мира, тем сильнее импульс к ее упрощению.
ИБ. Взгляд с карусели, 1990

Наш мир становится вполне языческим. И я задумываюсь, а не приведет ли это язычество к столкновению, я страшно этого опасаюсь,— к крайне жестокому религиозному столкновению — пусть слово «религиозное» здесь и не совсем точно — между исламским миром и миром, у которого о христианстве остались лишь смутные воспоминания. Христианский мир не сможет себя защитить, а исламский мир будет давить на него всерьез. Объясняется это простым соотношением численности населения, чисто демографически. И для меня такое столкновение видится вполне реальным. Я не святой, не пророк — и я не возьму на себя смелость говорить, чем окажется грядущее столетие. Собственно, меня это даже не интересует. Я не собираюсь жить в двадцать первом веке, так что у меня нет оснований для беспокойства... Будущее, каким его можно предвидеть, каким могу предвидеть его я — опять же, тут можно ошибиться, — это будущее, раздираемое конфликтом духа терпимости с духом нетерпимости... Прагматики утверждают, что разница между двумя мирами не столь уж велика. Я же в это ни секунды не верю. И полагаю, что исламское понимание мироустройства — с ним надо кончать. В конце концов, наш мир на шесть веков старше ислама. Поэтому, полагаю, у нас есть право судить, что хорошо, а что плохо».

ИБ — журналу «NaGlos», 1990

Скошен луг, поколение сметено, сдуло, смыло цунами времени, дорогие мои покойнички, раскидало вас по всей земле, один ты выбрал воду — образ времени как вечности. Или как смерти? Даже вдовы все — повымерли. Твоя только и осталась, но она другого рода-племени, то есть из другой эпохи, ровесница твоего сына, твоя дочь младше твоих внуков. Ты давно уже классик в обнищавшей и одичавшей стране, где после краткого флирта с демократией все вернулось на круги своя: тоталитаризм с человеческим лицом. Когда с человечьим, а когда — со звериным: смотря по обстоятельствам.

Слышу, как ты меня поправляешь из своей плавучей могилы на Сан-Микеле:

— Не унижай зверя сравнением с человеком.

— Не вяжись — ты же понимаешь, о чем я.

Кавказская война, которая началась с Чечни, идет своим чередом — конца не видно, скоро станет тридцатилетней, а потом столетней — и никого не колышет, кроме тех, кто на ней умирает, но у тех память короткая: пока их помнят живые. На круг — первые сорок дней. У живых — еще короче: редко когда дотягивает до сорочин. Что с нас взять? Пусть мертвые хоронят своих мертвецов, чтобы живым жить не мешали. Вы — постояльцы на том свете, мы — временщики на этом. Зачем мертвым, чтобы их помнили живые? Зачем живым помнить мертвяков? Почему ты выбрал меня на роль своей земной памяти?

Взрывы по всем городам и весям, Кавказ теперь — вся Россия, вот название и прижилось, хотя сам Кавказ давно уже потерян и состоит в геостратегическом союзе с Турцией и Ираном, а театр военных действий теперь по всей стране. Не страна, а дурдом. В Москве хозяином злой чечен, по взглядам — крутой русский националист. Зато вокруг Питера — этнодемографический кордон: людям кавказской национальности хода нет. Война в России рассматривается теперь в общем контексте глобального столкновения цивилизаций, один из фронтов. Другая страна, которая сместила локальный конфликт в сторону мирового — Израиль, с него, собственно, и началось: мощный форпост Запада на Востоке, последняя его опора и надежда, ядерная супердержава (взамен России). Как когда-то Россия послужила заслоном для Европы от татаро-монгольских орд, так теперь Израиль — от мусульманских. Как долго это может продолжаться? По крайней мере четыре арабские страны вот-вот присоединятся к ядерному клубу. Многие думают, что Израиль обречен, и даже подыскивают для него место в Калифорнии с более-менее схожим климатом. Но пока что евреи, чья трагическая роль, ты считал, отыграна в ХХ столетии, стали главным героем — а для кого антигероем — нового: спровоцировав муслимов на войну против христианской цивилизации, они теперь ее от них защищают. Антисемиты считают с точностью до наоборот: война *by proxy*[1], христиане — Америка с Европой и Россией — наймиты Израиля, евреи — корень мирового зла. Война из временного превратилась в перманентное состояние, стала затяжной, если не вечной, статус-кво навсегда, весь мир теперь передовая, и где бабахнет завтра, сегодня неведомо никому. Цивилизация — по крайней мере в ее американском варианте — наконец самоопределилась, отбросив политкорректность, что тебя, несомненно, порадовало бы: не две супердержавы противостоят друг другу, как в старые добрые времена, а две веры: христианская, расхристанная, дряхлая, выветрившаяся, остаточная — и муслимская, молодая, жизнеспособная, воинствующая, ты бы сказал: стоячая.

— Не сказал бы.— Опять замогильный корректив.— Эпитет с противоположным значением — в зависимости от рода существительного. Стоячий ислам — да, но стоячая вера — как стоячая вода, то есть непроточная, застоявшаяся. Тромб. Стоячая вера и есть христианство, вера-анахрон — в противоположность стоячему исламу. Муслимы — покорные. Их сила — в покорности.

— Смотря кому.

— Это как раз все равно. Запад — индивидуализм, Восток — групповуха. Дехотомия Киплинга: Западу и Востоку не сойтись никогда. Пусть даже они не совсем то, что при нем. Муслимы — это скифы нового образца.

> Панисламизм! Хоть слово дико,
> Но мне оно ласкает слух.

— Реет над нами, но уже не красное знамя, а зеленое знамя Пророка. А у нас в Америке своя флагомания: от старс энд страйпс рябит в глазах.

---

[1] По доверенности *(англ.).— Примеч. ред.*

— Сим победиши. Всё к худшему в этом худшем из миров. Чтобы отстоять свои достижения, цивилизация должна ими пожертвовать. Чтобы победить муслимов, надо заимствовать у них волю, нетерпимость, ненависть, фанатизм.

— Стать драконом, чтобы победить дракона?

— Почему нет? В противном случае вы все станете Мохаммедами. Женщин включая. Само собой, обрезанных. Все, как у них там положено: похотник, срамные губы. Это лучше?

Легко тебе оттуда, со стороны, да еще с какой! Как ты не понимаешь? Ты жил в эпоху холодной войны, по которой у нас всех ностальгия, как по золотому веку. Будущее теперь совсем не то, что было раньше — при тебе. Джихад мирового масштаба. Война без конца, на веки вечные. Если цивилизация выстоит. А закончится — только если падет под натиском ислама. Война с невидимым, неуловимым врагом, который не признает правил и прячется в лабиринте. Враг-невидимка: повсюду и нигде. Разгосударствование войны как таковой. Новая профессия: бомбист-самоубийца, живая бомба, камикадзе джихада, флагеллант, фидаин. Фатализм с примесью мазохизма, мученичество как чин. Экстремизм — краеугольный камень и живительная сила ислама: несчастье должно радовать человека так же, как счастье. Само собой, Коран, сура номер такая-то, скоро будут учить наизусть в европейском халифате. Остатный мир в глухой обороне, коалиция страха, увы, уже распалась, пораженчество захлестнуло Европу, глобализм приравнен к неоколониализму, эйфория сменилась отчаянием: мировой жандарм в кромешном одиночестве вершит военные победы, которые на поверку оказываются пирровыми: в результате насаждаемой сверху демократии власть в оккупированных странах переходит к мусульманским фундаменталистам. Америка — последний крестоносец на белом свете, до которого тебе давно нет дела.

Твоя Венеция, которой сначала предрекали погибель от высокой воды, а потом от гипертерроризма, уцелела — благодаря отделению Северной Италии от остальной (граница прошла по реке По), поголовному, после взрыва Миланского собора, изгнанию из Панонии муслимов и глобальному потеплению. Да, обезлюдела из-за вынужденого домоседства америкозов, евро и даже самураев, запустение ей к лицу, как раз по твоему вкусу. Зато с твоим Сверхгородом катаклизмы библейского масштаба: став главной мишенью и ставкой исламского гипертерроризма, Нью-Йорк как мифологема заменил Армагеддон.

Помнишь, еще до твоей женитьбы, которая свела тебя в могилу, вышли мы как-то из твоей берлоги на Мортон-стрит: солнышко светит, прохожие фланируют, как ни в чем не бывало, машины туда-сюда, а мы — к твоей любимой лагуне при слиянии Гудзона и Восточной, напротив мадам Свободы. И вдруг — шум: вертолет, военный. Ты сразу же сделал стойку. «Что с тобой?» — тормошу тебя. Молчишь. Как вкопанный. Не сразу пришел в себя. «Знаешь, что мне вдруг показалось? Что это уже началось. Первый день новой мировой войны. Все как обычно, а мир катится к гибели. Чем не начало Апокалипсиса?»

И да, и нет, как ты любил говорить. Кассандра не должна бояться трюизмов, а ты посмеивался над милленаризмом — оргией дальнозоркости у близоруких в связи с предстоящей сменой четырех цифр на годовом календаре, до которой тебе не суждено было дожить: «Наперегонки — кто раньше кончится: век или я?» Ты привык всех обгонять. Что в поэзии! Даже когда рулил свой захламленный книгами и рукописями музейный «мерс» 72-го года. Помнишь, мчал нас, безлошадных, по Лонг-Айленду?

— Какой русский не любит быстрой езды — тем более еврей! — и гордился мощным двигателем своего «старика» и собственной лихостью (бессчетные штрафы, один арест за превышение скорости).

— Это про тебя! — воскликнула я, когда на номерном знаке обогнанной машины мелькнуло: *I'm right*[1].

---

[1] Я прав *(англ.).— Примеч. ред.*

— Нет, про меня вот это.— И, ударив по тормозам, указал на соседний бампер: — *«Don't drive faster than your guardian angel can fly»*[1].

Твой ангел за тобой не уследил. Да и как было уследить, если ты обогнал всех: свой век, своего ангела, свою смерть. Не она за тобой пришла, ты сам к ней явился раньше срока, устав ждать. Еще один образ смерти, она же — время: у ангелов опадают крылья.

А тогда, в Монтоке, где ты показывал нам океан как личное открытие и моя усмешливая, как всегда, мама, спросила, а чем он, собственно, отличается от моря, окромя водного количества, мы повстречали на берегу чудака-рыболова, который выбрасывал пойманную рыбу обратно в океан:

— *Oily and fishy*[2].

Я обернулась к тебе, требуя объяснений.

— Представь, для него голуборыбица слишком жирная, а главное — рыбная. Рыба не должна быть рыбной.

Я сделала большие глаза.

— Рыба должна быть мясом. Вот почему юсы так ценят туну — по-вашему, тунец: из нее можно делать стэйки.

— Море — фикция, — это уже к маме.— Фикция безграничности в замкнутом пространстве. Если ты не видишь горизонта, значит, его нет, да? Океан — это когда количество переходит в качество. Разница как между оседлым и кочевым человеком. То есть принципиальная. Я — кочевник по судьбе и по назначению. В тридцать два мне выпала монгольская участь, но седло при мне как себя помню. Кочевник и океан — оба! — компрометируют идею горизонта. Воплощение бесконечности для конечного человека — вот что такое океан. А море для меня теперь что озеро. Маркизова лужа! Вот где разница сугубо количественная. Да и то как сказать: те же Великие озера — чем не море? А Каспийское море, наоборот, — озеро? Только не надо мне про соле-

---

[1] Не пытайся обогнать своего ангела-хранителя *(англ.).— Примеч. ред.*

[2] Жирная и рыбная *(англ.).— Примеч. ред.*

ную и пресную воду, прошу тебя! Океан — это стихия, бунт, жуть, смерть. Предпочел бы быть похороненным на дне океана, как капитан Немо.

Мы только что прибыли в Америку, все было внове, ты был наш гид, видно было, как тебе нравится это занятие — показывать и объяснять. Пароходиком, на «серкл лайн», мы объехали с тобой Манхэттен, прошвырнулись по Гарлему и Чайнатауну с его гастрономическим аттракционом (чайниз фуд ты предпочитал всем другим едам), нырнули в сабвей, которым ты гордился, как некогда москвичи — своим метро.

— Полная противоположность! — с ходу отверг ты сравнение, стоило только заикнуться маме, которая не разделяла твоих восторгов и вообще предпочитала смотреть на новое как на старое.— Да там подземный дворец, лестницы-чудесницы и прочая показуха, а здесь духота, грязь, отбросы, вонь, миазмы, бездомные и криминалы, но это и есть доказательство живой, фонтанирующей, функционирующей жизни. Вон, видишь,— и предъявил еще одно доказательство — бегущую по шпалам крысу. Стоявший рядом ниггер мгновенно отреагировал и запустил в несчастную банкой из-под кока-колы — визг, кровь на рельсах, подкативший к платформе поезд избавил крысу от агонии.

— «Все, что напоминает писк крысы, заставляет мое сердце трепетать»,— прокомментировал ты.— Не напрягайся: Браунинг. Не тот, что пиф-паф, а Роберт. Не путать с другим поэтом — Элизабет Браунинг, его женой.

И тут же изрек скороговоркой:

— Жизнь есть смерть, смерть есть насилие, нас всех ждет смертная казнь, легкой смерти не бывает, даже если умираем во сне в собственной постели, смерть — это ядерный взрыв, покойник смертельно опасен живым, ибо излучает радиацию,— и поведал нам свой сабвейный сон. Как выходишь из дома, торопишься на лекцию в Колумбийский университет, спускаешься в подземку, перуанцы или колумбийцы — одним словом, латинос — лабают на своих диковинных инструментах, еще одна лестница, другой переход, успеваешь бегом к бродвейскому трейну, дверь захлопывается, но пространство вдруг становится на попа, поезд превращается в лифт и мчит тебя не по горизонтали, а по вертикали — вверх, вверх, все выше и выше. Ты выходишь на своей Сто шестнадцатой улице, но это уже не стрит, а лестничная площадка, сто шестнадцатый этаж. Мучась отдышкой, бежишь по лестнице, чтобы выскочить из этого жуткого сна на свежий воздух, но Бродвей встал дыбом и где-то далеко-далеко внизу твоя Мортон-стрит, твой дом, твой садик, твой кот, твои книги. Вздыбленный город. Город-небоскреб. Бродвей в стойке эрекции.

— Сны — это последнее, что еще удивляет,— сказал ты, словно извиняясь за свой сновидческий рассказ.— Явь — давно уже нет. Да и сны все ничтожней и чепуховей.

— В этом вся беда: разучился удивляться,— повысил голос, стараясь перекричать грохот поезда.

— Махнемся, детка! — Это ко мне.— Мой опыт на твою невинность.

Я была тогда невинна в большей мере, чем можно было предположить по виду и возрасту. Зато сейчас — старше тебя. Не по годам — по опыту. Старше тебя на 11 сентября.

— Прав был Маяк, всеми ноне позабытый: поэзия — вся! — езда в незнаемое. Кроме моей — теперь в знаемое, увы. Как в этом чертовом сабвее: знаю, куда еду и где сойду. То же — с сексом. Когда известно, что тебя ждет — конец перспективы. Отказ полнее согласья, так у классика, да? К сожалению, прав. А мне теперь отказывает только одна шлюха. И зовут ее Музой. Но без нее и жизнь не в жизнь. Не жизнь, а римейк. Коротаю жизнь в ожидании смерти: речугу толкну, заказную статью сделаю, если крупно повезет, стишком разрожусь. Все реже и реже. Я написал столько букв за свою жизнь — одной больше, одной меньше... Стишата пишу теперь не по нужде, а по обязанности. Чтобы остаться на плаву и подтвердить статус поэта. Не то Нобельку отберут. Шутка. Уж коли угодил в лауреатник, то это навсегда. А стихи пишу, чтобы не разучиться писать стихи.

В отличие от библейского тезки ты был больше сновидом, чем провидом, хотя сюрно́й твой сон оказался и вещим и зловещим. Будущее тебя тревожило не само по себе, а как эгоцентрика — твое в нем отсутствие: будущее как синоним небытия. Но ты предсказал, что новое столетие начнется под знаком столкновения ислама с остальным миром. Война обетованная. А твой фаллический сон о вставшем Манхэттене, может, вовсе не эротической, а провидческой природы? В свете того, что с ним произошло. И еще угадал, что будущее выберет нечетное число. Ссылаясь на прошлое: 1939. Вот тебе три нечетных числа кряду: 9.11.2001. Новый век пришел с опозданием, зато заявил о себе во весь голос. Эхо тех взрывов длится по сю пору.

Не искусство подражает жизни, а жизнь дублирует искусство. Причем самые низкие, самые низкопробные его формы. Не поверишь — катастрофа случилась по голливудскому образцу, один к одному плагиат, когда тем далеким сентябрьским утром два «Боинга», захваченные муслимами, прошили башни-близняшки Всемирного торгового центра, убив тысячи и смазав силуэт города.

Только не спорь и не ханжи: о последнем ты бы жалел больше, чем о первых. Города ты любил, но странною любовью, мало что замечая округ, смотрел — и в упор не видел, отвлекался все время на себя, а потом не узнавал. Разглядывая мои фотографии, мог спросить: «А это где?», хотя щелкала с тобой рядом. Зато горожан — не любил вовсе: за неполноценность человечьей анатомии в сравнении со статуями и фасадами. Мраморную, да хоть оштукатуренную статику противопоставлял суетливой подвижности человечков. Люди синонимичны, от них знаешь, чего ожидать, предательство и преданность одного корня, в числителе у людей больше, чем в знаменателе, тогда как искусство — непрерывная, мгновенная смена именно знаменателя. Вот эстетическое кредо, за которое тебе влетело как мизантропу, коим ты и был, а не только мизогином. Не будь евреем, скорее всего стал бы еще и антисемитом. Господи, что я такого сказала, это просто так, гипотетически, в качестве трепа! Чем только тебя не попрекали, окромя погоды. Это не значит, что не было справедливых.

С того сентябрьского вторника ненавижу самолеты. Сама ни ногой, а как вижу в небе — жуть. Снятся по ночам — на меня летят, со мной летят, внутри, извне, лично за мной охота. Хотя гражданская авиация теперь — из-за гипертерроризма, авиафобии и нефтяного кризиса — анахронизм, что твоя пишмашинка, за которую ты продолжал цепляться, ненавидя компьютеры. Самолеты, когда-то символ прогресса, теперь только военные, рейдеры, с ограниченным числом мест для пассажиров, вместо стюардесс — стюарды, амбалы-биндюжники, билеты выдаются, как визы — с длительной проверкой и с одобрения властей. Аэропорты исчезли с лица земли, ушли в подполье — гигантские подземные ангары, из которых по секретному расписанию самолеты выныривают прямо в небо. В Америке в моде опять поезда, ожили музейные ж.-д. станции. Американский изоляционизм в махровом цвету: туризм отсюда на другие материки — тем более европейский в Америку — на нуле, бизнес — исключительно путем взаимной переписки по электронке: виртуальная связь, без физического контакта. Ты бы сказал, метафизическая. Обычная почта умерла после того, как конверты превратились в бомбы, бактерии и вирусы, зато реанимирован эпистолярный жанр, последняя сердечная отдушина: мейлы строчат страницами, в том числе — лирические и любовные. Как я — тебе, на тот свет, отсюда — из Futureland. Мир стал виртуален, как никогда. Столько времени кануло с твоей смерти, у ангела на твоей могиле давно уже отломились крылья.

Я была в автобусе, опаздывала на работу, когда все началось — фотоателье, где ишачу, в паре кварталов от пораженной цели. Все в один голос: «Как в кино!» Обгоняя автобус, бежали люди — не от, а к. На зрелище:

думали, кино снимают, и оседают не реальные башни, а макеты. Многие так и погибли — из любопытства. Зеваки-зрители превратились в массовку в этом гениально поставленном фильме, где не читки требуют с актеров, а полной гибели всерьез. Не Пулитцера за снимки (я тоже успела нащелкать, техника, как ты помнишь, всегда со мной), а Оскара за постановку, за режиссуру, за спецэффекты, главным и вспомогательным актерам — всем! Включая массовку: несколько тысяч. Эпигон, превзошедший оригинал. Все голливудские блокбастеры вмиг померкли — туфта. Низкопробный Голливуд, но высшей пробы. Шоковый видеоэффект. Гигантская пиарова акция ислама: не имея собственной визуальной эстетики, позаимствовал ее у Запада для борьбы с ним.

Эстетика как стратегия. Сдвоенный таран как эсхатологическое зрелище, как художественный документ, как произведение искусства. Реализм как сюрреализм. ТВ-сюр, reality show — не оторваться. По ящику прогоняли мильон раз, наверное,— и до сих пор, спустя годы. Конец истории. Или конец света? Светопреставление. Макабр. Хоррор. Катарсис. Корабль мировой цивилизации столкнулся с айсбергом гипертерроризма. Пробоина, течь, смертельная опасность. 11 сентября — *fin de siécle*[1]. Помнишь нью-йоркский аварийный номер? Так и говорят теперь: 911. Конец прекрасной эпохи, в твоем вольном переводе. *Fin de la belle époque*[2]. Постхоррова эра. Кто знает, если Блок несказанно обрадовался гибели «Титаника» — есть еще океан! — ты бы, осудив идею, восхитился зрелищем: массовка — худшая из тавтологий. С твоей точки зрения. Так пусть погибнет мир. Римский имперец мирно уживался в тебе с пархатым жидом.

Пусть не мирно — не спорю.

— Зато я спорю! Блока терпеть не мог, со всеми его «слушайте музыку революции» и прочей романтиче-

---

[1] Конец века *(фр.).— Примеч. ред.*
[2] Конец прекрасной эпохи *(фр.).— Примеч. ред.*

ской лажей. Вот и дослушался. Поэт-культуртрегер предал культуру, его породившую. Воспетая им океанская бездна его и поглотила. Поделом. Бездна бездну призывает. Есть еще океан! Да. Есть. Но океан — это ужас и смерть, сами видели. А есть еще поэзия, которая, заглядывая в бездну, ей противостоит. Единственная! Потому что одной природы с океаном. Знаешь, детка, как отреагировал Гончаров, когда капитан фрегата «Паллада» вызвал его на палубу полюбоваться разбушевавшейся стихией? «Непорядок!» — и нырнул обратно к себе в каюту. Смешно, да? Но не без смысла, согласись? «И на бушующее море льет исцеляющий елей» — лучшего определения поэзии не знаю, пусть и не лучшего из русских поэтов.

Картавый твой голос так и стоит в моих ушах, зато образ, облик, лик как-то стерся из памяти, заслоненный, вытесненный бесчисленными снимками, на которых ты похож и непохож на себя. Мои включая. Что-то есть в человеке, фотографией неуловимое. Вот ты смотришь сурово на меня со стены, пинап-бой, осуждаешь за мою книгу: сплетня, говоришь, а сам обожал сплетни и метафизику, «что в принципе одно и то же» — твои собственные слова. Или что можно Зевсу, нельзя быку? И чем отличается сплетня от мифа? Миф — это окаменелая сплетня. Мифология рождается из слухов и сплетен. Тот же Гамлет, например. Король Лир, царь Эдип и прочие — несть им числа. Великие сплетники: Плутарх, Светоний, Тацит. А евангелисты, превратившие сплетни о Христе в великую религию? Как он должен был их ненавидеть! Как ты — своих христологов.

Обложен со всех сторон, ты в глухой посмертной обороне. Что ты защищаешь?

— Свой мир, детка.

— Или свой миф?

— Без разницы. Мир и есть миф. Поэт имеет право на миф о самом себе.

— Как и читатель: на собственный миф о поэте.

— На основании его стихов.

— И сплетен о нем. Ты отказываешь другим в праве голоса.

— Записным демократом никогда не был. Поздно переучиваться. Горбатого могила не исправит.

Ты бы меня, наверное, не узнал, я уже в почтенном возрасте, хорошо еще, что сын, а не дочь — давно была бы бабушкой. А ты до конца звал меня воробышком, солнышком, деткой и проч., да и не в возрасте дело, есть вещи, увы, посерьезнее — замнем для ясности, как ты любил говорить к месту и не к месту. У меня больше нет времени ждать. Я писала эту книгу несколько лет после твоей смерти, по свежей памяти, когда ты, словно дибук, вселился, вцепился, не отпускал меня, пока не кончила: я это ты, ты это я, одному Богу известно, кто есть кто. Ты и есть мое гипотетическое alter ego, а кто еще?

— И как нашел я друга в поколенье, читателя найду в потомстве я,— слышу в гортанном исполнении твоего любимого поэта.

Потомство — это будущее. А будущее — это смерть. Вот я и говорю: письмо на тот свет. Как ты — Горацию. Литературно-некрологический жанр: письма покойникам. А кому еще писать? Разве что ангелам. А ты заметил, что друг Баратынского не был ему читателем? А строчить читателю в потомстве — все равно что письмо в бутылке: всем и никому. Вот я и строчила: себе, тебе, никому. Пока писала, собственной жизнью не жила. Голос мертвецу, рупор безгласному. Парочка еще та! Был, правда, прецедент, хоть и не до такой степени: Моисей — Аарон.

Есть предел опыта и совершенствования. Формула перфекционизма: лучшая книга написана покойником. О самом себе. С моей помощью.

С тех пор ни слова не добавила, кроме этого постскриптума, который, может, и лишний, но и без него как-то странно, так все круто перевернулось окрест — в одночасье. Точнее — десять минут, которые изменили весь мир. Делать вид, что ничего не произошло, пока я мурыжила рукопись, не решаясь пустить ее в свет? Решиться написать и не решаться напечатать — экий

бред! Пропустила срок родов — что, если мертворож-
денный?

Телегу ставлю впереди лошади.

Дня не было без тебя, когда писала. Не пойму
только — ты ли являлся мне из водной могилы или я
спускалась к тебе туда из жизни? Зря, наверное, разглагольствую, сам обо всем там знаешь. Не можешь
не знать. От такого все мертвяки должны были про-
снуться, даже самые древние и тухлые. Да и ты уже не
свежак — девятнадцать лет как на том свете. Смерть
мгновенно сводит на нет возрастную, вековую, тыся-
челетнюю разницу — ты теперь ровесник Шекспира,
Гомера, царя Соломона, царицы Нефертити.

Дыра в пейзаже, сказал бы ты. Дыра и есть, но
покрупней той, которую оставил ты, переселившись в
новую среду. Каверны в пейзаже, в психике, в самой
цивилизации — опасные пустоты. Не поверишь: все
давно уже привыкли, как будто не было и в помине
голубых столбов. С тех пор пошло-поехало: на войне
как на войне, лучшей мишени, чем Нью-Йорк, не приду-
маешь, город желтого дьявола, *civitas diabolica,* город
Апокалипсиса. Так и есть. Не зря он тебе снился встав-
ший на дыбы, как жуткий фалл-небоскреб. Бактерии и
химию на нас уже испытывали, зато ядерный кейс удалось обезвредить в последний момент, за несколько минут до взрыва, хотя его владелец — пейсик в кипе — не
вызывал подозрений (оказался араб). Атомная война
прошла, слава богу, стороной и была кратковременной:
между Индией и Пакистаном, пока обе стороны не
израсходовали свой ядерный арсенал. Нью-йоркские
бейсменты превратились в бомбоубежища (ты бы сказал — уебища), город небоскребов ушел под землю,
в подполье, подземные лифты мчат нас к центру земли,
мы живем теперь в катакомбах, как первые христиане.
По всему немусульманскому свету муслимы загнаны в
гетто, охрана извне и изнутри.

Тебя, понятно, занимает, *что* в городе, который ты
переименовал в Санкт-Ленинград? Думаешь, все то же?

Жалкие попытки реанимации, имперские потуги, местечковое прозябание? Чем провинциальнее, тем претенциознее; соответственно — наоборот, да? (Твое словечко, твой говорок.) Как бы не так! Не поверишь: Санкт-Петербург ныне — столица полицейско-демократической России. Бред? Самая что ни на есть реальность. Сразу после взрыва Кремля и перенесли. Бывшая столица империи стала столицей бывшей империи. Небольшая рокировка, а какая разница! Столица — на самом краю слаборазвитой державы, на расстоянии танкового марша от НАТО (из Эстонии, стратегического плацдарма этой организации). Возрождение авторитаризма прекрасно уживается с дальнейшим распадом страны и превращением ее в политического маргинала. Сбылась шутка времен застоя: Питер — столица русской провинции. Там уже вышел твой целлофанированный двенадцатитомник, что вряд ли тебе в кайф, коли ты даже прижизненному четырехтомнику всячески противился, школьников заставляют вызубривать твои стихи, а на Васильевском острове, где обещал умереть, установлен, несмотря на протесты березофилов, памятник последнему русскому поэту — увы, в бронзе, а не в любимом тобой мраморе, который застрял у тебя в аорте: ты бы себя не узнал в этом вдохновенном пиите. То есть сама идея памятника как таковая пришлась бы тебе по душе, в которой ты давно уже воздвиг себе рукотворный. Что памятник, когда даже филателистские мечтания тебя одолевали, так и говорил: «Боюсь, советской марки с моей жидовской мордочкой я не дождусь». Пока еще нет, но будет, будет, дождешься непременно, к твоему столетию например, до которого лично я, само собой, не доживу. Ты давно уже перестал быть самим собой, впал в зависимость от мифа, который сам о себе создал, а потом другие — с твоих слов либо оные опровергая. Тем более посмертно: не принадлежишь больше самому себе, являясь собственностью тех, кто творит твой образ — согласно твоим завещательным указаниям или наперекор тебе.

А идею памятника успел оформить словесно, сработав свой собственный за пару месяцев до смерти, по образчику *exegi monumentum*[1], но выбрав в качестве последнего вовсе не стих. Хулиганский стишок получился — если материализовать его образ в бронзу, вышел бы памятник твоему пенису в боевой изготовке. Ты этого хотел?

— Почему нет? Идеократии — любой — предпочту фаллократию. Помнишь, на Большом канале перед палаццо Пегги, где всякой дряни навалом, эквестриан стоит — у всадника хер столбом. Это у него на Венецию стоит. Знак любви, если хочешь. Куда там твоему Шемяке с его всадником-импотентом!

Мой работодатель, у которого я была, можно сказать, штатным фотографом, тебе покоя не давал. Ревность? Подозрение в антисемитизме? А конный автопортрет, который установлен теперь на его могиле в Клавераке,— классный, пусть его член и лежит устало на лошадиной спине. Отработал свое. Или у мертвецов тоже стоит? Тебе там виднее. Как ты не догадался дать точное описание собственного памятника — этакая памятка скульптору и архитектору! Да хоть бы намек!

Или твой *exegi monumentum* и был намек?

Не прислушались.

Ты все предпочитал делать сам — одних посмертных распоряжений и запретов оставил тыщу. Чуть не спалил дотла Венецию в день своей смерти — как еще объяснить пожар в Ля Фениче, где ты должен был выступать через пару недель? С тебя станет. Даже Остров мертвецов, где тебе теперь лежать до скончания веков, выбрал сам. Может, тот всадник на канале ты и есть? У тебя на Венецию и стоял, как на бабу. Лучше бы на бабу стоял, как на Венецию.

Пусть памятник в Питере не тот, который ты себе сам бы поставил, все равно поздравляю: многоуважаемый книжный шкап в стране, где книг больше не чита-

---

[1] Я памятник [себе] воздвиг *(лат.).— Примеч. ред.*

ют. Стихов — тем паче. А где их читают? Нет спроса — нет предложения. Как Матросов — амбразуру, ты закрыл собой книгу русской поэзии. Последняя ее страница, эпилог, занавес, тишина. Дальнейшее — молчание. Даже бродскописцы поутихли, заглохла бродскоголосица, ты бы сказал, мир онемел без поэзии: что лес без птиц. Книги вышли из употребления, исчезло с лица земли племя читателей, книгочей — такой же раритет, как шпагоглотатель. Одни только муслимы перечитывают свою Книгу, которая старше языка, на котором написана, и оригинал хранится на Небесах.

Вот сразу все и выложила: три твои обители, три ипостаси: улица Пестеля — Мортон-стрит — Сан-Микеле. Три города, тайно, неуловимо схожих друг с другом. Ты написал только о двух, потому что писал для третьего. Ньюйоркцам не нужен гид по собственному городу, разве что если бы его сочинил супермен. Писать ньюйоркцу про Нью-Йорк для ньюйоркцев — тавтология, а тавтологии — любой — ты боялся пуще смерти. А смерть — не тавтология?

— Смотря для кого, детка. Для могильщика — да, но не для мертвеца. Для мертвеца — внове, потому что впервой. Какой ни есть, а новый опыт. Одна беда — не с кем поделиться.

В одном граде ты прожил свою несчастно-счастливую жизнь городского сумасшедшего, так и говорил: «Счастливцев и Несчастливцев — на самом деле одно лицо, да?» В другом был одинок и несчастлив без счастья, несмотря на удачи, которые сыпались на тебя из рога изобилия на зависть коллегам, равно русским и американам, и, за несколько лет до смерти, женитьбу, но только чем она для тебя стала: несчастным счастьем?

— Что наша жизнь? Нет, не игра, как в оперетте у этого голубого популиста.— Чайковского не любил еще больше, чем Вагнера.— А если игра, то лотерея — лотерея неудач. Человек состоит из неудач, как счастье из несчастий. В каждом счастье примесь несчастья, соответственно — наоборот. Но есть разница, детка:

в Питере я был счастлив в моем несчастии, моя шалава и была моим счастьем-несчастьем, просто я не сразу понял, что любовь не передается половым путем. Увы, увы, увы. С другой стороны, сама по себе кратковременность любовного акта, как его ни затягивай,— большого места в жизни любовь занимать не должна. До меня это не сразу дошло: любовное постдействие — вот что такое моя жизнь в Питере. *Tristesse*[1] после случки, да? Как результат этого невыносимого напряга — стишки. Отдушина, замещение, сублимация — привет дедушке Зигги. Это и было моим счастьем в несчастии. Которого я бежал, будучи кочевник и искатель приключений. В Нью-Йорке наоборот: несчастлив в счастии. Два раза чуть не женился, на волосок от счастья (оно же несчастье), а женился в третий раз, когда было поздно: физический статус не тот. Какое там счастье, когда в ящик глядишь и никакого иллюзиона, чем вся эта петрушка кончается! Вот кот — он счастлив беспримесным счастьем, ибо не подозревает о смерти, а до фиф ему уже нет дела после того, как яйки чик-чирик.— И чесал нервно котофея с длиннющим именем Миссисипи, названного так под впечатлением от нашей с тобой поездки в Нью-Орлеан.— Упрямый — не откликается. В отличие от моего тезки.

И бесполезно объяснять, что в имени кота должно быть не больше двух слогов, потому и не откликается. Отличие не котов, а имен: Миссисипи от Оси, твоего питерского кота.

А счастлив чистым счастьем без примеси несчастья был только в третьем граде, который был дан тебе в качестве недостижимого и непостижимого идеала, сиречь утопии. *Città ideale del Rinascimento*[2]: здесь тебе суждено провести остаток времен. Хотя кто знает, где ты обитаешь виртуально, метафизически,— если только ты не прав и душа за время жизни не приобретает смерт-

---

[1] Печаль, грусть, уныние *(фр.).— Примеч. ред.*
[2] З д е с ь: Идеальный город эпохи Возрождения *(итал.).— Примеч. ред.*

ные черты. А если прав, нет тебя больше нигде, и я говорю с собственным эхом, пишу письмо самой себе и жду от себя ответа. Как в том анекдоте о психе, который написал себе письмо, доктор спрашивает — о чем, а он не знает, еще не получил. Я и есть тот псих. Следую за тобой по пятам. По городам, где ты жил, по книгам, которые ты читал, вот только люди все повымерли. Да и сама жива ли — не знаю.

Жизнь после смерти — твоей как моей, хоть я помоложе твоей жены, но она оклемалась, а я — нет. Первый мертвец в моей жизни — Довлатов, потом — ты, а после один за другим: твои друзья, твои враги, мои — сначала папа, потом мама. Расплата за то, что была на равных и по корешам с теми, кто старше. Вот и осталась одна. Одна — среди могил. Разбросаны по белу свету. Папа с мамой — в Бостоне, редко бываю, а скоро некому будет прийти. Довлатов — в пяти минутах, в Куинсе, в кедровой роще, от которой одно название, еврейское кладбище что мебельный магазин, слон в посудной лавке, чужой среди своих. Шемякин — в Клавераке, посреди любимых холмов, под самим собой на коне, полускелет, полу — в доспехах, с поникшим пенисом на крупе, с посмертной маской на все четыре стороны, заблаговременно снятой с живого. Соловьев — на Стейтен-Айленде: вид аховый — океан, маяк, буддийский храм, да только ему все это теперь по барабану. Ростропович — в Москве, на Новодевичьем, рядом с Вишневской: неужели и там лаются, как в жизни, мат-перемат? Дальше всех ты: на Сан-Микеле, сначала под самодельным крестом, теперь под мраморной стелой цвета охры, кириллица с латиницей, выгоревший снимок под целлофаном, поверху — камушки и ракушки, внизу — крошечная цветочница. Поодаль, под двуспальной плитой — Эзра Паунд, которого ты ненавидел как еврей, да и он бы тебя, наверное, по той же причине — как еврея. Каково тебе коротать вечность с антисемитом? Но и ему повезло: подложили в соседи жида. Сочувствую обоим. Или вам там теперь без разницы? Ищут могилу Эзры, натыкаются на тебя. Редко когда наоборот. Народная тропа не то чтобы заросла, но любителей поэзии — поэтов тем более! — осталось так мало, не все ли равно, кому из мертвых достанутся живые цветы. На твое семидесятипятилетие собралось здесь несколько заговорщиков, меня включая: выпили кьянти и граппы в твой помин, даром через проход мраморный стол стоит — надгробная плита о четырех лапах британскому послу в Венеции сэру Артуру Кларку.

А где лягу я? В отличие от тебя, мне — по фигу. Нервы на пределе, щитовидка вспухла, биопсию вот взяли, но от химиотерапии — решено! — откажусь: зачем продлевать жизнь? Жизнь ныне еще в меньшей цене, чем в твои времена.

Мне теперь столько, сколько было тебе, когда ты рухнул на пороге своей комнаты, разбив очки. Молодая красивая вдова, лепечущая сирота с траурно опущенными губками, разноязыкие некрологи, венки, венки, венки. Ты лежишь в массивном, обитом медью гробу, сжав мертвой хваткой католический крест, который вряд ли когда держал в жизни. Я узнала о твоей смерти в городе, куда ты отправишься в посмертное путешествие через полтора года — по земле, по воздуху, по воде.

На вечное поселение.

Спор двух городов из-за твоих мощей был решен в пользу третьего.

Как сам возжелал — чтобы твои останки плавали в Лагуне:

— Умереть бы в Венеции. На худой конец, провести в ней остаток вечности...

Программа-максимум и программа-минимум.

Единственный из своего поколения, ты заглядывал за пределы своей.

Слабо тебе заглянуть в обратном направлении: из нее — к нам? Из прошлого — в будущее? Или вы там заняты играми с вечностью и мы для вас мелюзга, суета сует, никакого любопытства?

Почему из двух стран, где ты прожил две жизни, ты выбрал третью, переименовав в Скиталию, хотя скитальцем был в любой точке шарика, окромя одной шестой, а та, сжимаясь, как шагреневая кожа, без республик, без Кавказа, теряя Дальний Восток и Южную Сибирь, наверное, уже одна восьмая или девятая, я знаю?

— Не ленись — подсчитай,— опять слышу твой загробный голос.

Квота времени. Не буду.

Вся земля — Скиталия: для живых равно, что для мертвых.

Может, потому ты и любил Италию, что нигде не был так одинок? То есть самим собой: бедуином, кочевником, скитальцем.

Скиталец в Скиталии.

Мечтал умереть в Венеции, боялся умереть в Питере (потому ни разу и не съездил), умер в Нью-Йорке.

Я с тобой говорила после твоей смерти, но ты был еще жив.

Ты умер в ночь с субботы на воскресенье, а я позвонила тебе в воскресенье утром.

Какое-то чувство во мне шевельнулось, проснулась чуть свет и — к телефону. Слышимость через океан никакая, впервые не узнала тебя — глухой, незнакомый, механический голос. Решила, шум атлантических волн, но ты сказал, гости шумят внизу, а ты наверху, у себя в каюте. Мы не общались несколько месяцев, разговор не клеился.

— Ну, как ты?

— Живой пока. Хотя полной уверенности нет. Сердце пошаливает. Немного тружусь, немного помираю. Всего понемногу.

— А как насчет выступления в Ля Фениче? По городу уже расклеены афиши.

— Без меня,— и характерный твой горловой смешок.

Надежда свидеться с тобой в Венеции истаяла, как облако.

Стало вдруг тебя ужасно жалко:

— Как приеду — сразу к тебе,— пообещала я.

— По новому адресу.

До меня не сразу дошло.

— Привет Серениссиме. Мазл тов.

Твои последние слова.

До сих пор гложет.

Помню твой рассказ о звонке из Москвы:

— Понимаешь, детка, есть люди, которые не подозревают о смерти. Да что смерти! О времени! О временных зонах. Одна дура из московского издательства разбудила среди ночи по абсолютному пустяку. Только заснул, накачавшись валерьяной и слипинг пиллс, а тут звонок. Спрашиваю, знает она, который у нас час? — Одиннадцать часов утра, говорит.— Это у вас одиннадцать, а у нас, в Нью-Йорке? — И у вас одиннадцать.— Ни тени сомнения! Послал ее подальше. То есть к Эйнштейну, дальше некуда, пусть старик разъяснит ей $E=mc^2$. А пока что сна ни в одном глазу. Да и сон на самом интересном месте. Все равно что прерванный акт, да?

Ладно, разница во времени. А как объяснить, что в тот же день увидела тебя с вапоретто? Ты медленно, задумавшись, шел по своей фондаменте дели инкурабили, такой родной и одинокий, я не могла опознаться, хотя говорила с тобой всего несколько часов назад и ты был в своей чердак-каюте в Бруклине. Набережная неисцелимых! К тому времени ты был уже стопроцентный мертвяк по любому времени. Разница в пространстве?

Я тебя слышала и видела после твоей смерти, но как это объяснить? Тогда я и села сочинять послание к тебе на тот свет.

А ты почему молчишь? Не подашь знака оттуда? Предсмертная записка не в счет. Обещал! Говорил, что неистребимая страсть к писанию: даже на смертном одре — и за его пределы. Обязательно дам знать — было бы кому. Жди.

Так и не дождавшись, сама затеяла с тобой разговор. На предмет выяснения отношений. О том, что не успела при жизни. А ты все молчишь. Может, потому и нет оттуда вестей, что мертвым живые еще безразличней, чем мертвые живым?

Скоро узнаю.

ДВОЙНИК С ЧУЖИМ ЛИЦОМ,
или ПРОБЛЕМА СХОДСТВА И НЕСХОДСТВА

Как различить ночных говорунов?
ИБ. Горбунов и Горчаков

На крайний случай я могу усесться перед зеркалом и обращаться к нему.
ИБ. Письмо Горацию

Чему только меня не учили в детстве: музыке, танцам, стихосложению, рисованию, даже шахматам — не в коня корм. Единственное, что в жизни пригодилось,— это подаренный папой на мое тринадцатилетие фотоаппарат «Зенит», а уже поэт подсказал мне объект: «крыши Петербурга», превратив хобби в приключение. Сколько чердаков и крыш мы с ним облазили в поисках удачного ракурса! Он — со своей камерой, я — со своей. Фотография была одним из его периферийных увлечений — наравне с музицированием и рисованием. Как-то меня изобразил — сходство схватывал, рука уверенная, линия виртуозная, но оригинального таланта лишен: рисунки под Пикассо и Кокто. То есть был одарен маргинально, чего бы ни касался, но гений воплотился исключительно в стихах. Больше всего любил рисовать автопортреты — то в лавровом, а то в терновом венке. По ним можно судить не о том, каким он был, но как воспринимал сам себя. И как подавал другим.

Когда я его щелкала — кривлялся и вставал в позу. Так ни одного натурального снимка и не вышло. Перед камерой он так же неестествен, как перед зеркалом. А застать его врасплох — ни разу. Ни одной нормаль-

ной фотографии — ни у меня, ни у других. До самого
конца держал свой имидж под контролем, был на службе у себя пиарщиком. Вся его публичная жизнь — театр
одного актера. А каким он был наедине с собой?

Так мы с ним развлекались фотографией — ничем
другим! — пока не свалил за бугор, а столько-то лет
спустя и мы вслед. Я так думаю, если б не его отвал,
культурная миграция из Питера была бы не такой буй-
ной — половина бы осталась. «Я сплел большую пауту-
ну» — его собственные слова. Мы были частью этой
паутины. Можно и так сказать: вывез постепенно с собой своих читателей. Нынешняя его всероссийская слава, которая началась после Нобелевки и разгорелась
ярким пламенем *post mortem,—* это уже нечто иное, чем
«широко известен в узких кругах» времен моего питерского тинейджерства, когда мы с ним корешили и он даже посвятил мне стишок, в тот самый день рождения,
когда я перепила, было дело. Он теперь печатается в последнем томе его собрания сочинений, а иногда входит
в избранное — из шутливых стишков самый серьезный.
Из того дня рождения я мало что запомнила — даже как
он меня вынес на февральский снежок и приводил в
чувство, стыдно сказать, помню с чужих слов. В том нежном возрасте я вовсю занималась мастурбацией, а в сво-
бодное от нее время — тоже тайно — сочиняла стихи, от-
лынивая от школьных занятий и уроков музыки, которые
не пошли впрок. Как, впрочем, и занятия поэзией — мои
вычурные стихи невнятны мне теперь самой: сублимация
похоти, а не эманация таланта. Даже странно — росла
вблизи гения и ничемушеньки не выучилась.

Гений... Написала это слово и задумалась. Сам тако-
вым себя не считал, хотя и сознавал, что оторвался от
своих современников не на полкорпуса, а значительно
больше, оставив прочих поэтов далеко позади и считая
их мелюзгой — даже тех, кого в глаза, а то и печатно
хвалил. За исключением стихового, к любому другому
слову относился безответственно. Он столько раздал
аттестатов зрелости и путевок в жизнь, что из рекомен-

дованных им пиитов можно составить ПЕН-клуб. «Ты у нас прямо как Державин»,— язвила мама. Зато кого невзлюбил, тому ставил палки в колеса, пока не сошел в гроб. Евтушенке, например.

— Я — не гений, а чемпион,— уточнял он.— Олимпийский. Иногда рекордсмен. А гением стану после смерти. Если стану. Недолго ждать.

Что он имел в виду? Посмертную славу? То есть памятники, марки, стихи в школьной программе, международные научные конференции и прочую ерундистику, как он сам выражался, хоть и не был к ней совсем уж равнодушен? Или, заглядывая за жизненный предел и ощущая недоосуществленность себя как Божьего замысла, надеялся добрать в безмолвии вечности, пусть это уже и не для земных ушей и никогда до них не дойдет?

Он сам взялся проталкивать мои питерские «крыши» в американские издательства, но книга вышла уже после его смерти. В соответствующей — он бы сказал «спекулятивной» — модификации: я добавила несколько его питерских фоток, редакторша придумала подзаголовок «Поэт и его город», а наш общий земляк Сол Беллоу сочинил предисловие. Может, сделать второй том про Нью-Йорк — не меньше ему родной город, чем СПб, да и списан с того же оригинала: оба — Нью-Амстердамы. А третий том — про Венецию, где мы с ним пару раз разминулись: он наезжал туда под Рождество, на зимние каникулы, а я — ранней весной — на ежегодные маскарады с Мишелем, моим основным работодателем. Пока однажды чудным образом не сошлись друг с другом, но это было уже после его смерти — так никогда и не узнаю, видел ли он меня, зато я видела четко, с нескольких метров, ошибиться невозможно, успела щелкнуть. Только в Венеции такое и могло произойти. Метафизическая копия Петербурга: тот самый ландшафт, частью которого охота быть, то есть осесть навсегда — его мечта.

Сбылось: нигде столько не жил, сколько ему предстоит на Сан-Микеле.

Отец у него, кстати, был военный фотокор, пока его не попёрли из армии как еврея.

Его сыну я обязана профессией, хоть он и отрицал за фотографией статус искусства:

— Еще чего! Тогда и зеркало — искусство, ..? В смысле психологии — ноль, а как память — предпочитаю ретину,— и, глянув на меня, пояснил: — Она же — сетчатка. Точность гарантирована, никакой ретуши.

— А как документ? — спрашиваю.

— Только как пиар и реклама.

Сама свидетель (и участник) такого использования им фотографии.

Звонит как-то чуть свет:

— Подработать хочешь, фотографинюшка?

— Без вариантов.

— И поработать. Снимаю на весь день.

— Какой ненасытный!

— Путаешь меня с Мопассаном.

— А ты, дядюшка, кто?

— Разговорчики! На выход. Не забудь прихватить технику. Мы вас ждем.

То есть вдвоем с котом, которого тоже нащелкала: фотогеничен и не выпендривается.

Было это еще до Нобелевки. «Тайм» взял у него интервью для своей престижной рубрики «профайл» и предложил прислать того же фотографа, что пару лет тому сделал снимок для его статьи в «My turn». На что он ответил: фотограф уже есть, и вызвал меня.

Примчалась сама не своя — снимок в «Тайм», думала, откроет мне двери ведущих газет и журналов, поможет в издании «Крыш», которые, несмотря на его протекцию, кочевали тогда из одного издательства в другое: был он не так влиятелен, как хотел быть или казаться, но ходокам из России пускал пыль в глаза — одни его считали богом, другие паханом, что в его случае одно и то же. Не могу сказать, что заказы посыпались один за другим, но виной тому навязанная мне этническая специализация. Мне предлагали снимать одних русских эмигре, а тех здесь раз-два и обчелся. То есть суперстарс: Барыш да Ростр, да и те уже были на излете артистической славы. До Солжа допущена не была, а потом он укатил на историческую родину. Довлатов до американской звезды не дотягивал, хотя с твоей легкой руки широко печатался в лучших здешних журналах и издательствах: мешало безъязычие (твое объяснение). По означенной причине так и не стала папарацци. Единственный мой постоянный клиент — Мишель (не путать с другим Мишелем, которого ты предпочитал называть Мишуля или Барыш, а моего — Шемякой; коверкал всех подряд, и мы вослед, каждый значился у тебя под своим иероглифом, а то и двумя: Маяк, Лимон (он же Лимоша, а когда рассорились, обменявшись любезностями,— ты его Смердяковым от прозы, а он тебя поэтом-бухгалтером — Лимошка), АА, Серж-Сергуня, Бора-Борух (не путать с Барухом), Ребе, Карлик, Зигги, Французик из Бордо, Женюра, он же — Женька (не Евтух),— вот тебе, читатель, ребус-кроссворд на затравку). С Мишелем Шемякой мы разъезжаем время от времени по белу свету, и я запечатлеваю его художественные достижения и встречи с великими мира сего для истории. В Кремле побывала дважды: у Ельцина и Путина. Когда была в Венеции — по случаю установки памятника Казанове — узнала о твоей смерти.

Первая смерть в моей жизни.

Не считая Марты.

Моей кошки.

Вот что нас еще сближало, хоть наши фавориты и разнополы. Как и мы с тобой. У меня — самки, у тебя — самцы. Само собой: кошачьи. А Шемяка тот и вовсе двуногим предпочитает четвероногих — любых: котов, псов, жеребцов. У него их целый зверинец. К сожалению, все породистые. И все — мужеского пола. Животных он считает непадшими ангелами — в отличие от человека: падшего.

Касаемо «Крыш Петербурга», то ты помог не сам, а твоя смерть. Так получалось: я тоже имею с нее гешефт. Однако в посмертной вакханалии все-таки не участвовала. Одна моя коллега, которая снимала тебя на вечерах поэзии, выпустила в здешнем русском издательстве кирпич-альбом, по полсотни снимков с каждого вечера, где один от другого разнится во времени долями минуты. Одна и та же фотка, помноженная на пятьдесят. Альбом фоточерновиков. Выпущенный во славу поэта, этот альбом на самом деле, набивая оскомину твоей «физией», развенчивает миф о тебе. До России, слава богу, не дошел. Пока что.

А вызвал ты меня тогда в свой гринвич-вилледжский полуподвал, поразительно смахивавший на твои питерские полторы комнаты, само собой, не одной меня ради. Промучились мы не день, а целых четыре, которые я теперь вспоминаю как самые счастливые в моей жизни.

Тоном ниже: пусть не самые — одни из. Ты вставал в позу, делал лицо, а я щелкала, щелкала, щелкала. И непрерывно пил кофе — сначала свой, потом допивал из моей кружки. В перерывах водил меня в ближайшую кафешку — в «Моцарт», в «Реджио», хотя китайскую еду предпочитал любой другой, но боялся, что я приму тебя за жида или шотландца, а хотел сойти за ирландца. Такова была поставленная передо мной цель.

— Старичок такой из польских евреев, всех под одну гребенку, то бишь по своему образу и подобию, даже гоя превратит в аида, а меня и превращать не надо — архитипичный,— объяснял он про отвергнутого фотографа, пока я устанавливала аппаратуру.— Мы с тобой, солнышко, пойдем другим путем, как говорил пролетарский вождь. Моя жидовская мордочка мне — во где! (Соответствующий жест.) Посему сотворим другую. Знаешь, древние китайцы каждые семь лет меняли имя?

— Не въезжаю,— сказала я.

— Возьми телефонный справочник, открой на моей фамилии. Сколько там у меня двойников? Сосчитай.

— Да на это полдня уйдет!

— Это ты сказала. Господи, что за имя для гения! Банальнейшая еврейская фамилия. Как там Иванов, а здесь Смит. С той разницей, что моя — и там и здесь, плюс в Лондоне, Париже, Иерусалиме и на Северном полюсе.

Так и есть. Однажды знакомила с ним американа (опять его выраженьице, да и вообще весьма повлиял на формирование моего русского, благодаря ему и сохранила в чужеязычной среде), прихвастнув, что нобелиант. «Как же, помню,— подтвердил американ.— В области медицины, если не ошибаюсь». — И крепко пожал руку новоиспеченному доку.

Плеснул себе в стакан водяры, а на мой удивленный взгляд:

— В качестве лекарства — для расширения коронарных сосудов.

Да еще дымил как паровоз, прикуривая одну сигарету от другой, откусывая и сплевывая фильтры. При его-то сердце! И еще отшучивался: «Винопитие и табакокурение». Одно слово: крейзи. Пусть и не это его сгубило.

— Тебе не предлагаю. Ты на работе. И работа предстоит не из легких: сделать из старого еврея моложавого ирландца.

— Да ты, дядюшка, еврей от лысины до пяток!

— При чем тут лысина? — обиделся или сделал вид.— Лысина как этническое клише, да? Не пойдет! Лысина — интернациональна. Пятка — тем более. Еврейская у меня только одна часть тела, да и то не в Америке, где 80 процентов обрезанцев. От этноса независимо, ирландцев включая. В том и отличие американских айриш от ирландских и британских. Но ты же будешь фотографировать не моего ваньку-встаньку, а физию ирландца-обрезанца. Похож, да?

И состроил гримасу.

В Питере у него была ирландская, в клетку, кепочка, которой он ужасно гордился. Не оттуда ли его мечта о перевоплощении именно в ирландца? Тут, правда, и «мой друг Шеймус Хини» — «насквозь поэт, хоть, как все ирландцы, говорит не раскрывая рта». Ирландия была его слабостью. Ах, зачем я не ирландец!

— Природа нас, согласись, большим разнообразием не балует: у всех один и тот же овал, а в нем — точка, точка, запятая, минус — рожица кривая. (Снова гримаса.) Выбор не так чтобы велик, а потому все пойдет в дело: мои серо-голубые, веснушки, рыжие волосы...— И глянув в большие глаза, которые я ему сделала, что у нас означало понятно что: — Будь по-твоему, их остатки. Как и остатки синевы в очах пиита. Ингредиенты — налицо. Точнее — на лице. А теперь перетасуем их как карты. Новая генетическая комбинация из старых хромосом. Сделаем меня непохожим на меня, хоть и узнаваемым. Знакомый незнакомец. Двойник с чужим лицом. А разве в зеркале это я? Да никогда! Вот и пусть дивятся, узнавая неузнаваемое. Или не узнавая узнаваемое. Задание понятно?

Путем многих проб и ошибок добились в итоге этого четырехдневного марафона с редкими передыхами чего он хотел. Вот и передо мной стоит теперь задача: сделать его похожим и непохожим.

Одновременно.

Чтобы укоры сыпались отовсюду:

— Непохож!

— Так это же не он.

— Похож!

— По чистой случайности.

И что сочту за комплимент — уличение в сходстве или упрек в неточности? Сам-то ты сравнивал себя с Зевсом, который родил Афину из собственной головы.

Без чьей-либо помощи.

Увы (то есть alas — любимое его словечко в обоих языках), я — не писатель, а фотограф. Потому никаких выдумок, никаких случайностей. Только немного ретуши, чтобы сделать героя непохожим на самого себя — слегка изменить био, сместить хроно, на манер Прокруста вытянуть или укоротить ему рост. Может даже измыслить иную причину смерти? Переделать аида в гоя, как на том снимке? Либо питерца превратить в москвича? Поменять матримониальный статус? Да хоть пол сменить! Получится персонаж-транссексуал. Моя проблема: степень и допустимость сжатий и смещений. Ведь все это внешнее, то есть несущественное. Дать его метафизический портрет, как сделал мой Мишель. Он — линией и цветом, я — словом.

А как обойтись без его стихов, в которых он выдает себя с головой — даже маскируясь? Он маскируется, а я вчитываюсь и сравниваю художественную текстуру с реальной, тогда как большинство принимает за чистую монету все, что он там наплел. Как сохранить дистанцию между литературным персонажем и реальным прототипом? Если я смещаю его био и даю псевдоним, то табу на стихи, тем более что они растасканы на цитаты и оригинальное давно уже стало общедоступным, тривиальным, избитым, соскользнув с индивидуального уровня на общеязыковой. Вот-вот: давно уж ведомое всем, как твой любимчик изволил однажды выразиться. Решено: твои стихи — моей прозой, раскавычивая и переиначивая. А какой изыскать ему псевдоним? Пометила пока что буквой О, а там поглядим.

Нелепо, конечно, отрицать его био-судьбо-физическое сходство с другим знаменитым пиитом, у которого я заимствую стишки для эпиграфов — именно ввиду этого сходства. С тем чтобы отмежеваться от стихов самого О, чтобы мой роман не скатился в докудраму, которую я, как и он, терпеть не могу. Куда нелепее, однако, отождествлять одного с другим. Как и Бродский, О — поэт, певец, изгнанник, нобелиант, обрезанец, сердечник, смертник, у него две руки, две ноги и один нос — как и то, чьей сублимацией нос является. Вот! Мой герой — это сублимация, а не реальность, метафизика, а не действительность. Существо виртуальное, пусть и вполне — и даже чересчур — физическое. Я не о том, что истекал как персик, даже ладони всегда мокрые, а боли боялся — шприца или бормашины — больше смерти. Я о пяти чувствах. Сам про себя сказал, что глуховат и слеповат. Единственный орган, на который он полностью полагался, было обоняние.

Человек не равен самому себе. То есть непохож на себя. Если те, кого я знаю лучше, незнакомей остальных, с кем знакома шапочно, то самый незнакомый среди них — среди нас! — я сама. В моем случае: прекрасная незнакомка — вот кто я для самой себя. Отбрасывая гендерный признак и генерализируя: знакомый незнакомец. Ты прав: самое лживое изображение — в зеркале, в которое ты, тем не менее, заглядывать любил, называл мордоглядом и боялся, что однажды не обнаружишь в нем себя. Невосприятие себя в зеркале демонстрировал на коте, который — как и любой другой зверь, наверное — никак не реагирует на себя в зеркале и на снимке.

Фотография пахнет фотографией — ничем больше. Заглянуть внутрь ей не дано. А я хочу дать внутренний образ — скорее рентген, чем фото. Как в том школьном сочинении: «Чичиков отличался приятной внешностью, но неприятной внутренностью». Либо цыганская байка про лошадиного эксперта, который не смог сказать заказчику ни какой масти отобранный им скакун, ни жеребец это или кобыла. Высочайшего класса был знаток, на внешнее — ноль внимания.

Как войти в венецейскую раму и заглянуть в зазеркалье?

Что там, в зазеркалье?

Алиса, говорят, была объектом домогательств со стороны автора: не та, что в Зазеркалье и Стране чудес, а настоящая: прототип литературной. В конце концов, заподозрив неладное или поймав грешников на месте преступления, Алисины парентс дали от ворот поворот писателю Льюису Кэрроллу. Он же священник и преподаватель математики Чарлз Лютвидж Доджсон.

Dr. Jekyll and Mr. Hyde.

Как далеко зашел писатель-священник-математик в своих отношениях с Алисой Лидделл? Как далеко в страну чудес завел он эту девочку, которая служила ему моделью и музой? И возлюбленной? Была ли одна страсть сублимирована другой — литературной? Игра ложного воображения (привет Платону), как и сказка, ею вдохновленная и ей посвященная? В чем кается Льюис Кэрролл в своем дневнике — в греховных помыслах или в свершенных грехах, вспоминая 51-й покаянный псалом царя Давида? А тот уж точно грешник: соблазнил Вирсавию, а Уру услал на фронт, на верную гибель.

Бедная Алиса! Бедная Арина!

То есть я.

А сколько было Беатриче, когда ее повстречал Данте? А Вирджинии, когда та стала женой Эдгара По? Алиса была в лолитином возрасте. А я?

Помню себя с тех пор, как помню тебя.

Dr. Jekyll—Mr. Hyde был также фотограф, хотя и узкого профиля: фотографировал главным образом девочек в соблазнительных позах, с «женским» выражением на лице, а с настоящими бабец был патологически робок.

Реалист или воображенник?

А во что играли мы с тобой? Что осталось в потенции, она же — латенция?

Вот урок: не педофильский, а литературный. Почему Льюис Кэрролл, дав волю воображению, оставил Алису Алисой, а я означаю тебя однобуквенным псевдонимом? Плюс урок фотографический: кого он изобразил на знаменитом снимке — Алису невинное дитя или Алису в зазеркалье своих запретных страстей? Странный взгляд у этой тинейджерки: нежность, взаимность, поощрение, даже подстрекательство. Игрового или рокового характера?

Как вымышленное сделать достоверным, а действительное неузнаваемым?

Часами говорить о каком-нибудь предмете или человеке, не называя его — искусство, которым виртуозно владел поименовавший его Стивенсон.

Не ответственна ни за сходство, ни тем более за несходство портрета с оригиналом, героя с прототипом, образа с материалом, из которого его леплю. **Из**, а не **с.** Беллетристический жанр оправдан еще и ввиду исчерпанности вспоминательного, ибо мемуары о нем беллетризированы и только притворяются документом. Мой рассказ не претендует на то, чем не является. Наоборот: настаиваю на художественном вымысле, который есть правда высшей пробы. Не в пример мемуарным фальшакам, где ложь только притворяется правдой. Потому что мемуары суть антимемуары, то есть лжемемуары: по определению. У меня — правдивая ложь, у них — лживая правда. Проза дает иной инструментарий, включая скальпель. О Кутузове мы судим по воспоминаниям современников или по «Войне и миру»?

Вот именно.

КТО КОМУ СОЧИНИТ НЕКРОЛОГ?

Sir, you are tough, and I am tough.
But who will write whose
epitaph?
JB

Годом раньше, на следующий день после нашего переезда на запасную родину — так он называл Америку,— О повел всех нас в мексиканский ресторан, а оттуда: мама с папой помчались на встречу в НАЙАНУ, которая занималась трудоустройством вновь прибывших, а мы отправились с тобой в твою гринвич-вилледжскую берлогу. Сидим в твоем садике-малютке в плетеных креслах, тянем остывший кофе, привыкаю постепенно к тебе новому, то есть старому — новому старому, а в Питере ты был старый, то есть свой в доску, но молодой. Столько лет прошло — ты продолжаешь мне тыкать, я с тобой, как в детстве,— на «вы».

— Что будем делать? — спрашивает.— Или ты переходишь на «ты», или я — на «вы». А то как-то недемократично получается.

— Какой из вас демократ! — И напоминаю ему историю с Довлатовым, которая докатилась до Питера.

Со слов Сергуни, который жаловался на О в письме к нам.

Самое замечательное в ней была реплика Довлатова, которую он — увы и ах! — не произнес. В отличие от О, который в разговоре был сверхнаходчив, все схватывал на лету и мгновенно отбивал любой словесный мяч, у Сергуни была замедленная реакция, да еще глуховат на левое ухо, импровизатор никакой, а свои реплики заучивал заранее наизусть либо придумывал опосля, как в тот раз.

При первой встрече в Нью-Йорке Довлатов обратился к нему на «ты», но О тут же, прилюдно, поставил его на место: «Мне кажется, мы с вами на "вы"»,— подчеркивая образовавшуюся между ними брешь, шире Атлантики. «С вами хоть на "их"»,— не сказал ему Сергуня, как потом всем пересказывал эту историю, проглотив обиду — будто ему что еще оставалось. «На "их"» — хорошая реплика, увы, запоздалая, непроизнесенная, лестничная, то есть реваншистская. Все Сережины байки и шутки были сплошь заранее заготовленные — импровизатором, репризером никогда не был.

Услышав от меня о присочиненном довлатовском ответе, О удовлетворенно хмыкает:

— Не посмел бы...

Почему ты был так строг с ним?

Надо бы разобраться.

— Демократ никакой,— соглашается он со мной.— Одно дело — Серж, ты — совсем другое. Приятно, когда юная газель с тобой на «ты».

— Приятно передо мной или перед другими?

— Перед собой, птичка. Я в том возрасте, когда мне, как женщине, пора скрывать свои годы. Может, это я так к тебе подъезжаю, чтобы сократить расстояние. А то все дочь приятелей, тогда как ты уже сама по себе.

И без перехода:

— Еще девица? Ждешь принца с голубыми яйками?

— Много будешь знать — состаришься, а ты и так старик.

— Мгновенный старик,— поправил он, не ссылаясь на Пушкина.

Так уж у нас повелось — перебрасываться общеизвестными цитатами анонимно либо обманно: лжеатрибуция называется.

— Тем более. Оставим как есть. Ты же сам этого не хочешь, дядюшка,— сказала я, окончательно переходя на «ты».

— Почему не хочу? — удивился он.

И тут же:

— Ну, не хочу. Давно не хочу. То есть хочу и не хочу, безжеланные такие желания. С тех самых пор. А если через не хочу? Знаешь, в Пенсильвании есть городок, *Intercourse* называется. Новое имя Содома и Гоморры. Представляешь, чем его жители занимаются с утра до вечера и с вечера до утра?

— В другой раз как-нибудь,— сказала я уклончиво, забыв о его присловии, которое тут же и последовало:

— Другого раза не будет.

— Для тебя. А для меня: будущее всегда впереди.

И вместо вертевшегося на языке: «А если ты помрешь на мне от натуги?» (так и произошло, метафорически выражаясь,— слава богу, не со мной) смягчила, как могла, отлуп:

— Ты не подходишь мне по возрасту, я тебе — по имени.

Намек на лингвистический принцип, который срабатывал у него на сексуальном уровне: делал стойку на любую деваху с именем той — изначальной, главной, единственной. Нулевой вариант, предтеча, Первая Ева, Лилит, а настоящей Евы так и не дождался. Одним словом, демониха.

— По имени как раз подходишь: где Марина, там и Арина. Одна буква, плюс-минус, всех делов!

И тут же зашел к вопросу о нашей гипотетической близости с другого конца.

— В мои лета не желание есть причина близости, а близость — причина желания.

— В мои — наоборот. На кой мне твои безжеланные желания! А возраст у тебя в самом деле для этих дел не очень шикарный,— вставляю одно из любимых его словечек.

— Много ты знаешь, пигалица! Мой друг Уистан (указание, что был накоротке с Оденом, с которым знаком был шапочно и кратковременно, всего за год до смерти последнего, да еще языковая преграда — английский у О в то время был пусть не на нуле, но в зачаточном состоянии) очень точно на этот счет выразился: никто еще не пожалел о полученном удовольствии. Сожалеют не о том, что поддались искушению, а о том, что устояли.

— Как сказать! — ответила ему многопытная янгица, и он расхохотался.

Вот тогда он и предложил мне:

— Не хочешь быть моей гёрлой, назначаю тебя моим Босуэлом.

— Это еще кто такой?

— Про Сэмюэля Джонсона слыхала? Босуэл был ему друг и сочинил его жизнеописание.

— А как насчет Светония? Жизнь 13-го цезаря?

— Тебе все смехуечки и пиздихаханьки,— огрызнулся он и вкратце ознакомил со своими соображениями о латинских мраморах и их реальных прототипах, которые неоднократно варьировал в стихах, пьесах, лекциях и эссе, вплоть до мрамора, застрявшего у него в аорте, из его предсмертного цикла.

А знакомством с великими мира сего продолжал гордиться даже после того, как сам примкнул к их ареопагу, а некоторых превзошел: «Только что звонил мой друг Октавио...», «Получил письмо от моего друга Шеймуса...», «Должен зайти мой друг Дерек...» — литературная викторина, читатель, продолжается. А уж про тех, у кого титул, и говорить нечего: «Мой друг сэр Исайя»,— говорил он чуть не с придыханием (после следовала пауза, чтобы оценили) о довольно заурядном британце русско-рижско-еврейского происхождения, единственная заслуга которого перед человечеством заключалась в том, что он заново ввел в литературный обиход слова Архилоха о лисах и ежах. Печалился, что нет ни одной фотки его с Ахматовой, которую он не поделил с Найманом («Можно подумать, что АА — личное Толино достояние»),— кроме той знаменитой, где он стоит, сжав рукой рот, над ее трупом. Всякий раз призывал меня «с аппаратурой» на встречи с Барышниковым, Ростроповичем, Плисецкой и прочими, хотя не уступал им в достижениях, но поприще их деятельности соприкасалось с масскультурой, а его — нет. Комплекс недоучки, я так думаю. Шемяка, мой основной работодатель, и вовсе помешан на знаменитостях: снимается со всякой приезжей швалью из шестидесятников, которые ему в подметки не годятся, включая власть предержащих. Когда там у них в России была чехарда с премьерами, он ухитрился сфотографироваться с каждым из них — от Черномырдина до Путина, с которым с тех пор по корешам. Над ним, понятно, по этому поводу насмехались, а он отшучивался: «Промискуитет по расчету». В самом деле, он же скульптор, от госзаказов зависит.

«И все-таки жаль, что я не балерина»,— шутанул О как-то, а всерьез предлагал продавать сборники стихов в супермаркетах и держать их в отелях и мотелях наравне с Библией, которая тоже суть (не моя, а его грамматическая вольность) стишата: не лучше, не хуже прочей классики. С его подачи в нью-йоркском сабвее появились сменные плакатики с логотипом *«Poetry in Motion»*[1] и стихами Данте, Уитмена, Йейтса, Фроста, Лорки, Эмили Дикинсон, пока не дошла очередь до застрельщика. О в это время как раз был на взводе, что с ним в последнее время случалось все реже и реже, и тиснул туда довольно эффектное двустишие:

> Ты, парень, крут, но крут и я.
> Посмотрим, кому чья будет эпитафия.

И вот звонит мне в сильном возбуждении:
— На выход. С вещами.
То есть с техникой.
Ну, думаю, опять знаменитость. Прокручиваю в уме знакомые имена, тужась вспомнить, кто жив, а кто помер. Пальцем в небо. Коп при регалиях — прочел стишок в сабвее и явился за разъяснением: кому адресовано, спрашивает.
— А ты как думаешь?

---

[1] Поэзия в движении, на ходу *(англ.).— Примеч. ред.*

Вопросом на вопрос.

— Тирану.

Исходя из того, что О — русский, да еще поэт и еврей, а в России тирания.

— Нет, коллега.— И исходя уже из личного опыта: — Поэт — тиран по определению.

Коп над разъяснением задумался еще крепче, чем над стишком,— не ожидал, что меж русскими писателями такие же разборки, как среди криминалов. О гордился этим полицейским читателем — больше, чем другими. Как представителем, с одной стороны, народа, а с другой — власти. О почитал обоих: уважение вперемешку со страхом, привитые ему с детства, несмотря на романтические наскоки и насмешки.

Единственный мой снимок, который повесил у себя кабинете. Как символ триединства.

Помимо моей фотки от этой исторической встречи остался еще подаренный копом полицейский фонарик, с которым О не расставался в своих итальянских скитаниях, направляя его прожекторный луч на фрески и картины в полутемных церквах.

Двустишие это обросло комментариями: кому оно посвящено? Я знаю доподлинно и в надлежащем месте сообщу. Или не сообщу — по обстоятельствам: в зависимости от контекста и надобности. А пока что: зря О хорохорился. Он обречен был проиграть в том споре — и проиграл: моська одолела слона. И тот, кто его на этот стих подзавел, сочинил эпитафию, самую лживую и отвратную из всех. Если бы О прочел, в гробу перевернулся.

Единственный, кого из гипотетических антагонистов этого стишка пережил О, чему сам страшно удивился,— Довлатов. Довлатов, думаю, удивился бы еще больше, узнав, что он, Сережа, умер, а О все еще жив и даже сочинил ему эпитафию. Ведь он заранее занял место на старте будущих вспоминальщиков об О, который к месту и не к месту прощался в стихах и в прозе с жизнью, на что у него имелись веские физические показания. Сережа и не скрывал, что книжка «о тебе на случай твоей смерти», а та казалась не за горами, у него уже вся готова: «Вот здесь»,— и показывал на свою огромную, как и всё у него, голову. А оказался единственным, кому не довелось литературно, то есть профессионально воспользоваться смертью О, которого он обогнал сначала в смерти, а благодаря ей — в славе.

Говорю о России.

Интересно, дано ему знать это там, за пределами жизни? Или это все суета сует и жизни мышья беготня перед лицом вечности, да и есть ли та на самом деле — под большим вопросом.

— Вот все кручинятся по поводу ранней кончины Довлатова, да? — Разговор через пару недель после Сережиной смерти.— Во-первых, не такая уж ранняя: 49. Лермонтов вполовину меньше прожил, да и Пушкин умер на двенадцать лет раньше. Но и им сочувствовать не след — это во-вторых. Скорее — завидовать их везению. А Сереже и повезло и не повезло — слишком долго жил. По сравнению с Пушкиным и Лермонтовым.

— А по по сравнению с Толстым?

— Ну ты загнула! А что граф в последние десятилетия сочинил? Сплошь лажа. Вздорный был старик, сколько крови всем попортил. Если семьдесят — библейская норма жизни, то остальные годы — заемные, да? Похищенные у природы. Зачем продлевать жизнь, зачем влачить жалкое существование, зачем пародировать самого себя? Жизнь, как басня, ценится не за длину, а за содержание.

— Сенека,— с ходу выдала я.

— Умирать надо молодым.

— Как и жить,— говорю.

Мгновенно:

— Вот как рождаются афоризмы: умирать, как и жить, надо молодым. Увы, я уже вышел из возраста, когда умирают молодым.

О знал, что плакальщицы и плакальщики по нему давно уже приведены в состояние наивысшей боевой готовности.

Рассказывал, как Раневскую спросили, почему она не напишет воспоминания об Ахматовой. «А она мне поручала? — огрызнулась Раневская.— Воспоминания друзей — посмертная казнь».

— Это бы еще полбеды,— продолжает О.— А как насчет воспоминаний шапочных знакомых и даже незнакомых, которые будут клясться в дружбе с покойником? Как говорила та же АА: его здесь не стояло. Хрестоматийный пример: ленинское бревно. В том субботнике его с вождем тащили мильоны. Судя по воспоминаниям. Так и представляю поток посмертных воспоминаний обо мне: «Я с ним пил», «Я с ним спала», «Я ему изменяла», «Он мне сломал жизнь». Обиды, реванши, фэнтези, фальшаки. Лжемемуарный курган, а под ним надежно запрятаны стихи, до которых потомок уже никогда не докопается. Конец света! Вот этой смерти я и боюсь больше, чем физической. *De mortuis nihil nisi bene*[1] — почему?

— Почему? — вторит ему Эхо. Которая нимфа.— Лучше тогда: о живых или хорошо, или ничего. Мертвым не больно.

— Ты откуда знаешь, пигалица! Может, им больнее, чем живым. Мертвецам не подняться из гробов и не встать на свою защиту. Господи, как мертвые беспомощны перед живыми! Я бы запретил сочинять мемуары про покойников, коли те не могут ни подтвердить, ни опровергнуть. Как говорил сама знаешь кто: дальнейшее — молчание. Если мертвецам не дано говорить, то никто из живых не должен отымать у них право на молчание. Коли зуд воспоминаний, вспоминай про живых. Нормально?

— А как насчет некрологов?

— Что некрологи! Визитные карточки покойников. На зависть живым! Если задуматься, человек всю жизнь пашет на свой некролог. А знаешь, что некрологи на всех знаменитостей написаны в «Нью-Йорк Таймс»

---

[1] О мертвых ничего, кроме хорошего *(лат.).— Примеч. ред.*

впрок и лежат в специальном «танке», дожидаясь своего часа, как сперматозоиды гениев. Мой — в том числе.

Как всегда в таких случаях, сделала ему колеса.

Хихикнул.

— Ты же понимаешь, я не об этих живчиках, будь неладны, до сих пор отвлекают. У них там в редакции есть даже штатный некрологист, подвалил как-то ко мне с вопросником, не скрывая шакальего некрофильства. Я ему: «Дай прочесть!» Ни в какую! Гробовых дел мастер, замеры делал! А сам возьми да помри через полгода. О чем стало известно из некролога в той же «Нью-Йорк Таймс». Сам же и сочинил загодя, в чем честно в собственном некрологе признался. Юморевич фамилия. Из наших.

Имея в виду понятно кого.

— А почему бы тебе, дядюшка, тоже не сочинить себе некролог загодя, пока есть такая возможность?

— Пока не помер?

— Хоть бы так,— говорю.

— Был прецедент. Эпитафия себе заживо. Стишок. Князь Вяземский написал в преклонны годы.

— Тем более. Возьми за образец. Коли ты другим отказываешь в праве писать о себе.

— С чего ты взяла? Я не отказываю. Вранья не хочу.

— А правды?

— Правды — боюсь.

И добавил:

— От себя прячусь. Всю жизнь играю с собой в прятки.

— Не надоело?

— Голос правды небесной против правды земной,— напел ты незнамо откуда взятые слова на знакомый мотивчик.— В детстве мечтал стать летчиком и, знаешь, в конце концов стал им. Выражаясь фигурально. Почему летчиком, а не танкистом? Механизм ясен? Чтобы глядеть вниз из-за облаков. Что я теперь и делаю. Я не о славе. Яркая заплата на ветхом рубище певца. Довольно точно сказано родоначальником, на уровне не хуже Баратынского. Понимаешь, детка, я уже по ту сторону жизни, за облаками, и гляжу на земных человечков с высоты — нет, не птичьего, бери выше! — ангельского полета. Пусть они там — то есть здесь — обливаются слезами, что мне ваша земная правда, чувство вины и *etc, etc, etc*? Как говорил Виктор Юго, которого в России зачем-то переименовали в Гюго: пусть растет трава и умирают дети.

— Это называется по ту сторону добра и зла,— подсказала я.

— Что делать, искусство требует жертв. Погляди на меня — что осталось от человека? Ради искусства я пожертвовал собой...

— ...и другими.

— И другими. Искусство превыше всего. Человеческие трагедии — его кормовая база. Мы унаваживаем почву для искусства.

Думал ли он так на самом деле или только так говорил?

С одной стороны, прижизненная слава, конечно, кружила голову, внюхивался в фимиам, кокетливо отшучивался: «Там, на родине, вокруг моей мордочки нимб, да?» — «Дядюшка, а твоя фамилия случаем не Кумиров? — спрашиваю.— Ты сам с собой, наверное, на "вы", как Довлатов с тобой». С другой стороны, однако, опасался, что после смерти, которую напряженно ждал вот уже четверть века и навсегда прощался с близкими, ложась на операцию геморроя или идя к дантисту, слава пойдет если не на убыль, то наперекосяк, что еще хуже.

Сам творил о себе прижизненный миф и боялся, что посмертно его собственный миф будет заменен чужим, сотканным из слухов и сплетен.

— Стишата забудутся, а мемуары незнакомцев останутся. Ужас.

— Но не ужас, ужас, ужас!

Анекдот из его любимых — про блядей.

Ухмылялся:

— Предпочитаю червей мухам.

Мухи над твоим будущим трупом начали кружить задолго до смерти. В Израиле то ли в Италии, а может, и там и там, поставили про тебя спектакль, так ты трясся от возмущения:

— Какой-то сопливый хлыст с моим именем бегает по сцене и мои стихи под ладушки читает. Каково мне, когда сперли мое айдентити!

Раз психанул и выгнал одного трупоеда: еле оторвал — так присосался. Тот успешно издавал том за томом сочиненные им разговоры с покойными знаменитостями, невзирая, что некоторые умерли, когда он был еще в столь нежном возрасте, что ни о каких беседах на равных и речи быть не могло (как, впрочем, и позже), а к тебе стал подступаться, не дожидаясь смерти. Ты как-то не выдержал: «А если ты раньше помрешь?» Грозил ему судом, если начнет публиковать разговоры, но тот решил сделать это насильственно, явочным путем, игнорируя протесты:

— Трепались часа три в общей сложности, от силы четыре, а он теперь норовит выпустить двухтомник и называет себя Эккерманом.

— Он что, тебя за язык тянул? — сказал папа.— Никто тебя не неволил. Не хотел бы — не трепался. Жорж Данден!

— Как ты не понимаешь! В вечной запарке, в голове заёб, особенно после премии — сплошная нервуха. Не успеваю выразить себя самолично, письменным образом. Вот и остается прибегать, прошу прощения за непристойность — воробышек, заткни уши! — к оральному жанру. Лекции, интервью, все такое прочее. А там я неадекватен сам себе. Написал в завещании, чтоб не печатали писем, интервью и раннего графоманства. Шутливые стихи на случай — сколько угодно. К примеру, который про воробышка. Ничего не имею против. Даже наоборот.

— Что до самовыражения, ты уже исчерпал себя до самого донышка,— сказала мама, которая присвоила себе право резать правду-матку в глаза. Зато за глаза могла убить человека, тебя защищая.

— Пуст так, что видно дно,— без ссылки на Теннисона, но нам круг цитируемых им авторов был более-менее знаком, хотя и нас нет-нет да ставил в тупик.— Ты это хочешь сказать?

— Не слишком рано ты занялся самомифологизацией? Хотя это уж точно не твоя прерогатива. А с ним, пусть и паразит, вел себя как плохой мальчик.

— У него после того самого трепа с вами весь организм разладился,— выдал справку тогда еще живой Довлатов, а тот сам словно аршин проглотил в твоем присутствии.— Месяцами приходил в себя.

— Он не имеет права писать обо мне как о мертвом. Пусть дождется моей смерти. Недолго осталось.

— Я бы на вашем месте был счастлив,— сказал Довлатов почтительно.— Если он Эккерман, вы — простите — Гёте.

Сергуня был тонкий льстец. Он доводил прижизненные дифирамбы О до абсурда, которого, однако, не дано заметить обольщаемому лестью. «Он не первый. Он, к сожалению, единственный» — вот одна из печатных нелепиц Довлатова про тебя, которая тебе так понравилась. «А как же остальные, включая Довлатова?» — вякнула я. Но его уже было не остановить: доведя свою мысль-лесть до абсурда, Довлатов и сам абсурд возводил в некую степень: лесть становилась изощреннее, абсурд — соответственно — еще абсурднее. Альбом снимков знаменитых русских с анекдотами про них Довлатов выпустил под названием «Не только Бродский» — в том смысле, что и другие тоже, хотя его одного хватило бы для этой воображаемой доски почета русской культуры.

Само собой, изощренная эта лесть льстила О, не говоря уже о том запредельном эффекте от противного, когда этот верзила, который мог тебе запросто врезать, отправив в нокаут с первого удара, кадит тебе и пресмыкается. Довлатовские габариты не давали О покоя и время от времени он проходился на их счет: «2 м × 150 кг = легковес», имея в виду его прозрачную, легкую, ювелирную прозу. На самом деле до двух метров не хватало четырех сантиметров, а вес ты и вовсе гиперболизировал, скруглил. Да и главная причина этого настороженно-реваншистского отношения к Сергуне была в другом. См. ниже.

— С его цыплячьим умишком? — кипятился О по поводу Эккермана.— Поц он, а не Эккерман. Если б только обокрал, так еще исказит до неузнаваемости. Как принято теперь говорить: виртуальная реальность. Выпрямит, переврет, сделает банальным и пошлым. Пес с ним! А воспоминания друзей! Плоский буду, как и блин.

— Могу тебя успокоить. Из нас никто не напишет про тебя ни слова,— сказала мама.— Если, конечно, переживем тебя, а не ты нас.

— Еще чего!

— Все возможно.

— Теоретически.

Я промолчала, хотя и не собиралась сочинять гипотетический мемуар на случай твоей смерти. Но от слова свободна, да и не мемуары это вовсе.

ИОСИФ В ЕГИПТЕ

Взбесившийся официант!
ИБ про Лимонова

На мой взгляд, это — дурной человек, негодяй,— это мое личное ощущение, основан-
ное на личном опыте,— но, кроме того, это
чрезвычайно вредная фигура на литературном и политическом горизонте. И состоять с
ним в одной организации я просто не считаю
для себя приемлемым.
ИБ про Евтушенко

Вознесенский — это явление гораздо более скверное, гораздо более пошлое. В пош-
лости, я думаю, иерархии не существует, тем
не менее Евтушенко — лжец по содержанию,
в то время как Вознесенский — лжец по эсте-
тике. И это гораздо хуже.
ИБ про Вознесенского

....
....
ИБ про Бобышева

...Кушнер, которого я до сих пор ставлю
ниже остальных, хоть он и был очень популя-
рен и еврей... Посредственный человек, посредственный стихотворец... Крошка Цахес,
он же — Тохес.
ИБ про Кушнера

Не надо обо мне. Не надо ни о ком.
Заботься о себе, о всаднице матраса.
Я был не лишним ртом, но лишним языком,
подспудным грызуном словарного запаса.

Теперь в твоих глазах амбарного кота,
хранившего зерно от порчи и урона,
читается печаль, дремавшая тогда,
когда за мной гналась секира фараона.

С чего бы это вдруг? Серебряный висок?
Оскомина во рту от сладостей восточных?
Потусторонний звук? Но то шуршит песок,
пустыни талисман, в моих часах песочных.

Помол его жесток, крупицы — тяжелы,
и кости в нем белей, чем просто перемыты.
Но лучше грызть его, чем губы от жары
облизывать в тени осевшей пирамиды.
ИБ. Письмо в оазис

Кажется, я поняла: твои дутые похвалы — той же природы, что и твои огульные филиппики, пусть и с противоположным зна́ком.

Из последних: разгромная внутренняя рецензия на роман Аксёнова и выход из Американской академии, когда туда избрали иностранным членом Евтуха, а его не забывал до самой смерти: за два с половиной месяца до кончины затеял новую против него интригу, когда Евтушенко взяли профессором Куинс-колледжа, и даже послал телегу его президенту. Отрицание на типовом уровне — как самого известного из шестидесятников-сисипятников, которому к тому же удалось сочетать официозность с диссентом? Давнишняя та обида — что Евтух, когда с ним советовались в гэбухе, посодейство-вал твоему перемещению из обреченной державы в куда более перспективную, о чем ты сам мечтал с младых ногтей? Или все-таки соперничество? Хоть и поэты разных весовых категорий, но Америка — не тот ринг, где зрители и рефери способны в этом разобраться. Для здешнего культурного истеблишмента вы оба — представители русской культуры в Новом свете, два ее полномочных посла. Две статуи в довольно тесной нише, которая сужалась все более из-за потери интереса к

России после того, как та перестала быть империей зла. Оказаться в одном городе — ты преподавал в Колумбии, Евтушенко в Куинс-колледже — с твоей точки зрения: полный караул.

— А почему ты не отказался от Нобелевки в знак протеста, что ее давали разным там Иксам и Игрекам? — спросил папа.— Тому же Шолохову?

— Есть замечательное русское выражение...

— Рядом... — начали мы хором, зная наизусть все замечательные русские выражения, которые ты употреблял-злоупотреблял и называл инородной мудростью.

— Не сяду. Как и с Вознесенским. Близнецы-братья. Два брата-дегенерата. Вот и пусть сидят рядом. Я — пас. Гусь свинье не товарищ. Улетаю, улетаю. Шутка.

Сноска-справка прямо в тексте. Это из лагерной байки про зэка-конферансье, он обращается к аудитории с «товарищи...», а майор из зала: «Гусь свинье не товарищ», на что конферансье и говорит: «Улетаю, улетаю» — и скрывается за занавесом. История, которую мы от тебя слышали тысячу раз.

Потом ко мне лично:

— Как это ты, солнышко, говорила в далеком, увы, детстве? «Посмотрите на их личи». Личи — не скроешь, на то они и личи. Конец света.

Неужто я так хорошо говорила? Он меня любил цитировать — собственные перлы помню благодаря ему. Например: «Самолеты ходят по небу, как мухи по стеклу». Или про себя: что я «маля». На что язва-мама добавляла: «Умом!» Кто ценил мой дар косноязычия, так это О. Если б не эмиграция! Какой талант пропал! Разве что этой книгой наверстаю, хотя все время тянет перейти на английский.

А ссылка на личи, хоть и плагиат,— очень в его духе. Человека он воспринимал на физиологическом уровне — всеми порами, ухом, глазом, ноздрей, разве что не облизывал! И всегда полагался на первое впечатление, ни шагу в сторону, мог повторить характеристику, данную при первовстрече, спустя десятилетия.

— Личи и в самом деле — не приведи Господь! — продолжал ты с видимым удовольствием.— Вознесенский с годами все больше походит на хряка, Евтух — чистая рептилия, Бобышев — замнем для ясности, у Кушнера — мордочка взгрустнувшего дебила, у Лимошки гнусь на роже проступает как сыпь. Идем дальше?

Стоп, s.v.p.! А то никого не останется. Ищу человека: ау! Даже подыскивая пристанище в Нью-Йорке «дружбану» Рейну, объяснял знакомым, почему не поселяет у себя: «Женюру люблю, но нобелевскую медаль сопрет — без вопросов».

Есть дамы прекрасные во всех отношениях, но не писатели. Совсем наоборот: монстр на монстре и монстром погоняет. Тот же Гоголь, который про дам сочинил, жестоко мучил животных. Некрасов — картежный шулер. А Лермонтова взять! Скольких людей он бы еще обнесчастил злым языком и дурным характером, кабы не Мартынов: доведенный оскорблениями, вызвал на дуэль и убил в честном поединке, прекратив поток безобразий. Про личи и говорить нечего, хоть мы к ним и привыкли.

«Всмотритесь в лицо Достоевского: наполовину — лицо русского крестьянина, наполовину — физиономия преступника: приплюснутый нос, маленькие, буравящие тебя насквозь глазки и нервически дрожащие веки, большой и словно бы литой лоб, выразительный рот, который говорит о муках без числа, о бездонной печали, о нездоровых влечениях, о бесконечном сострадании, страстной зависти! Он великий художник, но отвратительный тип с мелкой и садистической душонкой».

Это не я пишу, что и по стилю видно, а датский критик Георг Брандес, которого ты незнамо откуда выкопал, немецкому философу Фридриху Ницше.

Представим теперь Достоевского соседом по квартире! Даже по лестничной площадке. Так это все классики, а что взять с современников? У тебя у самого лик святого, что ли? Нимб вокруг головы? Как бы не так! Лучше и вовсе не знать вашего брата лично, а любить на расстоянии — читая книжки. Тот же Лимонов. Помню, как-то защищала его от Довлатова, а Сережа говорит: «Вы с ним ближе сойдитесь!» Спрашиваю: «По корешам или как с мужиком?» Этот вопрос Сережу то ли смутил, то ли обидел. Мне повезло — знала обоих шапочно. В отличие от тебя. Тем не менее, хочу уточнить кое-что в твоих отношениях с Лимошкой, как ты стал его называть после разрыва.

На раннем этапе его заграничных мытарств ты ему потворствовал — с твоей подачи в мичиганском «Ардисе» вышла его первая книга плюс подборка стихов в «Континенте» с твоим предисловием. И хотя ты терпеть не мог знакомить одних своих знакомых с другими, свел Лимонова с нью-йоркскими меценатами Либерманами, главным твоим тянитолкаем в вознесении на мировой литературный Олимп, Нобельку включая. «Смелости недостаточно — нужна наглость» — один из любимых тобой у Ежи Леца афоризмов.

Лимонов, однако, отблагодарил тебя посмертно не за покровительство, а за бабу, которую ты ему передал со следующим напутствием:

— Можешь ее выебать, ей это нравится. У меня для такой кобылы уже здоровье не то.

Ссылкой на нездоровье и даже импотенцию осаживал осаждающих тебя кобыл, кобылок и кобылиц.

Отношения с Лимоновым не сложились, причин тому множество. Одна из: он не из породы управляемых. Тем более — покровительствуемых и благодарных. А для тебя покровительство было одной из форм самоутверждения в пред- и особенно в постнобелевский период. Когда Довлатов взмолился: «Унизьте, но помогите», это была не просто адекватная, но гениальная формула твоей доброты к соплеменникам. Однако в отличие от Довлатова, который из породы самоедов и готов был стелиться перед кем угодно, Лимонов не принял бы помощь, которая его унижала. Либо принял бы, а в благодарность откусил руку дающего. Честолюбие распирало его, литературные претензии и амбиции были ничуть не меньше твоих при куда меньшем потенциале. Потому и приходилось добирать внелитературными средствами что недодала литература, с которой он в конце концов завязал, обозвал на прощание пошлой наебаловкой и пустился во все тяжкие военно-политической авантюры, писательству предпочтя армейский прикид и автомат Калашникова. Уже за одну эту измену литературе его следовало посадить, но посадили его, увы, за другое. Когда ты вытравлял в себе «политическое животное», не гнушаясь им, впрочем, но используя исключительно в языковых целях в стиховых гротесках, Лимонов всячески его в себе лелеял, пока не взлелеял политического монстра. Но я все-таки думаю, что политика для него — одна из форм паблисити, перформанс, хэппенинг, пиарщина. И что потешная партия нацболов — пьедестал для ее дуче-изумиста. Но это уже за пределами твоей жизни — может, любопытно будет узнать, если у тебя есть возможность заглянуть оттуда в этот мой файл.

По поводу лимоновского изумизма — в ответ на мое «скандал в природе литературы» — ты, помню, говорил:

— Не других изумлять, а самим изумляться, ибо мир изумителен.— И повторил по слогам: — И-зу-ми-те-лен.

— А как же «красавице платье задрав»? — вспомнила я обидный для нас, девушек и б.девушек, стишок.— Лично я хочу, чтобы видели дивное диво. По другому — не желаю.

— Если хочешь, эти стишата изумление перед собственным изумлением. Что ты еще способен. Изумляться, трахаться — едино,— и приводил как пример изумления и страсти к Венеции эквестриана со стоячим болтом на Большом канале.— Alas, это чувство глохнет, атрофируется. Nil admirari — формула импотенции, хотя мой друг Гораций имел в виду нечто другое. Весь этот скепсис, мой включая,— не от хорошей жизни. Изумлять других хотят те, кто сам не способен изумляться. Изумист Сальвадор Дали, например, был импотентом, мне Таня Либерман рассказывала, а ей Гала сообщила. Хочешь знать, тщеславие — это альтруизм, работа на публику. Талант, наоборот: высшая форма эгоизма и самоудовлетворения. То есть внутрь, а не вовне. Вот почему твой Лимонов — эпатёр, а не писатель.

Это ты задним числом, оправдывая себя за историю с «Это я — Эдичка», когда, в ответ на просьбу редактора дать пару рекламных слов на обложку, с ходу стал диктовать по телефону:

— Смердяков от литературы, Лимонов...

Напрасно издатели отказались: негативное паблисити могло бы сыграть позитивную роль. Лимонов объяснял этот кульбит так: ты помогал соплеменным литераторам в русских изданиях, но боялся конкуренции в американских — пытался приостановить публикацию по-английски романов Аксёнова, Аркадия Львова, Саши Соколова. В долгу перед тобой он не остался и обозвал поэтом-бухгалтером. Вот тогда ты его и пригвоздил: «Взбесившийся официант!» и иначе как Лимошкой с тех пор не называл. Бросал брезгливо: «Гнилушка». Зато посмертно Лимошка взял у тебя реванш и выдал целый каскад антикомплиментов: «непревзойденный торговец собственным талантом», «сушеная мумия» и проч. и проч. Теперь, надеюсь, вы квиты?

Суть этого конфликта, мне кажется, вот в чем: тунеядец, пария, чацкий, городской сумасшедший в Питере, в изгнании ты стал частью всемирного литературного истеблишмента, тогда как Лимонов остался за его пределами, застрял в андеграунде, так и остался навсегда Лимошкой. Человек обочины, на стороне аутсайдеров — сам аутсайдер. Выдает за личный выбор, ссылаясь на французский опыт.

Оставшись за бортом американской жизни, Лимонов эмигрировал из Америки во Францию (в обратном направлении проследовал Шемякин, его приятель и мой работодатель; как пишет Лимонов, обменялись столицами) — причем овладел французским настолько, что стал французским журналистом, а мог бы и писателем — кончил бы жизнь академиком. Так он сам считает. Сомнительно. На самом деле — это горемычная его судьба: быть подонком среди подонков. Всюду: в Харькове, в Москве, в Нью-Йорке, в Париже, опять в Москве. Точнее, в Лефортово.

Пусть Смердяков от литературы, но Лимонов сам обнаруживает в себе столько монструозного, что уже одно это говорит о его писательской смелости. Он и в самом деле похож на героев Достоевского, но в отличие от Бродского я ставлю это ему в заслугу. В героях Лимонова — полагаю, и в нем самом — гнидства предостаточно, он падок на все, что с гнильцей, с червоточиной, но пусть бросит в него камень тот, кто чист от скверны и сам без греха. Знаешь, как Соловьев назвал статью о нем? *В защиту негодяя*. Точнее было бы: *В защиту немолодого негодяя,* перефразируя название его собственной повести «Молодой негодяй».

— Ты что, единственный в мире судья? — спросила как-то, когда ты выдал очередную филиппику против Лимонова, а он тебе покоя не давал.

— А кто еще? — последовал наглый ответ.

В чем я уверена, автобиографическую прозу Лимонова нельзя принимать за чистую монету. Литературный персонаж, пусть даже такой вопиюще исповедальный, как Эдичка, равен его создателю Эдуарду Лимонову не один к одному. Вопрос будущим историкам литературы: где кончается Эдичка и начинается Лимонов? Кто есть Лимонов — автобиограф или самомифолог? Что несомненно: из своей жизни он сотворил житие антисвятого. Как отделить зерна от плевел, правду от вымысла? Ради литературы он готов возвести любую на себя хулу.

Я, например, склонна верить не Эдичке, а Эдуарду Лимонову, когда он позднее стал открещиваться от героя в самой скандальной сцене своего первого романа: в изнеможении несчастной любви отдается негру в Центральном парке. Лимонов выдает теперь эту сцену за художественный вымысел. Вот абзац из его пасквиля «On the Wild Side» — о художнике Алексе, подозрительно смахивающем на моего Шемяку:

«Алекс знал по меньшей мере одну из моих жен, но почему-то упорно продолжает держать меня за гомосексуалиста. На людях. Я никогда особенно не возражаю, после выхода моей книги "Это я — Эдичка" многие в мировом русском коммюнити считают меня гомосексуалистом. Однажды, я был как раз в обществе Алекса в тот вечер, мне пришлось дать по морде наглецу, назвавшему меня грязным педерастом. В русском ресторане в Бруклине. Я сам шучу по поводу моего гомосексуализма направо и налево. Но не Алексу, по секрету рассказавшему мне как-то, как его еще пятнадцатилетним мальчиком совратил отец-настоятель в русском монастыре, меня на эту тему подъёбывать».

Вот что я думаю. Адепт «грязного реализма», скандалист и сквернослов, Лимонов не стал бы отмежевываться ни от какой грязи — он достаточно долго прожил в Америке и Франции, чтобы досконально изучить механику негативного паблисити: скандал лучше забвения, подлецу все к лицу, рвотные сцены в его духе. А главное, Лимонов такой бешеный женолюб — не только в подробно описанной им любви к Елене Щаповой, но и в деперсонализированной похоти к нерожалым бабенкам, что представить его за голубым делом лично для меня невозможно — даже в качестве сексуальной двухстволки или единичного эксперимента. Но сюжетно и композиционно — как знак отчаяния любви — эта шокирующая сцена позарез необходима, художественно и эмоционально, как своего рода катарсис. Что же касается ее правдоподобия, здесь все говорит в пользу Лимонова-писателя. Именно: над вымыслом слезами обольюсь...

Вот где вы с ним сходитесь, как параллельные линии за пределами Эвклидова пространства: в горячей точке отвергнутой любви. Потому я и задержалась на Лимошке. Поверх этих внешних различий, на самой глубине, по существу между вами разительное сходство. Я не о вождизме и не о самцовости, которые, если их вывернуть наизнанку, совсем наоборот, но о прямых любовных аналогиях. Оба потерпели сокрушительное поражение в любви и оповестили о том urbi et orbi[1].

Можно и так сказать: любовное унижение сформировало вас — одного как поэта, другого как прозаика: раненое едо. Одна и та же механика творческого сублимата: унижение в жизни — выпрямление в литературе. Литература как замещение и реванш. Не знаю, как в жизни — об этом у нас еще будет возможность покалякать в соответствующей главе, но творчески лучше быть влюбленным, чем любимым. Прошу прощения за меркантилизм, но скольких шедевров мы бы недосчитались, сложись любовь иных художников счастливо. А скольких недосчитались (гипотетически)! Что, если у тебя инстинкт литературного самосохранения притупился, а у Лимонова-Смердякова развит лучше? Вот он, мятежный, и ищет бури и счастия бежит.

Может быть, потому вы и разошлись, не узнав друг в друге товарища по несчастью?

Был у тебя и другой случай неузнавания самого себя, из-за чего мы с тобой разбежались незадолго до твоей смерти. До сих пор гложет. А тебе в той новой среде, где ты обитаешь, всё, наверно, по барабану? Никакого оживляжа.

В отношениях с коллегами тебя заносило то в одну, то в другую сторону.

Больше всего нас поразило, когда ты согласился сделать вступительное слово на вечере гастролера из Питера, которого там терпеть не мог — ни как стихоплета, ни как человека, ни как гражданина тем более. Это про него ты сказал: «Евреем можешь ты не быть, но гражданином быть обязан». Будучи сервилистом и приспособленцем, он припеваючи жил при любом режиме, был поэт на все времена и любые оправдывал. Само собой, ты делал стойку при одном его упоминании. Не говоря о виде. Демонстративно уходил посреди его

---

[1] Городу и миру; на весь мир; всем и каждому *(лат.)*.— *Примеч. ред.*

чтения. Стойкая аллергия голодного на сытого. Не выносил ни литературно, ни человечески, ни физически — все тебя от него отвращало. У общих знакомых всегда была проблема с днями рождения — кого звать в гости: обоих — испортить вечеринку.

И вот на волне гласности и перестройки он одним из первых прилетел в Нью-Йорк и с треском провалил экзамен, который ты устраивал вновь прибывшим. И продолжал его проваливать в каждый свой новый наезд.

То есть ты, конечно, любил повторять, что проверка на вшивость тебе не по душе — потому хотя бы, что ее никто не выдерживает:

— Почти никто,— добавлял ты объективности ради.

Тем не менее проверки устраивал своим знакомым постоянно — по разным поводам. Мог, к примеру, поручить приятельнице расспросить прибывшего из Питера в Америку на вечное поселение Бобышева о своем киндере, а после того как та, честно выполнив поручение и отчитавшись, ждет благодарности, порвать с ней. На ее слезные доводы, что сам же просил, раздраженно ворчал:

— А ты и обрадовалась! Могла бы отказаться. Никто тебя не неволил. А теперь дружишь с моим заклятым. Нарушила клятву верности.

Так вот, когда the Russians are coming[1], ты всех в обязательном порядке спрашивал, стоит ли тебе ехать на географическую родину, а потом знакомил нас с результатами опроса. Само собой, речь шла не о возвращении — о посещении. Сам ехать не собирался ни насовсем — «Не могу эмигрировать еще раз, да и не представить, как бы я там теперь жил после моего американского опыта. Что я там забыл?», ни туристом — «Туристом в страну, где вырос и прожил лучшие, хоть и худшие, годы моей жизни? Где похоронено мое сердце? Еще чего! На место преступления — всегда пожалуйста, но не на место любви». Вопросы интервьюеров на тему приезда отводил когда как: уклончиво — подождем, по-

---

[1] Русские идут *(англ.).*— *Примеч. ред.*

ка выйдет книга стихов, а то и резко — мое личное дело, куда мне ехать, а куда нет. Общественным мнением по данному вопросу живо, однако, интересовался. Кокетство? Розыгрыш? Провокация? Экзамен?

Голоса москвичей разделились. Андрей Сергеев, самый альтруистский друг, отверг идею приезда как гибельную и сказал то, что ты хотел услышать: живым не выпустят, друзья и враги растерзают, как менады Орфея (образ тебе, однолюбу, близкий). Питерцы, которые твою нобелевскую славу рассматривали как коллективный успех и пеклись токмо о справедливом дележе, не просто советовали, но все как один требовали приезда, который должен был превратиться в их общий триумф, надеясь во имя твое выхлопотать гранты под журналы и фонды. Из друга ты превратился для них в дойную корову. Особенно для тех, кто никогда твоим другом не был. Как неназванный мной поэт, который превзошел всех в меркантильстве. У нас здесь говорят: user. То есть меркантил — есть такое слово? Почище Наймана. С ножом к горлу, хоть и тихой сапой. Попрошай и шантажер. Вымолил вступительное слово, а потом упросил выдать ему в печатной форме, и ты в качестве почтальона использовал Довлатова, только чтобы самому не встречаться еще раз. Корил тебя Ростроповичем — что тот регулярно наведывается в Россию и меценатствует с купеческим размахом; попрекал гамлетовой медлительностью, измышлял все новые поводы для приезда, не терпящие отлагательств.

— Одной поездкой тут не обойдешься. Рука дающего не скудеет.

Уже была образована комиссия по торжественной встрече и устройству твоих вечеров, которую он же и должен был возглавить. Прижизненная комиссия по наследству, считай. И даже когда ты совсем уже был плох, всего год тебе остался здесь, на земле, снова затеял с тобой долгий и теперь уже очевидно бессмысленный разговор о поездке, а когда ты сослался на здоровье, ткнул тебя поездками в Европу: «Даже в Финляндии был — до Петербурга рукой подать!»

И вот на этого приблатненного гэбухой литератора ты обрушил каскад похвал, хотя прочел текст скороговоркой, чтобы скорее отвязаться, сам чувствуя фальшь и стыдясь сказанного. И сразу смылся.

Имени не называю — не заслуживает. Кому надо — и так поймет. Прозрачно.

— Ты с ума сошел! — изумилась тогда мама.— Разве не о нем ты говорил, что серый, как вошь? Что любовь к его стихам — стыд, позор и падение русского читателя?

— Я что, спорю? — огрызнулся ты.— Звезд с неба не хватает, да еще трусоват в придачу. Бздун.

— Трусоват — это в лучшем случае,— сказала мама.— Я бы сказала: подловат. Хуже Евтуха с Андрюхой — у тех хоть общественные заслуги, Бабий Яр, то да сё.

— Я что, дегустатор дерьма, чтобы сравнивать их амбре?

— «Сидит в танке и боится, что ему на голову свалится яблоко»,— процитировал папа Юнну Мориц.

— «Пьет бессмертие из десертной ложки»,— это я, без ссылки на «Роман с эпиграфами».

— Противноватый,— согласился ты.— Слюнявчик. Самая выдающаяся посредственность русской поэзии. Знаешь, я всегда предпочитал плохих поэтов, но настоящих — хорошим, но ненастоящим. По гамбургскому счету, он не поэт вообще, а компилятор. Лучшие стишки у него — пересказ или имитация других. Паразитирует на чужой поэзии и чужих мыслях. Плагиатор. То есть воришка, да? Антология русской поэзии и мировой литературы. Без сносок. Но кому охота гонять по книгам в поисках первоисточника — что и у кого он спиздил? Чтобы быть поэтом, необходима как минимум личность, да? У него она отсутствует начисто. Это с одной стороны, до которой никому нет дела. А с другой — ну как не порадеть родному человечку! Как-никак еврей.

— Непостижимо! — воскликнула мама.— При чем здесь еврей?

— Придворный еврей,— уточнил папа.— Единственный на моей памяти, кому еврейство в помощь. Как что:

еврея обижают. Любую критику в свой адрес объявляет антисемитизмом.

— А если критик сам еврей? — спросила я.

— Значит, клеветник и кагэбэшник,— сказал папа.— Как, к примеру, Соловьев.

— На самом деле он много мельче и гаже, чем Соловьев дал в «Романе с эпиграфами»,— сказал ты, которого раздражало само сопоставление тебя с ним, пусть и в твою пользу, но как бы вровень.— Чему свидетельство как раз его носорожья реакция на «Роман с эпиграфами», где весь наш питерский гадюшник разворочен. Если Соловьев кагэбэшник, в чем сам тебе спьяну признался, как ты теперь утверждаешь, то почему, поц моржовый, ты тут же его не разоблачил перед общими знакомыми, а продолжал держать в друзьях как ни в чем не бывало и приглашать на дни рождения и прочие новые годы? Отстреливаться надо умеючи.

— А вся эта гнусь тебе вдогонку, что ты уехал с заданием! — подбросила добрая мама дров в костер, на котором у твоего мнимого друга уже лопались глаза от жара.

— Ну, на это я, положим, положил. Тем более прием испытанный, а он небрезглив в средствах. Холера ему в бок!

— Как он приободрился, когда ты укатил за окоем! — Это опять мама.— Vita nuova[1]! Еще лучше, если бы ты помер.

— Почему ты не помер? — спросила я.

— Потерпи неможко, детка, недолго осталось.— Твой рефрен в последнее время, который, увы, не выглядел кокетством.

Тут взял слово папа и доложил о поведении слюнявчика в твое отсутствие:

— Тогда гэбуха и стала лепить из него официального поэта, в противовес тебе: антибродского. Понятно, с его ведома и согласия. Пример толерантности властей: талант, интеллектуал, еврей, и никто не ставит ему

---

[1] Новая жизнь *(лат.).— Примеч. ред.*

палки в колеса. А твои неприятности — по причине собственной неуживчивости. От чего страдает Гамлет — от эпохи или от себя? Ты — Гамлет, сам виноват в своих несчастьях. И в чужих — тоже. В частности: в его. Он, конечно, на тебе зациклился, ты у него как бельмо в глазу. Каждый виток твоей тамошней славы — его личное несчастье. Твоя Нобелька — наповал, еле очухался. Да тут еще гласность — серпом по яйцам.

— Зато слухи, что тебе здесь не пишется,— для него как глоток кислорода.— Это мама.— А однажды — ты тогда лежал в больнице — позвонил нам и сказал, что вроде бы ты умер. По «Голосу» передавали. Тихий ужас.

— Кого преждевременно хоронят, тот долго живет,— выдал папа, не стыдясь, прописную, хоть и не абсолютную истину, но мы его тут же простили, ибо желали тебе того же.— Казнить горевестника не за что, тем более если весть не подтвердилась. Вряд ли он сам ее выдумал.

— Да, на выдумку не горазд,— согласился ты.— Чужое подбирает. Что плохо лежит.

— Или подворовывает,— сказала мама.— Гомункулус гэбухи, гомо советикус, поэт-совок.

Таков был ее окончательный приговор, обжалованию не подлежит.

Из нас единственная, мама была сторонницей смертной казни.

— Он не виноват, что я пережил слух о моей смерти,— вступился ты.

— Вот я и говорю: это ты во всем виноват, дядюшка Гамлет! Тебя не гложет твой еврейский guilt[1]? Теперь нам понятно, почему ты спел ему осанну.

— Может, я его таким образом унизить хотел, да?

— Унизить? — удивилась мама.— Да ты ему путевку в вечность выдал. Он теперь будет размахивать твоей индульгенцией перед апостолом Петром.

— Не думаю. Атеист до мозга костей. В потустороннюю жизнь не верит.

---

[1] Комплекс вины *(англ.).— Примеч. ред.*

— Так он здесь, на земле, свое возьмет, подключив тебя к своей славе. Ты еще будешь ему завидовать.

— Уж? — сказал ты загадочно, но той же ночью все объяснилось — по телефону.

— А может, у тебя комплекс твоего библейского тезки? — предположила я и мысленно уже назвала эту главу, хотя тогда ее еще в помине не было (как и самой книги), «Иосиф и его братья», имея в виду его коллег по поэтическому цеху — Евтушенко, Вознесенского, Лимонова, Рейна, Кушнера и прочих, но потом переделала — может, зря — на «Иосифа в Египте», то бишь в Америке — в лучах всемирной славы.

Папан-маман на меня воззрились, полный апофигей, а ты, как всегда, с полуслова:

— О чем мечтал Иосиф в Египте? Простить своих предателей,— пояснил слова дочери ее родакам, хотя терпеть не мог пускаться в объяснения.— Пусть так. Что с того? Ноу хард филингс. То есть незлопамятный, камня за пазухой не держу. Я — поэт, а не читатель. Мне настолько не интересны чужие стихи, что уж лучше на всякий случай похвалю. Давным-давно всех обскакал, за мной не дует.

— Крутой лидер. Бродскоцентрист.

Мой подковыр.

— Простить предателя — это поощрить его на новое предательство,— сказала мама с пережимом в назидательность.

Как в воду глядела.

До тебя там в новой среде не дошло? Жаль все-таки, если покойники не знают, что о них пишут и говорят пока еще живые.

Среди твоих лжевспоминальщиков пальма первенства, безусловно, у него. Какая жалость все-таки, что у покойника нет возможности прочесть, что о нем вспоминают пока еще живые! Знаешь, что пишет этот мухлевщик в своих фантазийных мемуарах? Только не переворачивайся, пожалуйста, в гробу, очень тебя прошу! Что ты носил его фотографию в бумажнике и та вся истерлась — так часто ты ее вынимал, чтобы еще раз глянуть в любимое лицо. Что даря транзистор «Сони», пообещал: «Я скоро умру — и все будет твое». Что на поздравление с Нобелькой ответил: «Да! Только в стихах — чернуха. И чем дальше, тем черней». Жаловался, что не с кем перекинуться словом, а тем более о стихах — только с ним. Ты у него в роли Державина, а сам он, понятно, Пушкин, тем более тезки, да и фамилии странным образом аукаются: Александр Пушкин — Александр Кушнер.

Фу, проговорилась!

Так вот, несмотря на то что старше тебя на четыре года, но именно ты, как Державин некогда Пушкина, благословляешь его, в гроб сходя, на царствование в русской поэзии. Может, он впал в детство? Или всегда был на таком ясельном уровне? Взгрустнувший даун, как ты его припечатал однажды. А все эти параллели между ним и тобой — не в твою, понятно, пользу: что он вынужден был ишачить школьным учителем в юности, а ты ради хлеба насущного учительствовал до самой могилы. Или описывает твою крошечную полуподвальную квартирку на Мортон-стрит — какое сравнение с его питерскими хоромами! И в том же роде. А вот и крещендо: мы-то думали, что у него там сплошь нобелевские премии и оксфордские мантии, а ему — то есть тебе — было плохо, плохо! — повторяет он как заклинание.

Если будешь так ёрзать, непременно угодишь в соседнюю могилу, а там сам знаешь кто: Эзра Паунд!

Тем более эту волынку — что тебе плохо — он затянул на следующий день после твоего отъезда из Питера: как доказательство, от обратного, своего modus vivendi[1]. Понимаешь: чем тебе хуже, тем ему лучше. И наоборот.

Первое его везение — твой отвал из Питера, но главное — из жизни. Смерть как источник вдохновения. Но почему, почему, почему ты не умер раньше — до того как сочинил против него этот злоебучий стишок-диа-

---

[1] Образ жизни *(лат.).— Примеч. ред.*

трибу? Знал бы ты, как он теперь от него защищается! То есть от тебя. Какое бздо напустил!

— В чем дело? Я что же, избегал его? Забыл его после отъезда? Не посылал ему книг? Не хоронил его отца? А где был он, когда меня громили в газете «Смена» и журнале «Крокодил»? Или в 1985 году, когда меня обругали в центральной «Правде» — и это было замечено всеми, только не им? Мог бы заступиться по западному радио.

А что, если он в самом деле не понимает истинных причин твоего стиха, а потому измышляет фиктивные, подтасовывая факты и приписывая тебе слова, которых ты говорить не мог даже стилистически? Так же как не понимает, почему Соловьев сочинил о ваших питерских контроверзах «Роман с эпиграфами»? Как пишет о нем мемуаристка в связи с его измывательством над затравленным Довлатовым в Таллине: «Был отвратителен. И этого не понимал совсем». Экземпляр еще тот, боюсь, на вербальном уровне общение с ним невозможно. Ему бы задуматься, почему у разных людей он вызывает схожие чувства, а он, как носорог, рвется в бой, клевеща и обалгивая критиков. Ты был прав: он прожил всю жизнь в оазисе, чему доказательство его агрессивно-защитные реакции. Мстительные, подлые, лживые насквозь воспоминания. Стыдно читать, неловко за автора, но чаще — жутко смешно. Иных, может быть, смех страшит и держит стыд в узде. Только не этого. Как был совок, так и остался. А теперь надеется, что всех переживет и уже некому будет опровергнуть его слабоумную брехню.

А еще ссылается на тебя через стих, подключив к борьбе с Соловьевым и произведя посмертно сначала в друга, хотя были заклятые, а теперь уже и в брата. Подожди: еще подселят его к тебе в могилу как родственника. Мало тебе Эзры!..

— Сдаюсь,— согласился ты вдруг и ткнул себя вилкой в щеку. Даже капля крови выступила, но не так все-таки, как когда ты вилкой проткнул насквозь руку одному нашему гостю, который по незнанию приударил за твоей нареченной.— Прокол вышел. Уломал. На коленях ползал. Прослезился, гад. Говорил, его из-за меня донимают. Соловьев в «Романе с эпиграфами» нас стравил, меня конфеткой, а его говном вывел, а потом и на меня наехал. Тоже хорош: чужой среди своих и среди чужих. Трикстер. Наоборотник. Стравив, поставил на одну доску. Отрицая, увековечил сравнением. Уникальный, однако, случай: ухитрился использовать свой страх, выжал его в «Роман с эпиграфами», превратил в книгу. А я и дал слабину. Вот и вляпался. Промашка. Самому стыдно. Но — поправимо.

Скруглил разговор и тут же смылся.

Часа через три — за полночь — всех разбудил: прочел по телефону потрясающий стих, которым съездил тому по морде, сведя на нет собственные дифирамбы (см. последний эпиграф к этой главе). Один из немногих у тебя в последнее время поэтических прорывов. Так подзавел тебя, поганец. А потом прибыли послы из отечества белых головок и уговаривали повременить с публикацией. Когда не удалось, умолили снять посвящение. Ты даже хотел всю книгу, которой суждено было стать последней и которая вышла после твоей смерти, озаглавить по этому стихотворению, но один доброхот из твоей свиты — точнее, Семьи, то есть мафии — упросил тебя не делать этого: мол, слишком большой семантический вес придашь ты тогда этому стиху и тем самым уничтожишь его адресата. А какая гениальная вышла бы перекличка сквозь четверть века, какое мощное эхо, в твоем духе — одна книга отозвалась в другой, и круг замкнулся на пороге смерти: *«Остановка в пустыне»* — *«Письмо в оазис».*

Литературный генерал, ты был окружен в последние годы не только приживалами и подхвостниками, но и идиотами. Во главе с питерцами, которые примеряли тайком твою мантию и крошили твой триумф, как рыбий корм в аквариум. Как они спешили сделать тебя своим крестным отцом, загнать в могилу (чтобы ты не взял свои слова назад!) и усыпать ее цветулечками. Вот я и говорю, что слюнявчик в отчаянии — что не умер ты

прежде, чем дезавуировал стихом дежурные комплименты, которые он у тебя выклянчил.

Ты сам окружил себя идиотами, когда у тебя приту-
пилась художественная бдительность, атрофировался
инстинкт интеллектуального самосохранения. Уж
лучше твоя злость, даже злоба, чем умиленно-расслаб-
ленное состояние, которым не пользовался только
ленивый. Вот почему мы так обрадовались тогда этому
стиху, надеялись, что не рецидив, а возврат.

Ни то ни другое: ты написал еще два таких злых стиха. Один — антилюбовный и несправедливый, но сильный — своей femme fatale. Другой — за пару месяцев до
смерти — православным прозелитам, тем самым жертвам обреза, что целуют образа. Фактически, памятник
собственному пенису, борозда от которого длинней,
чем вечная жизнь с кадилом в ней.

— Ты ему должен быть благодарен,— сказала я.—
Послужил тебе музой.

— То есть антимузой? Подзарядил севшие батареи?
Ты это хочешь сказать? Нестыдный стишок, да? Это
называется отрицательным вдохновением. В смысле: от
паршивой овцы хоть шерсти клок.

Что со стишками полный завал и муза забыла к нему
дорогу, скулил постоянно.

— Она тебе давала клятву верности?

— Верность, ревность — от перемены слагаемых и
прочее,— и меланхолично, без никакого любопытства
спрашивал: — С кем она сейчас?

— А если ни с кем? Если она поменяла профессию?

— Стала блядью? Так эта девка всегда слаба на пере-
док. Знаешь, Ахматова, когда узнала про мои любовные
нелады понятно с кем, выговорила мне, что пора бы
уже отличать музу от бляди. Она и Натали считала
блядью — зря Пушкин с ней связался. Одно отдохнове-
ние — Александрина, свояченица... — Сделал паузу,
а потом ответил на никем не заданный вопрос: — Да,
в том числе. Ах, мне бы свояченицу! А я с тех пор разницы не вижу. Что муза, что блядь...

О своем любовном поражении распространялся налево и направо в мельчайших деталях, хотя вроде бы не мазохист. Ставя в неловкое положение слушателей. Любовь — высокая болезнь, и, как больной, ни о чем другом говорить ты не мог, только о своей болезни, пока не перескочил на метафизику. Метафизика — как способ самолечения и преодоления самого себя.

— Тогда представь, она — я о музе, а не о твоей арктической красавице — с другим. Да, да — с тем самым. Ты так его тогда расхвалил, что и музу убедил. Вот она и переметнулась от исписавшегося пиита к фавориту. С твоей подсказки. Теперь он ее ублажает ежедневной порцией рифмованных строчек. У него стихи как вода из крана.

— Не ублажает, а насилует, крошка. И терзает. Бедняжка! А надо наоборот.

— Невпродёр.

— Не поэт музу, а муза насилует поэта. Господи, какое это блаженство — быть изнасилованным музой!

— А может, дядюшка, ты все-таки мазохист. Коли ждешь насильницу. А представь, твоя муза пошла покакать.

— Так долго? У нее что — запор? Раньше полсотни стихов в год — норма, а сейчас дюжину с трудом наскребаю.

— А ты не дожидаясь вдохновенья.

— То есть без эрекции? Раньше полсотни стихов в год — норма, а сейчас дюжину с трудом наскребаю.

— Фу! Ты запутался в метафорах,— говорю на его манер.

Его любимый анекдот на предмет mixed metaphor[1]: «Мама, а клубника — красненькая, с черными точками?» — «Да».— «А она с усиками!» — «Ну да. Отстань!» — «С усиками и ползает?» — «О, черт! Опять божьих коровок нажрался!»

Треп трепом, но иногда мне казалось, что музу, путая, ты отождествляешь вовсе не с блядью, а с мамашей

---

[1] Смешение метафор *(англ.).— Примеч. ред.*

всей этой великолепной девятки: Мнемозиной. Как говаривал поэт, с которым тебя сравнивают твои фаны: «Усладить его страданья Мнемозина притекла». А к тебе она перестала притекать, забыла адрес. Тем более ты его сменил: одну державу на другую. Вот твоя память и стала давать сбои. Не в буквальном, конечно, смысле. Все, что тебе оставалось теперь,— следить, как вымирают в ней все лучшие воспоминанья. В памяти, а не в душе! Может, потому тебе и Тютчев не по ноздре? Как реалист романтику? Тогда вот тебе твой любимчик: «Дар опыта, мертвящий душу хлад». И не есть ли тот твой антилюбовный эпилог к любовному циклу, который ты писал всю жизнь, а тут решил опровергнуть, результат душевной амнезии? Она же — атрофия. Проще говоря — энтропия, с которой ты начинал борьбу, как только продирал глаза. Я ничего не путаю? Атропос, мойра, неотвратимая. Сиречь смерть.

Ты умер до того, как ты умер.

Поясняю: ты умер прежде, чем умерло твое тело. Привет Одену.

Стихотворение — точно труп, оставленный душой. Привет Гоголю.

А сколько таких трупов оставил ты?

Нобелевский синдром: злосчастной этой премией прихлопывают писателя как могильной плитой. Привет тебе.

Так говорил ты, дожидаясь Нобельки: хоть бы кто после нее сочинил что-нибудь стоящее! Ты — не исключение.

— Так что же, после Нобельки казнить? — поинтересовалась я.

Нобелька и есть казнь. Жертвоприношение писателя на алтарь поп-попсы.

Сиречь масскультуры.

А как, кстати, величать эту переметчицу — с заглавной или с прописной? муза или Муза? Одна из или единственная? Нисходящая метафора: муза — блядь. Восходящая метафора: Муза — старшая жена в гареме поэта; не альтернатива любовницы, а ее предтеча, мета-физический прообраз всех физических возлюбленных поэта.

Ты писал Музу с большой буквы. Наперекор тебе я буду писать музу с маленькой. Понял, почему?

— Ты пользуешься тем, что я не могу тебе ответить,— слышу замогильный голос.

Да. Пользуюсь. Ты забивал всех словами, обрывал на полуслове, слушал только себя, каждую вторую фразу начинал с «нет» — даже когда в конце фразы приходил к тому же, что утверждал собеседник. Собеседник! Тебе был нужен слушатель, а не собеседник. Ушная раковина — чем больше, тем лучше.

Ты привык к многолюдному одиночеству. Лучшие годы жизни ты прожил в стране, где у стен уши — даже когда один в своей питерской берлоге, у тебя был слушатель. Это твой идеал: слушатель, у которого нет голоса. И вот теперь безголосые берут реванш у моно-логиста за свое вынужденное немотство.

В том числе — я.

Выходит, главный предатель — это я, решившись на эту книгу незнамо для кого. Для тебя? За тебя? Написать то, на что сам ты так и не решился? Приходил в ужас от самой такой возможности — кто-нибудь обнаглеет настолько, что сочинит за тебя твое био. Присвоил себе эту прерогативу: о себе только я сам, биография поэта в его стихах. Отрицал биографов как вуайеристов.

А разве писатель не вуайерист по определению — за другими или за собой, без разницы? А вместе с ним — и читатель. Литература есть подглядывание за жизнью: сопереживание, возбуждение, катарсис. Театральная сцена, где отсутствует четвертая стена — наглядный пример массового вуайеризма. Или скрытая камера, как в застеколье, когда миллионы телезрителей держат под колпаком как бы самих себя — таких же, как они, банальных человечков. Антитеза Зазеркалью: там все наоборот, шиворот-навыворот, а в Застеколье — все как есть. Пусть тавтология, а сама жизнь? Каждый день просыпаться и каждую ночь засыпать — не трюизм? Ты видел лето, осень, зиму и весну — больше ничего тебе не покажут, да? А разве весна равна весне? Ты даже секс находил монотонным — и ритм, и позы. Так и есть, коли без божества, без вдохновенья. А застекольщики — кто? Те, что на экране, или те, что перед экраном? Разве писатель не той же породы — мониторит в замочную скважину, хоть и устарелое понятие.

С кем спорю? Перед кем оправдываюсь? Почему не выложила всё тебе при жизни?

Стихи — не единственное био поэта, даже такого в молодости настырно автобиографического, как ты. Поэзия — род реванша; твоя — особенно. Биография вперемешку с лжебиографией, плюс-минус — вот что такое твоя поэзия. Био в жанре фэнтези. Поэзия есть поэзия есть поэзия есть поэзия. То есть антиавтобиография. В зеркале мы выглядим иначе, чем в жизни: перед зеркалом мы неестественны. Не существование поэта в стихах, а сосуществование со стихами. Маскарад, маскировка, камуфляж, макияж. Ты примериваешь в стихах маски — какая самым правдоподобным образом скроет твое лицо. Лицо — и лик. Лица — лики — личи. Ты балансируешь на самом краю: сказать в стихах всю правду — сорваться в пропасть. Поэзия и неправда. Поэзия и вымысел. Вымысел как миф. Правдивая ложь. Лживая правда.

— Без мифа нет поэта, — утверждал ты. — Поэт — герой собственного мифа. Творчество есть мифотворчество. Чем мы хуже богов, которые творят о себе мифы? Поэт — не от мира сего. То есть демиург. Не спорь, детка. Творчество того же корня, что Творец. Само собой, с большой буквы.

Знаю, презираешь меня из могилы за подглядывание, за вуайерство, за замочную скважину, за ковыряние в чужом носу, за предательство, за эту книгу-сплетню, которую пишу. А ты за мной сейчас не подглядываешь из гроба? Кто из нас соглядай? Кто вуайерист?

Слышу твой шепот прямо мне в ухо:

— От кого от кого, а от тебя, солнышко, не ожидал такой подлянки. Что ты там про меня накопала — и накропала? Сиречь наплела.

— Но ты же сам назначил меня Босуэлом,— хнычу я, стыдясь своей затеи.

— Вот именно — Босуэлом. Без права на собственное мнение. Тем более — на подгляд. Все вы одинаковы! Оден биографов за версту не выносил — боялся больше женщин. А Фрост решил перехитрить судьбу и нанял Томпсона, чтобы тот сочинил ему прижизненное био. Круто ошибся! Тот ему и вдарил по первое число: что был самодовольный эгоист, тасовал премии и награды, в глаза пел аллилуйю, за глаза говорил гадости и вообще отъявленный негодяй. А ты, знаешь, кто?

— Вуайеристка.

— Хуже, воробышек.

— Папарацци.

— Стукачка. Стучишь на меня читателям, вбивая гвозди в мой гроб своими домыслами. Пользуясь тем, что я лишен права голоса отсюда.

— У тебя была возможность. Наплел про себя с три короба. Теперь моя очередь.

Да, я — вуайеристка. Да, стукачка. А что мне остается? Я одна знаю о тебе то, что ты тщательно скрывал от всех. Как сказал не ты: сокрытый двигатель. Никто не просек даже, что ты имел в виду вовсе не пространство, а время, когда написал, что человек никогда не вернется туда, где был унижен.

Ты уже никогда не вернешься. Ни туда, где был унижен, ни туда, где был возвышен.

Время бесповоротно и безжалостно.

Ты хочешь житие святого, а не биографию смертного — *hagiography but biography*. А то, что я пишу, даже не био, а портрет. Разницу сечешь? Можно написать био, а портрета не схватить, зато для портрета биография не так уж и обязательна, только фрагменты — не биографии, а судьбы. То, что задумала — портрет Дориана Грея, но наоборот. Живя год за три, ты прожил за свою жизнь несколько жизней, сжигая сам себя интенсивностью проживания. Физически ты одряхлел, состарился прежде времени, выглядел много старше, чем был, а был много моложе, чем был. Что есть старость? Это несоответствие самому себе. Ты бы узнал себя, повстречай тридцать лет назад мгновенного старика? А если бы узнал, не пришел бы в ужас?

Ужас, ужас, ужас.

Сослагательные вопросы, из области ненаучной фантастики. А вот реальные — на затравку.

Признал бы мгновенный старик самого себя в том городском сумасшедшем — влюбчивом, отчаянном, гениальном,— каким ты был тридцать лет назад в трижды поименованном городе? Ты уже не понимал собственных чувств, которые тогда тобой — то есть не тобой, а им — двигали. Заматерел, зачерствел, усох. Отсюда твой антилюбовный мадригал, постскриптум к любовному циклу, лебединая песнь песней, могильная плита, которой ты прихлопнул молодость и любовь. Но ведь к тебе самому можно обратить твои же слова, изменив гендерный адрес: где еще, кроме разве что фотографии, ты пребудешь всегда без морщин, молод, весел, глумлив? Да, время бессильно перед памятью, а поэзия — вот где вы круто ошиблись, сэр! — есть слепок именно памяти, а не времени. Той самой памяти, которая тебе отказала, когда судьба послала тебе моего Артема — пусть не клон, но двойник, и ты не признал в нем себя. Это и положило конец нашей дружбе, которую я возобновляю этой книгой, надеясь, что смерть разгладила твои морщины и вернула прежний облик.

Нет, одной метафизикой, боюсь, не обойтись. Физикой — тем более. Я пишу двойной портрет: физический и метафизический, молодой и дряхлый, гениальный и бессильный. Чтобы они скрестились в тебе одном как солнечные лучи в увеличительном стекле. Ладно: пусть будет лупа. Хотя старомодно плюс непристойная рифма. Вот именно.

Вопрос не в жанре, а по сути: как быть с табу? Идеальный биограф, считал ты, должен быть как переводчик: конгениален оригиналу. То есть призывал других к тавтологии, которой сам же боялся. А портретист?

— У портретиста, детка,— грассируешь ты из сан-микельской могилы на еврейско-французский манер,— и вовсе нет выбора. Что ему противопоказано, так это буквализм.— И цитируя анонимно уже самого себя: — Шаг в сторону от собственного тела — вот что есть автопортрет. Кто изобразил Ван Гога лучше самого Ван Гога? Искусству портрета следует учиться у автопортретистов.

— Как же, многому у тебя научишься! Чей это синий зрачок полощет свой хрусталик слезой, доводя его до сверканья в твоих «Римских элегиях»?

— Синий зрачок — мой. Уж не знаю, какой он там у меня на самом деле — синий, серый!

— Зато я знаю, сероглазый король! А ты и в рисунках изображал себя синеглазкой! Таково твое представление о себе самом, но у меня-то о тебе представление другое. И серое от синего я отличить в состоянии. В отличие от тебя. Да и не такой уж ты огненно-рыжий, как в собственной мифологеме, а скорее — рыжевато-русый. Или, как истый романтик, цветовые контрасты ты предпочитаешь полутонам, а нюансы и вовсе не воспринимаешь? Ты, дядюшка, слеповат и глуховат, сам знаешь.

— Ты еще скриблографией займись, детка! Полный вперед!

— А что! У тебя рисунков на полях не меньше, чем у Пушкина. Автопортреты включая. В лавровом венке, в римской тоге, с синим глазом. Вот только не знаю, подсознательные это рисунки или вполне сознательные.

— Знаешь, сразу же после смерти Пушкина его друзья спорили, какого цвета у него глаза.

— А твои питерские друзья уже не помнят, где ты там жил — на Рылеева или на Пестеля. Ты хочешь превратить прижизненный миф в посмертный?

— Помнишь кривого владыку, которому никак было не угодить: одного художника казнил за правду — что нарисовал его без глаза, другого за лесть — что с двумя глазами, зато одарил милостями того, кто изобразил его в профиль. Сказка — ложь, да в ней намек, добрым молодцам урок. Федериго да Монтефельтро помнишь? Который в Уффици? Вот и пиши меня, как того — Пьеро делла Франческа. Если не хочешь быть казненной. В профиль, детка!

— Который из?

— Хороший вопрос. У меня теперь есть время подумать. Конец связи.

Или ее начало.

Пусть в профиль, но в оба — два профиля одного лица. Кривой и здоровый. Два портрета в одном. Две книги под одной обложкой. Два О.

— Гальюн! — гогочешь ты как помешанный.

Какой у меня выбор? Выполнить твою волю и оставить современников и потомков в тумане невежества о самой яркой литературной фигуре нашего времени? Или продолжать говорить правду, нарушив волю самого близкого мне человека, а ты доверял мне как никому? Лояльность мертвецу или ответственность перед истиной? Платон мне друг иль истина дороже?

А как бы ты поступил на моем месте? Нет, не на своем, а именно на моем: сокрыть истину согласно волеизъявлению покойника или наперекор — сказать все как есть?

Эта книга как первое соитие: наперекор стыду и страху.

Нам легче дитя в колыбели убить, чем несытую похоть утишить.

Вильям, но не Шекспир.

КОМПЛЕКС ГРАФА МОНТЕ-КРИСТО

> Я просто достаточно хорошо себя знаю —
> что я такое, какой я монстр, какое исчадие
> ада... Достаточно взглянуть в зеркало... До-
> статочно припомнить, что я натворил в этой
> жизни с разными людьми.
>
> *ИБ — Томасу Венцлове, 1988*

Со стороны могло казаться, что ты добился чего хотел и должен быть если не счастлив (на свете счастья нет и проч.), то хотя бы доволен. Вышло наоборот. Именно осуществление большинства твоих желаний и привело тебя к беспричинной, казалось бы, тоске, а молодая жена еще больше усугубила преследующее тебя всю жизнь чувство неудачи: тебе снова пришлось доказывать себя без никакой надежды доказать.

— Я пережил свои желанья, я разлюбил свои мечты,— напел ты мне как-то на ухо словно по секрету.

Сделала большие глаза.

— Всю жизнь я чего-то ждал: каникул, женщины, публикаций, переводов, заграницы, профессуры, гонораров, Нобельки, наконец. Я прожил в неосуществимых, фантастических, диких мечтах-прожектах и все, представь, осуществил.

— Так в чем же дело?

— Удачи не так радуют, как огорчают неудачи.

— Какие у тебя неудачи, если ты всего добился? Вроде бы ты из самореализовавшихся, нет? Если жизнь — экспансия, то тебе дальше некуда.

— Вот именно! Если Бог хочет наказать человека, Он исполняет все его желания. Признание есть прижизненная смерть.

— Верни Нобельку,— предложила я.

— Знаешь, что говорил самый знаменитый венецианец?

— Марко Поло?

— Да нет! Куда ему до Джакомо Казановы, которому твой Шемяка мастерит памятник. Человек может добиться чего угодно,— писал этот старый враль и трахаль,— стать папой римским или свергнуть короля, стоит только захотеть по-настоящему, и только возраст ставит естественную преграду всемогуществу желаний. Ибо человеку уже ничего не достичь, коли он в возрасте, презренном для Фортуны, а без ее помощи надеяться не на что. Цитирую близко к тексту. Бог от меня отвернулся. Мой бог. Личный. Я потерял своего бога. Живу теперь один. Что говорил Бэкон о надежде?

— Надежда умирает последней,— брякнула я.

— Надежда умирает предпоследней. Последним умирает человек, который надеется. Мы дни за днями шепчем «завтра, завтра», а у меня завтра уже нету. Старость — это девичьи грезы без никакой надежды на их осуществление. Надежда — хороший завтрак, но плохой ужин, как говорил Бэкон. Фрэнсис, а не Роджер. Не путай, птенчик. Как и братьев Шлегелей, Гримм, Гонкуров, Стругацких, Вайнеров и даже Тур, хоть те вовсе и не братья. Жисть удалась, да? У меня все уже позади, ждать больше нечего, источники радости иссякли, воспоминания угасли, пропал интерес к жизни, я в ней уже все сделал. Достиг предела. То есть — конечного пункта. Гёте в «Поэзии и неправде», знаешь, что написал? Отвращение к жизни может иметь причину физическую и нравственную. Так вот, у меня — обе. Немчура этот рассказывает, как один англичанин удавился для того, чтобы не иметь больше необходимости всякий раз переодеваться.

— Слава богу, ты у нас не англичанин.

— Намек понял. А все равно... От собственного голоса устал. Не удовлетворение, а пресыщение. Знаешь про меня хрестоматийный стишок? Все, что мог, он уже совершил, создал песню, подобную стону, и духовно навеки почил. Не слабо, да?

— И никаких больше желаний? Ни одной мечты?

— Ну уж никаких! Кое-какие остались на самом донышке. Как сказал не скажу кто: фортуна, случается, дает слишком много, но достаточно — никогда. Реальные мечты — все сбылись, а нереальные, неосуществимые — затаились. Как у большевиков: программа-минимум и программа-максимум.

— И какая же у тебя программа-максимум, дядюшка?

— Сколотить капитал и обрести бессмертие.

— Первым условием бессмертия является смерть, как сказал Ежи Лец.

— Нежилец,— скаламбурил ты.

«Как и ты»,— промолчала я, глядя на твою старообразную мордочку.

— Еще какой жилец! — сказала я вслух, вспомнив, как тот лопатой, которой копал себе могилу, треснул по шее немца, приведшего его на расстрел, а потом прошагал в мундире эсэсовца через всю Польшу.

— Тебе воздвигнут мавзолей на Дворцовой площади,— добавила я.— В зеркало глянь — ты и так уже мумия: и сам по себе, и во что тебя превратили литературные иждивенцы. У питерцев давно уже московский комплекс, и они помирают от зависти: у тех есть, а у нас нет. А кого всунуть в мавзолей — им без разницы. Был бы мавзолей — тело найдется. Сначала ниша, потом статуя.

— Меня зароют в шар земной,— процитировал ты незнамо кого, и спросить уже не у кого.

Когда допишу эту книгу, к ней понадобится комментарий: не к моим словам, а к твоим. Особенно к цитатам — тем, источник которых мне неведом, а тобой сознательно замутнен. Не могу даже поручиться за их точность.

— Бог отвратил свое лицо от меня.— И тут же — от высокого к низкому: — Знаешь такого грузинского поэта по имени Какия?

— Ни то ни другое тебе не грозит,— возвратила я тебя к мечтам о башлях и бессмертии.

— Не скажи! Рубль доллар бережет.

— Так то в России!

— Ты спрашивала о мечтах, а мечты, по сути, и должны относиться к сфере несбыточного. Как сказал твой Нежилец, сумма углов, по которым я тоскую, явно превышает 360 градусов. А сбыточные, укороченные — лажа. Суета и хлопоты, а не мечты. Плюс-минус несколько лет — без разницы тому, для кого мера времени — вечность. А вечность не за горами. Как сказал сама знаешь кто, мы существуем во времени, которое истекает, но стараемся жить *sub specie aeternitatis*[1]. Он же: быть всегда, но не собою снова. Не дай бог! Отсюда: вечность не есть бессмертие. Бессмертие есть память, тогда как вечность есть пустота.

— Так ты, дядюшка, больше не хлопотун?

— Не о чем больше хлопотать, воробышек. У людей я уже все выхлопотал. А Бог еще никому не делал поблажки. Зловредина. *It's sour grape, perhaps*[2]. Привет Эзопу.

Но я-то знала, что гложет тебя нечто другое.

Несмотря на все свои внешние успехи, с собственной точки зрения ты недооосуществился, не успел, а потому и считал свою жизнь неудачей — от измены любимой женщины и предательства друга (совместный акт) до — трудно поверить, но так — эмигре. Твои собственные слова:

— Отвал за окоём был, наверное, ошибкой. Ошибкой, в которой никогда не признаюсь. Даже самому себе. Там — тоска по мировой культуре, здесь — тоска по русскому языку. Для карьеры — ОК, зато стишкам — капут. С памятью вот перебои: там помнил все до мель-

---

[1] Под знаком вечности; с точки зрения вечности *(лат.).— Примеч. ред.*

[2] Возможно, это кислый виноград *(англ.).— Примеч. ред.*

чайших деталей, на какой стороне раскрытой книги прочел то или иное предложение. А здесь не могу вспомнить, чем был занят утром. Нет, не в возрасте дело. Мозг перегружен и изнурен, вот и отказывает служить. Две жизни на одного человека — чересчур, да? А премию так и так отхватил бы. Жил бы в Питере — еще раньше дали. КГБ — мой главный промоутер.

Пару секунд спустя:

— Шутка.

Твой постоянный рефрен — то ли из страха быть непонятым, то ли из кокетства.

В разгар борьбы за Нобелевку возбужденный Довлатов передавал всем по секрету слова Сьюзанн Зонтаг:

— Им там дали понять, в их гребаном комитете, что у него с сердцем швах и он не живет до их возрастного ценза.

Вот тебе и поспешили дать премию, отступя от геронтологического принципа. В связи с чем один из комитетчиков вспомнил голливудскую формулу: мы ему переплачиваем, но он того стоит.

Больше, чем не дожить, ты боялся, что Нобелевку получит Евтух или кто-нибудь из той К°.

После премии ты прожил еще восемь лет.

А Довлатов, так и не дождавшись твоей смерти, на случай которой собирал о тебе анекдоты и варганил книжку, сам помер, когда его растрясло в «скорой», и он захлебнулся, привязанный к носилкам. Кто бы догадался перевернуть его на бок! Или сама судьба выбрала в качестве исполнителей двух дебилов-латинос? «Как грудной младенец помер»,— так отреагировал на его смерть ты, который из всех смертей интересовался только своей.

— Слишком большое ты ей придаешь значение.

Так и сказала.

— Цыц, малявка! Это я своей жизни придаю значение, потому что исказят до неузнаваемости. Уже сейчас, а что будет, когда стану хладный труп! Покойник не желает, чтобы под его именем фигурировал самозванец.

Хотела сказать, что и своей жизни он придает излишнее значение, но вспомнила: «Берегите меня — я сосуд...» Что-то в этом роде у Гоголя, от тебя же узнала, точно не помню. В том смысле, что не само по себе бренное мое тело («Уж слишком оно бренное. Там бо-бо, здесь бо-бо» — твоя рефренная жалоба), а огонь, мерцающий в сосуде, хоть это уже и не Гоголь. Пусть не огонь — Божья искра. И еще говорил, что Бог шельму метит, имея в виду свой дар. Гению мстит сама природа. Сиречь он сам.

Неоднократно предсказанная в стихах и разговорах, долгожданная тобою смерть грянула, тем не менее, как гром среди ясного неба. Убил бы меня за клише. «Не чужесловь — своеобразен гений»: изобрел свой афоризм из двух чужих.

— Страх толпы. Панургово стадо: один за всех, все за одного. Демофобия, как говорят у нас в деревне. Извне и изнутри. Хуже нет, когда толпа толпится в самом тебе. Один человек может быть толпой так же, как толпа — одним человеком.

Твое собственное объяснение.

— Он так часто прощался с читателями, что грех было бы обмануть их ожидания,— откомментировал его смерть один похуист из твоих друзей, ставший врагом номер один.

Этот твой бывший друг, который увел у тебя фемину (точнее, брал взаймы во временое пользование), единственный из ахматовского квартета никак печатно не отреагировал на твою смерть, хотя когда-то, пока не стряслась беда, вас связывала почтительная дружба на бытовом, литературном и даже метафизическом уровне. Прямым доказательством чему — вы так и остались на «вы», несмотря на тесноту общежития в вашей питерской ложе, все дивились этому вашему выканью. (Довлатов не в счет — он из дальнего окружения.) Чем тесней единенье, тем кромешней разрыв, как сказал бы ты, анонимно сам себя цитируя. А потом, с разрывом, ваша связь тайно упрочилась: уже на физиологическом уровне, через общую... «вагину» зачеркиваю и вставляю «минжу», из любимых тобой словечек, хотя лично мне больше нравится «разиня». Не знаю, надолго ли хватит его молчания. Коли даже великий немой заговорил.

Понятно я говорю?

К кому этот вопрос?

Ты бы понял с полуслова. Sapienti sat[1] — из твоих присловий, хоть и жаловался, что латынь у тебя паршивая, но какая есть: от тебя и поднабралась. Прерывал на полуслове: «Мы это уже проходили», разъяснение равнял с тавтологией, считал, что повторы сокращают жизнь.

Папа говорит, что Бобышев войдет в историю, как Дантес, зато мама настаивает на свободе любовного волеизъявления, тем более тебя самого заносило в сторону: «Да стоило ему поманить — никакой катастрофы не случилось бы. Почему он не женился, когда родился ребенок?» В самом деле — почему? Когда родился ребенок, папа предоставил незарегистрированной семье один из двух принадлежащих ему в коммуналке на Герцена пенальчиков, но ты сбежал от семейного счастья на третий день. «Побег от тавтологии, от предсказуемости»,— объяснял ты друзьям. Спустя год в эти спаренные крошечной прихожей комнаты вселилась мама на четвертом месяце. Здесь и состоялось наше первое с тобой свидание, которое не удержала моя младенческая память, тогда как ты помнил и рассказывал подробности. От этой встречи сохранилась фотография, которой я всегда стыдилась — ты, при галстуке и в черном парадном костюме, держишь на руках голую девочку с гримасой младенческого идиотизма на рожице и внятной половой щелью между ног. Стыдно мне, само собой, первого.

А мама и Дантеса защищает — того, настоящего, пушкинского, полагая, что настоящим монстром был Пушкин. Бобышева — тем более. В том смысле, что легче всего его какашкой объявить, а он с твоим ребенком возился как со своим, когда ты сделал ноги.

---

[1] Умному достаточно *(лат.).— Примеч. ред.*

— К интервью готова? — спросил меня этот бывший
друг, а теперь уже и бывший враг.

— Всегда готова,— в тон ему ответила я, хотя про
меня никто не вспомнил, пока не вышел тот последний,
дополнительный том академического собрания сочинений, куда тиснули, уж не знаю где раздобыв, твой шу-
точный стишок мне на день рождения, где сравнивал
меня со смышленым воробышком,

что ястреба позвала в гости,
и ястреб позабыл о злости.

Ястреб это, понятно, ты. Всегда относился к себе ро-
мантически и даже слегка демонизировал, но в ересь не
впадал и жалел себя яко сосуд скудельный.

Что такое, кстати, скудельный?

Полезла в словарь, а там в качестве иллюстрации
слова Гончарова, которые подошли бы эпиграфом ко
всей этой штуковине, которую сочиняю, да только там
возраст другой указан:

«Надо еще удивляться, как при этой непрерывной
работе умственных и душевных сил в таком скудельном
сосуде жизнь могла прогореть почти до сорока лет!»

О ком это он? Про Обломова?

Хоть я и ждала этого звонка, подготовилась, отрепе-
тировала до мелочей, что скажу и о чем умолчу, застал
он меня врасплох. Так долго ждала, что перестала
ждать. Вот и растерялась, когда до меня дошла очередь.

Этот — употребляя ненавистное тобою слово — текст
взамен интервью, от которого пришлось отказаться.
Ответы зависят от вопросов, а вопросы задают чужие люди — чужие мне и чужие ему. И вопросы — чужие и чуж-
дые, то есть никчемные. А так я сама себе хозяин: задам себе вопросы и сама же на них отвечу. Если сумею. Или не
отвечу. Тогда задам тебе. Хоть ты и играешь в молчанку.
Бог с ними, с ответами. Главное — вопрос поставить верно.

Опять слышу твой голос: не вопросы требуют ответов, а ответы — вопросов.

Вопрошающие ответы.

Стыдно мне вдруг стало покойника, беззащитного, беспомощного и бесправного перед ордой профессиональных отпевальщиков.

Точнее, плакальщиков.

То есть — вспоминальщиков.

В том числе лже-.

Профессия: человек, который знал О.

Даже тот, кто знал шапочно либо вообще не знал.

Индустрия по производству и воспроизводству твоего образа.

Бродсковеды, бродскоеды, бродскописцы.

В первую очередь брали интервью у тех, кто рвался их давать. Потом пошли поминальные стихи, мемуары, альбомы фотографий, анализы текстов — гутенбергова вакханалия, а ты бы сказал «прорва», доведись тебе заглянуть за пределы своей жизни. Хотя кто знает.

Даже те, кто знал тебя близко по Питеру и часто там с тобой встречался, вспоминают почему-то редкие, случайные встречи в Америке и Италии — блеск нобелевской славы затмил, заслонил того городского сумасшедшего, кем ты был, хоть и не хотел быть, в родном городе. А про Питер или Москву — опуская детали и путаясь в реалиях. Потеря кода? Аберрация памяти? Амнезия? Склероз? Маразм? Прошлое смертно, как человек, который теряет сначала свое вчера и только потом свое сегодня. А завтра ему и вовсе не принадлежит, хоть и тешит себя иллюзией.

Соревнование вспоминальщиков — а те как с цепи сорвались, не успело остыть твое тело — выиграл упомянутый трупоед, издавший на нескольких языках пусть не два, как грозился, но один довольно увесистый том мнимо-реальных разговоров с покойником, дополнив несколькочасовой треп стенограммами твоих лекций в Колумбийском, которые разбил вопросами и выдал за обмен репликами. Униженный и изгнанный своим героем, он таки взял реванш и, нахлебавшись от тебя, тайно мстил теперь своей книгой. Ходил гоголем, утверждая равенство собеседников: что ты получал не меньшее удовольствие от бесед с ним, чем он — с тобой, и даже — что послужил тебе Пегасом, пусть ты его порой и больно пришпоривал, но он терпел во имя истории и литературы — именно его мудрые вопросы провоцировали покойника на нестандартный, парадоксальный ход мышления, и кто знает, быть может, эти беседы потомки оценят выше, чем барочные, витиеватые, перегруженные, манерные, противоестественные и противоречивые стихи. В самом деле, зачем обливаться слезами над вымыслом, когда можно обратиться напрямик к докудраме, пусть драма спрямлена, а документ — отчасти фикция? Зачем дуб, когда есть желуди?

Между прочим, с Довлатовым произошла схожая история, когда посмертно он стал самым знаменитым русским прозаиком и начался шабаш округ его имени. А так как он жил, в отличие от тебя, не в гордом одиночестве на Олимпе — «на Парнасе», слышу твою замогильную поправку,— но в самой гуще эмигре, то и вспоминальщиков о нем еще больше.

Одних вдов — несколько штук: питерская, эстонская и две американские, хотя женат он был всего дважды. Точнее, трижды, но жен — только две. Когда Сергуня сбежал в Эстонию, чтобы издать там книжку и поступить в Союз писателей, не учтя, что руки гэбухи длиннее ног беглеца, то да — прижил там дочку от сожительницы. Да еще на Брайтон-Бич к одной доброй душе уползал во время запоев как в нору, чтобы просохнуть и оклематься, но женат на ней не был, да та и не претендует на вдовий статус. Попробовала бы она! Даже ее попытка поухаживать за Сережиной могилой на Еврейском кладбище в Куинсе была в корне (буквально!) пресечена его аутентичной вдовой: высаженный брайтонкой куст азалии был с корнем вырван его главной, последней, куинсовской женой, которую можно обозначить как дваждыжена. Ибо вторая и третья его жены — на самом деле одно лицо, хоть и перемещенное в пространстве через Атлантику. На этой своей жене он был женат, разведен и снова женат уже в иммиграции. Что касается первой, то это была, по его словам, жена-предтеча, femme fatale, которая оттянула все его мужские и человеческие силы, выхолостила и бросила, а потом, уже после его смерти, объявила свою дочь, которая родилась незнамо от кого несколько лет спустя после того, как они расстались,— Сережиной. В жанре племянников лейтенанта Шмидта. В общей сложности, вместе с самозванной, Довлатов становился отцом трех дочерей (уверена, что еще объявятся), а тосковал по сыну, который у него и родился после его смерти. Интересно: пол ребенка он хоть успел узнать?

«Что ты несешь, воробышек!» — слышу возмущенный голос О с того света.

«А художественный вымысел? — отвечаю.— Мечтать о сыне, который родится только после его смерти, куда эффектнее, чем умереть, когда твоему сынку уже восемь и радость отцовства нейтрализована запоями, халтурой и "не пишется"».

Как и было на самом деле.

Сергуне, однако, удалось — уже из могилы — отмстить неразумным хазарам (сиречь евреям): и тем, кто успел сочинить о нем воспоминания, и тем, кто только собирался это сделать. Один из его адресатов опубликовал том переписки с ним, несмотря на завещательный запрет Довлатова на публикацию писем. Вот где злоязычный Сережа отвел душу и всем выдал на орехи, не пощадив отца родного, а о посмертных вспоминальщиках и говорить нечего. Скандал в благородном семействе. Кто бы повеселился от этого скандала, тайно ему завидуя, так это ты!

Не будучи так эпистолярно словоохотлив, как Довлатов, ты, наоборот, оставил после себя сплошные дифирамбы и панегирики, хотя мизантроп был не меньше, чем тот. Или мизогинист? Несмотря на позднюю женитьбу. Женатый мизогин. Мизогиния как часть мизантропии. Мизантроп как скорпион — кончает тем, что жалит самого себя: объект человеконенавистничества — любой человек, включая субъекта.

В твоей гомофобии мы еще разберемся — воленс-не-воленс, как ты бы выразился. Равнодушный ко всей современной русской литературе, ты раздавал налево и направо в устном и письменном виде комплименты литературным лилипутам, и те пользуются ими теперь как пропуском на тот самый литературный Олимп (он же Парнас), где ты восседал в гордом одиночестве, зато теперь там тесно от вскарабкавшихся — в том числе с твоей помощью — пигмеев. Вообще, после твоей смерти они сильно распоясались. Как после твоего отвала за бугор — питерцы. А тем более после твоего окончательного отвала: отсюда — в никуда. Само твое присутствие держало всех в узде. Ты бы их не узнал.

Кого ты терпеть не мог, так это соизмеримых, то есть конкурентоспособных авторов. Кого мог, мордовал, давил, топтал. Даже тех, кому помог однажды, мурыжил и третировал. «Унизьте, но помогите»,— сказал тебе Сергуня в пересказе «Соловьева и Вовы» (опять твоя кликуха — она же автоцитата, а Довлатов называл его «Володищей», подчеркивая, от обратного, малый рост). Мол, ты и помогал Довлатову, унижая, и унижал, помогая. Как и всё у Соловьева, с касаниями, но по касательной, без углублений. Нет чтобы копнуть, но его листочки интересуют, а не корешки. Спасибо дяде Вове: мне и карты в руки.

Чего больше было от твоей помощи — пользы или вреда? Не знаю. Практически — да, пользы. А в остальном? После каждой такой просьбы Довлатов ударялся в запой. Такого нервного напряга стоила ему любая.

Как и само общение с тобой.

Классный рассказчик, он терял дар речи рядом с тобой.

— Язык прилипает к гортани.

— Он тебя гипнотизирует, как известно кто известно кого,— говорю Сергуне.

Он и тут тебя оправдал:

— Его гипноз — это мой страх.

А тебя забавляло, что такой большой и сильный у тебя на посылках.

Я бы, однако, избегла тут обобщений, хоть ты и тиранил свой кордебалет, держал в ежовых рукавицах свиту, третировал литературных нахлебников. У тебя была своя держава, коей ты был державный владыка, и державил ты круто, яко тиран. Зря, что ли, тебя назвали в честь вождя всех народов? «Все в этом мире неслучайно»,— картавил ты и в качестве примера приводил Державина, самого державного из русских поэтов. В тебе самом умер поэт-державник — власть чуралась одо- и гимнописцев, чей язык ей невнятен. Фелиция отвергла твои притязания, а так бы какой шикарный ряд: Державин — Гёте — Киплинг — ты. «За державу обидно»,— повторял ты, когда та поползла по швам, слова генерала, которого прочил в российские президенты, а победил полковник госбезопасности, с которым дружит мой Мишель, но это уже за пределами твоего жизненного пространства, да и вряд ли тебе интересно. Недаром и Рим твой идеал. Однако с Довлатовым у тебя был свой счет — с питерских времен. Двойной: женщина и литература. Память о юношеских унижениях. Как сказал известно кто: травмах.

В одной ты признался, но иронично, свысока, равнодушно, уже будучи мизогином: что осаждали с ним одну и ту же коротко стриженную миловидную крепость, но из-за поездки в Среднюю Азию, чтобы хайджакнуть там самолет (все равно куда — не **в**, а **из**), ты вынужден был снять осаду, а когда вернулся после самолетной неудачи, крепость уже пала. То есть дело в отсутствии и присутствии: останься ты на месте поединка, его исход не вызывал никаких сомнений. А вообще — не очень-то и хотелось.

Хорошая мина при проигранной игре.

На самом деле другая мина: замедленного действия.

Боясь твоей мести, Довлатов официально, то есть прилюдно отрицал свою победу, но как-то шепанул мне, что победил в честном поединке еще до того, как ты отправился.

На роль этой миловидной крепости претендует теперь с полдюжины шестидесятилетних дам, и каждая сочиняет воспоминания.

Равнодушие и ирония вовсе не означали, что ты забыл и простил Довлатову тот свой проигрыш. Точнее, его выигрыш. А ты бы предпочел, чтобы это был твой проигрыш, а не его выигрыш. Что и дикобразу понятно. Тем более этот Сережин выигрыш — не единственный. Ваш с ним питерский счет: 2:0.

Ты не забыл ни этот общий счет не в твою пользу, ни тесную связь между двумя его выиграшами, но о том, другом, предпочитал молчать — ни одного печатного, да хоть просто изустного проговора. Тем более молчал в тряпочку Сергуня, который предпочел бы, чтобы того выигрыша, который вы оба скрывали, и вовсе не было. Очень надеялся, что ты о нем позабыл, хотя и знал, что помнишь.

Довлатов боялся не гения русской литературы, а распределителя литературных благ.

Он погружался в пучину ужаса, когда думал, что нобелевский лауреат и литературный босс помнит, как, когда и, главное, кем был освистан на заре туманной юности.

Помнили — оба.

Еще вопрос, какое унижение для тебя унизительней — любовное или поэтическое?

У кого самая лучшая, самая цепкая память?

У злопамятного графа Монте-Кристо.

Память у него — злоебучая.

Как у тебя.

Ты и был граф Монте-Кристо во плоти и крови. Со всеми вытекающими последствиями. Ты помнил все свои унижения, и было их не так мало. А может, Дантес Бобышев и не преувеличивал, когда говорил, что ты ему перекрыл кислородные пути?

— Обида — женского рода, унижение — мужеского,— вспоминаю чеканную твою формулу.

— А месть?

— Месть — среднего.

И еще:

— Странная штука! Любое унижение — все равно какое, без этнической окраски — напоминает мне, что я жид. Сам удивляюсь. Моя ахиллесова пята? Уязвим, как еврей?

Папа считал, что ты бы меньше, наверное, переживал ту, главную измену, которая перевернула твою жизнь и сделала нечувствительным ко всем прочим несчастьям, включая арест, психушку и ссылку, если бы твоим соперником был соплеменник, но мама отрезала: «Чушь!», с ходу перечеркнув саму гипотезу. А я так думаю, что даже антисемитизм твоего соперника, если он есть на самом деле, в чем сильно сомневаюсь, связан с вашим соперничеством.

Осторожней на поворотах! Евреи давно уже из меньшинства превратились в большинство во всем мире, а с большинством воленс-ноленс приходится считаться. Тем более здесь, в жидовизированной, как ты говорил, Америке, где обвинение в антисемитизме равносильно доносу — как там когда-то в антисоветизме. Вредный стук, как сказал Довлатов. На него стучали, что лжееврей, только притворяется, на самом деле — антисемит. Даже Парамоху оставим в покое с его тайными страстями. Тебя самого попрекали, что так ни разу не побывал в Израиле. Мой Шемяка, тот и вовсе ходит в махровых, ты ему даже обещал дать в рыло при встрече, хотя все куда сложнее. Может, вы не поделили Манхэттен? Ты обосновался в Вилледже, а Шемяка рядышком, в Сохо, пока не свалил в свой Кляверак от греха подальше. Мама говорит, что и на своих питерских тещу и тестя, которые ими так и не стали, ты возвел напраслину — они не любили тебя лично, а не как еврея. Никто же не обвиняет твоих парентс, что они не любили свою несостоявшуюся невестку как шиксу, а тем более в русофобии. Условие твоих встреч с сыном было — чтобы тот не знал, что ты его отец. «Гнусность, конечно, но почему антисемитизм?» — спрашивает мама. «А Гитлер — антисемит?» — слышу глухой голос из Сан-Микеле, где ты лежишь рядом с антисемитом Эзрой Паундом.

Никуда тебе не деться от антисемитов.

Как Эзре — от евреев.

Еврей притаился в тебе где-то на самой глубине, но время от времени давал о себе знать. Напишу об этом отдельно.

Неужели и тогда, в той огромной, в одно окно, довлатовской комнате в коммуналке на улице выкреста Рубинштейна, освистанный после чтения поэмы, ты почувствовал себя жидом?

В оправдание Сергуни хочу сказать, что в тот злосчастный для обоих вечер он был литературно искренен, а не из одних только низких побуждений, коварства и интриганства, пусть интриги и были всю жизнь его кормовой базой: он не любил твои стихи ни тогда, ни потом. Не мог любить — вы противоположны, чужды друг дружке по поэтике. Ты, как экскаватор, тащил в свои стихи все, что попадалось на пути, а Серж фильтровал базар — отцеживал, пропускал сквозь сито, добиваясь кларизма и прозрачности своей прозы. Литература была храм, точнее — мечеть, куда правоверный входит, оставив обувь за порогом. Главный опыт его жизни был вынесен за скобки литературы, так и остался невостребованным за ее пределами. Для Довлатова проза — последний бастион, единственная защита от хаоса и безумия, а ты, наоборот, мазохистически погружался вместе со стихами в хаос. Не думаю, чтобы Сергуня был среди твоих читателей, а тем более почитателей. То есть читал, конечно, но не вчитывался — через пень колоду. Не читал, а перелистывал — чтобы быть в курсе на всякий случай.

Зато ты его прозу читал и снисходительно похваливал за читабельность: «Это, по крайней мере, можно читать». Потому что прозу не признавал как таковую, а редкие фавориты — Достоевский, Платонов, ты их называл старшеклассниками — были полной противоположностью Довлатову.

Наверное, тебе было бы обидно узнать, что у нас на родине Сергуня далеко обошел тебя в славе. Мгновенный классик. И никакие Нобельки не нужны. Еще одно твое унижение: посмертное. Не только личное, но еще иерархическое: телега впереди лошади, торжество прозы над поэзией. Ты считал наоборот и в посмертной статье о Довлатове — том самом некрологе, который ты сочинил о нем, а не он о тебе! — написал о пиетете, который тот испытывал перед поэтами, а значит, перед поэзией. Никогда! Довлатов сам пописывал стишки, но не придавал значения ни своим, ни чужим, а проза стояла у него на таком же недосягаемом пьедестале, как у тебя поэзия. Цеховое отличие: вы принадлежали к разным ремесленным гильдиям. Среди литературных фаворитов Довлатова не было ни одного поэта. А оторопь — точнее, страх — он испытывал перед авторитетами, перед начальниками, перед паханами, независимо от их профессий. Таким паханом Довлатов тебя и воспринимал — вот причина его смертельного страха перед тобой.

В Питере ты им не был — в Нью-Йорке им стал.

Литературный пахан, не в обиду тебе будет сказано, дядюшка.

Тем более нисколько не умаляет твой поэтический гений.

Случалось и похуже: Фет — тот и вовсе был говнюшонок.

Поэт — патология: как человек, мыслящий стихами. Нелепо ждать от него нормальности в остальном. Тем более — предъявлять претензии.

Ссылался на Шекспира: совесть делает человека трусом.

Твоя собственная железная формула: недостаток эгоизма есть недостаток таланта.

У тебя с избытком было того и другого.

Были и вовсе некошерные поступки, но я еще не решила, буду ли про них.

Даже если не Довлатов был организатором и застрельщиком остракизма, которому тебя тогда подвергли, все равно ты бы не простил ему как хозяину квартиры. Точнее, комнаты. Ни от тебя, ни от Сергуни я той истории не слышала. Как говорит, не помню где, Борхес, все свидетели поклялись молчать, хотя в нашем случае ни один не принес клятвы, а просто как-то выветрилось из

памяти, заслоненное прижизненным пиететом Довлатова к тебе и посмертной твоей статьей о нем. Да и как
представить сквозь пространство и время, что самый великий русский поэт и самый известный русский прозаик,
дважды земляки по Питеру и Нью-Йорку, были связаны
чем иным, нежели дружбой и взаимоуважением?

Информация о том вечере тем не менее просочилась.

«Сегодня освистали гения»,— предупредил, покидая
благородное собрание, граф Монте-Кристо.

Так рассказывает мама, которая увидела тебя там
впервые. Еще до того, как познакомилась с папой, который зато был знаком с твоей будущей присухой, когда ты
не подозревал о ее существовании — причина моих не-
внятных, в детстве, подозрений. Читал ты, облокотясь о
прокатный рояль, главную достопримечательность той
комнаты, если не считать высокой изразцовой печи мала-
хитной окраски с медным листом на полу. «Гением он
тогда еще не был,— добавляет мама.— А поэма была длиной в Невский проспект вместе со Старо-Невским». Папа не согласен: «Гениями не становятся, а рождаются».
У меня своего мнения нет — я ту поэму не читала. Что
знаю точно — не в поэме дело. А в миловидной крепости.
Хотя нужна тебе была вовсе не крепость, а победа. Победа досталась другому. Вдобавок этот другой освистал
поэму. С тех пор ты и сам ее разлюбил. Двойное унижение. Такое не забывается.

Дружбы между вами не было — никогда. И не могло
быть. Наоборот: взаимная антипатия. Да и встречи с
той поры нечастые: случайные в Питере и подстроен-
ные либо выпрошенные Сережей в Нью-Йорке. Что же
до чувств: у одного — страх, у другого — чувство реванша. Говорю об Америке. Униженный в Питере — унижает в Нью-Йорке. Человек есть не то, что он любит,
а совсем наоборот. Помощь — это зависимость, зависимость — подавление, подавление — унижение. Вот природа твоего покровительства Довлатову, и вы оба об
этом знали. А теперь, разобравшись,— спасибо, старый
добрый Зиги,— знаю я.

О ВРЕДЕ ЖЕНИТЬБЫ,
или ЕЩЕ НЕ ИЗОБРЕТЕНА БЫЛА ВИАГРА

> Отстранение есть исход многих сильных
> привязанностей.
>> *ИБ. Письмо Горацию*

> Любовь сильней разлуки, но разлука
> длинней любви.
>> *ИБ. Двадцать сонетов к Марии*
>> *Стюарт*

> Чем тесней единенье,
> тем кромешней разрыв.
>> *ИБ*

Дорогая, я вышел сегодня из дому поздно вечером
подышать свежим воздухом, веющим с океана.
Закат догорал в партере китайским веером,
и туча клубилась,
            как крышка концертного фортепьяно.
Четверть века назад ты питала пристрастие
                        к люля и к финикам,
рисовала тушью в блокноте, немножко пела,
развлекалась со мной;
        но потом сошлась с инженером-химиком
и, судя по письмам, чудовищно поглупела.
Теперь тебя видят в церквях в провинции
                        и в метрополии
на панихидах по общим друзьям,
                        идущих теперь сплошною
чередой; и я рад,
        что на свете есть расстоянья более
немыслимые, чем между тобой и мною.
Не пойми меня дурно.
                С твоим голосом, телом, именем
ничего уже больше не связано;
                никто их не уничтожил,

но забыть одну жизнь
человеку нужна, как минимум,
еще одна жизнь. И я эту долю прожил.
Повезло и тебе:
где еще, кроме разве что фотографии,
ты пребудешь всегда без морщин,
молода, весела, глумлива?
Ибо время, столкнувшись с памятью,
узнает о своем бесправии.
Я курю в темноте и вдыхаю гнилье отлива.
ИБ

До сих пор, вспоминая твой голос,
Я прихожу в возбужденье...
ИБ

А в том, что не откликнулась на его заходы — скорее все-таки намеки, чем прямым текстом,— нисколько не раскаиваюсь, хоть и жаль было старого, одинокого, неприкаянного. Бабы так и говорят: «Я его пожалела...» Есть в этом известная доля (если не больше) криводушия — будто не того же хочет баба, что и мужик. Как в том анекдоте: «Настоящий мужчина всегда добьется того, что хочет от него женщина». Еще вопрос, кто этого хочет больше. Тиресий, исходя из своего бисексуального опыта, утверждал, что баба в десять раз больше наслаждается сексом, чем мужик. Будто я его не жалела — еще как! Но все-таки не настолько. Да и на кой он мне, безжеланный! Остаточный мужик, который весь свой пыл и сперму давно израсходовал. Пыл — на одну, сперму — на остальных. Считал себя мономужчиной, баб навалом — быть в его гареме 101-й!

— 51-й,— слышу замогильную поправку.

Без разницы! Выбор огромный, вот ты никак и не мог выбрать. В конце концов угомонился, нашел, что искал. Привел к нам как-то миловидную девушку моего примерно возраста, которая, в отличие от меня, не умела отделять любовь к стихам от плотской, то есть человеческой любви. Полная противоположность его Лолит. То есть Лилит. Типичная Маргарита! Жалеть, что не оказалась на ее месте,— все равно что жалеть, что не стала его вдовой.

Он и сам бы потом каялся, если б я согласилась. Согласно его сексуальному кодексу, это было бы не совсем хорошо по отношению к его друзьям — моим парентс, хотя лично я не понимаю, какой им ущерб от того, что их великовозрастная дочь перепихнется с их другом. Инцест не инцест, а все равно — табу. Хоть и был ходок, но ставил себе пределы, был в этих делах моралистом. Или ханжой. Вслух решал для себя проблему, распространяется ли табу то ли на экс-жену, то ли на вдову приятеля — чем кончились его сомнения, не знаю.

Сама-то я, конечно, представляла себе физическую с ним близость мильон раз. А с кем не представляла! С первым встречным! С папой и даже с мамой — почему нет? Все это было в детстве — больше любопытства, чем похоти, и дикие мечты. Такой разгул фантазии, как я теперь понимаю, верный знак невинности и девства. Секс, конечно, нечто грандиозное, умом и словом непостижное, но его девичье предвкушение, разнузданное воображение, неистовство онанизма — какой прикол, какое блаженство!

— Растрата духа на постыдные мечты,— выдавал он из своего многотомного цитатника.

Не думаю.

Шутя он романился со мной, а я, ревнуя к маме и жалея, в связи с гипотетической мимолетной меж ними связью, папу, предполагала увести его от мамы, пока не поняла, что это было бы папе вдвойне обидно: и жена, и дочь. Папина всетерпимость меня раздражала, а в том, что он мучится, не сомневалась. Или дружбу папа ставил выше любви? Выше подозрений? Или выше любви и дружбы ставил поэзию?

— Он у нее был первый? — начинала я пытательный сеанс с твоей снежной женщины.

Отец — смущенно и, как мне кажется, неуверенно:

— Какое это имеет значение...

— Еще какое! — и вспоминаю первое соитие, которое тогда еще не произошло.— Женщина родится запечатанной, первый мужик распечатывает ее. Такое не забывается. Это на всю жизнь,— делюсь я с папой своим гипотетическим постдевичьим опытом.

Никак не реагирует — привык к моим штучкам-дрючкам.

— А ты — у мамы?

— Спроси у мамы.

И ушел, оставив дщерь в глубокой задумчивости.

Маму пытала об отношениях с тобой отдельно и даже — это циничное подлое детское воображение без тормозов! — подозревала, не ты ли мой настоящий папан, пока ты не стал ко мне подваливать. Но и тогда — а что, если наоборот, и тебя самым естественным образом тянет на инцест со мной, как Мольера с дочкой?

Дома меня до семнадцати лет звали «ребенком» — кто знает, может, с умыслом — чтобы задержать мое сексуальное развитие, куда как продвинутое: на словах. Вполне модерные вроде бы люди, но тайно мечтали, чтобы я сохранила гимен как можно дольше. Пришлось поставить их на место:

— Скажите спасибо, что не беременна и не на игле.

Постепенно их воспитала. Как известно, ребенок рождает родителей. Не наоборот.

Было это еще в Питере. Потом мы укатили. Как шутил папа, из-за меня — родить меня подгадали в День американской независимости. Как было этим не воспользоваться!

— Знак свыше,— утверждал папа.

— Знак качества,— шутил ты.— Made **for** the USA[1].

Или бессознательная инициатива появления на свет в День Независимости принадлежала фетусу? То есть мне?

Официально мой день рождения справляет вся страна, а мой собственный — никто.

— Легко запомнить, легко и спутать.

---

[1] Сделано **для** США *(англ.).*— *Примеч. ред.*

Это твои слова.

Себя помню с тех пор, как помню тебя. Знала все
твои стихи наизусть сызмала, не понимая тогда еще
половины слов и не улавливая общего смысла. Друг дома — пожалуй, больше все-таки папы, чем мамы, хоть
знаком был сначала с ней и дышал к ней неровно, а я,
ревнуя, подозревала черт знает что, осуждая маму
за измену, папу за либерализм, а тебя обзывая чичисбе-
ем — ты стал фактором моего самосознания. Случись у
меня в детстве душевные травмы, был бы их главной
причиной, только у меня их не было. Была ли я в тебя
тогда влюблена? На принца не походил ни ухом ни ры-
лом — какой принц, когда потеет, лечится от геморроя,
изо рта кисловатый такой запашок гнилых зубов, потому что пойти к дантисту для тебя — все равно что на
казнь? У нас дома был твой культ, для меня ты — скорее вожатый, чем мужик.

Шутил:

— Дождусь, когда подрастет, и женюсь.

— Ты сначала спроси у нее согласия.

Это мама. Да я бы мигом тогда согласилась — только
чтоб ей досадить.

— А мы по старинке. Главное — заручиться согласи-
ем предков. Нормально, воробышек?

— Ненормально, потому что слово нафталинное.
Предки!

— А как сказать?

— Ну, антиквариат,— выдавила я из себя, стыдясь.—
На худой конец, родаки.

— Ну как, родаки, не против?

Тут вся загвоздка: мама ни за что бы меня за тебя не
выдала.

Или я все тогда напридумала?

Да я и сама, поразмыслив, не пошла бы. Потом — тем
более. Не потому, что тебе пятьдесят, и не потому даже,
что в пятьдесят ты выглядел на все семьдесят. Хотя
твоей жене и дивлюсь. Ты, правда, увел ее от старикана-
профессора; статистически геронтофила даже в выиг-

рыше. Но тот, в отличие от тебя, был моложав, спортивен и не хватался как что за левый бок:

— Бо-бо.

Касаемо меня: по другому устроена, предпочитаю любовь внутри поколения: Ромео и Джульетта. То есть вровень, а не снизу вверх, а потом наоборот: сверху вниз. Общая физиология и психология: порывы, позывы, импульсы, иллюзии. Нет, не только секс, но и секс — тоже. На кой он мне на исходе мужской силы, когда весь жар души и все либидо достались другой? А дрожать, что на тебе помрет?

Как и случилось.

Метафорически выражаясь. Потому что не на мне, конечно.

И еще, дабы покончить со мной раз и навсегда. То есть с моим предамериканским периодом.

В Америку я приехала зрелой (читай — перезрелой) семнадцатилетней девицей. Сиречь недефлорированной. И оставалась недотрогой еще два года — до встречи с моим будущим мужем и единственным (пока что) мужчиной. После чего О стал называть меня замужней девственницей. Причина такой невероятной при современных нравах проволочки — отдельный сюжет. Дойдет очередь — расскажу подробнее.

У меня всё с некоторой задержкой. Первая менструация только в семнадцать, все в классе давно уже истекали раз в месяц, делясь впечатлениями и манкируя физкультурой.

Когда мне гланды вырезали? В пятнадцать! Хотя следовало — еще в колыбели. Папа с мамой исходили из модной тогда теории, что в человеке нет ничего лишнего — в том числе гланды и аппендикс. Мне даже антибиотики не давали, хотя из-за гланд у меня в горле и по всем слизистым оболочкам — гениталии включая — выступали нарывы и температура подскакивала до сорока двух. Дорогу в школу по этой причине я забыла начисто, и, когда мне наконец гланды удалили, началась непривычная для меня и довольно неприятная пора. Тогда я и попыталась собственным усилиями вернуться к аллерго-стрептококковым ангинам. Дело было зимой, и свои опыты я проводила в нашей неотапливаемой коммунальной уборной. Открыла фортку, полила каменный пол водой и стала босыми ногами. Для пущего эффекта побрызгала водой заодно и грудь и, взобравшись на стульчак, подставила ее студеному воздуху.

Добилась, чего хотела — снова ангина с искомой температурой. Меня с трудом отходили — думали, рецидив, но я во всем сама призналась. Тогда и стали разбираться в причинах лютой моей ненависти к школе, а разобравшись, порешили отвалить из отечества — одна из причин. Однако именно в это время школа, наоборот, стала притягивать меня со страшной силой. Имя этой силы — одноклассник Артем. Короче, меня увезли в самый разгар любовного томления. Как я жалела, что не успела ему отдаться! Точнее — соблазнить и дефлорировать. Потому что девственником он был еще большим, чем я.

Пора наконец и свое имя открыть, а то всё воробышек, птенчик, птичка, пигалица, малявка, козявка, ребенок, солнышко. Или оно уже где-то мелькнуло? Там, где плюс-минус одна буква — подхожу или не подхожу ему в качестве гёрлы по имени? Назвать так вычурно свою дочь могли только мои насквозь пролитературенные парентс. Или это с его подсказки? По созвучию с его присухой? С него станет! Еще одно подозрение: если не кровный отец, то крёстный. Единственная ассоциация с этим именем у русского человека — Арина Родионовна. А я и есть Арина Родионовна: коли папа Родик, Родя, то дочь пусть будет Арина. Не сомневаюсь, чья идея, хоть он и отшучивается!

Что в имени тебе моем? А то, что само по себе это имя старит человека, не говоря уже о сниженном социальном статусе: во-первых — старушка, во-вторых — няня. Да еще крепостная! Не по этой ли причине мое задержавшееся детство? И девство. Пока не появился Артем, выступала в роли дуэньи при подружках. Одним словом — вуайеристка. По другую сторону стекла от настоящей жизни. Долго так продолжаться, сами понимаете, не могло, и если б не эмиграция...

Можно сказать и так: матримониально ты был дефлорирован еще раньше, чем я — физически.

Твоя женитьба была скоропалительной, для всех неожиданной, а для женщин твоего круга, даже тех, кто не имел никаких видов на тебя,— огорчительной и даже обидной. Тебе даже пеняли, что не сдержал обещания, данного в день своего 50-летия, решительно тогда отвергнув тост с пожеланием женитьбы и отцовства и словно бы подтвердив своим хроническим холостячеством название и концепцию юбилейного адреса, который опубликовал к твоему полувеку Соловьев. «Апофеоз одиночества» назывался.

— Бог решил иначе: мне суждено умереть холостым. Писатель — одинокий путешественник,— сказал ты тогда.

А тут вдруг ни с того ни с сего:

— Участь моя решена, я женюсь,— явная цитата, а из кого — не знаю и спросить больше некого. Не обращаться же к тебе туда по столь ничтожному поводу.

Папа, как только ты познакомил нас со своей будущей женой, прямо выложил, что женитьба оттянет всю твою творческую энергию, сославшись на князя Вяземского: «Сохрани, Боже, ему быть счастливым: со счастием лопнет прекрасная струна его лиры» и на повесть Генри Джеймса «Урок мастера», которую я так и не смогла одолеть. Тоска зеленая!

— Счастья хочется,— хихикая, жалился ты.— Простого, как мычание. Самого что ни на есть банального. Что говорил Шатобриан, а повторял Пушкин? Что счастье можно найти лишь на проторенных дорогах. Или другой классик, из нелюбимых: все счастливые семьи похожи друг на друга, да? Вот я и хочу быть похожим на остальных. Устал бегать тавтологии и жить чистой метафизикой. Правы были физические менады, что разорвали метафизического Орфея. Страсть — это и есть физика, жизнь, реальность, а метафизика — это память,

Орфея или моя, без разницы. Надоело выдрючиваться и куражиться.

— Надоело быть поэтом,— уточнила суровая мама.

— Женитьба — это отказ от метафизики в пользу физики,— сказала умная девочка я.— А у тебя хватит сил на физику?

— В том смысле, что я стар и хвор? Что у нашего брата поэта не бывает счастливых браков? Что поэт — эквивалент неблагополучия и катастрофы? В принципе, так и есть. Знаешь, как Чехов называл свою Лику, а она трахалась с кем попадя — от Левитана до Потапенко. Адская красавица. От нее исходил дух веселья, загула, скандала. Да нет, я о своей. Вот я и угробил полжизни на мою адскую красавицу. Пока не дошло: женщина — это черновик посвященного ей стихотворения. Хотя не женился из-за другой девы, но та и вовсе блядь, заглядывает все реже, ее поведение мы уже обсуждали. Я — человек, ничто человеческое мне не чуждо, хотя нечто и чуждо.

— А мы думали, ты бог,— съязвила встревоженная мама.— В смысле, демиург.

— Для слуг, жен и друзей великих людей не существует,— расширил ты афоризм-трюизм и с ходу выдал следующий: — Чем отличается великая гора от великого человека? Когда подходишь к горе, она становится все больше, а великий человек — все меньше. Привет предкам.

— И средь детей ничтожных мира, быть может, всех ничтожней ты, дядюшка,— вмешалась я в этот исторический разговор.— Гулливер оказался лилипутом.

— Молчи, ребенок! — повысила голос мама, срывая на мне обиду. Даже если меж ними ничего, все равно жаль, когда женится твой чичисбей и принципиальный холостяк.

— Единственный дом, где меня обижают и унижают. Heart-break house[1].

— Единственный дом, где тебе говорят правду.

---

[1] Дом, где разбиваются сердца *(англ.)*. Название пьесы Б. Шоу.— *Примеч. ред.*

— На кой мне она? Правда — хорошо, а счастье лучше.
И шмыгнул носом, утирая отсутствующую слезу.
Суровый славянин, он слез не проливал.

— Она, конечно, твоя поклонница,— сказал папа.

— Ну и что? Почему поклонница не может быть любовницей!

— Женой,— поправил папа.

— А чем еще старая развалина, как я, может привлечь юную плоть?

— Ты ей ночи напролет будешь читать стихи?

На мою реплику никак не отреагировал.

— Настоящая любовь только за деньги. Дико звучит, но так. Или за славу. Что в условиях развитого или недоразвитого капитализма одно и то же. Там, где все продается, соответственно все покупается.

— И старческой любви позорней...— продолжала я.— Она антиквар?

На этот раз мама меня не одернула. Признать его старость — все равно что свою. Для своих лет она дай бог, папа ее до сих пор девочкой величает (а кто тогда я?), хоть грачи и улетели. Мучившая меня с детства загадка, объяснение которой пришло, когда меня все это уже не колышет: сношались или нет?

— А как насчет «Афродиты гробовой»? — ответил он цитатой на цитату.— Какие-то вещи начинаешь понимать под занавес. Вот, к примеру, Аксель Мунте описывает обезумевших от похоти людей в холерном Неаполе.

Опять сноска внутри текста.
Время от времени он открывал для себя нечто второстепенное и носился как с писаной торбой, противопоставляя общеизвестному. Начав читать и так и не дочитав «Человека без свойств» Музиля, провозгласил этого занудного господина выше трех других зануд — Пруста, Кафки и Джойса, вместе взятых, а модного у интеллигенции Томаса Манна пренебрежительно называл немчурой, изготовителем романов, человеком-вакуумом и считал, что тот останется в литературе только благодаря Михаилу Кузмину:

То Генрих Манн, то Томас Манн,
А сам рукой тебе в карман.

Из западной прозы предыдущего столетия всяким там Гюго-Стендалям-Диккенсам предпочитал Анри де Ренье, у которого спер для своей эссеистики форму коротких, в страницу-полторы, главок. Баратынского, чью «Афродиту гробовую» упомянул, ставил выше Пушкина и всего знал наизусть, а моего любимого Тютчева и вовсе игнорировал. «Циников» Мариенгофа считал лучшим русским романом XX века, до конца которого не надеялся дожить, о чем оповещал как в устной речи, так и стихом. Отвергал всю мировую философию, включая модного Кьеркегора, исключение делал только для французика из Бордо, Шеллинга и Бергсона. А из русских завис на «узком» Шестове, в одном ряду с любимой Цветаевой, зато Бердяева, Флоренского и Владимира Соловьева (не путать с Владимиром Соловьевым) в грош не ставил. Ссылаясь на антиков, хаял демократию, противопоставляя ей просвещенный абсолютизм. Хоть и взял за правило каждое Рождество поздравлять его виновника с днем рождения, неоднократно высказывался в пользу политеизма, а единобожие называл тиранством. Изъездив Италию и считая ее, а не Америку второй родиной, начисто отрицал великую итальянскую троицу: Микеланджело — за маньеризм, Рафаэля — за слащавость, Леонардо — за измену искусству с наукой, зато боготворил венецианцев — Карпаччо, Джорджоне, Гварди, всех трех Беллини и даже заурядного бытописца Лонги, цитируя не к месту Козьму Пруткова: «Я вкус в нем нахожу». Гайдна противопоставлял «устаревшему» Моцарту, а несколько дорических колонн, сохранившихся от храма на мысе Сунион,— Парфенону. Раздражался на Чайковского, Штрауса и Толстого, утверждая, что эти три господина — главные эстетические ингредиенты советской пропаганды: недаром и поделом. «Войну и мир» называл «кирпичом», само название — претенциозным и кретинским. Начал было подъёбывать

Фрейда, но когда ему указали на Набокова как на прецедент, круто сменил точку зрения и стал защищать от него доброго старого Зигги. Набокова, не вдаваясь в подробности, называл литературным набобом. Что в этих оценках было от реальных чувств, а что от куража и понта, судить не берусь, да и не важно. Часто употреблял по отношению к писателю, музыканту и художнику слово «обожаю», и это означало, что был к нему равнодушен или вовсе не знал. В своем невежестве никогда не признавался, но любил им пококетничать:

— «Война и мир»? Не читал.

Думаю, и в самом деле не читал. Точнее: не дочитал. Да и кто этот кирпич одолел полностью, окромя спецов? А он и вообще не чтец был прозы. Ругать и хвалить имел обыкновение не читая, а в последние годы словари и энциклопедии предпочитал литературе. Схватывал на лету, с половины, а то и трети книги, до конца не дочитывал ни одну, предпочитал небольшие, разбитые на краткие главки: тех же Ренье и Мариенгофа, из современников — Довлатова.

Аксель Мунте и был как раз из породы раритетов, хотя когда-то «Легенда о Сан-Микеле», полная художественного — и нехудожественного — вымысла автобиографическая книга скандинава-парижанина-италофила, была переведена на полсотни языков, а его фантастическая вилла — до сих пор главная достопримечательность Капри. Именно в любимой своей Италии О и открыл этого допотопного литератора-аматера и обильно цитировал к месту и не к месту. В том числе примеряя на себя: «Мне ничего не нужно кроме того, чтобы мне не верили». Чего страшился — что стихи разойдутся на цитаты, как «Горе от ума», станут общедоступны, как часть масскультуры, которую рифмовал с макулатурой.

— Пир во время чумы? — спросила я, когда он упомянул холеру в Неаполе.

Это у нас была такая забава, словесный пинг-понг — перебрасываться цитатами, как мячиком. На этот раз он первым вышел из игры.

— Чумы, холеры — без разницы, но почему? Непреложный закон равновесия между смертью и жизнью, утверждает мой швед пост-Полтава. Там, где какая-то случайная причина нарушает это равновесие — чума, землетрясение или война, бдительная природа тотчас начинает выравнивать чаши весов, создавая новые существа, которые заменили бы павших. Вот мужики и бабы и трахают друг друга в полном беспамятстве. А рядом смерть — в одной руке любовный напиток, в другой — чаша вечного сна. Смерть — начало и конец.

— А ты здесь при чем? — спросил папа.

— При том! Старческая похоть либо похоть туберкулезников — той же природы. Что проглядывает для нас в женщине в момент соития? Слабый отблеск бессмертия, надежда на генетическую вечность. Тем более для смертника — последняя возможность забросить семя в будущее.

— Ты уже однажды забросил,— напомнила мама.

— Неудачно. Полный завал. Имею право на еще одну попытку? К тому же она — Мария. Арина — Марина, Марина — Мария.

Марией звали его мать, Мариной — оставленную им в Петербурге фемину, его первую любовь (она же — последняя), которую он называл «врагиней», «ягой» и «дамокловой женой» и посвятил ей все любовные стихи плюс одно антилюбовное. Говоря о ней, ссылался на Стесихора и Еврипида, а те, как известно, считали Елену Троянскую: один — наваждением, другой — видением. Здорово она тогда его достала, коли он теперь отрицал само ее существование, но все еще был зациклен на ее имени и жену подобрал по именному принципу.

— Что говорить, сильный аргумент в пользу твоей женитьбы,— сказал папа.— Реванш с Марией за поражение с Мариной.

— А что! У мужиков обычно физический стереотип, со стороны непонятно — зачем меняет шило на мыло? А у меня как пиита — еще и лингвистический. Архетип, так сказать. Хоть имя дико, но мне ласкает слух оно. Не оно, а она. И не только слух. Вот и торчу на ней. Реванш? Даже если реванш. Отступать уже некуда.

Очень гордился, что зачал в пятьдесят с лишком.

Козел в Питере был еще тот, даже запах козлиный, который мама объясняла коммунальными условиями его тогдашнего существования: одна ванна на несколько семей. Это еще мои девичьи от него импрешнс, питерские: потеющие подмышки да мужской возбуждающий запах. Или это я потом напридумала — насчет возбуждения? Самец по преимуществу, с харизмой, с талантом, но и талант на сексуальной основе. Лучшее, что сочинил в Питере и первые годы в иммиграции — стоячим, да еще каким: стоячим и горячим. Хотя потом отрицал самцовость как творческий фактор, проповедуя равнодушие, отстраненность и флегму:

— Скука? Как признак мыслящего тростника. Знак цивилизации, если угодно.

Это уже в Нью-Йорке, отстаивая свой новый статус-кво и опровергая себя прежнего.

Помню, как вы с папой собачились на этот предмет в отеле «Люцерн», что у Центрального парка, куда ты явился к нам на следующий день после нашего приезда и повел в китайскую столовку: стоячим писать или нестоячим?

Теперь ты отстаивал нестоячий способ, что было адекватно не только твоему нынешнему профессиональному письму, но и твоей сексуальной энергии. Про первое можно было сказать словами Флобера: «Он приобрел часы и потерял воображение», а про второе лучше всего написал ты сам: красавице платье задрав, видишь то, что искал,— ни больше и ни меньше. Пересказываю прозой — и впредь постараюсь,— чтобы не испрашивать у вдовы разрешение на эксцерпцию. В Питере был воображенником, а здесь перестал и отстаивал теперь право на существование каков есть. Говорю не в укор, а с жалостью, хотя он предпочел бы укор и обложил бы меня потоком контраргументов и трехэтажным матом.

Когда впервые увидела его в Дже-Эф-Кей, не выдержала и заплакала: облысел, морщины, выпирающий живот, кривая ухмылка. Глаза стали белесыми, почти бесцветными, но взгляд — тот же. Нет, не потускнел. И голос, слава богу, тот же. Постепенно привыкла. Будь русофилкой, сказала бы, что это мичиганщина его состарила. Как и было на самом деле, но это потребовало долгих пояснений. То, что мы застали в Нью-Йорке, были останки человека, мужа, пиита. Он весь был в прошлом, и мы его любили за прошлое. Хотя уже не так, как прежде. А настоящего было бесконечно жаль. Потому папан с тобой и сцепился тогда в «Люцерне», не узнав тебя в тебе, а я качу на тебя сейчас бочку.

— Что было, то было,— сказал ты, идя на попятную.— Стоячий период позади.

И перекинулись на политику: политическое животное с ног до головы, ты теперь отрицал политику и отстаивал искусство для искусства. Что не мешало тебе возвращаться к ней постояно: в трепе, в стихах, в интервью. Живой оксюморон, ты не стеснялся противоречий.

То же самое с Приапом, который занял место Эроса, но не заменил его.

Жаловался на проблемы с эрекцией и спермой. Больше, правда, прозой — устной и письменной, чем в стихах. Странно: тебя травмировала импотенция, а не безлюбость. Ты разучился влюбляться. А если это связано: Эрос с Приапом, импотенция с невлюбчивостью?

Твоя метафизика не от хорошей жизни. Сам так считал.

Импотент не узнавал в себе самца и отвергал былую самцовость. Хуже того: былую любовь.

Изменился ты и в самом деле катастрофически.

Ты уже не понимал собственных чувств, вызванных — или вызвавших? — любовной катастрофой, которая разломила пополам твою жизнь. А вовсе не судебный фарс — потому ты и отнесся к нему с таким неделанным равнодушием, что было не до того. Ты прожил две жизни, и вторая перечеркивала первую.

Или наоборот?

Ты больше не узнавал себя в рыжем мешуге с голодным сердцем и вздернутым болтом, а узнал бы тот себя в живой мумии, каким ты стал в Нью-Йорке?

Вопрос вопросов, потому и возвращаюсь к нему постоянно.

Анахрон, скажешь ты, имея в виду интервенцию настоящего в прошлое. Контрабанда настоящего в прошлое, уточнил бы тот, судьбу которого ты взял за образец, а не достигнув, стал отрицать.

Прошлое вызывало у тебя не ностальгические, а реваншистские чувства.

Но в отличие от графа Монте-Кристо, который простил и пожалел свою Мерседес (не путать с твоим «мерсом», который ты называл «дом на колесах»), ты, спустя четверть века, вдарил своей через океан антилюбовным стишком, который есть доказательство от обратного твоей хронической к ней любви. От себя куда уедешь, нет таких дорог. Даже если бы были: позади всадника усаживается его любовь. И так до самой смерти, у которой будут ее глаза: *Verra la morte e avra i tuoi occhi,* твердил ты на языке, которого не знал. Ты оставил в Питере ее стареющую двойницу и подмену, а с собой увез: без морщин, молода, весела, глумлива!

Что делает с человеком время!

— Оно его трансформирует,— слышу картавый голос.— И отступает перед памятью. Сиречь поэзией.

Вот почему два голландца так неистово писали автопортреты, пытаясь остановить мгновение и уловить неуловимое. Коли ты помянул одного из них, то я продолжу: автопортреты Ван Гога — это портреты разных людей, каковы ваны гоги и были в разные времена. То же — с рембрандтами.

То же — с тобой: сюжет своей жизни положил в основу стихов, а я движусь теперь в обратном направлении и выуживаю из них биографический подтекст, соотнося поэзию с реальностью. По принципу: «Не верь, не верь поэту, дева!» — как сказал сам поэт, хоть и не самый у тебя любимый. Не так чтобы тотально: когда верю, а когда — сомневаюсь. Ты писал свой портрет таким, каким себя видел, а под конец — каким хотел бы, чтобы тебя увидели другие (потомков включая).

За пару месяцев до смерти ты сочинил свой «Памятник» с его порноподменой: *Monumentum* **aere perennius**. Памятник не себе, а Приапу. В твоем варианте — в отличие от горациево-пушкинского — не памятник крепче меди, а памятник крепче пениса как мерила крепости, и не слово тленья избежит, а семя, заброшенное в вечность. Памятник собственному члену — твердая вещь, камень-кость, гвоздь моей красы — что, впрочем, очевидно из названия, тем более — из самого стиха: фалл обеспечит вечную жизнь, а не фаллическое кадило. Христианином тебя ну никак не назовешь, несмотря на эти рутинные подношения Иисусу на день рождения. Спецнаказ, соцзаказ.

Похоть или ностальгия по похоти — по твердой вещи, которая с годами, увы, утрачивает свою твердость? А подзавел тебя на стишок Найман с его удручащим прозелитством и пошлыми призывами немедленно креститься. Что странно, так это твой отказ от воинствующего индивидуализма в пользу семейного, родового, генетического инстинкта. От христианства назад к иудаизму с его «плодитесь, размножайтесь» и отрицанием вечной жизни? См. об этом отдельную главу под названием «Плохой хороший еврей».

Или...

Меня вот что интересует: о своем хуе ты писал стоячим?

Или это из категории «мечты, мечты, где ваша сладость» — два вопросительных знака в конце: ??

Детородный орган или мочеиспускательный крантик?

Несмотря на внешнее тщедушие и потливость, ни мозгляком, ни еврейчиком не был. Скорее шпана, чем интеллигент. Роста хорошего, руки дюжие. На том моем дне рождения, когда посвятил мне стишок с воробышком и ястребом, я от волнения перепила — так он не только вынес меня на свежий воздух, но и внес обратно домой, а жили мы тогда на четвертом, лестница крутая, да и я была не из легковесов, это сейчас, сев на диету, постройнела. Не тогда ли, от перенапряга, начались у него сердечные проблемы? Mea culpa?¹ Или все-таки врожденный порожек?

Перфекционист: стопроцентность как недостижимый идеал и как достижимая цель. Желание есть его осуществление. Скорее двужильный, чем сильный. Скороход, хоть и без сапог-скороходов — одной волей. Шел напролом семимильными шагами, всех обошел, потеряли из виду — сначала виртуально, потом физически. Высший импульс — перегнать всех в жизни и в смерти. Желание, страсть и воля, начав, довести до конца, пусть даже конец есть смерть. Напряг как при оргазме; он же — смерть. Напряг при оргазме и есть смерть. Для других — малая, для тебя — настоящая.

В том моем частном случае — донести, а не уронить и не сбросить. Лично я ничего не помню — только по рассказам других. Все попытки перехватить у него ношу или хотя бы подсобить отвергал с презрением. Взмок весь, а донес. Как тот греческий гонец, который, добежав с депешей, упал замертво. Вот и ты — все делал сверх своих возможностей, хоть и говорил, что *fatum non penis, in manus non recipis.*

— В вольном переводе: выше хуя не прыгнешь, да? Основное твое занятие — от рождения до смерти. Женитьбу включая.

Запрет был не только на курение и алкоголь, но и на секс.

— Ты биограф или соитолог? — опять вмешивается он из могилы.

— А ты сам? Отрицал секс, противопоставляя ему работу, а кончил его апологетикой, воспев собственный пенис! — имея в виду уже упомянутый стишок.

— *Not so elementary, Watson.*

---

¹ Моя вина *(лат.).* Формула раскаяния в католических исповедях.— *Примеч. ред.*

Снизойдя к просьбе покойника, накладываю замок на уста мои.

Не в обиду твоей вдове будет сказано (тебе — тем более), но в принципе тебе было без разницы, с кем и на ком — для реванша сгодилась бы любая. Женитьба как доказательство нелюбви: потому и женюсь, что больше не люблю. Свобода от любви, и как следствие этой свободы — семейные узы. Пусть даже далекий слабый отсвет той изначальной ты и узрел своим третьим, метафизическим глазом — в масти, в имени: Марины — в Марии, Лилит — в Еве. О том, что Адам однолюб, и Ева — жена, а не возлюбленная, и ежу понятно. Безумная, отчаянная надежда мгновенного старика, каким ты стал, израсходовавшись к пятидесяти,— начать жизнь сначала. Vita nuova! Хотя не это его сгубило, мама не в курсе. Его женитьбу переживала тяжелее, чем его смерть,— вот и придумала, что надорвался. Не в том смысле, что она заездила его до смерти. А слухи «привожу лишь затем, чтобы ничего не пропустить, а не оттого, что считаю их истинными или правдоподобными». Привет Светонию, чьих «12 цезарей» штудировала перед тем, как засесть за жизнеописание 13-го.

....
....
....

Он и сам переживал, что не может соответствовать жене, вдвое (плюс-минус) его младше, а виагра еще не была изобретена. В нынешние времена и Хемингуэй не подстрелил бы себя, охотник и зверь в одном лице — на-виагрился бы себе вволю, не дожидаясь вдохновения.

«Жена — прижизненный гроб»,— отшучивался ты, но и ей можно посочувствовать: семейная непруха всегда взаимная.

В случае с О проблема другая. Его жена похожа на нимфоманку еще меньше, чем я. В отличие от меня: из породы поклонниц и собирательниц автографов.

Я — нет. Его стихи любила больше, чем его славу, а его самого — больше его стихов.

Что его мучило? Что оставит ее вдовой, а дочь — сиротой? Ему наскучило в своем поколении — вот результат. Среди своих обречен был на повторы и клише. Хотел второго дыхания. Вот и задумал катапультировать из своего поколения в чужое. За эту измену Бог и покарал.

· Несмотря на внезапность, случайность и мимолетность (даже в отпущенных ему жизненных сроках) женитьбы, именно она, подпортив бобыльную анкету, сбила его жизненный ритм и усугубила трагизм судьбы. Все равно что вытащить нож из раны. А так бы — с ножом в левом боку и рефреном «сердце пошаливает» — проходил еще пару-тройку лет. Сильно переживал, что пришлось переехать из Вилледжа в Бруклин. Прерыв жизненной инерции, благодаря которой только и жил: топографический, матримониальный, семейный, сексуальный, физический и бытовой. Прожил всю жизнь холостяком, а умер женатым человеком, так и оставшись в крутом одиночестве. А кто не одинок перед смертью?

Помимо имени и нордической внешности важен был еще возрастной фактор: женился на женщине того же приблизительно возраста, как твоя питерская фафа, когда ты видел ее в последний раз, придя на Глинку попрощаться: навсегда.

Вот почему высказываемую биографами гипотезу о женитьбе, вынужденной беременностью его будущей жены, я все-таки отвергаю. Да, он не был в нее влюблен, истратив весь свой любовный потенциал еще в Питере, но все-таки любил ее — скорее как дочь, чем как женщину, а после рождения ребенка говорил:

— Теперь у меня две дочки.

Доля истины в этой шутке была.

Хоть здесь ему повезло — на девочку. Во-первых, учитывая самцовую и эгоцентричную его породу, младенца мужеского пола любил бы с неизбежной примесью соперничества. Во-вторых, пацан у него уже был: плод — зачеркиваю «их» — его страсти. Вылитый ты, будто Марина и вовсе не участвовала в зачатии — еще одна причина, почему множественное число пришлось заменить единственным. Со всеми твоими недостатками минус достоинства. Та же патологическая неспособность к учению — Марина возила его в школу на такси, иначе его бы, как тебя, турнули из восьмого класса (а не сам ушел — еще один self-myth[1]). Прошу прощения за штамп: природа отдыхает на детях гениев. Замыслив жениться, ты называл первого отпрыска «эскизом».

Мы с Андреем почти ровесники. Не очень чтобы артикуляционный. Двадцатилетним недорослем прибыл на пару недель из Петербурга, удручив родителя дурным вкусом, роколюбием, песенно-есенинщиной и гитарой, с которой не расставался. Я его несколько раз наблюдала в контексте — «у Казани», среди других хиппи. Самое смешное, что тоже писал стихи, но какие! И распевал под гитару на ступеньках собора. Само собой, шок был у О при встрече еще какой. Вот именно: культурный шок. А ведь перед его прибытием лелеял какие-то смутные планы: «Может, полюбимся друг дружке, да? Одна кровь как-никак...» — которые пришлось оставить.

Ты и жениться надумал сразу же после этой встречи-невстречи с так похожим на тебя физически Андреем. В которой — так я теперь думаю — виноваты обе стороны. Андрей, наверное, все-таки без вины виноватый. Как мог он соответствовать твоим представлениям, когда ты оставил его крохой, он тебя знал только по фотографиям, его становление как личности прошло без тебя. Помню (мне было лет пять), как мы с папой пришли в дом на Глинке, посередке между Николой и Мариинкой, и пока папа трали-вали с Мариной, я глядела на щуплого нелюдимого однолетку — он рисовал за огромным дедовым столом и оттого сам казался крошечным: ты в детстве! И вот Андрей прибыл к тебе в Нью-Йорк, ты окружил его стеной презрения, не дожидаясь его отъезда, направо и налево трепался о своем разочаровании и так и не купил ему видеоплеер, а он его вымечтал еще в Питере.

---

[1] Здесь: самомифологизация *(англ.).— Примеч. ред.*

И вообще, Юпитер: ты сердишься — значит, не прав.

Нюха родилась у него в Нью-Йорке — бывает же такое! — в один день с внуком в Питере.

— Снова художественный вымысел! — слышу возмущенный венецейский окрик.

— Хронологический анахрон.

— Ужасное слово — внук, да? — это уже твои слова здесь, на земле.

Вторичное отцовство было, если хотите, его реакцией на сам процесс старения, у него такой преждевременный и мгновенный.

— Чем ближе зима, тем все больше похожи мы на наши снимки в паспорте.

— Ежи Лец?

— Не угадала. Хотя близко. Другой поэт-поляк-еврей, поколением старше. Жизнь, увы, единственна и непоправима.

Отцовский статус перечеркивал статус деда — по крайней мере, в его представлении.

Фауст и Маргарита?

Холодно.

Мастер и Маргарита?

Теплее. Он и меня, как читатель помнит (если не забыл), пробовал на эту фатальную роль, да я отказалась. Вместо того чтобы пожалеть его, пожалела себя.

О чем не жалею.

БЕНЦЫ, или МИЗОГИНИЗМ
КАК ЧАСТЬ МИЗАНТРОПИИ

> Кровь моя холодна.
> Холод ее лютей
> реки, промерзшей до дна.
> Я не люблю людей.
>   *ИБ. Натюрморт, 1971*

> Ты всегда подозревал, что ты сам, возможно, так же ужасен, как дракон, и в определенных обстоятельствах ты можешь вести себя так же мерзко, как он. То есть ты всегда предполагал, что в тебе больше от монстра, чем от святого Георгия.
>   *ИБ о самом себе — Дэвиду Монтенегро, 1987*

> ...Я не чувствую себя нобелевским лауреатом. Чувствую себя просто исчадием ада — как всегда, как всю жизнь. Я просто достаточно хорошо себя знаю — что я такое, какой я монстр, какое исчадие ада... Достаточно взглянуть в зеркало... Достаточно припомнить, что я натворил в этой жизни с разными людьми.
>   *ИБ — Томасу Венцлове, 1988*

> ...Когда мне было двадцать два или двадцать три года, у меня появилось ощущение, что в меня вселилось нечто иное. И что меня, собственно, не интересует окружение. Что все это — в лучшем случае трамплин. То место, откуда надо уходить. Все то, что произошло, все эти «бенцы», разрывы с людьми, со страной. Это все, при всей мелодраматичности этих средств — а в жизни других нет,—

это всего лишь иллюстрации такой тенденции ко все большей и большей автономии.
Которую можно даже сравнить с автономией
если и не небесного тела, то, во всяком случае, космического снаряда.

ИБ — Аманде Айзпуриете, 1990

Казалось, он расквитался с прошлым раз и навсегда,
сжег за собой мосты и корабли, сменил, как змея, кожу
и начал *vita nuova*. Mixed metaphor, слышу его замогильный голос, на что я: «А как насчет Шекспира?» — «Не
читал» — имея в виду, по-английски. В самом деле, пастернакова Шекспира предпочитал Шекспиру шекспирову, хотя Лозинский точнее — очередной твой подъёб
Пастернаку, а тот не давал тебе покоя: как поэт, как
прозаик, как нобелевец и как еврей-отступник.

Кое-какие заусеницы, конечно, остались. По нашему
семейному убеждению, жена у него была хоть и любящая, но нелюбимая, то есть, по Аристотелю, она как
любящая была божественнее его любимого. Он, правда,
уже был любящим — да еще каким! — то есть божест-
венным, но потом ударился в противоположную крайность, низвергнув любимую с им же возведенного
пьедестала с помощью нехитрой теоретической уловки:
объект любви — ничто в сравнении с самой любовью.
В конце концов, что такое любимая женщина как не
творение любящего, а сама по себе — пшик и фикция?
Можно сказать и так: скорее он любил свою любовь к
ней, чем ее самое. *Его отрицание живого объекта собственной любовной лирики рикошетом задевало всех
остальных женщин, даже самых ему близких. В самом
деле, как могла сочетаться стойкая его мизогиния с
любовью к женщинам вообще, к жене конкретно, да
хоть к дочери? Эти метаморфозы — превращение влюбленного в мизогиниста и последующая женитьба мизогиниста — и являются одним из главных сюжетов этого
жития несвятого.*

С увяданием мужественности, но с прибавлением славы усилился приток к нему женщин: вешались на шею, отбою не было — в обратной пропорции к нужде в них: чем меньше женщину мы любим и прочее. Аристотеля он цитировал теперь в вольном пересказе Фицджеральда:

— Как легко быть любимым, как трудно любить...

— Кому как,— скромно потупив очи, возражала юная жрица любви.

— Как сказал один герцог или кто он там, из двух любовников один любит, а другой только позволяет себя любить. Вопрос, кто из них в выигрыше.

В конце концов у него выработался стойкий иммунитет к женщине как таковой. Он рассматривал ее с холодным расчетом на предмет получения того минимума физических утех, который положен ему как мужику. «Любовь», «люблю» отсутствовали в его лексиконе по отношению к реальным женщинам, само буквосочетание стало казаться ему непристойным либо смешным.

Пусть даже мизогиния часть мизантропии (почему он и не стал маскулинистом), а его мизантропия притча во языцех, вот его постулат: к определенному возрасту, считал он, любой человек — гомофоб и ненавидит род людской за редкими исключениями (и на том спасибо). Включая самого себя, добавлял он милостиво. Как будто от этого легче другим!

И еще одно противоречие: коли ты мизантроп, то не жди, а тем более не требуй любви к себе от других. Мизантропство — полбеды, хуже — кокетство мизантропством. Ты был мизантроп-кокет. Точнее: и мизантроп, и кокет мизантропством.

У тебя, правда, человеко- и себяненавистничество с детства, сам признавался. «Достаточно глянуть на себя в зеркало — монстр и есть монстр,— говаривал часто, скорее опять-таки игриво, чем покаянно.— Чего только не натворил я с людьми. Особенно с близкими». Считал себя «исчадием ада» и то же самое выражение применил в статье о своем тезке, за тринадцать лет до смерти которого он родился и в честь которого был назван: «Недаром» — это его, а не мой коммент (хихикая). Да и его «Одному тирану» — это, конечно же, обращение к себе. Изначальный импульс поэзии определял как потребность услышать собственный голос. Монологичен до мозга костей, а излюбленный жанр эпистол или разбивка на диалоги — игра с самим собой в поддавки. Все его горбуновы и горчаковы, туллии и публии и прочие dramatis personae — не что иное, как раздвоение (увы, не шизофреническое) его личности. *Alter* и *altra egi*[1]. Способность слушать другого — на нуле, а отсюда уже его полная неспособность к усидчивому чтению — не прочел ни одной более-менее крупной прозы, включая те, которыми восхищался. Тем более — которые ругал. Само собой, невосприимчивость к окрестному миру (не только к природе) — окромя самого себя, ничего больше не видел. Склад ума — а не только характер — нарциссианский. С той поправкой, что Нарцисс, глядя на свое отражение, может каяться и казнить себя сколько угодно, получая от этого скорее удовольствие, чем наоборот, но не поздоровится тому, кто скажет ему то же, что он говорит сам себе, пусть даже один к одному либо эвфемизмами.

Вот, кручусь вокруг да около, а что-то главное упускаю. После женитьбы, хмыкая, говорил:

— Теперь я — моногамный мизогин, как один скандинав сболтнул про другого.

Сноска: Георг Брандес — о Генрике Ибсене.

Его матримониальное счастье у нас дома было под бо-о-ольшим вопросом. Ну ладно мама — у нее были — возможно — на то субъективные причины. Ладно я, хоть я и отрицаю за собой какие-либо поползновения, каковые могли исказить объективное восприятие его женитьбы. Кто вне подозрений, так это папа. Даже если он ревновал маму к О, то, наоборот, должен был радоваться, что тот наконец уполз в семейную нору. Однако и папа сомневался.

---

[1] Второй и вторая «Я» *(лат.).* — *Примеч. ред.*

— Тихая пристань,— сказал О как-то, но никто так и не понял, что именно имелось в виду.

— Могила еще тише,— тут же встряла я с присущим мне тактом.

Он согласился:

— Воробышек, как не всегда, прав.

Его женоненавистничество многопричинно — от изначальной любовной травмы до кордебалета, который крутился вокруг него еще с питерских времен, предлагая ассортимент различных услуг, включая те самые. Баб у него было без счета, а могло еще больше, но, перелетев через океан, он не то чтобы стал в этом деле щепетилен — скорее брезглив. И брюзглив: «Не в ту сунулся пизду»,— мог он сообщить после разочаровавшего коитуса. Все стало наоборот, чем у нормальных людей: не баба, а он жаловался, что баба его разочаровала. Баба или бабы? Сам он это определял как «смену координат, точнее — ориентиров»: там — романтические и романические, здесь — литературные, метафизические:

— Любовь слишком мгновенна. Отлюбил, а что потом делать? Работа длится дольше. Вот я и выбрал.

А когда шебутной Соловьев напечатал к пятидесятилетию панибратский юбилейный адрес, вызвав взрыв недовольства у твоих друзей и клевретов, ты, не вдаваясь в подробности, взял статью под защиту:

— Название хорошее: «Апофеоз одиночества». Человек — существо автономное. Чем дальше, тем больше. Я уж не говорю о смерти. Один как перст. То есть куда больше! Пусть не небесное тело, а космический снаряд, скажем? Спасибо судьбе, что в моем случае она подтвердила это физически. Все мои бенцы, то бишь разрывы — с друзьями, с бабами, со страной — есть стремление к абсолюту. Как сказал классик из нелюбимых? И тянет страсть к разрывам, да? Свобода? Она же одиночество. То есть смерть. Ее-то я и выбрал. Самолично пересадил себя на другую почву. Прижился — да, но с неминуемыми потерями. А если начистоту, сократил свой жизненный срок. Жизнь, как басня, ценится не за длину, а за содержание — это мы уже вроде проходили, да? Кто это сказал, детка?

— Сенека,— голос детки.

— Так вот, хоть и Сенека, а неправ. Жизнь — что человеческая, что муравьиная — вообще не ценится. Ни природой, ни этим, как его, каждый раз забываю? Вот именно: Богом. А Бог терпеть не может жалоб. Помимо того что моветон, каково ему выслушивать жалобы на самого себя? Нашли на кого жаловаться. А главное — кому! Человек — стрингер по определению, вся жизнь в условиях высокого риска. Если уж кому на Него жаловаться, то черту. В отличие от Его сыночка я не возоплю на кресте «Пошто меня оставил?» Околеванец — условие жизни, а на кресте, на электростуле или в собственной кроватке — разница чисто формальная. Коли человек одинок в смерти и никто ему в этом деле не в помощь, то и в жизни — тоже, несмотря на иллюзион, с помощью которого мы коротаем время до смерти. Смерть нам явлена при жизни — это наши о ней мыслишки. Жизненная суета и есть последний заслончик, которым я отгораживаюсь от мыслей о смерти, не даю им овладеть мной. Чтобы не сойти с ума от смертной тоски. А иллюзии, увы, выпадают к старости, как зубы,— все до одной. Вставная челюсть иллюзий, ха-ха! Вот Паскаль — тот как задумался на эту тему, так до самого конца ни о чем больше думать не мог. Крыша у него поехала, когда до него дошло, что жизнь и есть смерть. Пусть и медленная. Полная противоположность твоему Сенеке. Вот кто был не промах. Подошел к самому краю, но железно так, как только стоики умели, сказал себе: если хочешь ничего не бояться, помни, что бояться можно всего. И я как-то держусь, хотя от мыслей о смерти меня отделяет еще меньше, чем от самой смерти. Пока что. На этой паскалевой шкале одиночество — это человек в квадрате. И я одинок абсолютно, несмотря на массовку. Вывод: я — человек в кубе. Паскаль был одинок в энной степени, ибо отказался от массовки и остался с безносой один на один.

А апофеоз или наоборот — это как посмотреть. То есть взгляд со стороны. Что мне по фигу.

— Итак, мы для тебя массовка,— обиделась мама.

— Если мы для тебя массовка, то и ты для нас массовка,— выровняла я наши отношения, чтоб не задавался.

Знаменитую апологию одиночества и самодостаточности Ницше — не многие мне нужны, мне нужен один, мне никто не нужен — О трактовал как эвфемизм онанизма, который есть верность самому себе и при определенных условиях предпочтительней романтических и романических связей, ибо те требуют душевных трат. Этой теме — душевной и эмоциональной экономии — посвящено нигде пока что не опубликованное стихотворение «О преимуществах мастурбации» — отстоявший итог его печального любовного опыта, деперсонализация секса как такового.

— Либо проституция. Что советовал Персий Флакк? Воробышек, заткни уши! «Когда в тебе воспылает бурное и неудержимое желание, излей накопившуюся жидкость в любое тело». Венера без Эроса. Нет, не Венера, а Муза, а с ней любовь с годами все безответней. Деперсонализация любви: все равно с кем. Умирать буду, вспомню, как девушка у стойки улыбнулась мне в открытую дверь и пальчиком поманила, когда брел мимо по какой-то привокзальной римской вие. Не путать с Вием! Скорее всего блядь, но кто из них не блядь! О присутствующих помалкиваю. Да и лучше априорно считать блядью, чем опять же априорно — идеалом. Зависит от точки отсчета: в одном случае баба выигрывает, в другом — проигрывает. Мужик сам толкает женщину на ложь, творя из нее кумира, любая трещина в котором — катастрофа для него. Или другая история. В поезде Милан—Венеция напротив сидела, с дедушкой Зигги на коленях и карандашом в руке, но все время отвлекалась и карандаш посасывала — вот именно! — напропалую со мной кокетничая. Само собой — молча. Сплошные флюиды, будто никого, кроме нас, в вагоне нет. Почему не откликнулся? По незнанию итальянского? Из-за Марины? В бейсменте, когда мусор выносил — поворошил рукой в брошенных шмотках, а под ними бездомная девочка, смотрит на меня спросонья дивными своими глазами — как короткое замыкание. Снова сбежал. Еще одна нищенка с юным интеллигентным лицом в темном углу Коламбус-Серкл — еще одна упущенная возможность, жжет как изжога. А вчера в ресторане попридержал дверь, пропуская ужасть как красивую негритянку,— и снова искра промеж нас. Ни одна из них никогда меня не вспомнит, а я помню всех и торчу на них, будто это было вчера. А меня, наверное, помнят те, кого я начисто позабыл. Да и что такое любовь? Абсолютная случайность — что встретил именно эту, а не ту. Миражистая жизнь, не врубаюсь. Ну что, в самом деле, я на Марине застрял! Женился бы лучше на той привокзальной бляди: там хоть знаешь, что к чему и что почем, никаких иллюзий. Из блядей, как известно, самые лучшие жены: они свое уже отблядовали. А хуже всего девственницы — у них все впереди, дай им все попробовать да сравнить, у кого толще.

На этой фразе мама демонстративно нас покинула. Папа остался — из солидарности: как мужчина. А я как кто? Вот именно: как девственница. Хотелось все про себя узнать заранее.

— Любите самих себя — этот роман никогда не кончается,— цитировал он в сотый раз понятно кого и в ответ на мое «чем ты и занят всю свою жизнь» мгновенно парировал следующей цитатой:

— Если идешь к женщине, захвати с собой... что? Плетку! Где моя плетка, чтобы отшлепать эту женщину-ребенка?

Весь состоял из цитат, человек-компендиум, цитаты как костыли, но коверкал их на свой лад, перевирал, извлекал боковой либо обратный смысл.

Здесь потребуется сноска, хотя, наверное, ее следовало сделать значительно раньше. Почему никто меня не стеснялся и говорили в моем присутствии о самых интимных вещах и употребляли ненормативную лексику — и не только лексику? Так уж повелось у моих продвинутых родаков в отношении их единственной дитяти. Они исходили из того, что в школе и на улице я слышу — или услышу — кое-что почище, а потому надо приучать дочь сызмальства. Да и не только разговоры. С раннего детства я видела моих парентс голыми; папа бы, может, и застеснялся, но моя преодолевшая стыд мама заставила и папу не стесняться своей голизны при мне:

— Пусть видит, что вы из себя представляете, чтобы потом никаких иллюзий.

Было дело: однажды застукала их и вовсе во фривольной ситуации, хоть и под одеялом — к сожалению. Мама не растерялась:

— Теперь видишь, каким элементарным способом ты была сделана,— сказала она, выглядывая из-под папы.

— Чур, братика! — сказала я.

— А ну, марш отсюда! — скомандовал папа, хотя я предпочла бы остаться, чтобы досмотреть до конца, но мама сказала, что зрелище более-менее однообразное и конец мало чем отличается от начала..

Не сказала бы! Одна звуковая дорожка чего стоит — слушать интересней, чем смотреть! Мне было тогда одиннадцать, а досмотрела-дослушала уже по телеку пару месяцев спустя, завершив таким образом свое сексуальное воспитание (теоретически). Кстати, тот фильм, помню, мы смотрели всей семьей, и папу-маму, уверена, он возбудил, в то время как у меня вызвал только здоровое любопытство.

Они таскали меня с собой повсюду, я такого наслышалась в детстве — меня ничем не удивишь, по сравнению с тогдашними впечатлениями моя нынешняя взрослая замужняя жизнь — сплошная невинность. Вот они, плоды современного воспитания! Во взрослых компаниях привыкли ко мне настолько, что совершенно не стеснялись в выборе сюжетов и слов, а О, будучи кокет и жеманник, перед тем как что-нибудь выпалить, шутливо предлагал мне заткнуть уши или покинуть собрание, надеясь смутить меня таким образом, да не на ту напал.

Все эти его довольно однообразные шуточки продолжались, когда я стала взрослой — как будто я ею и не стала. Но именно благодаря этому нашему возрастному неравенству отношения наши как раз и выровнялись, несмотря на его тиранство-паханство по отношению к остальной публике. Баб он тиранил не меньше, чем мужиков, словно мстя им за ту свою давнюю обиду. Приставучих и вовсе презирал, а особенно тех, с кем прежде «обожались и обжимались» (его словечки). Его философия после Катастрофы сводилась к довольно простому правилу: зачем вся дева, раз есть колено. Одно и то же колено ему быстро приедалось, связи были поверхностными, случайными, одноразовыми, предпочитал по-быстрому. За одним исключением, о котором, не знаю, буду ли. И не считая кратковременной все-таки, ввиду смерти, женитьбы. Чего он всеми силами избегал, так это возобновлений и продолжений: «В одну и ту же дважды? Да ни за что! Имею в виду реку». Гераклита перевирал постоянно, трактуя каждый раз на новый лад: «В одну и ту же ямку снаряд не падает. По Гераклиту». Или по поводу встречи с уже помянутым мной подонком, нагрянувшим из Питера: «Супротив Гераклиту, в одно и то же говно вляпался дважды». Еще одна форма его борьбы с тавтологией?

Одной здешней диссертантке, с которой у него были трали-вали в Питере, наотрез отказал, заявив, что после сердечной операции импотент, что было не совсем так, хотя удивление по этому поводу и фантазии на этот счет были утрачены, эрекция возникала по сугубо физическим причинам: переполненный мочевой пузырь либо тряска в автобусе. Откуда я знаю? Его собственные слова. «Еще во сне,— добавлял он.— По совсем уж невнятным причинам».

Кстати, его знаменитое «конец перспективы» — внимание литературоведов! — относится именно к вагине, а никак не к политике.

Даже Л. не удалось его соблазнить, а эта абсолютная фригидка знаменита именно тем, что коллекционирует (до сих пор, несмотря на возраст) гениев. И негениев тоже. Не было в иммиграции мало-мальски подающего надежды литератора, которого бы она не поимела. «Сквозь ее пизду прошла вся литература в изгнании»,— говорил про нее Довлатов, сам не избежавший призыва. Как может быть толпа из одного человека, так одна женщина может представлять из себя целый блядоход, а тем более такая бесстрастница, как Л. В конце концов спилась и стала литературным критиком.

— Он мне лазил под юбку,— утверждала она под пьяную руку.

— И всё?

— К сожалению.

Даже если он действительно лазил ей под юбку, в чем я сомневаюсь, то инициатива все равно исходила не от него. Сама видела, как, усадив гостя на диван, она лезла через него, чтобы открыть фрамугу, то есть подставлялась. В связи с ней О рассказывал о своих подростковых переживаниях, когда парикмахерша терлась минжой (его словечко) о его руку, лежащую под простыней на ручке кресла, а он не знал, что делать. Так и остался с замершей рукой на всю жизнь, жалел до конца дней.

Что я заметила: в вопросах секса даже у таких преждевременных старичков типа О остается что-то инфантильное, хоть он и перестал удивляться. Самая невинная из нашего гендерного сословия испорченнее в душе, чем самый Дон Жуан из их. Тот же Казанова — сущий ребенок! К сожалению, во всем остальном ребенок в О как-то испарился, что не могло не сказаться на его стиховом потенциале.

Его американский мизогинизм (все-таки лучше, чем словарная мизогиния) был в том числе реакцией на его российскую влюбчивость. Там он был большой ходок, хоть и любил одну женщину, а та оказалась блудней и курвой с рыбьей кровью. Так он сам говорил. А потому влюбчив да отходчив — все его питерские романы носили мгновенный характер, продолжения не имели: спринтер в этих делах. Влюбчивый однолюб, а однолюб, как известно, может сделать несчастной только одну женщину. Ее и себя. Что и произошло.

— Хронический случай,— объяснял он всем желающим.— Вирус в крови. Вывести можно только со всей кровью. Как сказал опять-таки не я, а жаль: высокая болезнь. От себя добавлю: неизлечимая. Единственный эскулап — небезызвестная мадам. Безносая и с косой.

У меня есть доказательство, что он до самой смерти любил только Марину, и в надлежащем месте я это доказательство предъявлю. Если решусь. А не решусь, читателю ничего не останется, как поверить мне на слово. Остальные бабы — как он говорил, ляфамчик — были для него на одно лицо. Точнее — на одну муфту. Отношение: от равнодушного до презрительного:

— А ты замечала, детка, что все чудища в греческих мифах — женского рода: гарпии, мойры, эринии, горгоны, химеры, ехидны и прочие граи и ламии?

— Что еще за граи и ламии?

— Ну, знаешь, не знать грай и Ламии! Граи родились старушками, и у них на троих был один глаз и один зуб — пользовались по очереди. А Ламия, та на сон грядущий вынимала из орбит свои глаза, как не я свои зубы, и те продолжали за всем следить, пока она спала. Недреманное око, но во множественном числе. Вот что такое женщина! Суккуб. Чудище обло, озорно, огромно, стозевно и лаяй.

Если бы не та его личная Катастрофа, он бы, может, и мизогинистом не стал. Кто знает: ни мизогинистом, ни иммигрантом, ни нобельцем, ни сердечником. Жил бы себе и жил в Питере до сих пор. О это сослагательное наклонение...

Пусть прозвучит кощунственно, но должен быть благодарен Марине за измену. Без той измены он, может быть, и не смог бы реализовать свой потенциал. Потому он и раздул любовный эпизод до размеров жизненной катастрофы, мыльной опере придал трагические черты — из творческого инстинкта. Катастрофа — его главный литературный, поэтический и карьерный импульс. Как поэт и как человек он сформирован Катастрофой, которую создал все-таки сам, пусть и из жизненного материала. Можно сказать и так: он есть причина и следствие той Катастрофы. Его так называемое мужество в тюрьме, на суде и в ссылке — по причине его эмоционального перерасхода: у каждого есть свои квоты, он весь истратился на любовные переживания. Отсюда его равнодушие к внешним перипетиям жизни, да и к ней самой — он был ведом судьбой, жизнь по барабану. Он как бы попал в иное ведомство: парки уже плели и расплетали нить его судьбы, голос нарсудьи доносился до него глухо, издалека и не имел большого значения.

Было бы упрощением сводить его литературную карьеру к реваншу за любовное невезение. Что несомненно: та неудача стала главной подпиткой не только его поэзии, но и его судьбы, из человечьей беды он извлек литературную выгоду, вырвал победу из рук пораженья, творил себя и свою жизнь всей силою несчастья своего.

В качестве примера приводил великого британского меланхолика лорда Теннисона, который написал классное стихотворение, вдохновившись разгромом британского отряда в Крымскую войну и гибелью капитана Чарлза Нолана: вырвал трофей из поражения. И еще рассказывал о музее человеческих неудач где-то в Ново-Скоше. Фразу *o tristesse* после случки я уже приводила. «Посткоитальные страдания юного Вертера»,— шутил он уже в Нью-Йорке. И перевертыш американской поговорки как постулат: цепляйся за седло сбросившего тебя коня.

Что касается женщины как таковой, то ее общедоступность — особенно замужней — стала смущать его инфантильно-романтическое сознание, живо напоминая, как разом потерял он двух близких людей — любимую и друга. Не простил ни той, ни другому, хотя связь у тех была случайная, мимолетная. «Перепихнулись — и всех делов»,— объясняла его бывшая подружка, а друг будто бы даже подвел под это дело довольно замысловатое основание — философскую базу, как он говорил.

Мол, на самом деле это был перенос латентной страсти к другу на его подругу, сексуальный эвфемизм из-за предрассудочной нерешительности перейти с ним на «ты» и трахнуть. Говорю со слов Довлатова, а тот мог, конечно, и передернуть, подвести под образ, который относил к породе достоевских персонажей, а те любую свою гнусь объясняют высшими материями.

Что верно, так это что объектом творческого либидо Д был сам О, а не М. То есть в переносном смысле. Не как муж, но как пиит. Но поединок с поля поэзии, где был обречен на проигрыш, он перенес на любовное и взял-таки реванш за литературное поражение, уязвив и унизив друга, в котором видел соперника, а тот в нем — нет. О был так забалован не только литературными, но и любовными успехами, что его мужское эго просто не успело приспособиться к такому провалу. А что, если не только Бобышев, но и Марина — оба брали реванш? За что́ — было обоим. Но я пишу не их парный портрет, а жизнеописание О. Он не привык к поражениям, потому это и стало Катастрофой. Она же — вдохновение. О был романтик, трагедия — его муза.

Жизнь О — как личная, так и поэтическая — делится на два периода: до Катастрофы и после Катастрофы. Все остальные принятые у исследователей периодизации — до суда и после суда, до ссылки и после ссылки, до отвала и после, до Нобельки и после Нобельки — условны, а то и вовсе вздорны.

С его точки зрения, не столько само сношение, сколько антураж был с подлянкой — снюхались они, когда гэбуха обложила О со всех сторон, до ареста осталось всего ничего, все уговаривали его остаться в Москве, но он, чуя неладное в любовном тылу, примчался в Питер — само собой, на самолете, на поезд у него никогда не хватало терпения,— где его тут же и схватили. Кто знает, отсидись он в столице... Но опять-таки, не было бы тогда и его великой судьбы, не говоря уж о внешних знаках — суд, слава, ссылка, отвал, Нобелька и проч. В том и суть, что гения судьба тащит силком, а этот и не отбрыкивался, эмоционально расслабленный и равнодушный ко всему — включая арест, суд, дурдом и ссылку,— кроме измены-предательства. Его подловили там, где он менее всего ждал подвоха. А счеты с гэбухой и советской властью — мелководье по сравнению с той бездной, куда он летел вниз головой по вине ли друга, подружки или своей собственной: разберемся с их же помощью.

Безотносительно к контексту, супостат и супостатка, как я уже вроде бы упоминала, были единственными гоями в его разношерстой во всех других отношениях питерской компашке. Наше семейство не в счет, ибо со стороны.

Его подружка так и застряла в Питере, а бывший друг, который осудил О за отвал в виршах и устно («Сейчас ты в заграничном том пределе, куда давно глаза твои глядели»), сам вскоре женился на американке русского происхождения, переехал в Америку, переженился на русской еврейского происхождения и сетовал, что О, в отместку, перекрыл ему здесь кислородные пути. На самом деле прямого такого указания со стороны мэтра не поступало, но мир литературной иммиграции и сопредельный ему мир американской славистики — это тесное гетто, члены которого, сочувствуя либо угождая страдающему гению, подвергли литературного Иуду пусть не тотальному, но довольно чувствительному остракизму, который закончился только после смерти О, и Иуда стал выпускать книжку за книжкой с совсем даже недурными виршами. Вообще, из ахматовских сирот Бобышев, после О,— самый талантливый, пусть и с большим от лидера отрывом. Он долго — дольше других — сдерживал свой вспоминательный зуд, но в конце концов и он включился в «волшебный хор» посмертных мемуарщиков, выдав свою версию их совместной истории, предварительно оглашенную им в стихах. Тем не менее, я заставлю его говорить в этой моей книге как на духу. Или — на исповеди у психоаналитика. Пусть сравнит свои мемуары со своим же монологом, мною за него сочиненным.

Еще в Питере, подростком, я осуждала именно его, а ее жалела (с кем не бывает!), но все равно удивлялась, что О восстановил с ней (почему тогда не с ним?) отношения и заделал ей ребеночка. Что бы там ни говорил в свое оправдание Сальери, сваливая вину на Марину, инициатива на самом деле исходила от него, без разницы, кто первым скинул исподнее. Девица она была шальная, но я и теперь ее жалею. Тем более в свете того мстительного антилюбовного стишка, который О сочинил в качестве эпилога к своей любовной лирике.

— Лучшее, что в этой жизни написал,— насмарку, весь душевный капитал в нее вложил, а теперь, сама понимаешь,— банкрот,— хныкал он, а ее с тех пор иначе как лярвой, курвой, заёбанной дамой и со всеми спящей красавицей не называл и свой уход трактовал как бегство от тавтологии — тавтологии секса, тавтологии любви, тавтологии семейной жизни.

Эврика! Его страх тавтологии — это страх жизни.

— Выбирая то, что привлекает других, обнаруживаешь свою собственную вульгарность. Подруга напрокат? Подержанная баба? Делить любимую женщину с другом? Дефиниция друга: будущий враг. Не говоря о гигиене: все равно что пользоваться с кем на пару одним презервативом.

— Фу, какая гадость! — сказала мама.

— Вот именно! Ладно, пусть будет эвфемизм: одной зубной щеткой. Что дела не меняет. Никогда не понимал и не приму феномен женской полигамии. Блядь можно трахать, но не любить. Любить можно только то, что принадлежит лично тебе. Любовь — это частная собственность, а красота — тайна за семью замками. Общедоступной красоте место в музее восковых персон или в борделе.

— А как же Клеопатра?

— Жуткая уродка! Одно — на экране, когда ее там разные Вивьен Ли, Лизы Тейлор и Сони Лорен изображают, другое — в жизни.

— Ты ее видел в жизни? — поинтересовалась я.

— Я ее видел в музеях, детка. Стату́и сохранились. Толстая такая коротышка в полтора метра, с длинным-предлинным носом. Как ты знаешь, будь нос Клеопатры покороче — иное было бы лицо мира. Но Паскаль и представить не мог, что у нее нос как у Сирано де Бержерака. Он бы тогда Клеопатру заменил Еленой, которая тоже изменила лицо мира, пусть древнего, собрав у Трои тысячи кораблей, что наш поэт смог сосчитать только до половины. Клеопатра! А личико у этой карлицы — в ореоле черных, как смоль, завитков. Отсюда изометафора: заплетенные в волосы змеи. Жгучая брюнетка. Семитский тип, короче.

В его устах — антикомплимент. Хотя его окружение и состояло по преимуществу из евреев, его гарем, напротив, носил интернациональный характер с весьма редкими, случайными вкраплениями соплеменниц, связь с которыми он приравнивал к инцесту. По преимуществу блондинки, большинство гойки, по этому разряду я и проходила, помимо личных качеств. Из его изречений: «Мало того что сало русское едим, так еще и девок русских ебем». При чем здесь сало?

— Значит, была сексапилка! — предположила я.

— Да, сексапилка. В том смысле, что ее пилили все кому не лень ночи напролет. Хоть и шла по дорогой цене. Заманиха. Шмара. Проходной двор. Мужиков привлекала не только царским саном, но и запахом спермы, который и был ее главным благовонием. Есть такие охотники — по живому следу, чужая сперма их дико возбуждает. Бобышев, например. Плюс колхозно-кибуцное сознание. То есть недостаток воображения, да? Я не из их числа. Учти на будущее: голая баба возбуждает пять минут, одетая или полураздетая — всю жизнь. Вот тебе пример из личной практики: будь у Марины телефон на дому, я бы так, наверное, с ума по ней не сходил. Являлся к ней, чтобы услышать ее голос, а сама звонила крайне редко. Да еще переть через весь город — с Пестеля на Глинку! Любовь — это бег с препятствиями. А то, что уже было в употреблении — извиняюсь.

Да, индивидуалист. Да, собственник. Любовь и есть собственность. Как и поэзия.

Папа говорил, что О переживал предательство друга чуть ли не сильнее измены, а ту списывал на физиологию — его мозги не могли переварить не измену как таковую, а саму возможность измены, заложенную Богом в любой женщине:

— За что и пострадала Дездемона, а не за гипотетическую измену, которую совершала мысленно и неизбежно совершила бы на самом деле — с тем же Кассио, например, который ей куда более адекватен, чем экзотический Отелло, а тот потому и сходит с ума, что ей не пара.

— Ну и что? К чему ты клонишь? — раздраженно сказала мама.

— А к тому, что все бабы — бляди.

— Ну уж все... — примирительно сказал папа.

— Пусть докажут обратное.

— А как насчет презумпции невиновности?

Это я.

— Мы не в юридическом мире, а в физическом. Точнее — физиологическом. Где, наоборот, презумпция виновности. Не на деле, так в потенции.

— А как насчет импотенции?

Опять я.

— В том-то и дело, что бабе импотенция не помеха. Иные фригидки — почище любой нимфоманки! Говорю на основании собственного опыта.

— Который возводишь в универсальный.

Это, конечно, мама.

— А на какой еще опыт мне опираться?

— На женский! — снова встреваю я, у которой этого опыта, увы, еще нет.

— Еще чего! Мой единственный опыт: скромница — она же скоромница. Разницу сечете?

— Одна буква! — кричу я, но он не обращает внимания.

— На вид монашенка, но мы-то знаем, что такое монастырь на Руси. Эпицентр разврата! Кто им позволил казаться такими неприступными и невинными!

— Бог,— высказался наконец и папа.

— Мужик должен хоть раз схватить триппер — чтобы знать, что такое баба!

— Такой мальчишечник у вас начался, что нам с Ариной здесь делать нечего,— сказала мама.

— Я же не о присутствующих! Про них, а не про вас! — взмолился О.

— А теперь представь аналогичный разговор про евреев, а когда ты вскакиваешь, чтобы дать всем в рыло, тебе говорят, что не о присутствующих.

— Сравнила!

— Нас дискриминировали дольше, чем вас,— сообщила я.

— Недодискримировали!

С той самой любовной травмы и невзлюбил человечество — обе его половины. Или раньше? Хоть он и менял постоянно причину ухода из школы от бунта против тирании до классической неуспеваемости, из-за чего даже остался на второй год (двухарь по английскому!), но часто у него прорывалось, что просто стало невмоготу видеть морды как учителей, так и однокашников. Вот я и говорю, что мизантроп с малолетства. И его жестокость следствие его романтизма. Или идеализма? К примеру, считал идеалистом Гитлера, который ничтожил мир, потому что не нашел для себя места и счел не соответствующим идеалу (евреи, те вообще выпадали из его идеальной конструкции). Идеальным примером идеализма считал Прокруста с его испытательным ложем. А как соотносились в его представлении он сам и его идеал? Себя скорее жалел, чем любил. Любить — не любил никого.

— Я слишком долго тет-а-тет с собой, чтобы себя любить. Притерся, свыкся, надоел, ничего от себя нового уже не жду. От других — тем более. Кина́ не будет. Хоть и обрыдл давно самому себе, но предпочитаю одиночество общению. Да и квота негативных ощущений у меня — через край. Жаль, по факту своего рождения не могу быть антисемитом. Хотя Торквемаду взять — основал инквизицию, чтобы бороться со своими соплеменниками. Или Шарло. Что говорил этот лысый коротышка нордическому красавцу Фридриху? «Я бы, грит, евреев ненавидел еще больше, но не могу. Потому, грит, что именно они делают революцию».

Любимое его присловье: «Не бойтесь обижать людей». Что он и делал постоянно и на чем мы в конце концов разбежались, когда его мизантропство рикошетом задело и меня, хоть он потом и оправдывался, что не подозревал о наших с Артемом отношениях. И любовная обида его юности — объяснение, но не оправдание. Понять — не значит простить (пусть шаблон). Или еще раньше, когда отец его тиранствовал и ремень гулял по заду будущего гения русской поэзии?

Отец был дубоват, брутален и груб — чистый совок, горд, что родился 7 ноября, это потом была создана — не без участия сына — легенда о милых, тонких, интеллигентных родителях. Чего не было, того не было.

Нет, не любовь, а обида — его питательная среда. Со всеми вытекающими последствиями. Культ страдания делает человека безжалостным, надменным, спесивым. Помню наш с ним спор о цветаевском «гетто избранничеств, вал и ров — пощады не жди». Мы их трактовали с разных сторон: он — к пользе поэтов, я — в их осуждение.

Обида стала его внутренним двигателем, источником вдохновения, страсти и человеконенавистничества. Он и был ярым кошачником из-за разочарования в человеках. Любить животных, я заметила (в том числе по себе), куда легче, чем людей — меньше ответственности. А он так даже идентифицировал себя с котом — стал бы иначе называть кота своим именем? А все эти его сорные «мяу» в устной речи — вплоть до названного так эссе?

— Человека не погладишь, а он в ответ не промурлычет. Наоборот: ты его гладишь, он тебя кусает.

Справляющего нужду кота приводил в качестве контриллюстрации к чеховскому постулату:

— В человеке все должно быть прекрасно, да? А теперь представь человека за этим занятием. Ну? Женщину...

Странно, что именно ссущая баба была ниспровержением ее с пьедестала: ссущая баба есть сущая баба (с его т. зр.). Других мужиков, наоборот, это возбуждает. Лимон писал, как подставлял ладони под струю Лены Щаповой. Или это две стороны мужского инфантилизма? И как насчет ссущих мужиков — что есть их сущность?

Молчит, как им там и положено.

Помимо того антилюбовного стиха в его любовном цикле есть также помянутое мною и нигде пока не напечатанное стихотворение «О преимуществах мастурбации» с шутливой ссылкой на библейского Онана, который оказался прав, а не Бог, учитывая перенаселенность нашего шарика. Далее парафраз уже упомянутой мной анонимной цитаты: лучше мастурбировать, чем транжирить дух на постыдные мечты. Инфантильное удивление: неужели это дивное тело, чудесные шнифты, божественная грудь, весь этот совершенный физический аппарат принадлежит ничтожеству? Да сколько угодно! Значит, и Венера Милосская?

И личный лейтмотив стихотворения: постскриптум-опровержение — не только собственных стихов, но и всей своей жизни. Вместе с другими неопубликованными текстами и дюжиной редких фоток стихотворение хранится у нас дома с распоряжением О поступить с ним, как нам заблагорассудится. Папа считает, что гения надо печатать всего как есть, мама полагает, что надо попридержать, пока сойдут в могилу его современники — включая младших, как я, а у меня почему-то нет права голоса. А если бы было?

Это и в самом деле не очень пристойные стишата про то, что рукоблудие избавляет от унизительной зависимости одного человека от другого и является победой человека над Богом, который устроил эту ловушку, чтобы запущенный им природный механизм — биологический перпетуум-мобиле — продолжал работать сам по себе, без Его участия либо вмешательства. Это в метафизическом смысле — преодоление Бога, а на индивидуальном — возможность извлекать высшее блаженство, не прибегая к посредникам и не превращая удовольствие в боль, муку и тоску: любовь в одиночку. Вывод: любовь есть анахронизм и атавизм, недостойный homo sapiens.

Такая вот метафизическая и суперменная теория.

Думаю, в отрицании любви как некоем преувеличении отличия одной бабы от другой он был искренен, ибо, будучи человеком импульсивным, жил сиюминутно и не узнавал себя прежнего, не понимал, что стряслось с ним в юности, из-за чего сходил с ума, что сделало его тем, чем он стал. Прежние свои чувства полагал теперь блажью и дурью. Само существование Марины оказалось под вопросом: не плод ли она моего воображения? А был ли мальчик? Точнее, девочка. Как еще объяснить, что с голосом, который приводил его в возбуждение, спустя всего несколько лет больше ничего не связывало? Душа за время жизни приобретает смертные черты? Омертвение не только памяти, но и души, потому что какая же душа без памяти?

Это как в том гениальном анекдоте на вечную тему «три возраста», когда мужики с одного необитаемого острова видят баб на другом: юноша тут же бросается вплавь, средних лет строит плот, а старик говорит: «Сами приплывут».

Что-то угасло в твоих воспоминаниях, если не сама память была на исходе, в душе настала великая сушь, и как результат — апофеоз суходрочки.

Теорией дело, однако, не ограничивается. В стихотворении поименно либо узнаваемо задеты реальные люди — как мэн, так и вымэн, что говорит не в пользу автора, который дал в нем волю своей мизантропии. Будь это великое стихотворение опубликовано, посмертный скандал неизбежен. А почему, собственно, нет? Мне кажется, негативное паблисити могло бы продлить славу О либо, сняв с нее академический налет, добавить хулиганский. Если Довлатов вылил ушат помоев на всех своих знакомых и родственников, беря посмертный реванш у собственных мемуаристов, то почему заказано это сделать О, о котором не пишет только ленивый, а в друзья норовят посмертно пролезть такие заклятые при жизни, как гомункулус гэбухи Саша Кушнер? Тем более этот стих раскрывает истинную причину любовной драмы О, а не те почти официальные или даже неофициальные, которые излагаю я. Истинную, понятно, с его точки зрения. А не пересказать ли мне это стихотворение прозой, дав слово мертвецу? Мертвец не всегда прав, голос с того света — не истина в последней инстанции. Здесь мое коренное несогласие с «Расёмоном», чьим приемом я воспользуюсь, дав слово не только мертвецу, но и живым: каждому из участников любовного треугольника — точнее, четырехугольника, но не отдавая предпочтение ни одному из голосов. Мертвец — на равных правах с живыми! Нет у него никакого перед нами преимущества. Разве что во времени, точнее — в вечности. У нас — время, у него — вечность. Наше существование — величина временная, переходная, мнимая, тогда как мертвость — устоявшаяся, постоянная, вечная. Ну и что? Мертвец может лгать или ошибаться, как и живой.

— Как говорил один гречана, в один и тот же асфальт ступить неможно,— еще одна прижизненная вариация мертвеца на гераклитову тему.— Хотя время — это уж точно наше жидовское, а не греческое, изобретение. К тому же, сравнительно позднее: Бергсон, Эйнштейн, Пруст. Я, наконец.

— Ты нашел свое утраченное время? — спросил Воробышек, проявляя недюжие ассоциативные способности, за что и была им ценима. Хотя не только.

— Мне нечего искать — я никогда время не терял. Понимаешь, стареют все. Даже Сусанночки вроде тебя — для меня, старца. Помнишь страх Г. Г., что его Лолиточка состарится. То есть станет нормальной девицей, да? Классный ход. Не стареет только похоть. Но похоть целенаправлена памятью. А в памяти все тот же объект. Достаточно вспомнить ее запах, чтобы вздрючить моего ваньку. *Odor di femina.* Хочу только ее. Идефикс. Кого бы ни трахал, сравниваю с ней. Не в пользу той, которую трахаю в данный момент.

— Кого ты трахаешь в данный момент? — поинтересовалась мама.

— Хорошо, что я тебе не дала,— не помню, сказала я
или подумала.

— Кто знает, а вдруг бы ты перешибла памяти хре-
бет? — догадался он.— А так обречен до конца дней —
недолго осталось — есть собственную память.

— Ну и как?

— В отличие от реальных девуль, не приедается.
Приедается все, лишь тебе не дано приедаться. Прав
был Борух. Хоть и не помнящий своего родства, но в
этих делах дока. В моем случае время, помноженное на
пространство: смутный такой объект желания сквозь
даль времен и океана, но один и тот же. Потому и не
скочурился, что обеспечиваю ей вечную молодость. Да
и когда умру, пребудет младой в моих стишках.

— Может, в этом и есть твоя судьба и высшее назначение твоей поэзии?

— Есть старое-престарое голливудское кино, «Мистер Скеффингтон» называется. Бетти Дэвис там играет
одну такую безлюбую дамочку, на влюбленного мужа и
вовсе зиро аттеншн, как я на твой подъеб. Тот отвали-
вает с дочкой в Берлин, а вокруг разведенки продолжает увиваться золотая молодежь. Короче, кокетка, а может, и кокотка — смотря по обстоятельствам. Потом
вдруг катастрофически дряхлеет, волосы и зубы выпадают, морщины, короче — все прелести старости налицо. Точнее — на лице. Глянь на мою мордочку, а теперь
представь меня женщиной, когда-то всеми любимой.
Как у не твоего Пруста в последнем томе, когда он после долгой болезни встречается на аристократической
тусовке с прежними знакомыми — и с трудом их узнает.
Ну, само собой, эта кокетка-кокотка дико переживает
свое старение. Обычная история. И вдруг мелькает
такая мысль — что в глазах любящего женщина не стареет. Возвращается муж из концлагеря, еврей, кстати,
играет его Клод Рейнс, такой не от мира сего, архидоб-
рый тип; сцена, где он рыдает с дочкой в ресторане, а с

ними весь зал — на всю жизнь. Нашу бывшую красотку предупреждают, что экс-муж теперь калека и развалина после всех этих немецких дел, и как раз с ним она ни в какую не желает встречаться, потому что он ее любил и она его любила, хоть и не знала этого, а теперь развалина и уродка. Но в конце концов выходит к нему. И здесь, помню, все мы в таком чудовищном напряге — как бы там наци его ни изувечили, но он сейчас увидит свою шальную красотку в ее нынешнем физическом обличье, и его любви — капут. Но Голливуд, он и есть Голливуд. Уж коли какую цель поставит, то идет к ней всеми правдами и неправдами. Я еще в Питере эту фильму видел, ее у нас выдавали за трофейную, хотя вроде бы мы воевали с Германией, а не с Америкой. Или я ошибаюсь? Но нам тогда все эти копирайтные дела были по херу. Главное: окно в Европу. То есть в забугорье. Так мы и стали американофилами — через то трофейное кино. Ну и тащились мы тогда от него! Вот когда начался наш отвал с родины. Внутренними эмигрантами мы еще пацанами были, а уже потом свалили физически. А любовь? Разве не проигрываем мы ее сначала в воображении? Любовь — это вообще жанр фэнтези. Или род недуга. Само собой, душевного. Спиноза влюбленного считал безумцем. Потому что чем отличается одна дивчина от другой? Можно подумать, что у одной меж ног нечто иное, чем у остальных.

— То же самое можно сказать и про мужиков.

— Вот именно! Обоюдное доказательство, что любовь относится к жанру фэнтези.

— Ну и чем кончается то трофейное кино? — напомнила я, потому что о физиологическом сходстве женщин меж собой слышала от него и прежде.

— Ах, это трофейное кино, наша школьная отрада! Попадались там и шикарные фильмы, до сих пор слезу вышибают. «Мост Ватерлоо», «Леди Гамильтон», «Газовый свет», «Судьба солдата в Америке», которая здесь оказалась «Бурными двадцатыми». Первые уроки любви. Был попеременно влюблен в Вивьен Ли, Оливию де Хевиленд, в Марлен Дитрих. А молоденькая Ингрид Бергман — с ума сойти! И само собой, с каждой имел дело.

— В воображении.

— Ну, как сказать. А рукоблудие? Мастурбация — это воображение или реальность?

Сюжет его будущего стихотворения. Или оно тогда уже было написано?

— И самая великая любовь моей юности — Зара Леандер в «Дороге на эшафот». Она же — Мария Стюарт. Это я был тот юный паж, который преклоняет свою рыжую голову на королевское бедро, изумительнее которого нет, не было и не будет. Потому что бедро обречено, как и голова. Та Мария предопределила все остальное: вкусы, предпочтения, любовь. Либидо было закодировано раз и навсегда. Заколдованный круг даже этимологически: Мария — Марина — Мария. Как ни хороша была моя монашка-ледашка, она все-таки была отклонением от идеала по определению. На пару-тройку градусов. Ибо идеал — недосягаем. Думаешь, Марина все это не понимала? Как-то говорит: «Ты меня с кем-то путаешь».— «А ты не путайся с кем попадя, тогда и путать не буду». Я ей все рассказал про Мари. Потому она с Бобышевым, наверное, и сошлась, чтобы соответствовать образу. Обе — блядищи. Не муфта, а постоялый двор, место общего пользования.

— Так чем кончается твое смотрибельное кино про бывшую красотку и ее бывшего мужа? — снова напомнила ему.— У тебя, дядюшка, не склероз? Больно ты отвлекаешься.

— Запала, да? Я понимаю — теперь,— что натяжка, мелодрама, дешевка. Слезоточивое такое кино. Короче, шмальц. Но тогда — в полном отпаде. От самой идеи: что любимая для любящего остается навсегда одной и той же. Потому что мистер Скеффингтон возвращается абсолютно слепым, а над голосом, как известно, время не властно. То есть буквально: для него она та же, что была. Лю-би-мая. Вот я и есть тот слепой. Зови меня мистер Скеффингтон. А прозрею на смертном одре, как Дон Кихот.

— Так кто ты, дядюшка, мистер Скеффингтон или Дон Кихот?

— Я Федот, да не тот. Уже не тот. Давно не тот. Зато ты — та. Не старей, котеночек. И не ржавей, как я. Никогда. В чем мне повезло, знаешь? Я не доживу до твоего тридцатилетия.

— А я доживу?

— Статистически — да.

Я всегда, с детства, завидовала ее холодной, нордической, молчаливой и загадочной красоте. Ее прозвища — ледашка, ледник, ледниковый период, глетчер, айсберг, северный полюс, фригидка, холодильник, морозильник, айс-крим, снежная женщина — еще больше подогревали мое любопытство. Она была совсем другой, чем наше окружение — и чем его окружение, и никак не вписывалась. Никто из знакомых — его и наших — с ней не контачил и не дружил, если не считать Бобышева, хотя дружбой их контакты можно назвать разве что из патологической любви к эвфемизмам. Одно из его постоправданий — что это сам О подтолкнул их друг к другу, поручив ему ее попасти в свое отсутствие. Другое — что она сама на него набросилась, ему ничего не оставалось, не унижать же девушку отказом. Третье — что бес попутал, с кем не бывает, к тому же по пьянке. Четвертое, пятое, десятое, двадцатое — до конца дней ему суждено оправдываться. Самое удивительное, что сразу же, как только О возвратился из Москвы, Бобышев бросился к нему и все выложил. Чем, как мне кажется, подвел Марину, которая вовсе не собиралась ставить О в известность о происшествии, не придавая ему большого значения. «Мужики всё дико преувеличивают»,— сказала она как-то папе, и хотя я не знаю контекста, но уверена: речь об измене. И еще говорила, что никаких обязательств ни у нее перед О, ни у О перед ней не было: они не были женаты, он погуливал на стороне, чего и не скрывал от нее. А она что, должна носить пояс верности?

Превращаю свой рассказ в сплетню? Не без того. Хуже: перемывание чужих косточек. Ты бы, конечно, не одобрил. Но мне и не нужно твое одобрение. Я пишу не авторизованную биографию, а твой неавторизованный портрет. «Вы напишите о нас наискосок»,— сам предсказал. Вот я и пишу о тебе наискосок, но не в школьной тетрадке, из которой давно уже выросла, а в памяти моего компьютера.

Бобышев, конечно, не пакостник, а извращенец. Боюсь, он признался бы тебе в грехопадении, даже если ничего бы и не было. Подозреваю, что признание в грехопадении предшествовало самому грехопадению, и когда ты пытал обоих, тем самым подсказывал и подталкивал. А у Бобышева патологическая, чисто русская потребность в грехе и покаянии, в покаянии и грехе. Где причина и где следствие — черт ногу сломает. Дурная бесконечность. Сладость греха — в самом табу. Я-то думаю, что именно желание покаяться вызвало это предательство.

Чего только он не плел в свое оправдание! Знаю со слов общих знакомых. Что близость с Мариной была единственным способом сблизиться с тобой, реализацией его латентной однополой страсти. И что каждый раз, когда он трахал Марину, он ощущал полное с тобой духовное единение через физическую близость с твоей женщиной, которая теперь стала вашей общей. Словно ты незримо присутствовал при каждом их соитии, становясь свингером и заединщиком. А хотелось, чтобы присутствовал на самом деле. Вот был бы кайф! «Для всех троих»,— убежденно добавлял Дантес-Сальери-Иуда.

А в чем причина грехопадения Снежной женщины? Был такой фильм, японский, так и назывался «Снежная женщина» — шел только в кинотеатре «Гигант», что на Петроградской, у зоопарка. Неизгладимое впечатление моего детства, как у О — трофейные фильмы. Там два лесоруба замерзают в лесу, и смерть является в виде Снежной женщины. Одного лесоруба она жалеет, но берет с него слово, что тот никому никогда под страхом смерти не обмолвится о чуде. Лесоруб возвращается в деревню, потом туда является прекрасная незнакомка — любовь, женитьба, дети, безоблачное семейное счастье и полное доверие между супругами. А его все мучит и томит тайна Снежной женщины — что он не может поделиться ею с любимым человеком. Короче, не выдерживает и рассказывает жене о том видении в лесу. Само собой, она и есть та Снежная женщина, и она должна его убить, но снова жалеет и навсегда исчезает, оставив его соломенным вдовцом в безутешном горе. Вот в чем пойнт: нельзя выдать тайну даже тому, кто тебе ее доверил. Во всей этой истории — я говорю не о японской, а о питерской — действительно что-то ненашенское, самурайское. Групповое харакири, не иначе. О смаковал эту историю всю свою жизнь, а Бобышев потому и двиганул в Америку, чтобы телепатически, но с более близкого расстояния сыпать соль на рану другу-сопернику-врагу, а отраженно — самому себе. Как говорят у нас в деревне, феномен пси. Ну точь-в-точь как братья у Стивенсона во «Владетеле Баллантре»!

А теперь представьте себе царя Эдипа, но написанного не древним греком, а древним иудеем. С этническими и индивидуальными поправками. Ты и есть тот самый Rex Хочувсёзнать. А я как раз не хочу всё знать, а знаю. Да только остоебенили вы мне все. Ну вас к лешему. Сами заварили кашу, сами и расхлебывайте.

Экшн!

ХРОНИЧЕСКАЯ ЛЮБОВЬ.

РЕКОНСТРУКЦИЯ НА ЧЕТЫРЕ ГОЛОСА

Моя невеста полюбила друга.
Я как узнал, то чуть их не убил.
Но Кодекс строг. И в чем моя заслуга,
что выдержал характер. Правда, пил.

....

И горло хочет громко крикнуть: Суки!
Но почему-то говорит: Прости.

За что? Кого? Когда я слышу чаек,
то резкий звук меня бросает в дрожь.
Такой же звук, когда она кончает,
хотя потом еще мычит: Не трожь.

Я знал ее такой, а раньше — целой...
ИБ. Любовная песнь Иванова, 1968

Я всматриваюсь в огонь.
На языке огня
раздается «не тронь»
и вспыхивает «меня!»

От этого — горячо.
Я слышу сквозь хруст в кости
захлебывающееся «еще!»
и бешеное «пусти!»
ИБ. Горение, 1981

Зная мой статус, моя невеста
пятый год за меня ни с места;

и где она нынче, мне неизвестно:
правды сам черт из нее не выбьет.
Она говорит: «Не горюй напрасно.
Главное — чувства. Единогласно?»
И это с ее стороны прекрасно.
Но сама она, видимо, там, где выпьет.

ИБ. Речь о пролитом молоке, 1967

Зачем лгала ты? И зачем мой слух
уже не отличает лжи от правды,
а требует каких-то новых слов,
неведомых тебе — глухих, чужих,
но быть произнесенными могущих,
как прежде, только голосом твоим.

ИБ. Элегия, 1968

...Она,
конечно, ничего не говорила.
Но я-то знал! Чтоб это знать, не нужно
быть Шерлок Холмсом вроде вас. Вполне
достаточно обычного вниманья.
Тем более...

ИБ. Посвящается Ялте, 1969

Иосиф блюл себя, но с самого начала на
протяжении лет общения со мной — и, конечно, не только со мной — бывал предельно
откровенен. Не боялся говорить с подробностями о своих обидах, претензиях к кому-то,
о своей удаче, о горе, оскорбленности, уязвленности. О своей действительно душераздирающей истории — с предысторией, с развитием шажок за шажком. До истории и помимо
нее у него было огромное количество увлечений — он рассказывал, как в юности чувствовал себя, как он выражался, мономужчиной.

ИБ в представлении Андрея Сергеева

Вернемся к скрытому неврозу и детской
травме, к терапии и этике. Когда мне было
24 года, я увлекся одной девушкой, и чрезвы-

чайно. Она была чуть меня старше, и через какое-то время я начал ощущать, что что-то не так. Я чуял, что она обманывает меня, а может, даже и изменяет. Выяснилось, конечно, что я волновался не зря; но это было позже. Тогда же у меня просто возникли подозрения, и как-то вечером я решил ее выследить. Я спрятался в подворотне ее дома и ждал там примерно час. А когда она возникла из полутемного подъезда, я двинулся за ней и прошел несколько кварталов. Я был напряжен и испытывал некое прежде незнакомое возбуждение. В то же самое время я ощущал некую скуку, поскольку более или менее представлял себе, какое меня ждет открытие. Возбуждение нарастало с каждым шагом, с каждым уклончивым движением; скука же оставалась на прежнем уровне. Когда она повернула к реке, возбуждение достигло пика — и тут я остановился, повернулся и пошел в ближайшее кафе. Потом я сваливал вину за прерванное преследование на свою леность и задним числом корил себя, особенно в свете (точнее, во мраке) развязки этого романа; я был Актеоном, преследуемым псами запоздалых сожалений.

ИБ. Коллекционный экземпляр, 1991

К несчастью — а может быть, и к счастью для меня,— приговор по времени совпал с большой моей личной драмой, с изменой любимой женщины, и так далее и так далее. На любовный треугольник наложился квадрат тюремной камеры, да? Такая вот получилась геометрия, где каждый круг порочный. Свое душевное состояние я переносил гораздо тяжелее, чем то, что происходило со мной физически.

ИБ — Свену Биркертсу, 1982

В то время у меня был первый и последний в моей жизни серьезный треугольник. Manage a trois — обычное дело, двое мужчин и женщина,— и потому голова моя была занята главным образом этим. То, что происходит в голове, беспокоит гораздо больше, чем то, что происходит с телом.

ИБ — Хелен Бенедикт, 1985

— ...Это было настолько менее важно, чем история с Мариной,— все мои душевные силы ушли, чтобы справиться с этим несчастьем.

— ...Она не дает мне почить на лаврах.

...Как-то он признался, что Марина — его проклятие.

— ...Как это ни смешно, я все еще болен Мариной. Такой, знаете ли, хронический случай.

ИБ — Людмиле Штерн

...без всяких гарантий ответной любви. Ибо, как любая добродетель, верность стоит чего-то лишь до тех пор, пока она есть дело инстинкта или характера, а не разума. Кроме того, в определенном возрасте и к тому же при определенной специальности ответная любовь, строго говоря, не обязательна. Любовь есть бескорыстное чувство, улица с односторонним движением... Ибо любовь есть роман между предметом и его отражением.

ИБ. Fondamenta degli Incurabili

Как жаль, что тем, чем стало для меня твое существование, не стало мое существованье для тебя.

ИБ. Сонет, 1967

Ночь. Мои мысли полны одной женщиной, чудной внутри и в профиль. То, что творится сейчас со мной, ниже небес, но превыше кровель.

ИБ. Письмо генералу Z, 1968

Я дважды пробуждался этой ночью
и брел к окну, и фонари в окне,
обрывок фразы, сказанной во сне,
сводя на нет, подобно многоточью
не приносили утешенья мне.
Ты снилась мне беременной, и вот,
проживши столько лет с тобой в разлуке,
я чувствовал вину свою, и руки,
ощупывая с радостью живот,
на практике нашаривали брюки
и выключатель. И бредя к окну,
я знал, что оставлял тебя одну
там, в темноте, во сне, где терпеливо
ждала ты, и не ставила в вину,
когда я возвращался, перерыва
умышленного. Ибо в темноте —
там длится то, что сорвалось при свете.
Мы там женаты, венчаны, мы те
двуспинные чудовища, и дети
лишь оправданье нашей наготе.
В какую-нибудь будущую ночь
ты вновь придешь усталая, худая,
и я увижу сына или дочь,
еще никак не названных,— тогда я
не дернусь к выключателю и прочь
руки не протяну уже, не вправе
оставить вас в том царствии теней,
безмолвных, перед изгородью дней,
впадающих в зависимость от яви,
с моей недосягаемостью в ней.

        ИБ. Любовь, 1971

Я вас любил. Любовь еще (возможно,
что просто боль) сверлит мои мозги.
Все разлетелось к черту на куски.
Я застрелиться пробовал, но сложно
с оружием. И далее, виски:
в который вдарить? Портила не дрожь, но
задумчивость. Черт! Все не по-людски!
Я вас любил так сильно, безнадежно,
как дай вам Бог другими — но не даст!
Он, будучи на многое горазд,
не сотворит — по Пармениду — дважды
сей жар в крови, ширококостный хруст,

чтоб пломбы в пасти плавились от жажды
коснуться — «бюст» зачеркиваю — уст!

ИБ. Двадцать сонетов к Марии
Стюарт, 1974

Я любил тебя больше, чем ангелов и самого...

ИБ. «Ниоткуда с любовью, надца-
того мартобря...», 1976

На место преступления вернуться еще
можно, но на место любви...

ИБ — Томасу Венцлове, 1988

Поэзия настолько более сконцентриро-
вана, она точнее, нетерпеливей, в ней больше мучительного напряжения, как в ночи
любви. Я могу назвать себя «one-night-
stand», ведь порой память об этой единственной ночи остается навсегда. А потом
рождается любовь, и это же происходит с
поэзией...

В России похоронено мое сердце, но в те
места, где ты пережил любовь, не возвращаются.

ИБ — Фрицу Раддалю, 1989

Я покидаю город, как Тезей —
свой лабиринт, оставив Минотавра
смердеть...
...чтоб больше никогда не возвращаться...
Ведь если может человек вернуться
на место преступленья, то туда,
где был унижен, он прийти не сможет.

ИБ. К Ликомеду, на Скирос, 1967

До сих пор, вспоминая твой голос,
я прихожу в возбужденье...

ИБ. Элегия, 1982

Не пойми меня дурно.
С твоим голосом, телом, именем
ничего уже больше не связано;
никто их не уничтожил,
но забыть одну жизнь человеку нужна,
как минимум,
еще одна жизнь. И я эту долю прожил.
ИБ. «Дорогая, я вышел сегодня из
дому поздно вечером...», 1989

Не в словах дело: от голоса устаешь! От
твоего — и от своего тоже. Я иногда уже твой
голос от своего отличить не могу. Как в бра-
ке, но хуже... Годы все-таки...
ИБ. Мрамор, 1982

Сколь же радостней прекрасное вне тела:
ни объятье невозможно, ни измена!
ИБ. Письма римскому другу, 1992

Любовь тесней разлуки, но разлука
длинней любви.
ИБ. Двадцать сонетов к Марии
Стюарт, 1974

...между любовью и предательством существует определенная иерархия: ...первое
кончается вторым, а не наоборот. И, хуже того, последнее долговечнее первого.
ИБ. Коллекционный экземпляр,
1991

Из двух вещей, составляющих смысл
жизни — работы и любви,— выжила только
работа... Переводя на язык родных осин выражение «заниматься любовью», я бы сделал
упор на «заниматься».
ИБ — Андрею Сергееву

— А любовь? — спросила я.— От нее вы
тоже уходите?

Он взял маленького игрушечного льва, который почему-то сидел на журнальном столике, и начал задумчиво перебирать ему гриву.

— Ну, она попадает в ту же категорию,— сказал он наконец.— Просто из всего, о чем нам говорят, что это важно: любовь, работа и прочее,— выживает только работа. Если работаешь серьезно — делаешь выбор между жизнью, то есть любовью и работой. Понимаешь, что с тем и другим тебе не справиться. В чем-то одном приходится притворяться, и притворяешься в жизни. Если выразиться более определенно, то сознаешь, что относишься к любимой как к чему-то на неполный рабочий день, тогда как полный день занимает работа. Но она относится к любви как к полному дню, и начинаются трудности. К тому же сама работа уходит от себя.

— Но почему нужно все время уходить?

Бродский отложил льва, теперь похожего на Растафари.

— Это побег от предсказуемости,— ответил он.— Все меньше возможности принять определенную какую бы то ни было форму душевной или экзистенциональной рутины.— Он устало закрыл лицо руками, долго и сильно тер его.— Это в значительной мере связано с безнадежным ощущением, что ты *никто*, и должен сказать, такова особенность моего скромного «я». Так или иначе, я всегда это чувствовал. Более или менее принадлежишь жизни или смерти, но больше никому и ничему.— Он поднял взгляд и слабо улыбнулся.— К вам это не относится.

ИБ — Хелен Бенедикт, 1985

ЧЕТЫРЕ Б

ИБ

Я вымечтал, выклянчил, вытребовал у Бога этот город, где покоится мой прах, а смятенный дух носится над сверкающей лагуной, не отражаясь в ней. Посмертное тщеславие? Какое там! Велика честь лежать в изножии у Эзры Паунда! Дважды присутствовал на собственных похоронах — в Нью-Йорке и здесь, в Венеции. Хотел быть там, где меня никогда не было, хотя каждое Рождество я здесь был. Был и не был. Нигде не был так одинок, как здесь. Чужеязычье и одиночество. Чужеземец, изгой, пария. Италия — Скиталия. Так странно было просыпаться в Венеции все еще живым. Смерть в Венеции. Смерть и Венеция. Смерть = Венеция. Синоним смерти, репетиция смерти, прижизненный образ смерти. Город, одетый в траур. Черные лебеди Венеции, гондолы-катафалки, скользят вплотную с собственным отражением. Опрокинутый факел с потушенным огнем жизни. Остров мертвых, как у Бёклина в «Метрополитен». Моя могила с камушками и цветами. Всю жизнь писал мертвецам — Одену, Элиоту, Горацию, Ликомеду, Телемаку, Марии Стюарт, покойному тирану, римскому другу, генералу Z, имяреку. Теперь пишу живым — пока еще живы — с того света. Навсегда приписан к городу, где мечтал — в молодости, эдакий декаданс! — себе пулю в лоб. Город самоубийц. Любовь к Венеции и есть любовь к смерти. То есть к судьбе. Только ни о чем этом не ведал, когда ты подарила в день рождения гармошку сепий с зимними видами — тебе достались от бабушки, та провела в Венеции медовый месяц, как не мы с тобой, у нас его не было вовсе, моя вина.

Это были не две, а одна любовь — к женщине и к городу. Зациклен на обоих. Рассматривал тебя спящую и корпел с лупой над открытками, пока ты спала,— одно занятие. Роман с городом — роман с женщиной. Ледовая женщина и мертвый город — не зная друг друга, не подозревая о сходстве. Когда я был с тобой, я был в городе, в котором никогда не был. Расставшись с тобой и страной, стал регулярно наведываться в этот зимний мертвый город. Мертвый сезон в мертвом городе, когда он мертвее мертвого. И снова был с тобой здесь — мысленно: одиночество вдвоем. Как тогда, так и теперь. Две идефикс слились в одну: венецейская марина и питерская Марина. И в Питере: жила рядом с Мариинкой. Перевертыш времени: думал, Мариинка названа в честь тебя, а удлиненная буква — как в библейских именах. И вот теперь смерть возвратила мне тебя, моя фам фаталь, хоть ты все еще жива в другом городе и никогда не была в этом.

В том, другом городе ты и подзавела меня на всю жизнь — и за ее пределы. Твой голос, жест, плечо — навсегда. Питер — твое обрамление, фон моей любви, место действия моей страсти и твоей бесстрастности, твоего безлюбия. Одной любви нам за глаза хватит на двоих, убеждал тебя и себя, любовь — улица с односторонним движением, бескорыстие по определению, грех требовать ответной — как прибыли с прибыли: нравится, не нравится — спи, моя красавица. Или как в том анекдоте: целуя Спящую красавицу, Иван-царевич на третий день усомнился — может, она действительно мертвая? В самом деле чувствовал себя некрофилом рядом с твоим бесчувствием, хоть и не фригидка, отнюдь. Но одной только минжой, душа — без участия. Душа — как кошка: сама по себе, а где гуляет, с кем — неизвестно. Была независимой, будучи связанной: даже на девятом месяце! Узы любви, узы семьи, узы жизни — тебе все нипочем. Вот именно: не от мира сего. Всю жизнь любил смерть: мертвую женщину, мертвый город. Умирал на тебе и в нем, умирал в тебе и в нем, малая смерть, сердечный инвалид, страх смерти, страх любви, страх смерти без любви, холод, безъязычие, одиночество, тоска. Страх — тайный двигатель жизни. Уполз под наркозом с операционного стола, был найден на лестничной площадке и водворен обратно, операция геморроя: страх сильнее анестезии. Стихи — упражнения в смерти. Все страхи сбываются в смерти. Здесь все мертво, кроме твоего остраненного голоса, а в нем правда и ложь как две капли. Зачем лгала? Саднит после смерти еще сильней. На правду из зеркала глядит ложь и усмехается. А кто глядит из зеркала на ложь? Правда? Или тоже ложь? Не только я — ты сама уже не отличала, а теперь вряд ли помнишь. Память мертвеца во сто крат сильней памяти живого: здесь нет ничего, что могло бы отвлечь от земных обид. Здесь я живее живого, каким был на краю моей жизни, тренируясь в смерти и учась жить в небытии. Обречен спрашивать, чтобы не быть услышанным. Это не я мертв, а ты мертва. Всегда была мертва. Сколько сил и времени ушло, чтобы ты раздвинула ноги! Железные трусы! До сих пор в ушах твое «Не тронь!» Не ледяшка, а мертвяшка.

Жизнь оказалась длинной, но смерть длиннее: смерть есть вечность, а вечность — отсутствие времени. Я здесь уже был, дежа ву, отрепетировал, вызубрил свою смерть, она была во мне, жила со мной, ничто здесь не удивляет, смерть есть возвращение на круги своя. Земля безвидна и пуста, тьма над бездной, один мой дух носится над водой, не отражаясь в ней, и вопрошает, вопрошает, вопрошает. Могила пуста, душа мертва, но дух алчет ответа. Душа умерла вместе с телом, а дух обречен на вечную муку немых вопросов. Нет ответа. Ни там, ни здесь.

Но не найдет отзыва тот глагол,
Что страстное, земное перешел.

Вот я бреду за тобой, прячась за собственной тенью, а ты ускользаешь, раздваиваясь, тень самой себя, а я —

тень тени, ты ускользаешь, выскальзываешь, как из объятий, я слежу за одной, а другая уже милуется с другом, две ты, два он, один я. Много кровушки попортил мне твой кабальеро! Почему именно с ним? Почему именно с ней? Главное — чувства, говоришь ты моими словами, но мои слова — правда, а твои — ложь. Одни и те же слова могут быть правдой и могут — ложью. Если бы у тебя был кто до меня, но ты была целой и осталась целой после того, когда я распечатал, откупорил тебя — и пил, пил, пил. Твое доверие я принял за любовь. Ты была целой до лжи и измены. Mochita[1]. Я начал ревновать до всего. Поц он, а не кабальеро! Явился с признанием, когда признаваться было не в чем. Гипотетическая ревность: изменяла — катастрофа, нет — тоска. Ревность как подсказка? Не ври опять: началось со лжи, а кончилось изменой. Не наоборот. Железные трусы оказались с дыркой. Невыносимая пошлость лжи. Измена не как случайность, но как следствие лжи.

— Ложь — это мечта, пойманная с поличным,— смеешься ты.— Зачем тебе правда?

— Зачем мне правда теперь? — шепчу я.— Помнишь, договорились: ты скажешь правду перед смертью, все равно чьей. За кем бы ни пришла первой. Зачем тебе правда на смертном одре? — смеешься ты. Чтобы унести с собой. Вместе с любовью. Смерть дольше жизни, но любовь дольше смерти: вечность в квадрате.

> И если даст Господь,
> Сильней любить я стану после смерти.

Господь дал.

Я был невиннее, чем ты: я был слеп. На оба глаза, а третий был обращен внутрь. Видел только собственный omphalos[2]. То есть ничего, окромя себя. Внешний мир был невнятен и ненужен, не отличал восход от рас-

---

[1] Целка *(исп.).— Примеч. ред.*
[2] Пуп *(греч.).— Примеч. ред.*

света. Ты называла вещи именами, я слышал их впервые. Смотри! — говорила ты. Гриб, говорил я. Какой? — спрашивала ты. Я узнал имена грибов и звезд, деревьев и цветов. Цветок стал незабудкой, мальвой, иваном-да-марьей. Репейник и чертополох, перестав быть синонимами, оказались дальними родственниками. Рябина, калина и бузина — разные кустарники. Опята — летние и осенние. Как и маслята. А белые — луговые и боровики. Как ядерная реакция — бесконечный распад и дробление.

— Его зовут весёлка,— и указывала на фаллический, несъедобный на вид гриб.— Смотри внимательно: он растет на глазах — пять миллиметров в минуту.

Сюда бы Пруста или Эйнштейна — наглядный урок времени! Все равно что следить за минутной стрелкой. Оказался деликатесный гриб, когда ты зажарила в сметане. По виду — все равно что есть собственный член. Стоячий.

Я знал цвета и контрасты, ты научила меня полутонам и нюансам. Я узнал, что в радуге не шесть цветов, а шестью шесть — как минимум. Я любил море, ты любила реку, я любил ветер, ты любила дождь, я любил простор, ты любила лес. Я любил мир через себя, ты любила мир сам по себе. Ты подняла мне веки, сняла с глаз катаракту, зрачок расширился от удивления, в ушные раковины ворвался шум мелодий, да здравствует мир без меня, но обязательно с тобой — как с его пятичувствием. Я родился заново, увидев мир впервые. Я был нем — ты вложила мне речь в горло: я заговорил. Мне нечем было тебя отдарить — я был нищ. Ты пела: «Я сказал тебе не все слова». Я сказал тебе не те слова. Прости. И все-таки как жаль, что я не стал для тебя тем, чем ты была для меня. Мне снились сны с тобой, и до сих пор — представь себе, покойникам снятся сны, которые недоснились им в жизни,— а в твоих снах меня нет, alas. Тебе снится кто угодно — только не я. Даже в снах ты не со мной, а с другими. Завоевал весь мир, а тебя — нет. Я был для тебя ничем. Ты удивлялась и даже умилялась моей импульсивности, нервности, истеризму, моему любовному горению, но даже редкая твоя умильность не чета любви. Любовь стала для меня синонимом унижения. Так и остался тебе чужим. Любви между нами не было: была моя любовь и не было твоей.

— А если я не способна любить? — спрашивала ты, отбиваясь от моих объятий.— Вот Бог и поделил обязанности: одному — быть любимым, другому — любить. Ты любишь, я принимаю твою любовь. Бог создал нас противоположно, чтобы мы дополняли друг друга. Во всем! Двуспинное животное. И наш с тобой бог, если бы мы его тогда создали по своему образу и подобию, был бы двуспинным.

— У нас с тобой нет общего бога. Ты была двуспинным чудовищем не только со мной.

— А ты, милый?

— Я — по страсти. А ты — ледовитая и блядовитая. Переходящее знамя.

— Переходящий кубок.

— Тебе смешно?

— Я не придаю этому такого значения.

— Потому и не женился, что нельзя жениться на облаке.

— И нельзя быть верным ветру. Ищи ветра в поля. Перекати-поле. Верность никак не вознаграждается. А ты не ходил на сторону? Ты бы не изменял — может, и я бы не изменила. А так — квиты. Хотя все равно счет в твою пользу. Ретро втроем. Сам говорил: главное — чувства. Единогласно? Измена, но не предательство — твои слова.

— А вот не мои слова: Я — малый мир, созданный как клубок.

— Клубок змей.

— Я тебя выслеживал, но не уследил. За мной следили, а я — за тобой. Шел следом, как шпик, а потом бросил — то ли устыдился, то ли усомнился, а потом всю жизнь жалел. Мог остановить, схватить за руку, пресечь измену.

— Неправда! Тоже мне Шерлок Холмс! Сама сбросила хвост и ушла дворами.

— Я дал тебе уйти. Гамлетов паралич воли. Пусть будет как будет.

— Или равнодушие.

— Тогда — нет.

— Признание за женщиной права на собственное тело?

— Никогда! Ненавижу феминизм. Скорее попытка встать над схваткой собственных чувств.

— Есть еще вариант: желание измены. Я знала, ты идешь за мной, и не подала виду. Хочешь правду? Ты начал ревновать до того, как я изменила. Ревность — это подсказка. Твоя слежка дико возбуждала. Под колпаком у любовника, а на самом деле ты у меня на прицепе. Почему не подразнить? Это была наша с тобой любовная игра, и она нас обоих возбуждала. Один из нас ее прервал. Ты сам хотел, чтобы это случилось. Почему, узнав, простил? Была уверена: всему конец. А у нас закрутилось снова. Лучше бы на этом кончилось. Тебе нужна была встряска. Как в той оперетте, помнишь? Господи, пошли мне на душу великое преступление! Но почему измена — преступление? В других языках измена партнеру и измена родине разведены в разные слова.

— Когда это случилось, предпочел бы предательство измене. У меня было то и другое: измена женщины и предательство друга. Он же — соумышленник. Измена обрекает человека на банальность. Банальные мысли: какой во мне изъян или какой в нем плюс? Банальные муки: с кем тебе лучше? Банальное воображение: как ты стонешь под ним? какие вытворяешь штуки — не он с тобой, а ты с ним? Ведь не только он тебя, но и ты его. Измена — это предпочтение. Зачем тебе запасной любовник?

— Как видишь, пригодился, хоть и ненадолго. Не так мне, как нашему с тобой сынку, когда ты свалил за бугор. Да и когда ты был рядом, от тебя проку... Наш с тобой псевдосупружеский союз дал трещину. Измена? Расширение опыта, поиск адекватности, бунт против мужских собственнических инстинктов: я — не раба, раба — не я. Наконец, генетически — выбор отца будущему ребенку. Если хочешь, естественный отбор, на который самка имеет такое же право, как самец.

— Чистая случайность, что мой сын — мой сын. Родись он раньше или позже... Выходит, не зря сомневался.

— Выходит, зря. Тогда уже не было выбора. Подзалететь я могла только с тобой. Или ты нарочно заделал мне ребенка, чтобы связать по рукам и ногам? В любом случае, ты не очень утруждал себя возможными и неизбежными последствиями. В отличие от него. Он — кабальеро.

— Но почему именно он?

— Поэт. Как и ты. Я была нужна ему из-за тебя, но и он мне был нужен из-за тебя. Не классический любовный треугольник, а тройственный союз, который распался с твоим отвалом: осудив тебя, твой друг-враг подался за тобой — ты был ему нужнее, чем я. Мы оба с ним понимали коверканную природу наших отношений. Ты — нет. Ударился в эмоции, в истерику, встал в позу. Ты разыграл любовную драму на питерской сцене, а зрителями — знакомые и незнакомые. Даже сходя с ума, ты лицедействовал. Ревность — это игра воображения, психосоматическая хворь, театр одного актера. Ты ничего не потерял, я не ушла от тебя к нему, я осталась с тобой.

— И с ним.

— И с ним. Ты просто перестал быть собственником-единоличником. Он дал мне свободу.

— Все было с подлянкой: спелись перед самым арестом.

— Подлянка — обвинять нас с Бобышевым в твоем аресте.

— Я был эмоционально разоружен и уязвим. Как в ступоре. Мой столбняк на суде приняли за мужество. Ты уходила к нему, когда мне было хуже некуда, когда ты была мне нужна: перед арестом, когда я был в ссылке. Уходила и возвращалась, возвращалась и уходила. Приехала ко мне в Норенскую, а уехала с ним вдвоем. Вот я и говорю: с подлянкой.

— Никакой бы измены не было, если б твой дружок не растрезвонил о ней по всему свету. Помнишь ковбойскую песенку: «Лучше бы я и сегодня не знал того, о чем не знал я вчера». Не спрашивай — и тебе не солгут. Человек не может страдать от того, что не знает. Того, что не знаешь, не существует.

— Для того, кто не знает. Но я знал. Нутром чувствовал, точнее хером, что в тебе побывал кто-то еще.

— Еще до того, как там кто-то побывал, кроме тебя. Догадки, сомнения, ревность — специи любви. Это только добавляло страсти. Ревность — допинг. Ты возомнил себя мономужчиной, пора было спустить тебя на землю. Как ты любил говорить, небольшой корректив. Благодаря которому твоя самооценка стала более трезвой.

— Не трезвой, а циничной. И не самооценка, а оценка мира и себя в нем. Твоя измена девственника (в душе) во вседозволенника (там же). Каков я есть, я есмь результат твоей измены. Точнее — был. Я стал монстром, и оправданием для любого моего гадства было мое отчаяние. Чувство вины пришло потом — как ответвление памяти. Чувство вины — это убийца внутри нас.

— Высокие материи! А бабы потому и изменяют или делают вид, что изменяют, чтобы подзавести мужика и удержать. Если б не это, ты бы еще раньше отвалил к своему гарему. А так, ревнуя, набрасывался на меня как с голодного края. Измена — озоновая прочистка любви. Как второе дыхание. Моя измена продлила нашу любовь. Ну ладно — твою, велика разница! А твоя ревность — мою молодость. Все, что у меня было,— молодость. Единственное мое время — молодость. Пока ты буйствовал на почве ревности, я не старела, хоть вешние воды давно уже отошли. Ревность — единственная форма любви, которую ты тогда признавал.

— Не любовь, а мука. До сих пор саднит. Это и есть ад, хоть нет ни ада, ни рая.

— А ты как думал? Любовь и есть мука. Любить иных — тяжелый крест, как не ты сказал. Не любить — тоже мука. Махнемся?

— Поздно. Смерть — это невозможность ничего переделать в своей жизни. Бессилие. Чувство вины. Перед тобой, перед собой — все равно. Непоправимое прошлое, отсутствие вариантов, пытка воспоминаний. Все, что со мной могло случиться, уже случилось.

— Господи! Но это случится с каждым из нас! Будто бы нет больше смертей окромя твоей. Тебе повезло — самое страшное у тебя позади. Умереть — так же естественно, как родиться. Ты не имеешь право жаловаться. Согласись: смерть — худшая из тавтологий.

— Единственная, которой мне не удалось ни избежать, ни пережить, ни описать — за пределами земного опыта.

— А жизнь? А любовь? Жизнь тавтологична по определению, как ты любишь говорить.

— Любил.

Любил. Думал, что пережил любовь, а любовь пережила меня и переживет тебя. Любовь больше и дольше объекта и субъекта любви. Я прожил еще одну жизнь, чтобы забыть предыдущую, в которой была любовь, а в новой любви не было — и не могло быть. Любовь, как и жизнь, дается один раз. Я глянул за кромку любви — все равно что в бездну — и отпрянул. Но поздно. Мне уже не избавиться от этого знания. Пусть наваждение, стыд, боль, мука, тоска, рай и ад, великое рабство, которое я предпочел бы теперь абсолюту свободы, а тот и есть смерть, но я узнал о ней еще при жизни, когда заглянул в пустоту без любви. Сиречь смерть. И вся моя жизнь после тебя — борьба с этим ненужным, посмертным знанием. Борьба с энтропией.

То есть с самим собой. Как сказал опять же не я, а Йейтс: распря с другими людьми порождает риторику, с самим собой — поэзию. А риторика и есть риторика. Как говорят у нас в деревне, элоквенция. И только здесь, в новой среде, я стал наконец гением, разругавшись с собой живым, но здесь нет ни бумаги, ни пишмашинки, да хоть гусиного пера, а читателя и подавно, но стихам читатель не нужен. Эмили Дикинсон знала это при жизни, я — узнал после смерти. Читательская надоба — поэту без надобности. Условие абсолютной гениальности — абсолютное отсутствие читателя. Вакуум — идеальное условие для поэтического эксперимента. До меня дошло только сейчас. Вот почему я вспоминаю гениальные строки, а не свои. Я забыл свои, но помню чужие стихи.

И все сокроет тьма.

Только гению дано испытать при жизни посмертный опыт. Ад недовоплощенности. Бесы рая, ангелы ада. Бодлер мечтал выдернуть перо из крыла ангела. При жизни не удалось, а потом? То есть теперь. В смерти нет времени. Смерть есть безвременье. Междумирие. Мертвецы — вместе с нерожденными.

Блуждаю между двух миров,
Один уж мертв, в другом нет силы для рожденья...

Мой голос глохнет, пустота поглощает его, здесь нет ни тени, ни эха, смерть поглощает меня, тьма над бездной, и только мятежный дух носится над водой, не отражаясь в ней. Смерть есть непроницаемость. Мир без тебя неполон, даже мир смерти. Смерть затягивает все глубже, глубже. Как стремительно ты удаляешься от меня. Как далеко ты теперь.
— Ты еще дальше...

МБ

как далеко ты теперь твой образ изгладился из памяти стариком не знала а молодым забыла неужто ты до сих пор все помнишь злопамятный как слон да и что помнить ничего не было перепихнулись и всех делов случка как у собак анекдот как мужик наутро бабе после того что случилось должен как порядочный человек на вас жениться а она ему ой ты господи а что ж такое случилось в том и дело что ничего пшик один а ты мстительный какой

столько лет прошло а ты все помнишь стишок против меня сочинил не обидно а скорее смешно да и непонятно о
чем что с того что в церковь хожу что в том зазорного поглупела а ты поумнел годы берут свое разве ты раньше
так писал да я не только об этом стишке ты исписался
стал мертвец при жизни а что бобышев тоже поэт не
хуже но нереализованный несостоявшийся просто тебе
повезло посадили судили сослали то да сё ну и еврей конечно стали бы тебя так раскручивать если б не еврей и
нобельку бы не дали и бобышева третировали потому что
русский ты говоришь антисемитизм бывает конечно кто
спорит на улице тебе ножку подставили и жидом обозва-
ли ты и есть жид чего открещиваться зато компании
ваши сплошь еврейские русские допускались по процентной норме для размыва я среди вас как белая ворона
гордился что стопроцентная русская будто мы в израиле
а не в россии и как что бойкот обструкция бобышева
именно как русского и третировали так чем тогда скажи
русофобия лучше антисемитизма та же история с найманом еще хуже жену увел но ему же никто бойкота не
объявлял у тебя кордебалет был тебе любая давала почему тебе можно а мне нельзя как в том анекдоте про Бога
ну не люблю я его и никогда тебя не любила даже влюблена не была твой почин ну не силой так напором взял про-
ходу не давал некуда от тебя деться заарканил как рыба
на крючке а потом забрюхатил против воли вот ты и есть
обворованный вор тем что стала для тебя ты для меня так
и есть не стал сам знаешь ни разу я тебе этого слова не
сказала и никому не сказала пусть безлюбая хотя неизвестно но и я для тебя не стала тем что ты писал это все стихи поэзия есть демагогия тебе с паперти выступать но не
с нашей церковной а с вашей синагогальной
   не любила ни тебя никого другого какая разница кто
входит в тебя что тот мужик что этот не все ли равно
главное сам акт все равно с кем когда подзаведешься
полная отключка уже и не помнишь кто тебя ебет секс
обезличивает партнера безымянное орудие производства ха-ха вот именно производства не до любви когда

никак не насытиться слишком молода для любви похоть сильнее любви если только та не художественный вымысел в чем в чем а в этом мы такие же животные как остальные животные почему я должна была себя сдерживать ты же любил меня как раз за естественность за непосредственность что от меня можно что угодно ждать шальная так почему я должна быть неестественной с бобышевым если бы я ему не дала это была бы не я у меня нормальные здоровые инстинкты измена как и верность дело инстинкта а не рассудка или принципа или морали а тем более когда нет настоящей любви почему не попробовать еще с одним вдруг любовь возникнет как следствие секса а без любви я свободна никаких обязанностей и обязательств перед тобой как у тебя передо мной любовь любовь любовь это все слова ты был мастер слов вот и плел кружево брюссельское тень на ясный день а все проще на физиологическом уровне остальное пристройка и словеса любовь отвлекает и извращает то нормальное естественное что могут дать друг другу мужчина и женщина наши тела созданы для взаимного услаждения а любовь это отклонение и выдумка ведь могли никогда с тобой не встретиться какая там любовь дело случая вышла бы замуж ни любви ни оскорблений нормальная семья у сына отец у меня муж ну любовник на стороне все как у людей а не шиворот-навыворот стала обывательницей глупость из всех пор а ты попробуй расти в одиночку ребенка у меня был отец у тебя был отец хоть и порол тебя по любому поводу да видимо недопорол и все твои тиранские наклонности от твоего семейного рабства плоть от плоти своего отца ты брал реванш за детские унижения пусть такой но у андрюши никакого отца не было заместо отца нобелевский лауреат тебе все всегда было по фигу только ты сам пуп земли так и говорил гений всегда прав для слуг и жен нет великого человека но на самом деле именно слуги и жены правы а гений всегда неправ чтобы стать гением ты перестал быть человеком гений выел в тебе человека мужа отца ночь провел в больнице у родного сына тот

вот-вот Богу душу отдаст а сколько потом трезвона да
не нужны мне все эти твои чертовы импортные лекарства чтобы потом языком чесать как ты их доставал и
чего тебе это стоило правильно тебя бобышев выгнал
когда ты заявился к нам когда андрюша помирал не надо ли чем помочь тебе не стыдно если нам за тебя стыдно а твои скудные посылочки оттуда так навсегда и
остался в той своей мещанской семеечке на пестеля где
тебя никто не любил и ты никого не любил все бесслез-
ные как на подбор отец остолоп дуб и садист ты сам
говорил сед как лунь и глуп как пень мамаша обыватель-
ница до мозга костей зачем ты приплел в своем очерке
что она по-французски читала а отец латынь знал шли-
фуй уши кому другому какие там латынь с французским
у них и русский на уровне покушать да помыть руки перед едой помешана на уборке пылемания у тебя по наследству а меня невзлюбили с первого взгляда другой
породы шикса это они были русофобы а не мои антисемиты мы с тобой дружок разных кровей то есть разных
семей а не аид и гойка сравни моих с твоими земля и небо да не зазнаюсь я но есть разница ты мне кучу стихов
написал а про отца с матерью только прозой да и то по-
английски с трудом выдавил ни одного не то что поэтического а просто доброго русского слова не нашлось для
них вот ты и отгородился английским потому что ничего более противоположного поэзии и литературе и быть
не могло чем твоя узколобая семеечка мои пейзажи
писали а для твоих природа не существовала вовсе и ты
такой был тебя надо было водить как слепого и носом
тыкать но ты хоть восприимчив и благодарен нет ты
другой но как только ты укатил все что от меня сошло
как загар зимой забыл все мои уроки будто и не было забыл меня и что сын у тебя забыл и понесся к зияющим
высотам то есть к славе и пустоте а те суть смерть
    измена катастрофа трагедия все на повышенных
тонах для тебя даже измена литературная проблема чужие чувства тебе всегда были по фигу только свои и
почему измена почему катастрофа почему трагедия

распсиховался-то чего все напридумал это же чистая случайность на уровне анекдота чего трагедию разводить было бы с чего измена это приключение то от чего не отказываются и никогда потом не жалеют а жалеют наоборот если не воспользовались у французов железное правило от пяти до семи что хошь то и делай и ничего не спрашивай и не рассказывай се ля ви а ты все пытал да допытывался почему отчего сколько раз было ли еще не все ли равно сколько раз что один что десять если раз уже согрешила с ним мужик тот же самый семь бед один ответ не новая измена а продолжение старой если наши тела уже знают друг друга то нет больше никакой измены а продолжается прежняя грехопадение может совершиться только один раз и вообще что было то было и быльем поросло прошлое в прошлом забыть выкинуть из головы как ваши говорят знание умножает скорбь а ты застрял на этом и ни с места себя замучил и меня тоже что же мне топиться из-за ерунды такой а представь что это было до тебя что не ты первый у меня а он какая разница когда это случилось что меняет в отношениях что изменилось во мне да и там внутри ничего не изменилось подмылась никаких следов сам говорил процесс чисто физический то есть физиологический душа бездействует не до нее похоть сильнее всего остального нельзя винить женщину за то что требует ее природа наоборот сдерживаясь она изменяет себе как была задумана Богом мало ли что с нами вытворяют гениталии человек их раб а не хозяин и что пусть измена но не предательство или как у мушкетеров неверность но не измена а сам изменял и хвалился что моно-мужчина что это профилактика гигиена любви нужна физическая и моральная разрядка а я бы наоборот молчала в тряпочку ничего бы и не узнал одни подозрения не пойман не вор если бы не твой дружок а того понесло с него и спрашивай я для него как трофей всюду таскал с собой пока ты в москве неизвестно с кем почему меня не взял так хотела тогда прошвырнуться в столицу а тот только и делал что демонстрировал меня всем и

каждому ему нужен был ты а не я победа над тобой вот
он и побежал к тебе как только ты прилетел во всем каяться или хвастаться а скорее то и другое вместе вот
кто извращенец так это он любовь для него ужас и
сладострастие а не любовь помешался на собственном
аморализме а тот есть обратная сторона морализма он
мечется меж двух огней оборотень а не человек он тебя
предал со мной а меня предал тебе а потом прибежал ко
мне плакаться что иначе поступить не мог да и ты хорош трепался о своем несчастье налево и направо устно
и письменно стихами и прозой сор из избы выходит я
блядь не мужичье вы а уродцы все у вас через пень колоду а вообще он добрый и наивный дитё и ты у него на-
вязчивая идея чем думаешь мы заняты были в постели
помимо этого дела которое сам знаешь слишком кратковременно и быстротечно прости за двусмысленность
вот мы и коротали ночь и заполняли паузы разговорами
о тебе ты был промеж нас третий нелишний ночь поэзии
а не ебли не одной ебли бобышев твои стихи наизусть
шпарил вперемешку со своими и наши соития именно
они делали тебя еще ближе каждому мы думали о тебе
даже в самый-самый как ты нас всех повязал мы и сошлись чтобы освободиться от твоего гипноза твоей власти твоей тирании а получилось наоборот будто мы не
обычные люди а герои какого мифа бежим от него
а оказываемся все больше в нем закручены это воронка
твоей судьбы нас все глубже затягивала как мы ни ры-
пались и ни дергались а ты в это время пожинал славу и
премии выколачивал да ты бы если б понадобилось
через наши трупы переступил на пути в свой прижизненный мавзолей к своей нобельке будь проклята
   ты сам этого хотел не хотел бы ничего бы не случилось сам нас подталкивал друг к дружке это не ты поручил бобышеву меня пасти в твое отсутствие вот он меня
и пас читая твои и свои стихи и пытая меня о тебе и я
его о тебе мы обменивались нашим тайным о тебе знанием и постель была завершением этого обмена апогеем
мы не друг друга познали а тебя когда сошлись физиче-

ски с твоим другом все равно что с тобой ты поручил
ему меня чтобы он заменил тебя в том числе в этом ты
наперед обо всем догадывался все шло по твоему тайно-
му плану была уверена ты сам этого хочешь и ждешь не
дождешься когда все произойдет ты хвастал мною
перед бобышевым как он потом мною перед тобой под
видом покаяния что-то изощренно-извращенное в вас
обоих черт ногу сломает не бабье это дело разбираться
в мужичьих комплексах а как ты после него на меня
набросился мой дикий еврей мой ласковый зверь цитировал кого-то про остывшую готовность и что твои сексуальные батареи подзаряжены наново и всем нам было
хорошо тебе и мне мне и ему вам обоим вы поэты Божь-
ей милостью только ты состоялся а он воплотился в стихах а не в судьбе судьба сикось-накось а стихи у него
волшебные только закодированы не мог прямым текстом и про меня он лучше написал чем ты потому что вся
твоя любовная лирика это о самом себе а у него про меня он меня любил я его тоже родная душа нет не вегета-
тивный выбор и не запасной игрок и не по новогодней
пьянке в комарово именно в том вашем кагале где было
так тоскливо так одиноко все чужие вот я и поднесла
свечу к серпантину а от него к занавескам они вспыхну-
ли было так красиво и весело пока они горели этот
огонь все и решил когда его потушили он все еще горел
меж нас чужаков на вашем пиру и какая-то сила бросила нас друг к дружке ты прав не случайная интрижка и
не просто измена а предательство в чужом пиру похме-
лье но что делать если я вас обоих любила да выбирала
и не могла выбрать а почему нельзя любить двоих почему надо выбирать а некрасов с панаевыми а маяковский
с бриками блок и белый с любовьдмитриевной гала с
элюаром, эрнстом и дали да мало ли мы должны были
легализовать наши отношения и жить втроем два поэта
и художница ну и что почему бобышев пошел на это как
поэт он мне ближе сродство душ по сведенборгу единственный из ахматовских сирот природу чувствовал
природа у него Божий храм как и для меня да славян-

ская душа а что здесь плохого с каких это пор еврейская
душа стала котироваться выше всех остальных а твоя
была мертва мертворожденная это я разбудила ее скажи спасибо а потом снова окаменела высохла потому и
стихи у тебя в америке как цветы в гербарии одним словом натюрморт

мужики психопаты слишком большое вы придаете
этому значение вам мало трахаться надо хвастаться победа одного самца над другим охотники а не ебари фан-
тазеры и комплексанты но это ваше дело а я свободна
как птица ничем с тобой не связана не жена не невеста
аборт хотела сделать бобышев отговорил жениться хотел на брюхатой пузо росло солитер брыкался на меня
уже пальцем показывали от кого где муж мама с папой
замучили а тебя возненавидели когда узнали что забрюхатил но не как еврея а как тебя лично надоел со своим
еврейством да и какой ты еврей те примерные семьяни-
ны а ты выродок тебе семейные узы тесны поэт-роман-
тик дешевка три дня не выдержал и был таков а потом
за кордон поминай как звали бросив с ребенком мать-
одиночка прочерк в метрике думаешь легко вылитый ты
во всех отношениях патологическая неспособность к
учебе в школу на такси возила чтоб не убег по пути еврейство ты говорил чистая эссенция ее надо разбавлять
вот мы и разбавили каков результат и все на мне ты
устранился еще когда здесь был а как будто уже не было так у кого из нас рыбья кровь кто ледяшка я которая
взрастила парнишку или ты бросивший нас на произвол
судьбы а когда увидел сыночка в своей треклятой америке разочарование видите ли так это ты считай в самом себе разочаровался да и измен бы никаких не было
если б ты меня не бросал а так никаких на меня прав ни
моральных ни юридических почему не женился когда
тебя по семейному праву регулярно уестествляют аппетит проходит желания притупляются никакой потребности добирать на стороне что я нимфоманка какая это
ты скорее нимфоман почему этого слова нет в мужском
роде почему казанову не свели к врачу и не оскопили

меня все это не так уж и колышет с ума не сходила по этому делу ни в девстве ни потом продержалась как видишь до встречи с тобой хоть и постарше а если бы не ты Господи если бы не ты если бы не ты если бы не ты

неужели ты так и не понял что не целку мне сломал а всю жизнь душу изгадил я теперь тень самой себя смертный грех совершила душевное самоубийство все тебе отдала а сама нищая потому и в церковь хожу что жизнь поломата а где еще утешения ждать когда так хреново до тебя до живого было не докричаться тем более до мертвого что мертвый что живой один черт ты был мертв для нас с андрюшей когда еще был жив как ты посмел стать чужим это же твой сын евреи говорят своим семенем обеспокоены больше других наций вот я и говорю что ты выродок и как ты смеешь предъявлять нам претензии да если бы заранее знать бежала бы куда глаза глядят от тебя какая это любовь ты не меня любил а себя любил и лелеял свою любовь как в той песенке loveless love безлюбая любовь я никогда не входила в твои планы ни жизненные ни творческие мама предупреждала что ты летун враль и пустоцвет вот ты и улетел сначала от нас потом из страны теперь из жизни всюду тебе тесно ну а там в могиле тоже тесно а на том свете простор теперь хоть ты угомонился вот разница меж нами ты перелетная птица а я дерево у меня родина а тебе родина земной шар и безверный человек а меня если что и спасает то вера да представь себе смеяться не над чем и если грешила то грехи свои замаливаю а ты так и ушел не раскаявшись потому и был так несчастен и одинок несмотря на премии что всю жизнь думал только о себе не принимая в расчет никого эгоист законченный семейное счастье для тебя обывательский трюизм вот ты и выкаблучивался всю жизнь чтобы не показаться не дай бог банальным вижу тебя насквозь защищал горгону медузу соловья-разбойника голиафа и все двенадцать жертв геракла кретина политеизм противопоставлял монотеизму что проку ты оставался банальным только наоборот антибанальным отталкиваясь

от банального ты не стал оригинальным а только ориги-
нальничал выпендреж сплошной и кураж даже в стихах
хоть есть и хорошие но у бобышева потенциал не меньше но чисто поэтический поэт не ниже тебя но без твоей судьбы и не еврей потому он и мне понадобился что
не еврей и никакой не антисемитизм но тебя было мало
с оголтелым твоим эгоцентризмом ничего не видел вокруг тебе надо пальцем показывать звезду цветок дерево не знал их названий был слеп и глух как все вы ну
большинство какая разница я о тенденции ты схватывал на лету но не мог никогда сосредоточиться все
происходило у тебя в голове ты называл метафизикой
а метафизика взамен самого существенного чего в тебе
не было или не стало вложив в тебя так много Бог забыл
вложить главное да представь себе чувства а это выше и
ума и таланта и метафизики ты не чувствовал ни людей
ни природу тебя надо было водить за руку и тыкать даже о моей беременности ты узнал последним хотя нево-
оруженным глазом а ты меня видел голой ёб как ни в
чем не бывало ну если не глазом то хуем должен был
заметить ведь там все изменилось матка опустилась ты
ее доставал своим обрезанным а ведь я даже почувство-
вала когда это произошло да представь себе зачатие
что-то там лопнуло и замкнулось полный кайф выше
всякого оргазма но тут же подумала вот подзалетела
что делать будем а ты как бык в страсти ярости гневе
ревности ничего не замечал только собой был занят носился со своими переживаниями как с писаной торбой
волос расщеплял на четыре волосины метафизика твоя
треклятая а про аборты ты забыл как убегал ненавидел
мой скулеж а что мне оставалось кому как не тебе а ты
избегал меня до и после и блядовал с первой попавшей-
ся ища утешения от моего нытья и твое выжидание
пока я не приду в норму а еще ревновал меня и пытал
продолжаю ли с бобышевым и что андрей неизвестно от
кого коли тот им занимался больше чем ты андрюша его
папой называл вот тебе сукин ты сын после всего этого
да будь моя воля начать жизнь заново от кого угодно

только не от тебя а еще говорил что из-за меня перестал различать где ложь где правда а зачем тебе правда правда хорошо а счастье лучше ложь это язык любви правдивая ложь жизнь важнее правды правда это твоя метафизика и ты не был со мною правдив я не жалуюсь это право на жалобы ты тоже себе присвоил а теперь-то что тебе от нас нужно оставь нас хоть сейчас ты же мертвец мертвец мертвец Господи ну за что мне напасть такая выть хочется а не молиться вот я скулю и вою как побитый жизнью пес

ДБ

Закрыв глаза, я выпил первым яд.
И, на кладбищенском кресте гвоздима,
душа прозрела: в череду утрат
заходят Ося, Толя, Женя, Дима
ахматовскими сиротами в ряд.
Лишь прямо, друг на друга не глядят
четыре стихотворца-побратима.
Их дружба, как и жизнь, необратима.
Дмитрий Бобышев. Все четверо

Только ночью,
            себя от него отделив одеялом,
ты лежишь,
    семикрыл, рыжеват, бородат, космоват,
и не можешь понять,
            кто же ты — серафим или дьявол?
Основатель пустот? Чемпион? Идиот?
                        Космонавт?
Дмитрий Бобышев —
Иосифу Бродскому

Моя свобода и твоя отвага —
не выдержит их белая бумага,
и должен этот лист я замарать
твоими поцелуями, как простынь,
и складками, и пеплом папиросным,
и обещанием имен не раскрывать.
Дмитрий Бобышев.
«Моя свобода и твоя отвага...»

Что это было — нравственный недуг,
Всего лишь любопытство или шалость...
Дмитрий Бобышев.
Не помню откуда

Тогда, с тогда еще чужой невестой,
шатался я, повеса всем известный,
по льду залива со свечой в руке,
и брезжил поцелуй невдалеке.
И думал он в плену шальных иллюзий:
страсть оправдает все в таком союзе,
все сокрушит; кружилась голова,
слов не было.
Какие там слова!
Дмитрий Бобышев.
Общее воспоминание

Тот новогодний поворот винта,
когда уже не флирт с огнем, не шалость
с горящей занавеской, но когда
вся жизнь моя решалась.
Дмитрий Бобышев.
Вариации темы

Но как остановились эти лица,
когда вспорхнула бешеная птица
в чужом дому на занавес в окне,
в чужом дому, в своем дыму, в огне...
Немногое пришлось тогда спасти!
Нет, дом был цел,
но с полыханьем стога
сгорали все обратные пути,
пылали связи...
Дмитрий Бобышев.
Диалог с уходящей

Но отчего же так во тьме широко
поет его беда с припевом рока?
Что за — для сердца непомерный — стук
звучит в его грудной органной фуге?
И страшное подумалось о друге:
что, если счастлив он от этих мук?
Не ищет ли страданьям он продлений,
и, может, это цель — любовный крах?
Дмитрий Бобышев. Догадка

Беда, беда,— зову я, выбегая.
Навстречу мне желанная беда.
Дмитрий Бобышев.
Не помню откуда

Что вязало двоих,
одного доконало...
Дмитрий Бобышев. Развязка

Приснился он или со мною слился,
но я один. Его здесь больше нет.
Дмитрий Бобышев. Эпилог

Как пес, я взял твой след в ее теле. Твой запах в ней возбуждал меня больше, чем ее собственный. Да: пес. Да: зверь. Домашний и дикий, пес и волк. Метафорический зверь есть мифологический зверь есть метафизический зверь. Недовоплотившийся или, наоборот, пере-. Как я. Я и есть тот зверь, которого нет. Вымышленные существа суть вымершие существа. Не фантастические, а бывшие, но не сущие, из невыживших, как динозавры или мамонты. Ной, говорят, невзлюбил, взревновал, позавидовал и истребил лучших на ковчеге. Того же кентавра, который научил Асклепия врачеванию, воспитал Пелея, Ахилла, Нестора, Диомеда, Мелеагра, Патрокла, Кастора и Полидевка,— завидуя его мудрости и авторитету, а говорил — что искажает божественный образ человека. И единорога из зависти к его рогу, приняв за пенис и исходя из того, что приручить его могла только непорочная дева, коих на ковчеге не оказалось.

Или они были мутанты? А человек — не мутант обезьяны? Фатальная описка природы. Инфернальная порода человека.

А разве сущий носорог менее удивителен, чем небывший единорог с его маниакальной тягой к девственницам? Разве летучий мыш с человечьим лицом не столь же фантастичен, что помесь человека с конем — кентавр? Морской конек — и конек-горбунок? Слон — и мамонт? И кто есмь я в этом бестиарии? Бестиарий или паноптикум? Зверь или уродец? Супермен — это сверхчеловек или метафизический зверь? Хаоках, бог грома у индейцев племени сиу-дакота: замерзает в жару, потеет в мороз, смеется в горе и плачет, когда счастлив. Бобышев = Хаоках. Зверь смеха в плаче. Мой болт кончается змеиной головой. Я сохранил девственность в разврате, единорог мой домашний зверь, враг другу и друг врагу — вот кто я. А кто я сам себе? Друг? Враг? Я — это другой. Я — это ты. Ты — это я.

Пропорот болью и снедаем самоедством, по ту сторону океана, а значит, добра и зла, в кромешном одиночестве Урбаны, Иллиной(с), я сам не знаю, кто я — иуда или спаситель? Я сыграл роль, и сыграл ее классно, даже если внес отсебятину, но навязал мне эту роль ты. И ты же осудил меня за нее. Я был у тебя на побегушках. Да я бы и не глянул в ее сторону, не будь она твоей.

Для чего ты ее поручил мне? Я был твой заместитель, взял над ней опеку, то есть на поруки, носил на руках. Главное — чтоб ей было хорошо и безопасно. Ей было хорошо и безопасно. Если со мной ей было лучше, чем с тобой,— не моя вина. Выполнил твое поручение — ты должен быть благодарен. Пусть инстинктивно, импульсивно, вдруг, нас захлестнуло, в сознанке я бы себе этого, может, и не позволил. Какая там проблема выбора — мы не могли противиться судьбе, которую ты выбрал для нас троих. В минуты роковые нашей жизни мы действуем бессознательно. Это потом до меня дошло, что не по своей, а по твоей воле. Ты — автор и режиссер, мы с ней — твои актеры. Если только не высшая воля простерла свою длань над всеми нами. Разве не знак свыше, что даже фамилии у нас на одну букву: три «Б». Псевдотреугольник, как псевдогруппа у древних египтян, когда один и тот же человек изображен несколько раз в ряд. То, что произошло, должно было произойти. Ананке — Неизбежность и Необходимость, мать мойр: Клото прядет день и ночь нить жизни, Лахесис отмеряет ее длину, Атропос, неотвратимая, обрезает ее ножницами. Твоя нить обрезана, моя отмерена.

А теперь представь твое разочарование, если бы я вернул твою деву в целости и сохранности — ни трагедии, ни биографии, ни изгнания, ни Нобеля, ни имени. Я — твой кентавр, имя — Хирон, я сделал тебе судьбу, а ты в благодарность ранил меня отравленной стрелой, от которой я умираю и никак не могу умереть. Я первым выпил яд, но ты первым от него умер, оставив меня корчиться в муках.

Ближе, чем друзья,— только враги. Мой лучший враг, мой заклятый друг, скованы одной цепью, обручены как жених и невеста, повязаны на всю жизнь, а теперь вот и на всю смерть.

Даже смерть не разорвет эти узы — ни твоя, ни моя. Любовь разрушительна, ненависть созидательна. Чем бы ты был без ненасытной ко мне ненависти? Я принимаю твою ненависть как вызов и как любовь. Ненависть — высшая степень любви. Любовь можно удовлетворить, но не ненависть. Плоть насыщаема, дух алчет. Любовь смертна и бессмертна ненависть.

Кому она изменяла — мне или тебе? Кому лгала? А я не корчился от ревности и зависти к тебе? У каждого своя правда, а не одна на всех.

Почему ее простил, а меня — нет? Своей судьбой ты перечеркнул мою. Я — сноска к твоей биографии. Одна из: иуда, яго, дантес — имя нарицательное без имени собственного. Если бы не тот клятый Новый год, когда мы всем чужие и все чужие нам? Ты должен был, поручая ее, обрезать мне яйца и назначить своим евнухом: я бы пошел на это. Тогда я еще не был макрофобом, которым стал благодаря тебе (а не юдофобом — ни в одном глазу!), и признавал твое главенство: евнух так евнух. Ты оставил мне яйца — я пустился во все тяжкие разврата. Тебе никогда не представить, каким девственником может быть развратник! В отличие от тебя я не был женолюбом и не стал женофобом. Нет, голубым я тоже не был, фрейдистский бред об измене и ревности тут ни при чем. Все сложнее. Даже если где-то на самом дне бессознанки и притаился страх, что у нас с тобой случится грех и единственный способ избежать его — трахнуть вместо тебя твою красавицу. Она стояла между нами, оттягивая твои силы,— ты ее поставил на пьедестал, я сбросил вниз, доказав, что баба есть баба, курица не птица. Я открыл тебе глаза, в благодарность ты уничтожил меня.

В ту новогоднюю ночь были сожжены не только занавески, но и мосты. Не крепость взял (сама отдалась), а перешел Рубикон. Подключился к вашей электроцепи, и меня прошиб ток твоей страсти. Ты подзарядил ее, а потом меня. Я отнял вспаханное тобой поле и пропахал его заново, но ты переёб ее опять — по-своему. Твое мощное дикое необузданное всесокрушающее либидо — я чувствовал его змеиным кончиком своего члена, когда входил в нее вслед за тобой. Это был рай, но мусульманский, с одной-единственной гурией на двоих: она возвращалась каждый раз девственницей — от тебя ко мне, от меня к тебе. Дело случая: твой сын мог быть моим сыном. Когда она шла на аборт, никто не знал — от кого. Война не на жизнь, а на смерть, поле сражения — баба: кто кого переебёт. Я вошел не в нее, а в твою судьбу — через нее — навсегда, утратив свою собственную. Единственный из нашего квартета я отправился за тобой в Америку, где ты перекрыл мне кислородные пути — я был отвержен друзьями, женщинами, издателями. Порушенная судьба. Здесь, в Америке, я стал тем, чем ты был в России: пария, изгой, отщепенец. Я стал тобой. А кем стал ты, перестав быть собой?

Нобелевским лауреатом.

Женщина, вставшая промеж нас, соединила нас через свою промежность. Чья память сильнее — память хуя или память пизды?

Я представлял тебя в ней и дико возбуждался, а ты? Мы входили в нее по очереди, ревнуя, досадуя и ненавидя-любя друг друга. Я чувствовал тебя в ней, а ты меня? Я побывал на твоем месте, ты побывал на моем месте. Ее тело знало твое тело, а теперь ее тело знало мое тело, наши с тобой тела соприкасались через ее тело, о эта чудная, упоительная посредница меж нами. В конце концов она догадалась что к чему, а ты? То, что должно было нас сблизить, разбросало в стороны. И все равно: я словил свой кайф, а ты? Горе, что я тебе принес,— источник высочайшего наслаждения для тебя. Ты смаковал несчастье, ты был счастлив в беде, любовное крушение — твоя цель и нирвана. Чем бы ты был без меня? Что ты без Катастрофы, как ты высокопарно окрестил то, что тогда произошло? Никто, ничто, ноль без палочки, пшик. А кто я? Свингер? Альфонс? Жиголо? Чичисбей? Исполнитель вторых ролей? Роль Иуды? Пусть Иуда. Без Иуды нет Христа. Но и Христа нет, а есть два Иуды: я предал тебя, ты предал меня. Как отличить Горбунова от Горчакова? У нас одно назначение на земле. Да исполнятся сроки земные и смертные.

Мы сыграли с тобой в одном спектакле — тебе досталась слава, мне позор и лепра. Мы соавторы одной судьбы. Не ты с ней и не я с ней, а мы с тобой — двуспинное чудовище. Монстр о двух головах. Два пениса: один обрезанный, другой нет. Сиамские близнецы, не поделившие бабу. Ты так и не понял, что нам достаточно было одной. Два поэта с одним сердцем. Ты умер, а я жив. Я жив, потому что нельзя умереть дважды, а умер я в новогоднюю ночь, когда она подожгла занавески и я сжег все корабли. Мне ничего не оставалось, как доиграть свою роль. Теперь уже недолго осталось, но я доиграю до конца. Играю за нас обоих, ибо ты уже не игрок. Тебе не до наших земных игр, а ваши тамошние что, азартней? Ты ревновал к живому, я ревную к мертвецу. Есть только один способ преодолеть тебя — стать тобой. Я играю все роли в этом моноспектакле: тебя, себя, Марину, Андрюшу. Я его любил как своего — какая разница? Ты заделал ей ребенка — для меня. Твой был мне роднее своего, которого у меня нет, потому что есть твой. То есть мой. Твой, мой — все равно чей. Собственность — это условность: на баб, на детей, на стихи. Родила от тебя, а могла от меня: у нас были равные шансы, мы оба ебли ее с одной целью, сами того не сознавая.

Я был более предусмотрителен, чем ты, но ты оказался более предусмотрителен, чем я. Ты ей оставил небольшой выбор: ребенок или аборт? Родила от тебя, но не тебе. Я возился с Андреем как со своим. Он и есть мой, потому что твой. Твоя женщина, твой ребенок — мои. Твои стихи — мои стихи. Но я написал их сам. Там твой портрет, ее портрет, мой портрет, наш семейный портрет с ребеночком у нас на коленях. Знаешь, труднее всего дается свой портрет. Даже у великих: автопортрет проигрывает на фоне портретной галереи. «Дэвид Копперфилд», например. Странно: изнутри выходит хуже, чем извне. Мнимость литперсонажей, которые автобиографичны по сути: я писал тебя, а вышел я. Ты узнаешь себя в моем автопортрете? Я узнаю тебя в твоем. Мы квиты: как пииты, как мужи, как родаки, как твари. Да: групповуха. Но не *manage à trios,* а — *manage à quatre.* Не треугольник: четырехугольник. Квартет. Квадрига. Квадратура круга. Нас было четверо, еще когда нас было трое. Не только до его рождения, но и до зачатия, которое могло произойти в любое мгновение, от любого из нас. Я это чувствовал, ты — нет. По своему чудовищному эготизму — и эгоизму! И эгоцентризму! — ты не учел физический потенциал наших отношений. Ты был равнодушен ко всем, кроме себя. Еще до того, как он родился, ты сомневался, твой ли он. Ты ревновал к нему. Он отнял у тебя бабу: сначала чрево, потом грудь. То, что не принадлежало тебе единолично, теперь принадлежало единолично ему. Он был твоим, но мог быть моим и стал моим — в конце концов. Это ты стал бездетен, когда он родился, а не я. Сам сравни: что твои пять минут похоти по сравнению с часами ночных бдений у постели задыхающегося ребенка? Он часто и тяжело болел — вот-вот умрет. Дни и ночи напролет — мы с Мариной вырывали его оттуда, а он нырял обратно, мы снова брались за дело. Так кто же ему тогда настоящий отец — ты или я? Ты, бессознательно зачавший его, или я, отвоевавший его у смерти и давший вторую жизнь?

Какой это был несчастный ребенок! Он искал отца, как бэби ищет грудь. Ты был для него Осей: условие ваших свиданий. Дикость? Кто спорит: дикость! Кот Ося. У тебя был настоящий кот Ося, и у него ты был кот Ося. Ты мяучил с ним, как твой кот Ося с тобой. Это был твой эсператно: ты мяукал со своим котом, своими предками, своими бабами и друзьями, даже с врагами. Вот ты и с ним мяу. Он так привык к тому, что ты кот Ося, что не признал бы в тебе отца, даже если бы разрешили. Зато любого другого мужика, окромя тебя, называл папой, но с вопросительной интонацией, мучась и сомневаясь: папа? Хотели досадить тебе, а ранили его.

Детская травма.

Я один откликнулся на его призыв и заменил тебя. Это был жалкий, потерянный, брошенный ребенок, я возился с ним, ощущая родство: сиротство в этом чужом и холодном мире. Мы нашли друг друга: две одинокие потерянные души. Он любил меня и продолжал искать отца. Он тебя искал всю жизнь и потерял навсегда в вашу встречу-невстречу в Нью-Йорке. До сих у меня стоит в ушах его вопрос-надежда:

— Папа?

АБ

— Папа?

Мама — папа? Деда — папа? Дима — папа? Ося — не папа. Ося — кошка. Он приходит и говорит «мяу». Мяу, кот Ося.

— Папа?

— Спи, детка! Спи, родной! Проклятая температура! Никак не сбить! Всё за мои грехи. Но тебе-то за что? Виноград и оскомина? Но где виноград? Оскомина и оскомина. Кислый виноград. Выпей водички, маленький. Завтра тебе будет лучше.

— Где папа?

— Завтра, милый. Ну, почему ты опять сел? Ложись. Ночь. Все спят — птицы в небе, слоны в зоопарке, в норах мыши и кот на крыше.

— Кот Ося?

— И кот Ося спит, будь он неладен, хоть ему не спать, а бодрствовать положено рядом с тобой. На пару со мной дежурить у твоей постели. Но ему нет до нас дела. Завтра заявится со страдальческой миной, закрывая лицо руками. Театр одного актера.

— А Дима?

— Оба здесь будут, горе мое. Господи, ну за что мне все это! Только бы ты выздоровел! Корь проклятая...

— Не плачь, мама. Завтра будет папа.

Если Дима папа, почему нельзя сказать Диме «папа»? Если Ося папа, почему нельзя сказать Осе «папа»? Почему мама не папа? Зачем папа, когда есть мама, деда, баба, Дима и кот Ося? У всех есть папы, только у меня нет папы. Еще и у Исуса, говорит кот Ося. Но он не Исус, говорит мама и щупает губами мой лоб. Не дай бог, говорит кот Ося.

Все в доме рисуют, но я не хочу рисовать. Деда, баба, мама — все рисуют и меня заставляют, но я не хочу рисовать. Хочу петь, как мама. Я люблю ее голос, но она поет не мне, а когда приходят гости. Я тоже люблю гостей. Мы с мамой любим гостей-мужчин, потому что каждому можно сказать «папа». Папа? Но больше всех мама любит Диму и кота Осю. Один из них папа, но каждому строго-настрого запрещено откликаться на «папу». Вот они и отказываются быть папами.

— А кого бы ты выбрала в папы — дядю Диму или кота Осю? — спрашиваю маму, потому что сам не знаю, кого выбрать.

— Не знаю,— говорит мама.

А потом, подумав, говорит:

— Дима добрее, но Ося — несчастнее.

— А кто лучше папа — добрый Дима или несчастный Ося?

— Спи, детка. Утро вечера мудренее. Завтра и обсудим, кто лучше папа. Есть же еще папы, помимо этих двух.

Дима чаще бывает у меня, особенно когда я болею, как сейчас. А кот Ося приходит реже, с диковинными подарками, но мяукнет раз-другой — и к маме. А меня одного оставляют. Всегда приходит, когда бабы с дедой нету. Баба с дедой его терпеть не могут — так говорит мама.

— А ты?

— Терплю, как видишь,— смеется мама.

— Баба с дедой не любят кошек?

— Кошек любят, а кота Осю — нет.

Тихонько подкрадываюсь и отворяю дверь. Совсем голые оба и как странно танцуют — без музыки на одном месте, тесно вжавшись друг в друга и двигая попами, но не из стороны в сторону, а взад-вперед — это кот Ося, а мама — вверх-вниз.

— Я тоже так хочу! — кричу я и бегу к ним.

— Несносный ребенок! — говорит кот Ося, отрываясь от мамы и поворачиваясь спиной, но я все равно успеваю заметить, что пипирка у кота Оси большая, голая, красная и мокрая. А мама смеется и, взяв меня на руки, относит обратно, а сама возвращается к коту Осе.

У моей мамы самая лучшая грудь в мире! Она мне рассказывала, когда я был сосунок и мы были на пляже с голыми женщинами, я подбегал к каждой, смотрел на грудь, примеривался, сранивал и убегал обратно к ней: у мамы лучше. Но потом я заметил большую-пребольшую грудь, хотел к ней пристроиться, но тетя засмеялась и прогнала меня: «Рано еще тебе, пострел, о грудях думать!» Почему рано? Наоборот. Тогда я думал, а теперь уже нет.

Когда кот Ося склоняет надо мной голову, он больше похож на птицу, чем на кошку.

— Кот Ося — птица, а не кошка,— говорю я маме.

— Да, он птица,— соглашается мама.— Птица перелетная. Ему здесь холодно. Он скоро улетит на юг, в дальние страны.

— А дядя Дима? Он тоже улетит в дальние страны? Он не похож на птицу.

— Он не похож на птицу,— соглашается мама.— Но он тоже может улететь, если улетит кот Ося.

Странно, думаю, зачем дяде Диме улетать вместе с котом Осей, если я ни разу не видел их вместе. Они всегда приходят порознь, и голая мама танцует то с одним, то с другим, а я подглядываю, хоть и знаю, что нехорошо. Нехорошо подглядывать, но когда я подглядываю, мне хорошо. Я тоже хочу так танцевать с мамой — чтобы она была голой, и чтобы я был голый, и чтобы она так же вскрикивала, как с ними. Как будто ей больно, но ей не больно, наоборот. Почему она вскрикивает, если ей не больно? Они такие разные, кот Ося и дядя Дима, а танцуют с мамой одинаково, когда стоя, а когда лежа, совсем по-разному. И это уже не танец, а такие прыжки вдвоем в кровати, на которые так смешно смотреть. Как в цирке.

Но почему они никогда не танцуют втроем? Почему никогда не приходят вместе? Я думаю, Дима и Ося на самом деле — это один и тот же папа, раз они одинаково танцуют с мамой и никогда не могут появиться одновременно. Он переодевается то в Осю, то в Диму, а кто он на самом деле, никто не знает. Он сам не знает. И когда он голый, он боится повернуться ко мне лицом, чтобы я не узнал, кто он на самом деле.

Я хочу петь и рисовать, как мама. Мама рисует лучше всех. Я хочу рисовать, как она, но я не хочу учиться рисовать. Я хочу сразу нарисовать наш дом, этот большой-большой стол, это окно, эту улицу в окне, бабу с дедой, и маму, и дядю Диму, и кота Осю — с одним тайным лицом. Всё-всё-всё сразу нарисовать и больше не рисовать никогда, а только петь, петь всегда, как мама, все говорят, у меня ангельский голос, но это скоро пройдет. Все говорят, что голос ломается. Я так боюсь, что голос сломается и будет больно-больно. Наверное, он уже ломается, потому что я весь горю, губы пересохли, не могу глотать, так болит горло. Это голос ломается, я перестану быть ангелом и не смогу петь, как мама.

Я хочу петь, петь, петь на весь мир своим ангельским голосом, как мама поет, как птицы поют, как кошка поет, когда ее гладишь и она мур-мур, как весь мир поет, а я должен учиться рисовать, у меня температура и нет папы — ни папы Димы, ни папы кота Оси, ни папы мамы. Я так люблю, когда она лежит со мной голая и поет песню, я хочу танцевать с ней, как танцует Ося-Дима, но когда я просыпаюсь в ночи, ее уже нет — она спит то с дядей Димой, то с котом Осей и никак не хочет понять, что он один человек.

— Ты должна наконец выбрать между нами,— говорит ей папа Дима, гладя меня по голове.— Ты же сама видишь, ребенку нужен папа, а какой из него отец!

— Ребенку нужен папа! — кричу я и просыпаюсь.

Дима целует меня в лоб — какие у него холодные губы!

— У него жар, что же делать, что же делать? — поет женский голос.

— Это один человек! — кричу я и еле слышу свой голос.— Как ты не можешь понять, что это один человек! — захожусь я в плаче, и что-то лопается у меня в горле.

— Это конец! — шепчу я, потому что у меня сломался голос.

— Что ты говоришь такое! — плачет мама.

Теперь я не могу петь, но могу рисовать. Если мама не может между ними выбрать, я выбираю сам. Я рисую моего папу. Кот с птичьим лицом и мокрой пипиркой. У них всегда мокрые пипирки после танца с мамой. Когда они голые танцуют стоя, сидя, лежа и еще по-всякому, они уже ничего не замечают, вот я и подсматриваю, я все про них знаю, а про себя нет. Когда мама ложится ко мне голая, я не знаю, что мне делать, чтобы танцевать с ней, как Дима и Ося, и я пописал на нее, чтобы пипирка была мокрой, но мама рассердилась, а за что? Я ей все объяснил, она стала смеяться, как шальная — так кот Ося про нее говорит.

Как нарисовать кота Осю и дядю Диму с одним лицом, с одним телом и с одной мокрой пипиркой? У моего кота с птичьим лицом пипирка вышла больше, чем хвост. Два хвоста? Или две пипирки? Одна пипирка просто так, как хвост, а вторая большая-пребольшая, когда они танцуют с голой мамой, у меня никогда такая большая не вырастет. А теперь я пририсую папе крылья, как у ангела. Какого роста ангелы? Это большие птицы или малые птахи? Я нарисовал этому коту-птице с двумя хвостами-пипирками куриные крылья, чтобы он никуда не улетел. Он тут же быстро-быстро ими задвигал и прокудахтал:

— Я улетаю,— кудахчет кот Ося.

Я хватаю резинку, чтобы стереть ему крылья, но уже поздно — они растут на глазах.

— Видишь, у него жар, я не знаю, что делать, он не спит и рисует,— сказала мама.

— Я пришлю оттуда лекарства. Я буду тебе писать.

— Стихами, пожалуйста,— говорит мама и слишком громко смеется.

Сейчас заплачет — она всегда, когда так смеется, потом плачет.

— Что ты рисуешь? — спрашивает кот Ося.— Какое-то мифологическое существо, не поймешь кто.

— Это ты с Димой,— сказал я.

Кот Ося помрачнел.

— В этом доме все сговорились меня обижать.

— Кому ты нужен,— говорит мама, вытирая слезы.

— А почему крылья? — спрашивает кот Ося.

— Потому что ты улетаешь, и Дима улетит.

— Никуда он не улетит, твой Дима. Он здесь прописан навечно. Как крейсер «Аврора» — на вечном приколе. Он из тех, кто держится за юбку, даже если это чужая юбка.

Это он о маминой юбке. Только Дима держит ее совсем не за юбку, когда с ней танцует, хотел рассказать ему, у них это немного по-другому, чем с ним.

— Ты хочешь мне что-то сказать? — спрашивает кот Ося, но я не уверен, что ему понравится мой рассказ. Все, что связано с Димой, ему не нравится, хотя это

один и тот же зверь, я это знаю теперь точно, раз они
одинаково, хотя и каждый по-своему, танцуют с голой
мамой.

— Нет, лучше не буду,— говорю я.— Зачем тебя рас-
страивать перед полетом.

— Господи, какой ужасный ребенок,— говорит кот
Ося, но я понимаю, что он и не хочет, чтобы я ему рассказывал. Хоть и не знает про что, но на всякий случай.
Он всегда больше говорит, чем слушает. По-моему, он
боится слушать.

— Давай ему скажем,— говорит мама, ни на кого не
глядя.

— Как ты танцуешь с Димой? — спрашиваю я.

— Ты танцуешь с Димой? Ничего не понимаю! — говорит Ося.

— Какие же вы у меня дураки! — смеется-плачет мама.
Потом поворачивается ко мне и говорит:

— Ты все ищешь своего папу. Вот он стоит перед тобой, твой папа.

— А как же Дима? — говорю я и плачу.

— Дима — наш общий друг,— говорит мама.

— Не мой! — говорит кот Ося, который теперь папа.

— Почему не твой? Был — твой. Ты же меня с ним и
свел и оставил на поруки. Он не изменился от того, что
взял меня на поруки.

— Зато я изменился.

— Опять за свое! Давай хоть в последний день оставим эту бодягу.

— Для кого бодяга, для кого — нет.
Они всегда обо мне забывают, когда выясняют отношения.

— Я болен! — кричу я, чтобы обратить внимание, но
из моего горла один только хрип да сип.

— Что ты хочешь, детка? — спрашивает мама.

— Я болен,— говорю я.

— Я знаю, милый. Но ты скоро поправишься. Вот папа улетит, и ты сразу поправишься.
Коту папе Осе эти слова не нравятся, но он молчит.

— Кто папа? — спрашиваю я.

— Я — твой папа!

— Но все зовут тебя Осей,— продолжаю пытать кота Осю.

— Верно. Я — Ося. Кот Ося. Для всех. А для тебя папа.

— А почему ты не сказал раньше?

— Спроси у мамы! — не выдерживает папа Ося.— Это был такой против меня заговор. Чтобы ты не знал, что я отец. Дурацкое такое условие. Иначе меня бы к тебе не пускали.

— Но почему теперь, став папой, ты сразу улетаешь?

— Устами младенца... — говорит мама.

— Потому что это другое дурацкое условие! От меня не зависит. Теперь у тебя наконец есть папа, но он улетает.

— Ты папа-птица?

— Да, я — птица. Ястреб.

— Петух,— говорю я.

— Почему петух?! — сердится кот папа Ося.

— А ты вернешься? — говорю я.

— Вернусь,— говорит папа и целует меня.

Папа Ося меня обманул.

АРЕСТ, СУД, ССЫЛКА

Пропущенная глава

Арест: Ленинград, 13 февраля 1964.

Суд: Ленинград, 18 февраля и 13 марта 1964.

Ссылка: Архангельская область, Плесецкий район, станция Коноша, 30 км через лес — деревня Норенская, до сентября 1965.

ПЛОХОЙ ХОРОШИЙ ЕВРЕЙ

*...блуждает выговор еврейский
на желтой лестнице печальной...*
  ИБ. Рождественский романс, 1961

Пусть я — аид, а ты всего лишь гой...
  ИБ — Михаилу Барышникову

...из меня плохой еврей...
  ИБ — Мириам Гросс

Я, знаешь ли, плохой еврей.
  ИБ — Людмиле Штерн

Нельзя быть большим евреем, чем я.
  ИБ — Адаму Михнику

Если уж говорить, еврей я или не еврей, думаю, что, быть может, я даже в большей степени еврей, чем те, кто соблюдает все обряды. Я считаю, что взял из иудаизма — впрочем, не столько считаю, сколько это просто существует во мне каким-то естественным образом — представление о Всемогущем как существе совершенно своевольном. Бог — своевольное существо в том смысле, что с Ним нельзя вступать ни в какие сделки — например, я сделаю то и за это получу это, совершу какое-то количество добрых дел и за это попаду в Царствие Небесное. Это то, что мне в христианстве в высшей степени кажется несоответствующим, по меньшей мере достаточно сомнительным. Моя любимая книга в Ветхом Завете — это Книга Иова...
  ИБ — Ежи Иллгу

С течением лет я чувствую себя куда большим евреем, чем те люди, которые уезжают в Израиль или ходят в синагоги. Происходит это оттого, что у меня очень развито чувство высшей справедливости. И то, чем я занимаюсь по профессии, есть своего рода акт проверки, но только на бумаге. Стихи очень часто уводят туда, где ты не предполагал оказаться. Так что в этом смысле моя причастность... не столько, может быть, к этносу, сколько к его духовному субпродукту, если хотите, поскольку то, что касается идеи высшей справедливости в иудаизме, довольно крепко привязано к тому, чем я занимаюсь. Более того, природа этого ремесла в каком-то смысле делает тебя евреем, еврейство становится следствием. Все поэты по большому счету находятся в позиции изоляции к обществу.

ИБ — Дэвиду Бетеа

...я ближе к иудаизму, чем любой иудей в Израиле. Просто потому, что если я и верю во что-то, то я верю в деспотичного, непредсказуемого Бога.

ИБ — Свену Биркертсу

Парадокс? Оксюморон! Каким образом плохой еврей может быть бо́льшим евреем, чем любой другой еврей, включая кошероедов?

Рассказывал о своей первой лжи — как, заполняя библиотечный формуляр, споткнулся о пятый пункт и солгал библиотекарше, что не знает. Оживившись, она предложила ему сбегать домой и спросить у папы-мамы:

— Моя первая ложь была связана с определением моей личности.

Ссылался на аналогичную историю, рассказанную Ахматовой: как Амедео скрывал от нее возраст (сказал, что двадцать четыре, а ему было двадцать шесть) и не с ходу признался, что еврей.

— Я что, обязан при каждом знакомстве расстегивать ширинку и демонстрировать свой обрез, да?

— Так ей и сказал?

— А ты думаешь!

— А она?

— А она: «Нет, вам как раз этого делать не надо». В том смысле, что я типичный, от меня за версту несет. Здесь русский дух, здесь русским пахнет. То бишь еврейским. В отличие от нетипичного Модильяни. «Даже по телефону»,— добавляет. Что «р» не выговариваю, намек на картавость. А я, может, грассирую, как истый француз.

— Так кто же ты — ирландец или француз? — не выдержала я, вспомнив нашу с ним фотосессию по выдавливанию из него аида и превращению в айриш.

— Увы, еврей. Стопроцентный — без малейших примесей. И даже больше.

— То есть?

— АА называла меня Полтора Кота, ее кис-кис так звали, а один раз, по той же кошачьей аналогии: «Не обижайтесь, но вы типичный Полтора Жида».— «Чего обижаться! — говорю.— Бессмысленное слово, без никаких нюансов. Тем более — цитата». В любом случае, преуменьшала.

— Как так?

— Не полтора, а два жида. Я — жид на двести процентов.

— Загадками говоришь, дядюшка.

— Двойной еврей. Как причина — раз, как следствие — два. Как причина — по папе и маме, на генетическом уровне, без примесей. Как следствие — на историко-метафизическом. Бог для меня суть произвол и насилие. Как и следует из Библии, но мне не нужны ни цитатные подтверждения, ни доказательства, у меня это понимание на интуитивном уровне, путем откровения. Мы диалектику учили не по Гегелю, а метафизику не по Аристотелю, но по Джону Донну. Библию — по Книге Иова. Там гениальная догадка, что Бог ведет с человеком борьбу на индивидуальном уровне. Не всегда и не со всеми. Со мной — определенно. Соответственно и у меня с ним личная тяжба. На равных. С переменным успехом. Между Ним и мной борьба не на жизнь, а на смерть. Даже если Он меня не замечает. Или делает вид. Иова помнишь? Или того молодца, которому Бог ногу сломал. Представляешь, получить такую отметину от Бога на всю жизнь! На месте Иакова — был бы счастлив. Знак равенства, пусть временного. И судьбы. По-гречески: АНАНКЕ. У меня свой счет с Богом. Ветхозаветный такой поединочек. Вот-вот кончится, понятно — в чью пользу. Борьбой с Богом человек укрупнен и возвышен, а жизни мышья беготня — это для простых смертных, коим я тоже являюсь по совместительству: Нобелька, почетные мантии, все такое. А чорч с синагогой — для массового потребления. Отсюда — злоупотребления. С обеих сторон, дружок. Если я не иудаист, то по крайней мере кальвинист, что по сути одно и то же.

— То есть ты все-таки христианин.

— Нет. То есть да, но в ином смысле. Христос — да, христианство — нет. Разницу чувствуешь? Вся эта христианская фигня — я совершаю энное число добрых дел на земле, и за это мне уготовано теплое местечко в Царствии Небесном — не что иное, как я тебе, а ты мне. Постыдный торг! Бог — последний, с кем можно вступать в сделку. Жизнь не базар, райские кущи не отменяют смерть, никто оттуда не подал весточки. Этот Боженька — для нищих и малодушных. Они и есть — по определению — нищие духом. То есть убогие.

— Убогие — значит у Бога? — спросила я.

— Как же — разбежались! Особенно прозелиты из евреев. Жертвы обреза. Это у нас с Пастернака повелось — креститься. Под влиянием «Доктора Живаго». Массовое обращение в истинную веру.

В связи с выкрестами-обрезанцами рассказывал анекдот:

— Куда вы, меньшинство? — К большинству.

И добавлял:

— Компактное большинство, как у Ибсена во «Враге народа».

— Я тоже чуть было не заделался, крест на шею повесил — было дело, снимок сохранился, стыд да срам. Пока не дошло: христианство изжило себя. Мы живем в пост- и даже постпостхристианскую эру. Да и не их я полку. И ничьего — сам по себе. Как та самая киплингова киска. Мяу. Или как колобок: я от бабушки ушел, я от дедушки ушел, а от тебя, православие, и подавно уйду. И только смерть слизнет меня, как лиса,— будто не было. Но пока жив — не бывать тому. От «помилуй-мя-боже» меня подташнивает, настоящая аллергия. Да православие — это и не христианство, а некая смесь, хрислам. И вообще, кто говорит от имени Бога, пусть предъявляет удостоверение с Его печатью. Я сам себе судья, прокурор и защитник. То есть един в трех лицах. Триединство, но мое, а не ихнее. Если я сам себя не прощаю, то какой мне толк, что Бог меня простит. Мои отношения с Ним на ином уровне, пусть даже почта в один конец. *Homo sapiens* если не отлучен, то бесконечно отдален от Бога. Бог сам по себе, человек сам по себе. Но иначе и быть не может. Те времена, когда Бог хватал за руку спятившего на почве веры Авраама, боролся с Иаковом или являлся в огненном кусте Моисею, канули безвозвратно. Да, я допускаю личный характер отношений с Богом, но только в те доисторические времена, когда Он играл по-крупному, сделав ставку на избранный народец. Точнее — на отдельных его особей. Ладно — пусть представителей. А когда сговорились — Заветом называется,— адьё и был таков. Как там этот немчура говорил? В человеке Бог снимает с себя ответственность и возлагает ее на плечи *homo sapiens*. Ношу эту следует безропотно нести до самого конца. Потому что ропщи не ропщи — один результат, и потому что ноша — от Бога. Все остальное — от лукавого. И не торговаться с Ним — все равно не услышит. Он давно уже оглох от старости и земными делами больше не интересуется. Оглохший Бог — это Бог-метафизик. Есть церковный Бог для всех, и есть мой личный Бог, у меня разговор с Небожителем вровень. А все эти коллективные хоровые мероприятия с молитвами и господи-исусе — набившие оскомину трюизмы. Православие хуже остальных: в других церквях хоть сидишь, можно соснуть под музыку и речитатив, а здесь — часами стоя выслушивать всю эту поповскую бредятину. Не комфортно, лично я рухну на первой минуте. И куда ни глянь, ханжеские мордочки. Да из одной только нелюбви к групповухе. Война клише! Это, так сказать, на поверхности, а есть еще на глубинке, подкорочные причины. Замнем для ясности. Фрейд, слава богу, мертв. А больше — некому.

Хотя — в свете посмертных приключений с его телом, о чем см. ниже,— может, и зря не поддался уговорам того же Наймана подумать о душе и креститься: Париж стоил обедни. А тот особенно усердствовал, доводя до белого каления, в результате чего и возникла уже помянутая мной хулиганская вариация на тему «Exegi monumentum» с легко разгадываемым названием-шарадой «Aere Perennius», где христианским ценностям — вечная жизнь с кадилом в ней — противопоставлен этот penis, membrum virile, приап, хуй, каменькость, гвоздь моей красы. Подзавести тебя на высокий стих могла теперь только злость, чему три свидетельства, три стишка, написанных «враждебным словом отрицанья» — антилюбовное, антикушнеровское и это вот антихристианское.

А не ерепенился, лежал бы сейчас среди своих, между Дягилевым и Стравинским, а так угодил в соседи Эзре Паунду! РПЦ наотрез отказала тебе в месте под православным солнцем. То есть в русском пантеоне Сан-Микеле. Как нехристю.

Помню, позвонил как-то при мне один общий еще по Питеру знакомец — тот самый, про которого Довлатов говорил, что антисемитизм только часть его говнистости. Кто-то, помню, вякнул о его культуртрегерских талантах, но О презрительно отмахнулся, назвав радиофилософом (тот подвизался на «Либерти»): «Для внутреннего потребления. За всю жизнь в Америке опубли-

ковал по-английски полстатьи в Мухосранске, а носился с ней как с писаной торбой». Считал его ослабленной, карикатурной копией Розанова, а того терпеть не
мог за ерничество и жидоедство. Так вот, звонит этот
дважды земляк и поздравляет с Ханукой.

— Не праздную,— отрезал О.

— От своих открещиваешься? Тут-то чего? Перевез
свои идишные комплексы через океан? Здесь вы — в по-
давляющем большинстве, титульная нация, мировая закулиса вышла на авансцену. А мы, русские,— наоборот,
нацмены: и здесь, и там, и всюду. Включая собственную
страну, где мы нацмены в квадрате.

— Горбатого могила исправит. Я о жидовских комплексах. Как и о жидофобии — антисемитизм как болезнь неизлечим.

— Только не в моем случае. Вылечился — с помощью
психоанализа. Сам себя психоанальнул — вскрыл детскую травму, нанесенную мне одноклассником Мариком
Каминским. Перековал мечи на орала. Из жидофобов —
в жидофилы. Выкрест, но наоборот. Прозелит.

— Заруби себе на носу: не ряды жидеют, а жиды ре-
деют. Не примазывайся.

— По доброй же воле. Попутчик, так сказать. Если
ты обрусевший еврей, то я объевреившийся русский.
Ты как гений из секты неприкасаемых, а я — из секты
жидовствующих. Была такая на Руси в доисторические
времена. Вот я теперь и жидовствую.

— Не на Руси, а в Новгороде,— поправил О домо-
дельного радиофилософа.

— Разница?

— Твоя Русь авторитарна, а наш Новгород демокра-
тичен. Первое окно в Европу, задолго до Петра.

— Пока его не заколотил царь Иван.

— Хватит базарить. Поди лучше сделай обрезание.

— До какой степени надо ненавидеть евреев, чтобы
петь им аллилуйю! — прокомментировал О, бросив трубку.

— До какой степени надо довести антисемита, чтобы он пел аллилуйю евреям! — сказала мама сочувст-

венно.— Что ему еще остается? Он вынужден окружением, условиями существования: еврейская аудитория там и еврейская среда здесь. Бедный приспособленец!

— Нет, здесь не только приспособленчество. Бери повыше! Умственная извращенность, то есть достоевщина розановского разлива. Фигляр — вот и поменял полюса: любит то, что ненавидит, и наоборот. Жидолюб! Как бы не так! Банальный антисемитизм, приправленный филосемитизмом. А из-за вынужденности он еще больше ожесточается и озлобляется. И все его теории — чистая лажа! Надо же до такого договориться! Что евреи — не мораль мира, а его физиология, не дух, а плоть, не смысл, а жизнь. А как же Авраам, Моисей, Иисус, Маймонид, Спиноза, Маркс, Фрейд, Пруст, Бергсон, Эйнштейн, Пастернак, Мандельштам и прочие метафизики и духовидцы? Несть им числа? Да я, наконец! А чего стоит его теория об отсутствии у евреев *middle class* — только идиоты или гении, а гении не являются показателем нации, к которой принадлежат случайностью своего рождения. То есть признает евреев, но только самой высокой пробы, отбор строжайший, Бабель у него до Гамбурга не доезжает.

— А ты?

— Мне это как-то до фени. Он не из книгочеев, говна от конфетки отличить не может. Держит меня в качестве дальней мишени и время от времени почтительно подъёбывает. Считает, что евреи прячутся за своих гениев, но что общего между Эйнштейном и Левой из Могилева? Русское быдло ему любо на уровне ненормативной лексики и сленга, зато на еврейского мещанина у него аллергия из-за — так он считает — убогого, а то и коверканного языка: лучше бы уж говорили на своем идише!

— Евреи для него — идефикс,— сказал папа скорее сочувственно.— То ли корень жизни, то ли корень зла — в зависимости от контекста. В отношении евреев у него вообще широкий спектр чувств: от восхищения до священного ужаса. Еврейские козни видит повсюду, но борьбу считает бессмысленной, обреченной на провал:

если даже Сталину с Гитлером не удалось... Выстроил культурный ряд, который замыкают: Вагнер, Достоевский, Розанов, Честертон и он.

— Что я и говорю: вторичен. Антисемитизм — разновидность не говнистости, а тавтологии.

— А еврей не тавтология? — спросила мама.— Особенно с доской почета из випов. Скособоченность на собственных знаменитостях. С припиской к своему полку великих gentiles[1]: Шекспир — ученик Монтеня, соавторство конгениальных Моцарта и его либреттиста Лоренцо да Понте.

— А что! Без Лоренцо не было бы ни «Фигаро», ни «Флейты». И дело вовсе не в его еврействе, а в его масонстве. В «Волшебной флейте» — масонский код, без него ничего не понять. Как не понять вне антисемитизма этого говнюшонка.

— Бубер ему интересен исключительно как еврей, а не сам по себе,— сказал папа.

— Ну, Бубер, положим, сам по себе и не существует, это он прав. Зато Спинозу или Пруста он в упор не видит.

— Для него они уже не евреи, а голландец и француз,— сказала мама.— Как и есть.

— Ну, это когда как. Абсолютных ассимилянтов не бывает — не тут, так там взыграет, прорвет плотину,— и, не опускаясь до объяснений, вернулся к герою-антигерою разговора: — Знаешь, что он мне однажды выдал? Что я выбираю себе вечных спутников по национальному признаку. Ну, понятно, еврей-филистер — его возвышает сама принадлежность к сонму великих по этому второстепенному все-таки признаку, но тебе-то зачем, спрашивает. Ты же сам по себе со своим числителем — зачем тебе этнический знаменатель? Во-первых, не твое собачье дело, говорю; во-вторых, как насчет Овидия, Горация, Джона Донна, ехал грека через реку Кавафиса и прочих гоев? Я уж не говорю о рашн — от Баратынского, хоть и Абрамыч, до Марины

---

[1] Нееврей *(англ.).— Примеч. ред.*

Ивановны, пусть у нее и библейский темперамент, Иов в юбке и вообще шикса, то есть породненная. А тута и вовсе сплошной интернационал: инглиш Оден, полячек Милош, ниггер Уолкотт, айриш Хини, да мало ли! Хотя есть и семиты: Пушкин, скажем. Все смеются, да? Шутка. Касаемо евреев есть данность: я виноват, что половина русских поэтов этого века евреи? По меньшей мере! Соответственно, половина моих любимчиков будут евреями. Плюс-минус. Мы — народ книги. Сиречь — графоманов. Почему мы такие умные? Это у нас на генетическом уровне: чтение справа налево. А когда вырастаешь, приходится переучиваться, чтобы хоть внешне быть как все. Тут и возникает конфликт между генетическим знанием и благоприобретенным: читая, ты мысленно выворачиваешь строчку наизнанку, чтобы проверить, всё ли там в порядке. Да еще этот двухтысячелетний тренинг — талмудили над Книгой и отточили аналитические способности, а модерн таймс их как раз и затребовали. Мы тут как тут — физики и лирики. XX век сплошь жидовизирован. Эйнштейнов, Боров и прочих нобелей от науки опускаем, там от жидяры в глазах рябит. Взять признанных литературных титанов: Пруст и Кафка — евреи, у Джойса главный герой главной книги — еврей. Знаешь, кстати, почему? Да потому что сам чувствовал себя евреем, а к Ирландии принадлежал случайностью рождения. Был ирландцем, а стал евреем. Еврейство как выбор. Не говоря — всякие там модильяни, шагалы и фрейды. Пикассо и тот, говорят, маран. А тут, в Америке,— куда ни ткни. Если видят тенденцию в моих предпочтениях, что сказать о моих отрицаниях? Выходит, я антисемит, что держу на нуле такую посредственность, как Кушнер, а? Но этот хитрован за пределами настоящей поэзии, а если вернуться в ее пределы, довольно узкие, кстати: от Мандельштама фанател, а Пастернак — обычный еврей, несмотря на православный загар, мне не нравится его вектор. И почему я должен оправдываться? Перед кем? Кого хочу, того и люблю. Сначала любовь, а потом анкета. Это они потом оказываются евреи. Мы их любим не за это. Шутка. Когда увлекся Шестовым, кто мог думать, что он Шварцман!

«Выбор на бессознательном уровне,— промолчала я.— То есть утробном».

— То же — с Бергсоном: интуитивизм, метафизика, жизненный порыв, творческая эволюция — будто я сам писал. А какой стилист! Даром ему, что ли, Нобельку по литературе дали? Туда же — оказался яуврей. Как и французик из Бордо. Обоих почитал чистокровными лягушатниками. Да и откуда знать? В первом издании в «Литературных памятниках» был, говорят, абзац о еврействе Монтеня, зато во втором, факсимильном за единственным этим заключением,— абзац этот сняли: израильская агрессия, борьба с мировым сионизмом, то-сё — вот его и офранцузили. Окромя Фрейда, Кафки и Малера всех остальных австро-евреев почитал чистокровными немцами: от нелюбимого Стефана Цвейга до любимых Артура Шницлера и Бруно Шульца. Куда дальше — открыл для себя на старости Мариенгофа, «Циники» — лучший русский роман XX века, тут уж, думаю, меня не словишь — рашн по маме, по папе швед под Полтавой. Так он такой же свиден, как Лермонтов — скотт, а я — айриш. Self-myth. Тут уж я совсем ни при чем. Что же мне, разлюблять их только потому, что оказались с припиздью? Так он мне знаешь, что говорит? Что я чувствую с ними родство на утробном, то есть бессознательном уровне. А, пес с ним. У него пунктик с евреями. Идефикс.

— Как у тебя с антисемитами,— не удержалась я.— Или с теми, кого ты занес в черный список.

Это за тобой водилось: как что, сразу антисемит. Бобышев, Шемякин, Маринины родаки, хотя никто из них антисемитом в точном смысле этого слова не был.

— Последнее предупреждение,— сказал ты.

Почла за благо промолчать, лучше его не напрягать по этой теме, однажды уже нарвалась.

Сам-то шутил о евреях рутинно, до оскомины, часто плоско — один твой «яуврей» чего стоит! или «евреем можешь ты не быть...» — но чужих шуток на эту вечно горячую тему не понимал и не признавал. Мгновенно ввинчивался в штопор ссоры. Так и произошла та история с книгой, когда он обозвал меня Далилой, пояснив на всякий случай:

— Любимая библейская героиня антисемитов, как у феминисток — Юдифь.

Пожаловался как-то, что нет первого сборника стихов, нью-йоркского издания 1965 года. И вот обнаруживаю случайно — на свою беду, как выяснилось — в русском отделе куинсовской библиотеки, откуда я эту книжечку просто-напросто увожу, рискуя непостылой свободой — чего не сделаешь ради хорошего человека, пусть даже он бяка! Тем более вся испещрена читательскими надписями. Нарядным таким каллиграфическим почерком с завитками. Через страницу — начиная с титула.

Прямо под названием книги вписан подзаголовок: *бред сумасшедшего еврея.* Там, где издательство — *Inter-Language Literary Associates,*— добавлено от руки: *ЦРУ.* В предисловии, против фразы, что главным застрельщиком в твоем деле был Лернер: *Один еврей ебёт другого.* Там, где сказано, что ты с детства страдаешь хроническим нервным заболеванием: *псих от рождения.* К посвящению Рейну добавлено: *еврею и педерасту;* к Бобышеву — *педерасту,* против строчки «Создавая свой мир, окружаем стеною и рвами для защиты его»: *масонство.* Общий вывод: *Это не стихи, а говно. А педерасты из ЦРУ печатают это, чтобы дрочить других педерастов в СССР.*

Ну, думаю, обхохочемся. Библиографическая редкость и исторический документ: чтобы в Нью-Йорке нашелся тип, мыслящий в категориях советской пропаганды — это надо же! И вот как-то, когда у него еще парочка-другая гостей была, вынимаю книжку и зачитываю надписи. Первой, титульной, похихикал, а споткнулся там, где «один еврей ебёт другого».

— Что за антисемитская херня!

Выхватил у меня книгу — и в мусоропровод! Весь
оставшийся вечер демонстративно меня избегал. Только
что не выгнал. Да я и сама пораньше смылась, обидевшись, обидевшись на Далилу. Как будто это я писа́ла!
И почему на психа, дегенерата, масона и педераста не
обижается, а на еврее зациклило? Сама виновата, пора бы
знать — что делать, если они такие чувствительные. Как
дети: чуть что — в обиду. А обида, хоть и женского рода,
но еврейского происхождения. Как и мужеское унижение. Поверх, так сказать, гендерного различия. Так он
считал, хоть и не любил вспоминать ни те, ни другие:
— Если помнишь унижение, то длишь его во времени.
Удваиваешь, утраиваешь — до бесконечности. То есть до
конечности твоей жизни. Представляешь, являются тебе
все обиды и унижения на смертном одре, да? Жуть!
Почему унижение и обида однозначно ассоциирова-
лись у него с антисемитизмом? Не то чтобы сам интерес
к еврейству у него возникал исключительно как реакция на антисемитизм, но антисемитизм он чуял за версту, принимал на свой счет и свирепел. Иногда выдавал
за антисемитизм близкие, но все-таки не идентичные
явления. Когда ему на это указывали, говорил о моральной, а не юридической дефиниции. Либо о латентном,
эмбриональном антисемитизме. Даже мою маму подозревал, хотя от нее доставалось и эллину и иудею, без
разбора, остра на язык. Когда я вступилась за Шемякина, сославшись на его густо еврейское окружение, продолжал настаивать:
— У каждого антисемита есть про запас, в качестве
алиби на Страшном суде, приятель-еврей. Как и каждый уважающий себя жидило должен иметь под боком
жидомора.
Знал бы, что ему лежать рядом с Эзрой, про которого говорил, что сперва дал бы ему Нобельку как поэту,
а потом — на стул как коллаборанта. Хотя — с моей точки зрения — не заслужил ни того, ни другого. Вот и
получил за ради красного словца антисемита в вечное
соседство. Да и Эзре не позавидуешь.

— А вам-то зачем?

— Из здорового мазохизма. Он же инстинкт самосохранения. Чтобы не зазнаваться и не почить на лаврах. Взгляд со стороны. То есть сбоку. Фюрер, если хочешь, сыграл в еврейской истории положительную роль: вывел еврейский народ из гетто на авансцену, превратил в центральный персонаж мировой истории. Не говоря уж про государство Израиль, которое фиг бы без Гитлера образовалось — никто бы не позволил, да и евреев столько бы не наехало. Адольф Алоизович выдал нам индульгенцию впрок, палестинцам можно посочувствовать: христиане рассчитываются ими с евреями за собственные грехи.

А тогда, со злосчастной этой книгой, мне, считай, еще повезло — он одному заехал в ухо, когда тот спьяну выдал анекдот-загадку: сколько евреев помещается в одной пепельнице? Легкий налет антисемитизма, который свойствен продвинутым евреям и который у него выражался, когда он юморил в заздравных и автографных стишках или изустно, не мешал ему вставать на дыбы, когда кто-нибудь из гоев позволял себе нечто подобное. Я уже упоминала его угрозу Шемякину — наглядное тому свидетельство.

С неделю мы дулись друг на друга, а потом — как ни в чем не бывало.

Натурально, когда я слетала в Питер на неделю, выполнив заодно пару-тройку его поручений, сделанный мною снимок его дома показать ему не решилась. Там, рядом с его подъездом, было вырезано ножом по штукатурке «В этом доме с 1940 по 1972 год жил великий русский поэт имярек», но «русский поэт» был густо замазан зеленой краской, а взамен выцарапан «жид». Кто-то ему без меня донес, а он уже мне пересказал, обрадовавшись еще одному эксьюзу:

— Теперь ты понимаешь, почему я туда ни ногой?

В том-то и дело, что на житейском, то есть обывательском уровне был скорее идишным евреем, чем библейским иудеем. Хотя кто их когда видал? Что́ древние иудеи, когда никто не знает, как на самом деле выглядел Иисус! В своих реакциях и обидах О был не больно оригинален. Как это часто бывает у продвинутых евреев, в этом вопросе придерживался самых общих мест. Противоположное общее место (Тургенев, кажется). В трепе и шутливых стишках мелькала у него антитеза «гой — аид» (как в известном стишке Барышу) либо, наоборот, синтез «аид — гойка», да еще пояснял, что еврей-аид вытеснил из главных европейских языков грека Аида: «И поделом!»

Будучи, однако, человеком незаурядным и как смерти боясь трюизмов, он и свой обывательский интерес к еврейским сюжетам делал, хоть и не всегда, как сказал Парамоха о своем антисемитизме, «пробой высокого качества». Отсюда упомянутые ереси и крамолы о Гитлере как творце новейшей еврейской истории:

— Кончается жидовский век. Век трагедии и триумфа. Трагедия и есть триумф. Что имена перечислять — жизни не хватит! Главное имя — Гитлер. Куда мы без него? Он сделал наши претензии обоснованными, сметя с пути препоны. Мой тезка ему тоже пособил — не без того. После холокоста любое проявление антисемитизма стало преступлением против человечества, что и развязало нам руки. Антисемитизм и холокост — это переход количества в качество. Вот все теперь жидам и чешут пейсы. По сути тот же мировой порядок, но на еврейских основаниях. Америка как проводник еврейской идеи. «Протоколы сионских мудрецов» на самом деле подлинник, евреи тайно гордятся ими и пользуются как шпаргалкой.

Не всегда можно было разобрать, когда говорит серьезно, а когда треплется. Куража ради.

Любил парадоксы типа: «Происхождение мифа о еврейском богатстве: евреи за все расплачиваются. Часто вперед». Или анекдоты: «Папа, мы евреи? — Нет, сынок.— А когда ими станем?»

Что же до помянутой истории с его тестем и тещей, которые ими так и не стали (к взаимному удовольствию обеих сторон), зато стали антисемитами, перенеся нелюбовь к несостоявшемуся зятю на весь его род-племя, то это и есть моя поправка к его жалобам: до знакомства с ним антисемитами не были. Да и заделались ими не сразу, а постепенно, по мере развития событий — Марина забеременела, родила, стала матерью-одиночкой, О так и не женился на единственной женщине, которую любил. Что тому причиной? Об этом отдельно, дав слово всем сторонам любовного треугольника. Даже четырехугольника. Несложившиеся отношения со старшими Басмановыми О объяснял антисемитизмом. Как и разрешение посещать Андрея на условии, что тот не будет знать, кто его отец.

Мой папа считал, что если Павел Иванович Басманов и был прежде антисемит, то сугубо теоретический, как и вся компания от мала до велика (имею в виду их художественный рост), Филонова и Стерлигова включая (Стерлигов был·учителем Марины, а сам — учеником Малевича). И теоретический этот антисемитизм не задевал ни жидов (портной, парикмахер, дантист и прочая полезная обслуга), ни иудеев, ностальгический взгляд которых был обращен на Восток («Куда им и дорога»,— считал гипотетический тесть, даже если они намыливались в противоположном направлении), но исключительно на ассимилянтов, которые явочным порядком проникли в русскую культуру, искажая, смещая и пародируя ее исконные черты. Как ни странно, он относил своего несостоявшегося зятя не к ассимилированным евреям, а к иудеям, полагая их отъезд из страны явлением положительным: «Баба с возу, кобыле легче», в то время как об отъезде врачей, парикмахеров и прочих искренне или деланно скорбел:

— Не успели вырастить национальные кадры. Пустоты в теле государства. Как у кастрата.

Был будущий тесть, так им и не ставший, художником-нонконформистом, как и Стерлигов, учеником Филонова, округ тусовался молодняк, в том числе мой будущий папа. С Мариной он познакомился прежде О и даже слегка (или не слегка?) приударял за ней, пока не повстречал мою будущую маму. Вот почему я так живо интересовалась, целой ли Басманова досталась О; если нет, то честь дефлорации этой ледашки-блядушки принадлежала моему папе.

Мама утверждает, что она запросто, не прилагая особых усилий, вытеснила Марину из сердца папы, а точнее, перенаправила его не такое чтобы уж очень агрессивное либидо (насколько могу судить со стороны, у папы усредненный темперамент, хотя ни разу его за этим делом не наблюдала). Альтруист папа рассказывает иначе: что это О легко и безболезненно отбил у него Марину, а уж потом появилась моя будущая мама.

— Да и отбивать не надо было,— добавлял папа скороговоркой.— Меж нами ничего не было. Отношения сугубо дистиллированные. Бесконечные прогулки и бесконечные разговоры. Марина была тогда помешана на двойничестве: отражениях, зеркалах и прочих мнимостях. Не без влияния, понятно, Стерлигова. Хотя сюжет вечный, питерский, с Пушкина начиная.

> Только зеркало зеркалу снится,
> Тишина с тишиной говорит.

Было, не было — папа человек скромный и скрытный, и даже если было, утверждал бы, что не было, но когда у Марины родился сын, а мой будущий папа еще не был женат на моей будущей маме, он предоставил святому семейству одну их двух смежных комнат в коммуналке на Герцена. Семейное счастье длилось недолго, О не выдержал и трех дней и бежал от бытовухи — из папиной коммуналки в свою собственную, на Пестеля, обратно в родные пенаты, под родительское крыло, к котлетам, клецкам и шкваркам, а Марина с выблядком вернулась домой, к Павлу Ивановичу и Наталье Георгиевне, в их замысловатую квартиру, выкроенную из танцевальной залы пушкинских времен. См. его теорию колобка и кочевья, применимую и на данный случай: побег мой произвел в семье моей тревогу. Все равно откуда и от кого: из школы, от Марины, из России. Побег из жизни, кульминацией которого является смерть. А смерть разве не тавтология? Сам говорил: худшая из худших. Человек принадлежит жизни временно, смерти — навсегда.

Еще через пару месяцев в две папины смежные комнаты вселилась моя будущая мама, уже брюхатая мной, хотя никакого брюха у нее не было до самого конца, и когда родила, знакомые дивились: «Как ты успела! Неделю назад виделись — ты еще не была беременна!» — «А как насчет аиста?» — отвечала мама. «Аист приносит, аист уносит»,— мрачно шутил ты. О том, что меня угораздило родиться 4 июля, я уже писала, хотя ни мама, ни папа, о себе уж не говорю, не помышляли тогда об отъезде.

Меня интересуют сейчас не факты и не сплетни, а чувства: ревновал ли О Марину к папе? Ревновал ли папа маму к О? А женщины? Уверена, что женская ревность ни в какое сравнение не идет с мужской. Тьма факторов: от генетического (женщина может понести в результате соития, а мужчина, само собой, нет) до социального (принадлежность женщины, пусть мнимая, мужику-собственнику) и психоаналитического (комплексы, страх перед сравнением и выбором).

Почему все-таки он воспринимал любую обиду на антисемитском уровне? Жиду предпочла русского, говорил он о главном несчастье своей жизни — измене Марины с Бобышевым. Даже суд над собой считал антисемитским, хотя ни слова на эту тему не было. Правда, сам арест произошел под антисемитскую гармошку: когда О вышел из дома, к нему подвалили трое и стали цеплять именно по этой части, а потом еще и избили. Знаю со слов мамы — а она откуда? — потому что О об этом не распространялся, да и сам суд, использовав в первые годы в Америке в пиаровых целях, потом похерил в своей памяти и терпеть не мог, когда ему напоминали. Победитель не желал вспоминать, когда был жертвой. Тем более — жертвой-евреем. Зато любил повторять чужое четверостишие и сожалел, что не он сочинил:

А нам, евреям, повезло:
Не прячась под фальшивым флагом,
На нас без маски лезло зло,
Оно не притворялось благом.

Конечно, будучи ярко выраженным плюс картавый говор — и карикатурить не надо, находка для врага! — он сталкивался с антисемитизмом сызмала, можно собрать с дюжину сторонних свидетельств, потому что сам он — молчок: от дразнилки до подножки, от облома до вынужденной лжи, от «бей жидов» до «спасай Россию».

И это все в меня запало,
И лишь потом во мне очнулось.

Или не очнулось — тем более: на подсознательном уровне. Обостренное, уязвленное еврейство, но зажатое, под прессом сознания, воли и стратегии. Потому и такое сильное, что подавленное. Обижался со страшной силой, когда его тыкали в его еврейство, называли идишным поэтом, еврейским Пушкиным и проч. Зверел.

Еврейские обиды были из самых глубоких, потому, наверное, он и остальные зачислял по этому разряду? Или что-то я не секу?

Какое, к примеру, имеет значение, что его соперником оказался русский, белая ворона в их еврейской по преимуществу шобле в Питере? Говорю о мужиках, бабы как раз были в основном гойками, никогда не скрывал своих славяно-нордических предпочтений; его крылатая фраза: «В ней слишком большая капля еврейской крови» — была отрицательной характеристикой, типа его же «конец света», «полный завал», «полный караул», «жуть» и проч., но в конкретном, сексуальном применении. Связь с соплеменницами приравнивал к инцесту:

— Мы, евреи,— одна большая семья. По мне можешь судить, к чему приводит кровосмешение.

— ???

— *(по слогам)* К вы-ро-жде-ни-ю.

— Первобытные легенды, чтобы оправдать и усилить табу на инцест.

Это я, как крупнейший специалист по сексуальной антропологии. И в качестве антипримера:

— Или взять твоего сына-полукровку. Это что — возрождение и прогресс?

В его интернациональном кордебалете — скорее все-таки, чем гареме — белые женщины (так он называл блондинок) составляли большинство: от Лилит-Марины до Евы-Марии. Вот именно! Смуглая леди его сонетов была белолицей и бледнокожей: «Стопроцентная русская!» — сам удивлялся ее присутствию среди себе подобных. С нее на пороге смерти он и склонировал — от имени до внешности — свою итало-русскую жену, но та не стала ни его музой, ни его судьбой: мизогин был однолюбом.

— Мужчины предпочитают блондинок, да? — оправдывался он.— Тем более — обрезанцы, как я. Есть грех: люблю белых женщин. В добрые старые времена меня бы линчевали.

Комплекс ниггера, жидяры, нацмена, армяшки, человека кавказской национальности? Как он сам выражался — по ту сторону политкорректности: черный жоп, да?

Когда подлавливала его на противоречии или подлянке, ссылался на бэкграунд своей заёбанной нации (так и выражался) — словно бы и не личные это его дела. В чем тогда отличие от антисемита? Самоуничижение не противоречило и не исключало высокомерия — взрывная еврейская смесь.

Что бы изменилось, будь Бобышев еврей?

Что он имел в виду, когда, рассказывая о предательстве друга и измене гёрлы, резюмировал: «Снюхались — рыбак рыбака видит издалека»?

— Без Марины я — ноль без палочки,— говорил он, будучи в ином настроении.

— В смысле?

— Обязан всем.

В этом мне предстояло разобраться только после его смерти.

Плохой или хороший еврей, но еврей со всеми вытекающими последствиями. Включая восприятие природы. Здесь у него был пунктик, то есть комплекс — именно еврейский. Пусть не пунктик, но некий этноцентризм — несомненно. Что нисколько не мешало его культурному протеизму. Будучи яркой индивидуальностью, он не судим на родовом уровне, но, плоть от плоти своего племени, разделял с ним как его взлеты, так и провалы. Он сам говорил, что природа ему не позарез, хотя в Америке, как и в России, ее в избытке. Он сам нас свез в Монток, чтобы продемонстрировать мощь американской природы, а продемонстрировал собственную немощь в ее восприятии. Океан нам показал как личное открытие, а я вычитала в путеводителе, что в нескольких милях отсюда уникальное место — зыбучие движущиеся дюны, остатки деревьев третичного периода. Короче, пока парентс бродили по берегу, я его увлекла в эти самые уникальные дюны, которые оказались еще уникальнее — прямо в песках стояли великолепные белые и красные. Чудо, да и только! Знакомая примета, связь с прежним миром, хоть и в диковином обрамлении: дюнные грибы. А он тащился позади, увязая в песке, мучась отдышкой и хныча: keep off the dunes[1]. Я его тычу в грибы, а он талдычит: бледная поганка. В том смысле, что замучила его до смерти: «Так вот где таилась погибель моя! Мне смертью грибы угрожали!»

Зато потом уплетал их за обе щеки в виде грибного жаркого. Природу воспринимал в уже приготовленном виде. И в стихах у него так, я о поздних: природа в виде гербария. Мне все было внове, природа незнакомая и узнаваемая, смещенные сроки, например: черемуха и акация, но цветут одновременно, в воздухе горечь со сладостью, так странно. А у него на все: мы это уже проходили. Он разучился удивляться. А умел?

---

[1] Держитесь подальше от дюн *(англ.).— Примеч. ред.*

Было бы нелепо его этим равнодушием пенять, но отметить необходимо, ибо он сам довольно часто к этой теме возвращался.

— Еврею нужна не природа. Еврею погода нужна.

— Новое стихотворение? — жадно спросила я.

— Цитата. Темная ты девушка, Арина. Лучшего русского поэта нашего времени не знаешь.

— Лучший поэт всех времен и народов — ты, дядюшка.

— Это само собой. А после меня, с большим отрывом от лидера...

— Шекспир, Овидий, Гёте и Пушкин,— подсказала я.

— Нет, те — вровень.— И это, нисколько не смущаясь.— Как видишь, им повезло — в хорошую компанию попали.

— А кто же за тобой, хоть за тобой и не дует? На приличном от тебя расстоянии?

— Борух. Из кирзятников. Тот же, что украл у меня стишок о еврейском везении. Только у него про солдата, а не про еврея. Что, впрочем, одно и то же. Розанов — дурень. «Представьте еврея на коне или с ранцем...» Дожил бы он до наших дней — в танке, в самолете, с атомной бомбой под мышкой. Еврей — солдат по определению. И в древние времена, и в нынешние. Вот я, например, чем не солдат? Мечтал стать моряком и летчиком, но не прошел по процентной норме и стал поэтом. Но в душе как был, так и остался солдат. Просто временно — на два тысячелетия диаспорной жизни — еврей про свое солдатское назначение позабыл. Вот я и говорю, что еврею природа по барабану.

— А как же Левитан и Писсарро? — возражаю я, защищая от него его племя.— Или Фет с Пастернаком? Да мало ли...

— В том-то и дело, что мало. Но и те, что есть... С червоточинкой. То есть с лирическим уклоном. Чем отличается Левитан от Шишкина? У Иван Иваныча природа как есть, сама по себе, а у Исаака Ильича — пейзаж настроений и субъективизм. С одной стороны, он природу дополняет, а с другой — ущемляет, представляет искаженно, на свой, а не на ее манер. Знаешь, что Барух писал? Не тот, а другой, который Бенедикт? Что есть natura naturans и есть natura naturata. Понятно?

— Темно, как у негра в жопе,— честно призналась я.

— Поясняю. У Блока есть статья «Об иудаизме у Гейне». Сравнивает, как чувствовали природу Гёте и Гейне. Арийское восприятие и иудейское. У одного — natura naturata, у другого natura naturans. Гейне чувствует природу, как пламенный иудей — это навиновское солнце, горящее в его собственном мозгу, в то время как Гёте воспринимает ее спокойно, как нечто данное нам от Бога и неизменное. Блок, однако, считает, что Гейне чувствует природу и так и этак, тогда как Гёте — только так. Но это гениальное арийское чувствование natura naturata, добавляет Блок, есть измена Гейне ничуть не менее гениальному иудейскому чувствованию natura naturans. Глянув на мое все еще опрокинутое личико, сказал:

— Ты права, детка,— некоторое умствование в этом противопоставлении, конечно, есть, и идет оно опять-таки от иудейского рационализма, свойственного и выкресту Спинозе и полукровке Блоку. Или возьмем еще одного нехристя — Пруста. Сам-то он к природе неровно дышал, но у него есть такой иронически-автобиографический персонаж — тоже, кстати, Блок, но не Саша. Так этот не-Александер Блок на вопрос о погоде отвечает, что живет до такой степени в стороне от всяких атмосферических случайностей, что его чувства не утруждают себя доведением их до его сознания. Само собой, еврей. Ему даже погода по хрену.

— Можно подумать, что весь русский народ в отпаде от природы. Особенно сейчас,— сказала я, спускаясь на землю и подыгрывая ему.

Американское воспитание, чертова политкорректность!

— Океюшки. Доброе слово и кошке приятно. Но мы в комплиментах не нуждаемся.— И, чеша котофея: — Правда, Миссисипи? Чужого не надо, свое не отдадим. Я много над этим думал. Ты можешь представить, что импрессионисты или там барбизонцы — ну, как школа — возникают в Сахаре или пустыне Гоби?

— Так с тех пор евреи уже две тысячи лет кочуют по странам с вполне приличными ландшафтами.

— Кочуют. В этом все дело. Природа — родная стихия для аборигена, но не для пришельца, коим чувствует себя еврей в любой стране проживания, а теперь еще и включая Израиль, *alas*. Не успевает привыкнуть. А ты знаешь, что на идише только два названия цветов: роза и лилия. Теперь представь, идут русский с евреем по лесу: для одного — все родное и названное, для другого — чужое и чуждое. Да еще безымянное.

— Зато взгляд со стороны.

— Не просто чуждое, а враждебное, опасное. Абориген любит природу, еврей ее боится.

Сделала большие глаза:

— Она что, кусается?

— Ты это сказала. Именно так: кусается, цепляется, жалит. Природа для еврея — сплошь *poison ivy*. Ядовитая природа.

— И для тебя, дядюшка?

— Я — другое дело. Природа для меня — благоприобретенная привычка. Спасибо Марине — даровала мне зрячесть! До нее был слеп. Марина сняла с глаз катаракту, а в ссылке я впервые увидел природу во всей ее унылой и неукротимой мощи. Жизнь на природе мне нравилась. Продлись наши трали-вали с Мариной или моя ссылочка, наверное, сроднился, кабы не помер. Животворное действие земли, дыхание природы тебе в мордочку, подзол, навоз, пейзане, иконы, в деревне Бог живет не по углам and then and then and then. Да еще русская красавица антисемитских корней рядом. Смотришь, стал бы почвенником, не вмешайся мировая закулиса.

— А как же Пастернак?

— Дался тебе этот Пастернак! Что ты меня им тычешь? На нем свет клином сошелся, да? Говорю же, он — исключение. Я — нет. А что доказывает исключение? Одно — врожденный инстинкт, другое — благоприобретенный. С Пастернаком природа — до конца его дней. А я снова зарос катарактой. Она же — короста равнодушия. То есть заново ослеп. Вернулся в первичное состояние. Не в коня корм. Пусть там у Пастернака дышат почва и судьба, зато у меня — судьба и асфальт. Или там брусчатка, я знаю? Что тоже не так уж плохо. Природе предпочитаю гербарий. Метафизику — физике. Порядок — стихии. Рукотворному — нерукотворное. Кроме человека. А созданное человеком — самому человеку. И думаю, прав. Именно как еврей. Речь, предупреждаю, не об индивидуумах, но об этносе. А этнос может существовать на вегетативном уровне, плодясь и размножаясь, а может — на историческом. Евреи как народ Книги — народ пассионарный, исторический. А природа — внеисторична по определению. Природа — вечность, история — время. Главное, мне кажется, отличие древних иудеев от других племен, что нам пришло в голову записать собственную историю. Семейную хронику Авраама, Исаака, Иакова и Иосифа с братьями мы превратили во всемирную историю. Story для нас — уже History. Само собой, с большой буквы, ибо пафос и риторика нам не чужды. Вынужден пользоваться английскими словами, потому что по-русски история есть история: два разных значения в одном слове. Он рассказал историю, он попал в историю, колесо мировой истории — одно слово! Для евреев история и есть Священное Писание. У нас нет религии, наша религия — это наша история. А теперь наша история и для вас, христиан, священна. Сама знаешь, человек — политическое животное. Так вот, еврей — животное историческое. На уровне опять-таки нации — а не отдельных индивидуумов — можно говорить об историческом восприятии, историческом сознании. Помню, у Айрис Мёрдок один герой говорит о другом, что тот, будучи евреем, чувствует себя частью истории, не прилагая к тому особых усилий. И добавляет: «В этом я ему завидую». Нашел чему завидовать! Будто легко быть историческим животным в отрыве от матушки-природы. А вот тебе и наш жидовский вывод.

Цивилизация с ее тайнописью и масонскими знаками для посвященных выше природы с ее даровыми, то есть дешевыми, то есть доступными всем и каждому радостями, освобожденными от смысла и таланта, которые есть в искусстве или в мастерстве. Понимаешь, детка, потрясающим может быть и пейзаж, но фасад Ломбардини говорит тебе, что ты можешь сделать сам.

Питерскую свою мишпуху чуть ли не в полном составе перевез через океан, а кого не хватало, прибывали на побывку, канючили и канифолили ему мозги. Посему на днях рождения и других мероприятиях был окружен теми же еврейцами разных сортов — кровниками, полукровками, матримониально породненными или просто жидовствующими, но без тех вывертов, как у Парамохи. Если начну перечислять, страницы не хватит. Кто кого выбирал: он — евреев, или евреи — его? Или не было вовсе свободного выбора?

В Питере они звали себя фимами — после того как хозяин тошняка, куда они всей кодлой частенько наведывались за шашлыками, а ему их семитские физии порядком обрыдли, высказал им свое мнение: «Эй вы, бляди! Фимы ёбанные!» Именно О полез с кулаками на защиту своего этноса, к которому принадлежал неслучайностью своего рождения, но был остановлен приятелями: «Вы разных весовых категорий»,— сказал рефери Рейн, растаскивая их: трактирщик был ростом с императора Петра. Прозвище пришлось. И прижилось. Кто-то вспомнил, что и «импрессионисты» были поначалу оскорбительной кличкой. В шашлычную фимы продолжали ходить как ни в чем не бывало.

Арийские вкрапления среди питерских фим были редкими, великороссы бросались в глаза: Бобышев, Миша Петров да еще мой папа. Однажды, глянув на нас будто в первый раз, О сказал:

— Совсем-совсем без припизди?

— Если не считать Адама,— ответила мама.

— А каково нам тысячелетиями в диаспоре? Креститься вынуждены были, да, кот? — И он потрепал по щеке своего отца-выкреста, а называть друг друга котами у них была такая семейная игра, как и мяукать на разные лады — иногда целыми днями, кроме «мяу» и «мур» в различных интонационных кодировках, других слов не произносилось, чистый дурдом! С отцом отношения у него были снисходительно-дружеские, наоборотные: был как бы отцом своему отцу.

Тут мой папа встал и направился к двери.

— Ты куда? — забеспокоился О.

— Пойду, что ли, сделаю обрезание.

Сюжет циркумзиции среди фим и жидовствующих был переиспользован, пикировки и шутки на эту тему носили рутинный характер, вплоть до упомянутых жертв обреза, целующих образа, и загадки про ирландцев — чем отличаются британско-ирландские айриш от американских (напоминаю: наличием крайней плоти).

Вот история с Довлатовым.

Тот считал, что в иммиграции, в таком плотном кольце евреев, мудрено не стать антисемитом, даже будучи евреем. Не обязательно продвинутым.

Само еврейское имя тянуло к юмору. Шапиро или Рабинович — синоним смешного, а «зямка» или «абрам» с соответствующим словом «обок» — и вовсе поговорка. Родиться Рабиновичем в России — все равно что калекой. Можно себе представить великого русского поэта, писателя, ученого или композитора Рабиновичем? Зато здесь имя им легион — ну как тут не свихнуться. И предлагал посочувствовать тому же Парамохе.

По утилитарным причинам Довлатова крутануло в противоположную крайность, когда он на еврейские деньги стал издавать «Новый американец», русский еженедельник с еврейским акцентом. Позвонил ему Марамзин из Парижа — тот самый, что подзалетел за составление машинописного четырехтомника Бродского,— и спрашивает:

— Правда, что ты обрезался? У нас здесь такой слух прошел.

— Хочешь, чтобы я тебе хуй через океан протянул в качестве доказательства? Клянусь: крайняя плоть при мне. И пребудет до конца. Как был антисемит, так и умру,— ответил этот полуеврей-полукавказец.

И то сказать: к тому времени он уже порвал с еврейским еженедельником, укрепившись в своей позиции еще больше. Антисемитом он, понятно, не был, но свое злоязычие, не обузданное политкорректностью, распространял на всё и вся окрест, себя включая: главный объект.

Так ни разу и не побывав на Брайтоне — «Зачем? Чего я там не видал?» — и вообще относясь к эмигре усмешливо: «языковая окраина Нью-Йорка», «для поэта роль улицы, двора, базара», хоть здесь и приходится знаться с кем «дома и базарить не стал», О тем не менее защищал от нападок: евреев от евреев же. А те в самоотрицании доходили до погромных призывов:

> ...нужен, дескать, новый Бабель,
> дабы воспел ваш Брайтон-Бич.
> Воздастся вам — где дайм, где никель!
> Я лично думаю одно —
> не Бабель нужен, а Деникин!
> Ну, в крайнем случае — Махно.

Говорил, что не хочет уподобляться свинье под дубом, добавляя от себя:

— Зачем рыба, коли есть икра?

Рыба была у него сквозным образом — в стихах, в прозе, в разговорах. Никакого отношения к христианской эмблематике, где рыба — то аббревиатура Христа, а то — символ веры.

Про антисемитизм евреев, который, впрочем, не принимал всерьез («Семейные дрязги! Милые ссорятся — только тешатся»), у него была формула-метафора, мне кажется, не совсем точная:

— Это как Гулливер боится, что благородные лошади-гуигнгнмы заметят его родовое сходство с презренным человекоподобным еху. Страх еврея перед синагогой. Тем более — поверженной. А у меня — перед торжествующей. Иудео-христианская цивилизация. Ханука в Кремле. Еврея — в папы римские! Мяу.

А сам? Был ли он свободен от комплекса еху?

Мечтал ли Гулливер стать лошадью?

Хоть никогда после того случая с библиотекаршей и не открещивался от своего еврейства, но то, как сам заявлял о нем без всякого повода, особенно в нееврейских или прореженных компаниях, говорило само за себя. Потому что произносить еврея шепотом и кричать его во всю глотку, с моей точки зрения,— одно и то же.

Кто знает, при его мизантропстве, которое он всячески прокламировал, он бы, возможно, стал антисемитом, не будь евреем. То есть включил бы евреев в орбиту своего человеконенавистничества. Как-то решилась и высказала ему эту научную гипотезу.

— Одно другому не помеха, солнышко. Была здесь одна нацистская организация, так ее фюрер сам оказался на поверку порхатым. Представляешь! «Нью-Йорк Таймс» разоблачила. Вечером того же дня он застрелился. Трагедь, да? А знаешь, что ответил Август Стриндберг Георгу Брандесу, который на самом деле Коэн? «Я так ненавижу женщин и собак, что на евреев у меня просто не остается сил. Вам повезло». У меня та же история: квота ненависти заполнена. Им — то есть нам — опять повезло. Шутка.

В Нью-Йорке он оказался в еще более тесном еврейском гетто, чем в Питере. Как он сам говорил, в кольце блокады.

Во-первых, эмигре, еврейское по преимуществу. Во-вторых, нью-йоркский профессорско-культурный истеблишмент. О отмежевывался и от тех, и от других. От русско-еврейской общины — с первых дней, включая питерских знакомцев, многие из которых уехали под влиянием его собственного отвала. А это был именно отвал, а не изгнание, как пытался О представить в своем автопиаре (еще один его self-myth), потому что покинуть любезное отечество мечтал сызмала — с первого трофейного фильма.

Наша семья была из немногих питерцев, с которыми О сохранил отношения. Потому что этнически русские? Была ли у него процентная норма на евреев среди своих двойных земляков, не знаю, но питерцев скопом называл ракетой-носителем, которая должна была сгореть, выведя его на орбиту мировой славы. Шутка: его, а не моя. Но в каждой шутке, включая эту, доля правды, пусть покойник и убьет меня за трюизм. Кстати, любой трюизм начинает свой жизненный путь как парадокс, а самоочевидным, расхожим и заезженным становится ввиду его истинности — моя реплика в сторону Сан-Микеле. Это потом, когда вошел, слился, отождествился с сильно жидовизированной американской культурной элитой, он старался и от нее держаться на расстоянии, но делал это с предельной осторожностью, понимая могущество клана-мафии.

Говорил, что больше евреев его интересуют иудеи — и в самом деле, если на евреев, за редким исключением юношеских, шутливых либо ювеналовых стишков, было табу в его поэзии — разве что в качестве стаффажных фигурок в общем пейзаже, то библейские их предки Авраам и Исаак стали героями длинного-предлиннного, но не скучного его стихотворения, и он бы накатал еще несколько на библейские сюжеты, кабы не был вовремя остановлен Ахматовой:

— Хотите стать популяризатором Священного Писания? Слава Емельяна Ярославского не дает покоя?

В итоге, античных стихов, особенно с латинскими сюжетами, у него куда больше.

Церковь отрицал — любую, ссылаясь на Владимира Соловьева, но не моего соавтора, а его предшественника: «Перегородки, разделяющие конфессии, не доходят до неба». Тем не менее, как я уже упоминала, вменил себе в обязанность выдавать по стишку на Рождество, хотя с каждым годом заздравица Иисусу давалась все трудней, буквально вымучивал из себя, но печалился, что не доживет до Его двухтысячелетия, и даже подумывал написать заздравный стишок загодя — с тем чтобы опубликован был посмертно.

— Может, и упустили свой шанс, кто знает. Проморгали Христа. Вот я на всякий случай и поздравляю Его с днем рождения, хоть были люди и покрупней. Как в том анекдоте про Рабиновича, который отказывается показать Богу фигу.

— Ради бога! Все его знают наизусть,— попыталась остановить его мама.

Не тут-то было! Он любил, хоть и не умел, рассказывать анекдоты, сплошь бородатые.

— А, воробышек? Ты знаешь анекдот про Рабиновича?

— Про которого из?

— Хороший вопрос. «Если Бога нет,— ответил Рабинович,— то кому показывать фигу? А если есть, зачем с ним ссориться?» Так и я — зачем ссориться с наместником Бога, даже если он обычный ребе или лжемессия? Что я! Даже Рим, посопротивлявшись пару столетий, в конце концов признал обрезанца — спасибо маме Константина. Предусмотрительная ля фамм.

В религиозной искренности самого императора сильно сомневался, объясняя его разворот к Христу меркантильными соображениями, а Рим любил как раз дохристианский: римские катакомбы и муки ранних христиан нимало не волновали, Иисус был неотъемлемой частью ближневосточного пейзажа, «один из наших», поддразнивал он гоев, а евреев попрекал, что не признают своего национального героя, и грозился вступить в здешнюю секту *Jews for Jesus*.

Его попрекали во всем, окромя погоды — в том числе, что его Иисус так и не вышел за пределы Ветхого Завета и мало чем отличается от любимого им Иова, несмотря на иную атрибутику: потеряв все, стоять на своем. Его Иисус — это Иов на кресте, утверждали прозелиты-неофиты, выискивая богохульские блохи в его рождественских стихах и отлучая от церкви, к которой он не принадлежал и не собирался, а будь последовательны, то есть воинственны в деле, яко на словах, приговорили бы к смертной казни, как муслимы Салмана Рушди. Да он и сам давал повод, открещиваясь от Нового

Завета и противопоставляя ему Ветхий, в котором больше метафизического простора, перспектива не замкнута этикой:

— Коли Бог есть верховное существо, то не должен походить на человека. И ни на кого вообще. На то он и Бог, чтобы быть незримым и неназванным — здесь иудеи правы абсолютно. Идея их Бога — грандиозная. Иудаизм — это мощный поток в узком русле. А к чему свели христиане иудейского Бога? Что такое их богочеловек? Перевожу: божий человек. То есть нищий, юродивый. Каким и был Иисус. В лучшем случае — пророк, в худшем — лжепророк. Да, мой интерес к нему исключительно на младенческом уровне. Потому и сочиняю стишки к Рождеству, а не к Пасхе.

Зато Новый год как праздник отрицал:

— Еще чего! Тысяча девятьсот девяносто оный с Христова обрезания, да? Тогда уж лучше по китайскому календарю, коли нам так любезна чайниз фуд. Да хоть по римскому летоисчислению. А то выходит, что мои приятели Гораций, Вергилий и Проперций как бы и не существовали, ибо все умерли до его рождения, да? Один только Овидий, счастливчик, дожил до Иисусова восемнадцатилетия. Оба, кстати, жили на окраинах империи: один — в Иудее, другой — в Скифии. На моих родинах: исторической и географической.

Так ни разу не съездил ни в ту, ни в другую.

За отказ побывать на Святой земле ему пеняли как иудеи, так и христиане (из иудеев же).

Попыткам приписать себя к христианскому стаду сопротивлялся ничуть не меньше — просто такие попытки делались реже. Упомянутый прозелит утверждал, что от евреев один прок — Иисус.

— Зато какой! — мгновенно реагировал О.

Гроб Господень интересовал его еще меньше, чем историческая родина. Отшучивался:

— Что я, крестоносец!

Ссылался на занятость.

— А на Венецию, каждый год, есть время?

— Так то же Венеция! Сравнила...

В другой раз:

— Зачем мне Израиль, когда я сам Израиль? И портативная родина у меня под кожей, на генетическом уровне. Как говорили древние иудеи, omnia mea mecum porto[1]. Еврей сам по себе, вне синагоги. К чему все эти причиндалы, когда я и так жидович?

И в самом деле — зачем? Когда он был евреем от макушки до пяток, или, как бы сказал он сам,— от пейс до гениталий.

Израиль называл Безарабией, а любые другие скопления однокровцев — Еврятником, Еврендией и Жидовией:

— Хороша страна Жидовия, а Россия лучше всех.— И уже всерьез добавлял: — Евреи — соль земли, а потому должны быть распределены по ее поверхности равномерно.

Не потому ли наотрез отказывался выступать в синагогах, хотя синагоги были просто дешевым, а то и бесплатным помещением, с хорошей акустикой вдобавок? По этой причине сорвал как-то уже организованное ему турне по Америке — других подвел, а себя лишил приличного гонорара. С поездки в Израиль тоже мог снять навар, не говоря уж о том, что встречен был бы как национальный герой: самый известный поэт из живущих в мире евреев.

Антистадный инстинкт? Страх тавтологии? Не хотел быть приписанным ничьему полку?

Отчасти.

Хоть и ссылался на Акутагаву, что у него нет принципов — одни только нервы, но был принципиальным апологетом диаспоры. Вслед за Тойнби считал, что евреи как некая религиозно-государственная целокупность свою роль в истории отыграли, и хихикал, цитируя анонс лекции одного еврееведа: «Грозит ли евреям утечка мозгов?» — а от себя добавлял, что Бог пустил их в другие народы с историческим посланием — и сравни-

---

[1] Все свое ношу с собой (лат.).— Примеч. ред.

вал индивидуальные еврейские достижения в диаспоре и в Израиле: не в пользу последних.

— Какое историческое послание, дядюшка?

— Создание тотальных формул для масс.

— Например?

— Массрелигия — христианство. Массидеология — коммунизм. Массэкономика — капитализм. Масспсихология — психоанализ. Масскультура — Голливуд.

— Капитализм и коммунизм — не одно и то же.

— Почему? Коммунизм как поправка к капитализму. Соответственно — наоборот.

— А как насчет теории относительности?

— С помощью пропаганды довести $E = mc^2$ до народа. Элитарное сделать массовым. Пример хочешь? В 50-е здесь по ящику гнали популярную серию *«Twilight Zone»*. Не видала? Иногда, по праздникам, пускают марафоном сутки напролет. Попадаются гламурные ужастики. Так вот, к каждому заставка-эпиграф — формула Эйнштейна. Беда только в том, что сапиенс, создавая масскультуру, сам себе роет могилу. Правда твоя, старина Шарло, хоть геноссе в Манифесто имел в виду совсем другого могильщика. Зато какая шикарная метафора!

Где евреи были у него желанные гости, так это в табльдот и а ля фуршет. Сам же поднимал эту вечно актуальню тему и сам же себя обрывал:

— Стоп! Проехали. Нас, евреев, всегда обрезают на полуслове, вот мы и научились понимать с полуслова. Как говорят латинцы, *sapienti sat*. То есть западло трекать, когда ежу понятно. А уж тем более кошерный вопрос: если не тормознуть вовремя — увязнуть запросто. Засасывает. В стишата и вовсе вход евреям и собакам воспрещен. Добровольное табу котофея. Да, киса? Шутка. Мяу.

Будучи Иосифом, то есть сновидом,— как и он, научился разгадывать свои сны в тюрьме,— пересказал однажды дурацкий сон, что один из трех мушкетеров — еврей. И сам же удивлялся:

— К чему бы это, а?

Ссылался на Гейне: хороший еврей лучше хорошего христианина, плохой еврей хуже плохого христианина.

— Хороший плохой еврей лучше или хуже хорошего плохого христианина? — тут же спросила я.

Не удостаивая ответом, сослался на Достоевского: длительная дискриминация усугубляет качества человеческой натуры — как хорошие, так и плохие. Отсюда разброс иудейского племени на духовных и бездушных, на практичных и бескорыстных.

— К какому полюсу ты причисляешь себя?

— Очередной подъёб? — деланно сердился он, хотя сердился на самом деле.

— А вдруг, дядюшка, ты стал антипод сам себе?

— А ты бы хотела, чтобы я на всю жизнь застрял в городских сумасшеших, как в Питере? Извини. Время шпаны кончилось. Оставим этот анахрон Лимону. А еврей, извини,— это живой оксюморон XX века,— запускал он.

— Хочешь сказать, что в тебе есть и то, и другое, и третье.

— И четвертое, и пятое, и шестое, и десятое...

— С тобой поговоришь — считать научишься.

Еврей сидел в нем глубоко и выглядывал из подсознанки.

Как-то спросила, кем бы он хотел стать в следующей инкарнации.

— Ну, например... — говорит.

— Например, мухой?

— Мухой — пожалуйста. Поэт и муза, да? Почему тогда не муха! Поэт и есть муха. Поэт-муха.

Потрепались еще в том же гипотетическом направлении — кем он только не побывал за пару минут. А потом вдруг говорит:

— Кем угодно могу себя представить в другой жизни: мухой, червем, мартышкой, камнем. Даже женщиной. А вот гоем — никак. Конец света. Путь в высшее общество мне заказан. Кем родился, тем и умру: жидом.

А я еще раздумывала, принимаясь за это жизнеописание, как подретушировать прототипа, чтобы сделать его непохожим на самого себя во избежание литературных скандалов и судебных издержек — не перекрестить ли его, к примеру, полагая принадлежность к иудейскому племени случайностью рождения и пустой формальностью. Если пол не удалось сменить ввиду очевидной и ярко выраженной — не только в сексуальном плане — самцовости, то хоть этническую принадлежность, коли я пишу метафизический портрет. Не получается. К сожалению, мой герой все больше становится похожим на самого себя. Даже интонацию, стиль его речи не изменить — все его «да», «нормально», «шутка», «мяу», «лажа», «шикарный», «жуть», «конец света», «солнышко» навсегда застряли, навязли у меня в ушах.

Куда дальше: в другую масть не перевести — приходится оставить рыжим, как был в Питере, а здесь слинял, выцвел, полысел, стал как все: лысый профессор с портфелем под мышкой, вечно опаздывающий на лекцию. А в Питере, как все рыжие, то бледнел как соль, то кровь приливала к лицу, когда волновался или трахался (с чужих слов — по воспоминаниям постельных партнерш). Рыжие — народ особый, незаурядный. Необычный набор хромосом. Отступ от нормы. Патология. Соответственно — обязательный дефект в организме. У него — злополучный порожек сердца, который свел его в могилу. Если только он сам не свел себя. На пару: совместными усилиями.

Кто ему не давал покоя, так это Пастернак — и как поэт, и как еврей, и как отступник. За отступничество осуждал, ставя в пример Мандельштама, христианско-культурной ориентации которого не мешали ни «хаос иудейский», ни «почетное звание иудея».

В связи с Пастернаком рассказывал анекдот про Красную Шапочку:

— ...«Бабушка, а почему у тебя такой большой нос?» — «Еврей потому что»,— сказал Волк и заплакал. Вот что такое «О если б я прямей возник!» Это плач Волка.

— То же самое мог бы сказать Иисус.

— Но не сказал.

— Потому что не поэт.

— Поэт и поэт — две большие разницы. Пастернак был скособочен на своем еврействе. Проклятие рождения, первородный грех и прочее. Евреи, считал, рождаются с чувством вины, что прозевали Мессию, а собственный аморализм — жлобский уход от первой жены, несвидание с папой-мамой, когда его пустили за бугор, да хоть то, что заложил Мандельштама, когда базарил с Гуталином по телефону,— все списывал на преодоление еврейства как первородного греха. То есть на выпрямление. Хочешь знать, что есть его «Доктор Живаго»?

— Плохой роман.

— Я тебя умоляю. Никудышный! Был бы хороший, его бы так не раскрутили: Голливуд, Нобелька, скандал в Клошмерле. То есть в России. Это единственный в литературе православный роман.

· — А «Воскресение»? «Мастер и Маргарита»?

— Недостаточно установочны. Русский человек не в состоянии написать настоящий православный роман. Здесь надобны взгляд со стороны и энтузиазм прозелита. Что есть христианство первых христиан-иудеев? Преодоление в себе иудаизма. Пастернак не хотел быть евреем, чтобы не чувствовать себя ни перед кем виноватым. Еврейство для него — грубая ошибка природы, а православие — освобождение от моральной ответственности. Он считал, что ограничивал себя в жизни и литературе из-за своего еврейства, а будь русским — дал бы себе волю. Сюда бы доктора Зигги — его случай. Это тебе не злобные портреты Гинцбургов у Серова или «скисающие сливки» Багрицкого, которые лично я как любил — так и люблю, и тоскую. То есть по всей нашей еврейской кухне. Мама была лучшим поваром, которого я когда-либо знал, за исключением разве что Честера Каллмана, но у того ингредиентов в мильон раз больше. Она меня всегда отгоняла от плиты, когда я пытался схватить прямо с огня. Или втихаря пробирался на кухню и прямо рукой выуживал из кастрюли застывшую в жире котлету. А соскребать со сковородки поджаристые корочки! До сих пор слюнки текут! Дорого бы дал, чтобы изведать все это заново.

— Вернемся к Пастернаку,— предложила я, устав от его еврейско-гастрономических сантиментов.

— В том-то и дело, что в детстве у Пастернака не было ни моих котлет, ни скисающих сливок Багрицкого. То есть ни ностальгии, ни проклятий, ни предательства, ни возвращения блудного сына. Кто знает, может, и посложнее, чем у нас с Эдди, то есть на утробном уровне, да? Изначальная драма — сам факт еврейского, пусть и крещенного, рождения. А отсюда уже уход от идишной жены к гойке, предательство поэта-аида тирану-гою, отказ от родителей-выкрестов — так и не встретился с ними, хоть его выпустили в 35-м на какой-то вшивый конгресс в Париже. А табу на поездки в Питер, где пришлось бы воленс-неволенс повидаться с кузиной-жидовкой — и еще какой!

— Там другое,— сказала мама.— Он не хотел видеть ее постаревшей. Очень нервозно относился к старению женщины.

— Да брось! С этой точки зрения она у него никаких таких чувств не вызывала — страшна, как смертный грех, с малолетства. Вы встречали когда-нибудь красивых умных женщин? О присутствующих не говорю,— спохватился О.— Говорю исключительно о своих соплеменницах: у них ум и внешность не в ладу. Гойки — другое дело,— поклон в нашу с мамой сторону.— А потому эроса за скобки. Бóрис шарахался от евреев, стыдился родства. Стыд самого себя как жида. Типичный еху.

И в заключение:

— Нет, мы пойдем другим путем. Мяу.

Толпу не жаловал любую — русскую, еврейскую, хоть мадагаскарскую, едино. Еврейскую, может быть, чуть больше других. Стыдился? Когда мы мучились с ним, выдавливая из него еврея, как раба, и превращая в ирландца, потому что ему его жидомордия была «во где», как он сам говорил, проводя рукой по горлу,— не желал походить на среднестатистического нью-йорк-ского интеллигента, коим внутри, кстати, и не был. Либо, по крайней мере, не хотел быть, а остаться, несмотря на Нобельку — шпаной, жлобом, выродком, изгоем, городским сумасшедшим, как в Питере. Хотя его питерская шпанистость вся сошла на нет в Нью-Йорке — стал мейнстримовцем. Внешне он являл собой нечто противоположное тому, чем хотел быть. Или казаться — без разницы. *Beneath our masks we are all the same*[1]. Мы вытравляли из него не еврейство, а благопристойность, казенность, заурядность, ту самую ванхандредперсентность, которой соблазняла его Америка и губила, ничтожила в нем поэта.

Это и есть печальный сюжет его американской жизни. Он же — сюжет моего романа, а вовсе не локальная тема этой главы о плохом хорошем еврее.

---

[1] Под масками мы все одинаковы *(англ.).— Примеч. ред.*

ГОЛОВА ПРОФЕССОРА О

А теперь я приступаю к главе, которая поневоле будет краткой и которую предпочла бы не писать вовсе. К биографии рассказчика она имеет бóльшее отношение, чем к биографии героя, хотя рассказчик тоже герой этой истории, пусть и маргинальный. С другой стороны, однако, это самая что ни на есть точка схода двух наших био.

Понятно, не только в наших с ним отношениях — в соотношении его судьбы с моей равенства нет и быть не может. Он — главное событие моей жизни, я — деталь его био. Да не примет меня читатель за шварцевскую тень, гоголевский нос или, не дай Бог, *Lui* у Моравиа. Не в амбициях дело, а в обиде, а та встала горлом. Пусть моя обида на него — не более чем сноска к его великой судьбе. И будь эта обида только моей личной, то есть единственной, единичной, случайной, я бы о ней помалкивала в тряпочку. Но обиженных им — легион. Что он взошел на литературный Олимп (пусть Парнас, без разницы) по трупам близких — это, конечно, фуфло. Но то, что дорогу изрядному своему таланту (если не гению) пробивал локтями,— факт. Не бойтесь обижать людей — его собственный постулат. Он и не боялся, хотя потом жалел. Иногда. Как в случае с тем же Аксёновым. Или со мной. Точнее, с Артемом, но рикошетом задело и меня. Есть разница, однако, между Аксёновым, роман которого, отвергнутый с легкой руки О в «Farrar, Straus & Giroux», тут же был издан в «Random House»,— и Артемом, который вынужден был из-за О бросить колледж и сменить взлелеянную с малолетства профессию. Ведь на чем мы с Артемом сошлись? Помимо взаимного физического — и метафизического — притяжения. Я для него — приятельница великого поэта, которого он знал наизусть. Артем для меня — тот самый поэт, но в молодом, ровесничьем, во всех отношениях более прикольном варианте и с очевидным уклоном в прозу, которая как раз О не давалась, и он ее иначе чем презренной не называл:

— Застряла, извини, в промежности: между развлекухой и заказухой. В отличие от самостийной поэзии, а той — зависеть от царей, зависеть от народа *and then, and then, and then.*

«Виноград зелен»,— помалкивала я.

Как есть любовь с первого взгляда — у нас с Артемом, например,— так есть и нелюбовь: Артем и О невзлюбили друг друга с первой встречи. Можно сказать, не сошлись характерами. Причины: литературные и самцовые амбиции. Или это одно и то же? Не есть ли талант — даже гений — нечто вроде павлиньего хвоста? Оба моих мужика оказались дикими ревнивцами. О никак не мог представить, что его крестница, которую он держал голым младенцем с бессмысленной рожицей и бесстыдной прорезью меж ног и продолжал по инерции считать малолеткой с молочными зубами, живет полноценной (а иногда и сверх — ввиду задержки с началом) половой жизнью, да еще с его студентом, а студент, наоборот, довольно живо представлял своего профессора с синьорным правом первой ночи, меня включая, и все мои, впрочем, не очень настойчивые опровержения его не очень настойчивых, застенчивых, намеками, расспросов еще больше растравляли Артемово воображение. Почему он ни разу не спросил меня прямо? Боялся показаться идиотом в случае отрицательного ответа? То ли, наоборот, опасался положительного? Ревнивца неизвестность устраивает больше всего: кормовая база его ревности, без которой ему уже жизнь не в жизнь. Как раз О спросил меня напрямик, но получил отлуп: не твое собачье дело.

Стыдно признаться, но их конфликт на сексуальной почве меня до поры устраивал и даже льстил моему постдевичьему честолюбию, потому я слегка обоих поддразнивала, не подозревая, во что все это выльется. Для меня — офигенная игра, но не для них. Я даже не заметила, как ее участники стали играть слишком всерьез и не по правилам — не по моим правилам. А когда заметила, было поздно: оба уже достали друг дружку, обратно пути не было.

Не добившись от меня прямого ответа, О догадался обо всем сам. В том числе о ревности Артема к нему и, хотя уж кто-кто, а он знал о ее необоснованности, стал подливать масло в огонь, демонстрируя, как он говорил, наши с ним *special relationship*[1]. А вот чего я вовсе не ожидала от моего закадычного дружка, что он воспользуется в борьбе с Артемом своим ведомственным над ним преимуществом. Знала бы — вела себя иначе. Если б можно было все переиграть! И все-таки мои подначки — опосредованная вина, тогда как у О — прямая, даже если не вполне осознанная. Главная — перед Артемом: О не учел юности соперника, которому годился в отцы. И перед самим собой — не узнал в Артеме себя, каким был в Питере.

Уже после разрыва, которым кончилась их буча, Артем дал волю своему воображению, но направил его, слава богу, в писательское русло, сочинив — с помощью Соловьева — роман о человеке, похожем на его мнимого соперника, и поручив мне роль рассказчицы, чтобы врубиться хотя бы в виртуальную реальность, коли спасовал перед реальностью действительной, и так и не выяснил, было ли что у нас с О. Он потому и не пытал меня, что все равно бы не поверил, что бы я ему ни наплела. Он и роман этот затеял как своего рода реванш — студента у профессора, прозаика у поэта, юнца у старца, реального любовника у воображаемого. Дуэль, однако, так и не состоялась по форсмажорной причине — ввиду натуральной смерти одного из ее участников. Может, то и к лучшему, кто знает. Я не о внезапной его кончине, а о несостоявшейся дуэли. Ар-

---

[1] Особые взаимоотношения *(англ.).— Примеч. ред.*

тем говорит, что оптимальным читателем нашей с ним книги был бы ее герой, но я-то знаю ему цену как читателю: поэт — гениальный, читатель — хуёвый. Да и совсем другую книгу о себе он вымечтал, назначая меня Босуэлом: чтобы я отмыла его имя от приставшей скверны, а я, наоборот, наношу мазки дегтем. Но и медом тоже. Чтобы был живой, а не памятник, каким стал еще при жизни. Эта книга ему антипамятник. Одна надежда — что в новой среде его научили бо́льшей терпимости не только к другим людям, но и к чужим текстам.

Время действия этой главы — постнобелевский, женатый, последний, предсмертный период его жизни. Место действия — Маунт-Холиок, Массачусетс, от Нью-Йорка часов в трех скорой езды, а иной он не признавал на своем заезженном «мерсе», и только по разгонной полосе. Последнее, как он сам говорил, уёбище, куда он спасался от семейной жизни, которой был скорее удивлен, чем удручен. Для разочарования нужно время, которого ему жизнь — точнее, смерть — не отпустила. Его удивление граничило с раздражением, а не с разочарованием. Объективности ради: «удивлены» были обе стороны семейного союза (он же — конфликт). Его молодая (сравнительно) жена пыталась установить новые правила в новом (бруклинском) доме, откорректировать и ограничить круг знакомств и встреч и проч., но так и осталась просто его женой, а не «женой поэта», как ей мечталось, когда шла замуж. Под сокращение штатов наше семейство не попало, отчасти потому, что мама по-бабьи сострадала ей не меньше, чем ему, в их семейных контраверзах. Мои родаки сохранили с ним дружбу до конца, когда мы с ним разбежались, и они, понятно, знали причину. События развивались стремглав — сама виновата, привезя Артема к нему в Саут-Хэдли, где у него была берлога в полумиле от колледжа и куда он все чаще удирал от семейного счастья, переименовав деревушку в «станцию Астапово».

— Здесь и помру, мяу-мяу,— и откладывал очередную сердечную операцию, надеясь оклематься на природе.

Долина напоминала ему Карельский перешеек — ландшафтами и четырьмя временами года, тогда как в Нью-Йорке он насчитывал только два: ненавидимое лето и любимую осень. Мечтая о Сан-Микеле, примеривался на всякий случай и к здешним местам и, встречая нас с Артемом на пороге дома на Вудбридж-авеню, широким жестом указал на предлежащий сосняк, прореженный кленами:

— Кладбище про запас.

Вывезенный им на лоно природы Миссисипи гонялся за белкой и отвлекал хозяина от черных мыслей.

— Он думает, что это мышь с пушистым хвостом,— умилился он своему баловню и рассказал, что на белок здесь охотятся и употребляют в пищу.

— Жалко, конечно, но не более, чем коров, свиней или домашнюю птицу.

Его квота жалости сжималась, как шагреневая кожа, и в конце концов сосредоточилась на самом себе: если мы себя не жалеем, кто еще нас пожалеет? Со смертью парентс он чувствовал себя круглым сиротой, хотя разменял шестой десяток, а тут еще сердечные хвори. Элементарно: после двух не очень удачных шунтировок он боялся ложиться еще раз на операционный стол. Давным-давно, в Питере, он, уже под анестезией, сбежал с операционного стола, но прикорнул на лестнице, где его изловили, и прооперировали-таки застарелый геморрой. Вроде бы две большие разницы: задний проход — и сердечная артерия. Но он жил в вечном страхе перед любым вторжением в его тело, и бормашины дантиста боялся не меньше хирургического скальпеля:

— А если у него дрогнет рука — бор тебе в горло и пропорет бронхи? Был такой случай. Не со мной. Пока что. Никто не застрахован.

Лечь на операцию, говорил он, все равно что попасть в аварию. Шанс на тот свет такой же, что выжить, плюс-минус.

Он так и не добрался до своего массачусетского Астапово, чтобы помереть или выжить,— не успел, хотя планировал, пары дней не хватило. Кто знает, может, и обошлось бы. Я — не детерминистка: сослагательное наклонение у прошлого есть!

У его жены хватило такта не сопровождать его в этих поездках, и только раз коллеги и студенты, глазам своим не веря, обнаружили его в супермаркете толкающим детскую коляску. Настолько сросся с ним образ вечного холостяка.

Я была у него в Холиоке-Астапово пару раз: поскучала у него на лекциях, зато развлеклась — вместе с ним и избранными студентами, а однажды с Барышом — в окрестностях: у него на Вудбридж, в соседних пабах и его любимых китайско-корейских ресторациях. Он мчал меня на дикой скорости по Долине — неразличимо мелькал за окном массачусетский пейзаж, к которому он был отменно равнодушен, пока мы не услышали за собой вой полицейской сирены. Я вздохнула с облегчением — жизнь моя спасена, зато мой крестный подзалетел за превышение скорости.

Отпустили бы с миром, выписав тикет и сделав просечку в талоне, как он старомодно выражался, но, на его беду, у него не оказалось при себе водительских прав, а срок регистрации «мерса» истек. Сами по себе штрафы и проколы за скорость и незаконную парковку были ему не в новинку — целая коллекция штрафных баллов и квитанций. Наверное, после жизненной и эмоциональной встряски в России ему не хватало в Америке приключений, и мне кажется, он слегка фрондировал, смакуя рутинные столкновения с дорожной полицией. Разгон, взятый в России, требовал продолжения или хотя бы инерции — вот причина его борьбы с правилами движения и парковки. В том же Холиоке он ставил свой «мерс» поперек обозначенных полос, занимая сразу три стоянки. Кой-кого это умиляло, других раздражало, остальные пожимали плечами на выпендреж поэта. Артем назвал это онанизмом, а было наоборот: он сам себя взвинчивал, когда темперамент давал сбои. Если даже онанизм, то онанизм импотента.

— Мне не впервой,— заявил он в полицейском участке, намекая на свой советский опыт, который копам был до фени.— Платон прав: в государстве — любом — нет места поэту.

— И это говорит поэт-лауреат Соединенных Штатов! — сказала я, повышая его кредэншлс в глазах присутствующих, для которых Нобелевка — пустой звук.

Лауреат возразил цитатой — по-русски:

> Напрасно в дни великого совета,
> Где высшей страсти отданы места,
> Оставлена вакансия поэта.
> Она опасна, если не пуста.

Увы, наши разговоры возымели обратное действие.

— У нас в стране все граждане равны перед законом, хоть поэт, хоть президент,— назидательно произнес officer.

Так О стал на ночь «содержимым» амхерстской тюрьмы. Все наши попытки вызволить его оттуда или хотя бы разделить с ним камеру кончились прахом. Единственое, удалось передать ему сердечную соску — его нитро. Наутро мы встречали его, как будто он провел в заключении полжизни.

— Еще один опыт — уже ненужный. Даже на стишок не тянет.

Зато как оральный жанр вполне сгодился и стал одним из его любимых сюжетов. Рассказывать о себе обожал — иронично, но и умильно.

Колледж в Маунт-Холиоке основан был как девичий и стал бастионом феминисток в Новой Англии, которых О обобщенно обзывал «лесби-янками», несмотря на очевидное различие между теми и другими. Другой его каламбур (а каламбурил он непрерывно): взамен *brief-case — grief-case*. То есть горе-портфель — намек на осточертевшее ему профессорство. Но почему студенты должны любить преподавателя, которому осточертело преподавать?

Женский монастырь постепенно был разбавлен мальчишником из соседних колледжей, так что в его классах были почти равно представлены оба пола. В обеих гендерных категориях присутствовали его бывшие сограждане — чем дальше, тем больше. Это было общим явлением: у Евтуха в Куинс-колледже студенты и вовсе — сплошь бухарцы, оккупировавшие прилегающие районы и вытесняющие отсюда негров и испанцев. Еще недавно державшие в страхе местное население, те ныне шарахаются от русского мата-перемата среднеазиатских подростков. Как нью-йоркский Брайтон был переименован в «малую Одессу», так Рего Парк, Кью Гарденс и Форест Хиллс называют теперь «малой Бухарой».

Объяснение — «Мама велела прослушать курс у Бродского (или у Евтушенко)» — фальшак. Никакого отношения к родительской ностальгии, но исключительно к кредитс, которых, чтобы получить степень бакалавра, надо набрать за четыре года 128. С этой целью студенты из б. СССР берут даже курсы родного языка, хотя обычно знают русский лучше преподавателя-американа. О еще тем был для них хорош, что заранее сообщал студентам будущую отметку: B+, то есть четверка с плюсом, что вполне устраивало этих хитрованов, большинство которых не знало ни стихов О, ни стихов вообще — равно русских или английских. У О были все основания не любить студентов-соплеменников еще больше, чем аборигенов (не индейцев),— хотя бы в качестве козлов отпущения, потому что перед американами ему все-таки приходилось заискивать, но Артема он невзлюбил больше тех и других, вместе взятых: лично. Тех и других — за невежество, Артема — за вежество.

Артем успел проучиться три года в Петербургском университете на классическом отделении. Его последняя курсовая — о древнегреческой эпиграммистке Аните, хотя греческий у него — по его словам, не мне судить — слабоват. Латынью да, сочинил мне пару любовных эпиграмм. Зато английский у него был сугубо книжный, скованный, тогда как О, прожив почти четверть века в Америке, щеголял американскими идиомами, над которыми — за их старомодность — посмеивались студенты.

Как-то Артем переспросил непонятное слово, О его тут же высмеял за незнание английского. Парочка студентов покинула класс в знак протеста. Артем остался.

Главная его страсть — русская литература, он успел напечатать повесть в питерском альманахе «Петрополь». Один экземпляр он подарил О, тот никак не откликнулся, а когда нетерпеливый автор сам спросил, в ответ услышал «лажа».

Артем был влюблен в О заочно — по его стихам и моим рассказам, чем и объяснялся выбор им Холиока. Он предпочел бы не знать моего старшего друга вовсе, признавался Артем позднее: достаточно поэзии, поэт не создан для человеческого общежития, О не исключение — и приводил примеры от злобного пакостника Лермонтова до картежного шулера Некрасова и негодяя Фета.

Помимо самцового характера их конфликта была еще одна важная причина.

О не сошелся характером с американской демократией, и конфликт с Артемом — только один из примеров этой физиологической несовместимости. Они приехали из разных Россий. Артем — из все-таки уже-еще демократической, тогда как О — из тоталитарной империи, вывезя на подошвах соответствующие микробы. Авторитарный стиль. Тиранские наклонности. Локотная тактика. Несмотря на гостеприимно-покровительственный прием поэта-профессора, Артем чувствовал себя в его присутствии скованно, до меня это не сразу дошло, хоть я и знала за нашим гением эту черту: давить и подавлять собеседника. Помню, одна здешняя дама, прекрасная во всех отношениях, до того растерялась, что выдала ему следующий перл:

— Не пушайте меня, Иосиф.

— Да я вас лучше скушаю,— мгновенно отреагировал тот, кого она назвала именем, которое я избегаю в этом тексте употреблять.

И облизнулся.

Того хуже было в классах.

Чтобы Артем был одинок в своем неприятии стиля О, никак нельзя сказать. Даже его домашняя заготовка для затравки и знакомства — «Прежде чем я закончу это предложение, вы поймете, что английский не является моим родным языком» — далеко не у всех вызывала замышленную реакцию именно ввиду ее натужности. Само его обращение к классу — boys and girls — не просто было за пределами политкорректности, то есть принятого в колледжах хорошего тона, но еще и коробило нервно-вкусовые окончания слушателей. Так обращаются к собакам — не к людям. Даже то, что, несмотря на категорический запрет, О дымил в аудитории, стреляя сигареты у студентов, кого смущало, кого раздражало и никого не умиляло. Коробило его самодовольство и высокомерие — профессорство было для него еще одной формой самоутверждения, а студенты со школьной скамьи привыкли к равным с учителем отношениям. Его деление студентов на фаворитов и аутсайдеров казалось оскорбительным. Многие не выдерживали и бросали его курсы. Кто оставался, метался между отчаянием и надеждой. Когда одна студентка (тоже, кстати, русская), рыдая, все ему прямо высказала, он ответил, что тоже в отчаянии — от их невежества, бескультурия и варварства. И хихикнул:

— Распалась цепь, но живы звенья,— поставив плачущую студентку в тупик.

Женщин в истерике терпеть не мог. Вообще, право на проявление сильных эмоций было его личной прерогативой.

— Законченный монологист,— жаловался Артем.— Разучился говорить по-человечьи. Истина в кармане, вещает и изрекает, пренебрегает чужим мнением. Профессор никакой, а на гуру не тянет, несмотря на претензии.

Как-то предложил студентам латинских поэтов, с которыми им следовало ознакомиться.

— Надеюсь, вы слышали о таких... — и перечислил пару-тройку имен.— А вы почему не записываете, Артем?

— Потому что и так знаю.

— Вы знаете Вергилия, Горация, Проперция и Овидия?

— А также Катулла, Марциала, Федра, Персия, Ювенала, Тибулла...

— Стоп! Вы их читали по-русски?

— Нет.

— По-английски? — еще больше удивился профессор Доуэль, который сам знал римских авторов исключительно по русским переводам.

Артему ничего не оставалось, как признаться:

— По-латыни.

— Вы нас разыгрываете, Артем! — и расхохотался.

Артем молчал.

Класс замер. Дело принимало серьезный оборот. Таинственность предмета спора еще больше усиливала интерес к нему. Класс следил за поединком — на правах античного хора, без права на вмешательство.

— Может, вы нам что-нибудь тогда прочтете из классиков на их родном наречии?

— Кого именно?

— Да хоть Вергилия.

— Из «Буколик», «Георгик» или «Энеиды»?

— Ну, уж это на ваш выбор.

Артем стал читать. О перебил его на четвертой строке и сказал по-русски:

— Мы все учились понемногу, чему-нибудь и как-нибудь, так образованьем, слава богу, у нас немудрено блеснуть. Вместо того чтобы забивать нас своей эрудицией и вызывать комплексы, переведите-ка лучше, Артем, эти бессмертные строки на английский.

Что Артем и попытался сделать, но профессор снова перебил его, сказав, что это кощунство — переводить Александра Сергеевича таким корявым и примитивным английским.

Оба позвонили мне вечером и наябедничали. И оба говорили о нуворишестве друг друга. То, что сказал Артем, мне не понравилось своей спесью:

— Чтобы говорить о латинских авторах, их надо читать в подлиннике.

— А как насчет французских, немецких, китайских и прочих? Ты отказываешь нам в праве суждения о том, что тебе известно лучше, чем нам?

— Я говорю о преподавании. Профессор должен знать больше студента. Иначе не имеет смысла ни тому, ни другому.

Тем же вечером позвонил профессор:

— Твой Артем...— начал он.

— Не мой — сам по себе,— отмежевалась незнамо зачем и тем самым развязала профессору руки.

— Тем более. Проблема даже не в том, что не-твой Артем давит и подавляет, а в том, что отбирает у меня будущее. Пришлось поставить на место.

— Ты с ума сошел.

— Пусть не выпендривается.

— Выпендриваться можно только тебе?

— Ночная кукушка перекричит дневную, да?

Вот тут до меня и дошло, что я — главная причина их распри.

— Будет буря — мы поспорим,— и шваркнул трубку.

Бури долго ждать не пришлось.

Второй скандал — по поводу длиннющего списка мировой литературы, обязательного для чтения — от «Махабхараты» и «Гильгамеша» до Карла Поппера и Октавио Паса. Артем до сих пор уверен, что О и половины не прочел из рекомендованных им книг. На обсуждении мой бой-френд, понятно, ни словом не обмолвился об этом, но высказал ряд суждений по существу: почему в списке нет Монтеня, Толстого, Пруста, Джойса, Набокова? почему Саккетти, а не Боккаччо? почему Элиас Канетти представлен старомодным трактатом «Толпа и власть», а не нобелевским романом «Ослепление»? Лоренс Стерн — «Тристаном Шенди», а не «Сентиментальным путешествием»? Достоевский — «Бесами» и «Записками из подполья», а не «Преступлением и наказанием», «Идиотом» и «Братьями Карамазовыми»? почему, наконец, в шекспировом реестре отсутствует «Король Лир». Слово за слово (Толстой устарел, Джойс нечитабелен, Набоков претенциозен, «Король Лир» — вещица так себе, и проч.), спор начал зашкаливать в скандал. Оба были на пределе, зато слушатели — в отпаде.

— Не вы один решаете, что читать и что не читать,— сказал Артем.

— А кто еще?

Встал из-за стола и с портфелем под мышкой, потухшей сигаретой в одной руке и чашкой с остывшим кофе в другой покинул аудиторию.

Наконец, они схлестнулись из-за Мандельштама. By proxy. То есть заочно.

О разбирал гениальное мандельштамово «С миром державным я был лишь ребячески связан...» по косточкам — по строчкам, по словам и даже (гипербола Артема) по буквам.

— Музы́ку он разъял как труп, хотя для патологоанатома недостаточно образован,— припечатал Артем.

— А бэкграунд? В Питере у него был большой опыт работы с трупами — вкалывал в морге.

Что говорить, в его лекциях присутствовал некий буквализм, чего совсем не было в его разговорных эскападах. «Ну, занудил»,— подслушала я как-то реплику одной его студентки и приняла на свой счет — так мне было за него тогда обидно. Было это еще до появления Артема. Как профессор был неузнаваем, будто подменили: другой человек, чем тот, кого я знала близко и сызмала. По большому счету, профессорство — тем более критический анализ — ему не давались, хоть он и публиковал свои лекции в виде эссе и собирал в книги, но сам им цену знал и отзывался пренебрежительно — что из-под палки, ради денег и карьеры, дабы остаться на плаву. Делал исключение только для двух лирических очерков про детство. Считай, стихотворения в прозе. Он так и не нашел свой преподавательский стиль, чувствовал себя не в своей тарелке, часто повторял, что глупеет, учительствуя:

— Отдаешь студентам остатки своего разума, а взамен получаешь их глупость и невежество.

Для литературных разборов ему катастрофически не хватало систематического образования. Не говоря уж о том, что ему было трудно сосредоточиться на чем-нибудь окромя самого себя, с годами его эгоцентризм приобретал характер полной отключки от внешнего мира. Его литературоведение — странная такая комбинация наукообразного шкрабства и дилетантского мудрствования.

Вот именно: от лукавого.

С Мандельштамом он превзошел самого себя, разгадывая его стихотворение, как кроссворд, по пути начисто утратив его смысл и мощь. Студенты скучали, а Артема, как человека импульсивного, трясло. Лучше бы он прямо тут же и вытряс свое несогласие, но он — памятуя мой совет избегать скандалов — сдержался, затаился и только потом выплеснул свое несогласие в письменной форме. Результатом его трясучки и была курсовуха по Мандельштаму, где Артем дал себе волю и, не опускаясь до спора и даже не упоминая О, написал об этом стихотворении сам.

Забегая вперед: свой мандельштамовский разбор О в периодику так и не тиснул и в последний момент — уже на стадии *galley proof*[1] — изъял из очередного, которому суждено было стать последним, сборника своих эссе: побочный результат этого не только литературного поединка. Зато курсовая Артема была классной. Как будто это сам О сочинил, когда был юн, горяч и писал стоячим. Стихотворение о стихотворении, хотя и в прозе. Мир державный в представлении и трактовке Артема — это мир властный, имперский, взрослый, родительский, мир императива, кастрации и страха, мир, от/из которого Мандельштам бежал без оглядки, но который его нагнал и прикончил. Нет, эта работа не была политизированной, она была исступленной, наивной и

---

[1] Гранок *(англ.)*.— *Примеч. ред.*

чистой, поэзия и политика скрестились на высшем уровне судьбы и смерти.

Понятно, О не мог ограничиться рутинным B+, не имел права, но и признать свое поражение, тем более на его собственном поле, было невыносимо — это я знаю точно. Это было испытание — не только для него, но и для нас всех. Включая мою с ним дружбу. Я давно уже жалела, что свела их с Артемом. Как раз у О была замечательная привычка: не знакомить одних своих приятелей с другими. Короче, мы с нетерпением ждали реакции профессора Доуэля, но никак не ожидали той, что последовала: он просто зарубил курсовую Артема.

— Работа ужасна, стиль неприемлем, в вечную поэзию примешана скоропортящаяся политика,— выдал он Артему, возвращая реферат.— В подробности вдаваться не обязан. Достаточно с меня дискуссий в классе. Сыт по горло.

Артем был сокрушен, раздавлен — речь шла не только о его честолюбии, но о судьбе. Пусть не о судьбе, а о профессии или карьере, хотя кто знает?

Это была моя инициатива, я напомнила Артему о формуле Довлатова: «Иосиф, унизьте, но помогите». Артем попросил О дать ему еще одну возможность, хотя на самом деле это Артем давал ему возможность исправить то, что тот напортачил. О согласился не подавать оценку как окончательную, и Артем засел за новую работу. Выбрал нейтральный сюжет, месяц ишачил, работа вышла вымученной, из-под палки и с постоянной оглядкой, но отвечающая общепринятым стандартам — и понес в деканат. Там ее завернули. Оказалось, еще три недели тому О прислал ведомость с отметками, где против имени Артема стоял «неуд». Артем тут же забрал документы из колледжа и вернулся в Нью-Йорк за куском хлеба на другом поприще.

Я позвонила О:

— *Hi, monster.* То, что ты сделал,— подлянка, а причина — что ты уже не узнаешь себя. У тебя отшибло память. Ты мертв.

— Ошибаешься, детка. Причина — что я узнал себя. Этим твой бой меня и достал. Тот я не нравлюсь себе нынешнему.

— Ты думаешь, тому тебе понравился бы ты сейчас? — и повесила трубку.

Навсегда.

Нет худа без добра: мы с Артемом перестали тянуть резину и поженились. Не могла я его в такой ситуации оставить одного. Знаю: сказать про человека, что он близок к самоубийству,— не сказать ничего. Я спасала Артема, а спасла О — случись такое, было бы на его совести. Она у него и так перегружена. Артем медленно возвращался к жизни. Секс как терапевтика. А для меня секс как секс. И договорились к той истории больше не возвращаться — никогда. На само его имя у нас было наложено табу. До самой его смерти — через семь месяцев. Я была тогда в его Венеции с Шемякой. Маскарад, установка памятника Казанове, пиаровы акции маэстро, я на подхвате: фотограф, переводчик, гид, антрепренер, да мало ли! Сбилась с ног. Фигаро тут, Фигаро там.

Работа меня и спасла от погружения в боль, а боль — нешуточная. Кто знает, мне, может, было хуже, чем Артему: потерять такого, с беспамятного младенчества, друга, друга-наставника — всем хорошим и нехорошим во мне обязана тебе и никому другому. Если б не Венеция, боль одолела бы меня и прикончила.

Через две недели ты бы приехал сюда, чтобы выступить в Ля Фениче,— последняя возможность для нашего примирения. Там и договорились встретиться. И тут на меня обрушился последний удар: твоя смерть.

ОСТРОВ МЕРТВЫХ

Человек смотрит на себя — вольно или невольно — как на героя какого-то романа или кинофильма, где он — в кадре. И мой заскок — на заднем плане должна быть Венеция...
ИБ. Разговоры с Соломоном Волковым

Венеция из тех городов, где и чужак, и местный заранее знают, что они экспонаты.
ИБ. Fondamenta degli Incurabili

Наконец, мы выскользнули в Лагуну и взяли курс к Острову мертвых, к Сан-Микеле.
ИБ. Fondamenta degli Incurabili

Зря ты тянешь на Шемяку. Его антисемитизм — твоя выдумка. Не в большей мере, чем ты сам. Бóльших антисемитов, чем евреи, не встречала. Понятно: что можно Зюссу, нельзя быку. Шемякина можно любить или не любить, но только не за это. Округ него — рой ваших, никакого напряга, а нечастые вспышки — по пьяной лавочке, когда он расшивается. Жид для него не этническая характеристика, но моральная метафора. Как для твоей Цветаевой, но не восходящая, а нисходящая.

Да, представь себе: Шемякин — моралист, несмотря на весь свой имморализм. Или vice versa[1]. Моралист-аморалист, но не циник! В нем одном — все братья Карамазовы, включая Смердякова. Слева глянешь — Алеша, справа — Дима, в центре, само собой,— Иван, и из-за всех выглядывает Смердяков. Такой вот лжегрупповой портрет.

---

[1] В обратном порядке *(лат.).— Примеч. ред.*

Тебя отец сёк, да? В трезвом виде — за дело. А за Мишей пьяный родак, которого он мечтал убить, гонялся с шашкой наголо — и они с мамашей вылетали в окно, спасаясь от полковника-кавалериста. На смену полковнику-алкашу пришли трезвые полковники из гэбухи, пока на русский престол не был посажен полковник полковников, с которым Миша теперь на короткой ноге. Языком психоанализа — отцовская фигура, хоть Шемякин и старше своего посажёного отца лет на десять. Но все это уже за пределами твоей жизни, спи спокойно, русская история возвращается на круги своя, поводок уже натянут, но намордник еще не надет.

Раннее, как у тебя,— нет, не половое — политсозревание: вызовы, тюря, дурдом, где его накачивают химией и он шизеет по-настоящему. Чего у него нет, так это вашего генетического иммунитета к репрессиям, который выработался у евреев за тысячелетия диаспорно-изгойной жизни. Сам говорил: мог бы жить и работать где угодно, за исключением газовой камеры. Вот крыша у Миши и поехала. Плюс ампула в животе: трудоголик сменил алкоголика, но время от времени срывы. Тогда он — безтормозной, клоник папани, шашка наголо, взятки гладки. Да он и сам говорит, что человек отвязки, бурлеска, карнавала, переводя патологию — минуя психологию — в эстетику. Сам знаешь, лучше глядеть на себя со стороны, чем изнутри. Лучше быть врачом, чем больным, но врачу — исцелися сам, а он на той же набережной неисцелимых, что и мы все.

Как от отца — в окно, так от КГБ он спасается в сванетских монастырях, где монахи его и развратили (версия Лимона, со ссылкой на Мишу). Не то чтобы голубой, ему без большой разницы, к сексу отменно равнодушен, сильные психические заскоки, но женщин — близких — он теперь обвиняет: мать — что настраивала против отца, сама давая повод для ревности, не зря же он бил ее смертным боем; жену — что сделала диссидентом и поссорила с государством. А так бы — тишь, благодать и гармония. Не то чтобы бздошный, но обоих — отца и государство — ныне идолизирует, зализывая детско-юношеские травмы. Точь-в-точь как Федор Михайлович в трактовке Зигмунда Яковлевича: отец — садист, государство — репрессант, в итоге — после десятилетней каторги — да здравствует царь, он же батюшка. Не суди Шемяку шемякиным судом: помимо психобзиков есть в его нынешнем заигрывании с государством и государем еще и практический расчет. Это поэт может быть независим, хотя бы с виду, а скульптору, да еще такого размаха, государство — позарез как заказчик. Россия — в перспективе — рынок сбыта монументальной скульптуры, а Венеция — так, случайность, везуха. Хоть он и торчал на Венеции, как ты, и такое у него чувство, что его трость уже стучала в предыдущей инкарнации по венецейской брусчатке (Мишин слог). Вот и разница: его — *déjà vu,* твой — *post mortem.*

Каждый год мы с ним ездим сюда на маскарады — не столько других поглядеть, сколько себя показать. Ты прав: здесь любой, даже местный житель, турист тем паче, чувствует себя экспонатом. А вот Шемяка из экспоната превратился в экспонента. Его Казанова мгновенно стал неотъемлемой частью Венеции. Но и твоя «Acqua Alta» попадается на книжных развалах. Помнишь, ты читал здесь «Лагуну» — лучшее у тебя про Венецию, потому что остальное — только не лезь в бутылку — травелог в рифму или без. Сам говорил, что, когда читал, где-то около Ля Фениче, вокруг фрески Гварди или Тьеполо (в изо ты не мастак, мозги уже не те, жаловался), почувствовал себя вдруг в некоем силовом поле, и нечто своим стишком сам к этому полю добавляешь. В первый раз тебе удалось проникнуть в этот лабиринт за амальгамой — и в последний. Больше никогда, как ни бился. За семью замками! Так и остался чужаком в самом родном тебе городе. И Шемякин в нем — не завидуй! — временщик: пока стоит его памятник Казанове на Рива дельи Скьявони. В твоем вольном переводе: на Словенском берегу. Зря цепляешься — классный памятник. Что с того, что цитата из Феллини? Забыла литературный термин, который в обратном переводе значит «лоскутное одеяло»?

— Ты забыла, сама и вспоминай. Покойник — не суфлер. Спроси у живых.

— Тебя нет, спросить здесь больше не у кого. Разве что у Соловьева, но он такую бодягу разведет! Что мир искусства цитатен насквозь, сам язык есть система цитат, вплоть до присвоения, плагиат — понятие юридическое, ну моральное, а никак не эстетическое. Цитата есть цикада, неумолчность ей свойственна.

— Неумолкаемость.

— ?

— У Осипа Эмильевича: неумолкаемость. Хотя неумолчность, может, и лучше.

— А сама Венеция, что ли, не цитата?

— Венеция — это сон, который возвращается до последнего вздоха. Или выдоха — у кого как. И после, о чем свидетельствую сама знаешь откуда. Лучшее из того, что создано на земле. Да, вариант рая. Да, Атлантида, то есть самостийная цивилизация, отсюда страх, что и судьба ее ждет атлантидова. Я бы, наверное, нашел свою метафору, но поздно родился, а о Венеции не писал только ленивец. Конкурс метафор! Гёте: республика бобров. Монтескье: место, где должны жить только рыбы. Лучше всех у Хэзлита: этот город мог бы превзойти только город, построенный в воздухе. А Пруст сказал, что это восточный город, из «Тысячи и одной ночи». Тоже верно. Великий соблазн или, если хочешь, идефикс: стать частью этого сказочного ландшафта, которой — частью — тебе не стать. Разве что ценой жизни. То есть смерти. Но исполнение всех желаний и есть смерть. Нет, не я на фоне Венеции, а так — мелкая деталь, стаффажная фигурка, как у Пуссена или Лоррена. Разглядеть можно разве что в лупу. То есть без претензий, как у твоего Шемяки.

— Ты не видел его памятника. Отличная стилизация! Двойное чувство фактуры — самой бронзы, в которую отлиты фигуры, и того же, скажем, камзола или

платья на заводной кукле, последней партнерше великого трахаля. От этих цветочков в бронзе не оторваться!
И самое удивительное, что не фронтальная композиция,
как обычно, а отлично смотрится отовсюду — спереди,
сзади, от Дворца дожей, с Соломенного моста, с набережной, со сверкающей лагуны. Ты просто завидуешь.

— Чему?

— Что так и остался здесь туристом, а он, как таран,
проник внутрь.

— Как троянский конь.

— Ты понимаешь, о чем я говорю.

— Если о туризме — да. Мимопроезжие люди, про-
ходимцы, зеваки, туристы по определению, где бы ни
были, гости, временщики, туристы по всей земле — ты
об этом? Что же до твоего работодателя...

— Все торчат на Венеции — Вагнер, Пруст, Рескин,
Генри Джеймс, Томас Манн, Иосиф Бродский, ты, наконец. Для вас Венеция — фон, а Шемякин изменил сам фон,
вписав в него еще один памятник. Облеплен, кстати, тури-
стами. За что ты их так ненавидел, будучи сам из них?

— При шестидесяти тысячах аборигенов несколько
миллионов туристов в год! Носорожье стадо. Зачем им
Венеция? Венеция для них Диснейленд. Надо строить
для них повсюду Диснейленды, пусть даже под видом
Венеции. Как в Лас-Вегасе. Почему нет? Они не отли-
чают оригинал от подделки. Шлюзные ворота, чтобы
запрудить человеческое море,— единственное, что спасет Венецию. А туристов ненавижу как тавтологию.

— Твой страх тавтологии сам стал тавтологией —
худшей, чем та, что его вызвала. Ты не имеешь права
проклинать туристов и исключать себя из их числа.
И что есть Венеция без туристов?

— Ты это сказала. Это и есть моя Венеция: *Ghostown*[1].

— Твоя Венеция, Венеция Пруста, Венеция Вискон-
ти, Венеция Шемякина, но есть же какая-то общая,
объективная, реальная Венеция?

---

[1] Город-призрак, город-видение *(англ.).— Примеч. ред.*

— Есть: Венеция-трюизм.

— А твоя не трюизм?

— Моя — метафора.

— А за метафорой — не трюизм?

Может быть, Венеция и в самом деле трюизм? Венеция гондольеров и самураев с камерами и есть та истинная Венеция, которую ты так яростно отрицал, боясь тавтологии в самом себе? А что, если ты любил именно ту Венецию, которую изничтожал в своих писаниях, стремясь к оригинальности во что бы то ни стало? Помнишь, что случилось с Генрихом Шлиманом в Гиссарлыке? Пробиваясь сквозь наслоения цивилизаций к той единственной Трое, которую любил и знал по Гомеру, он по пути уничтожил ее, не заметив. Счастливец! умер, не ведая, что сотворил с вымечтанной Троей. А ты не проскочил мимо Венеции?

Почему именно Венеция, где твое одиночество было крутым, как яйцо, которое ты готовил себе на завтрак и всегда переваривал, думая о другом? В том числе о яйце как органическом, нерукотворном консерве. Венеция — пунктик? заскок? ритуал?

— Метафизическая копия Петербурга потому что. То есть улучшенная. Прогресс шагнул так далеко, что копия не искажает, а улучшает оригинал. Эпигон превосходит мастера.

— Анахронизм,— возражала я.— Что было раньше?

— Само собой, Питер. Лично для меня. Остальное по барабану. У меня своя хронология, своя историческая последовательность. Как и город, которому обязан рождением, как страна, которой обязан жизнью, любовью, стихами — всем! — я принадлежу времени, которого больше не существует, детка. Мы исчезли с карты, изжив себя,— нас больше нет. Зато Италия пребудет вечно, даже если распадется на прежние города-государства. Прекратил свое эфемерное существование Ленинград, а никаких санктпетербургов я не знал и знать не желаю, зато Венеция, о Венеция... Помню, впервые здесь, ночь на ступенях Стацьони, сетчатка бездействует, морской ветер, в ноздри бьет родной запах. Для кого свежескошенная трава или рождественская хвоя с мандаринами, а для меня — запах мерзнущих водорослей. Что есть запах? Нарушение кислородного баланса, вторжение чужеродных элементов. Это был запах Балтики, Невы, ветра. Перенос Питера во времени и пространстве. Инкарнация? Сублимация? Эвфемизм? Сам черт ногу сломает в этих проклятых терминах. Ведь даже эти крылатые венецейские львы, грамотеи и книгочеи — я их сразу узнал!

— Вариант Пегаса?

— Какой, к черту, Пегас! Братаны питерских сфинксов! Ты что, не заметила? У меня на книжке питерских стишков сфинкс, а на обложке здешних — лев с крылышками. По аналогии и различию. Только наши себе на уме, а эти, хоть и с книжкой под мышкой, простованы. У нас — египтология, фиванский цикл, царь Эдип, доктор Зигги и прочая достоевщина, а здесь — простенько и со вкусом: *«Pax tibi, Marce!»*[1]. Обожаю! Чувство абсолютного счастья. Ну, ты понимаешь... А вписаться в контекст этого плавучего города, нырнуть в его подводное зазеркалье — все равно что умереть. Именно: здесь надо родиться — или умереть. На крайний случай: быть погребенным. Вот я и умер, закрепив за собой вечное право на Венецию, в котором мне было отказано при жизни. На отшибе времени и пространства — в Сан-Микеле. Смерть — пропуск в бессмертие: прописка в Венеции.

Может, по запаху ты и Нью-Йорк отождествил с Питером, а уже потом подыскивал исторические обоснования: вода и камень, общий прообраз — Амстердам, и прочее, поверх главного несходства: Манхэттен стиснут, зажат на маленьком острове, а СПб — просторен и продут сквозняками пространства и времени. Твой взгляд — субъективный и умозрительный — игнорировал визуальную реальность. Но то, что ты воспринимал нервными окончаниями, существует на самом деле,

---

[1] Мир тебе, Марс! *(лат.).— Примеч. ред.*

черт побери! Или ты забрал с собой в могилу весь этот мир, оставив дыру в пейзаже?

Как Анри де Ренье, твой любимый писатель — и описатель Венеции, прибыл сюда по следам Казановы, составляя его жизнеописание, как Генри Джеймс — по следам вымышленного Асперна, так и я беру твой след в этом мниможивом-тайномертвом городе. Впечатываю свои шаги в твои следы. От Арсенала сворачиваю вправо — ход конем,— перелетаю через двенадцать мостов — улица Гарибальди, самая широкая и самая невенецейская в Венеции,— кафе «Парадизо», железный стул, где ты сидел и писал. Выдавливал из себя по капле *«Fondamenta degli Incurabili»*?

Четверть мили по фондамента Нуова — у больницы Джованни и Паоло направо — и дальше вдоль больничной стены — спиной к Сан-Микеле...

Маршрут первый, маршрут второй, третий, четвертый, пятый. Не так уж много. Венеция за три дня. Хоть ты прожил здесь года два в общей сложности, но маршруты оставались прежние: классические. Ни разу здесь не заблудился, как я — постоянно, с самого первого раза, когда мы здесь транзитом в Америку, мама чуть с ума не сошла, а я часа два крутилась на одном месте, возвращаясь на тот же кампо: безъязычие, безлюдие, ночь спускалась на чужой город. Нет, ты не из тех, кто блуждает по заколдованному городу по ночам, ища дорогу домой. Разве что теперь — из Сан-Микеле. Как можно избежать тривиальности, глядя на парадную Венецию из-под арок «Флориана»? Хоть ты и выдал филиппику туристам, но сам так и не стал путешественником, оставшись туристом в Венеции. Увидеть, чтобы увидеть — или увидеть, чтобы описать, вымучивая из себя метафоры? Есть и удачные. Зимой в этом городе, особенно по воскресеньям, просыпаешься под звон бесчисленных колоколов, точно в жемчужном небе за кисеей позвякивает на серебряном подносе гигантский чайный сервиз. Отлично!

Каждый маршрут приводил тебя к Острову мертвых. Включая последний: Бруклин — Сан-Микеле.

За что ты полюбил Анри де Ренье? Что последний парнасец открыл тебе Венецию в том, как ты выражался, нежном возрасте, когда ты впервые его прочел, хотя тебе уже было 26? Как же нежно надо к себе относиться, чтобы считать этот возраст нежным! Урок композиции: качество рассказа зависит не от сюжета, а от того, что за чем следует,— и бессознательно связал этот принцип с Венецией? Он научил тебя прозе — отрывистой, на коротком дыхании, малыми пробежками, короткими, в полстраницы, главами,— которой написаны лучшие твои эссе, включая худшее — про Венецию. Ты даже не помнишь точно названия, одолживший тебе книжку Гена Шмаков помер от СПИДа, вот ты и называешь «Необыкновенных любовников» — «Провинциальными забавами». Или нарочно заметаешь следы?

Вот эта книжка передо мной — с твоими отчеркиваниями на полях. И вот абзац, подчернутый дважды. Эврика! Секрет твоего бессознательного выбора — не место действия и не композиция, а именно сюжет:

«Они жили в двух соседних дворцах, и все было общее между ними, вплоть до женщин, которыми не раз они делились по-братски. Один получал от них больше любви, другой извлекал из них больше наслаждения. Альберто де Коркороне, меньший ростом, проявлял себя пылким и чувственным; Конрадо де Коркороне, высокий, казался ласковым и мечтательным. Альберто вел себя со своими любовницами страстно, Конрадо — нежно. Поэтому любовницы Конрадо довольно быстро забывали, что он их любил, а любовницы Альберто долго помнили его любовь».

Зря тебя пытала — сама разгадала твою любовь к Венеции. Это была застарелая, как рана, страсть, а Венеция — другое имя, эвфемизм. Все твои мысли о самоубийстве, о смерти, о погребении в Венеции, крутое одиночество и смертная тоска, весь твой некрофильский роман с этим городом — продолжение без окончания твоей ленинградской бесконечной любви. Морской ветер, запах мерзлых водорослей, гнилостные каналы, acqua alta — посмертное воплощение — и перевоплощение — балтийских вод, питерских наводнений и несчастной любви. Адриатика, Атлантика, Балтика — один и тот же ветр щекотал тебе ноздри. При жизни тебе было дано посмертное видение. Венеция по аналогии с Ленинградом.

Ghostown.

И еще одна фраза, отчеркнутая тобой:

«...любовники исчезли, не узнав меня, потому что любовь видит только самое себя».

Зачем ты врал? Зачем врал самому себе? Неправда, что ты прекратил слежку и повернул назад. Неправда, что она ускользнула от тебя, ушла дворами. Ты выследил, догнал, видел их, но они прошли насквозь, не признав тебя, и исчезли в ночи. Не видели тебя в упор. Им было не до тебя. Любовь видит только самое себя. Ты уже тогда был призраком. А кто ты теперь?

Почему Альберто победил в любви Конрадо? Потому же, почему Конрадо победил Альберто во всем остальном. Карты и любовь? Даже в любви ты любил свою любовь больше любимой. Затянувшийся на всю жизнь роман с самим собой, который — по определению — никогда не кончается. Пусть даже ты любил свою любовь, а себя не любил. Любовь к любви больше любой другой любви к кому бы то ни было. Нарциссизм — не когда себя любишь, а когда любуешься собой, когда не оторваться от себя, пусть даже твоя мордочка тебе не по вкусу. Так Венеция глядит в бесчисленные свои отражения в болотных водах каналов. А может, и Венеция тебе близка своим нарциссизмом?

Как все сплелось и встало, наконец, на свои места.

медная гондола на мамином трюмо с пуговицами, иголками и таблетками

вышитый лоскут с *Palazzo Dukale* на валике дивана в твоей питерской берлоге

черно-белая копия «Смерти в Венеции» на контрабандном просмотре в Театральном институте у Исаакия гармошка венецианских сепий, подаренная тебе Мариной на день рождения

одолженный Шмаковым томик Анри де Ренье в переводах Михаила Кузмина — о братьях, мирно деливших любовниц, как вы с Бобышевым не поделили одну

наконец, живой город мертвецов, к которому ты прикипел жизнью и смертью.

Венеция как возможность загробного взгляда на жизнь.

В день твоей смерти, рано утром, позвонила тебе в Бруклин, чтобы рассказать про афиши Ля Фениче с анонсом о твоем выступлении — чем не повод? Голос как с того света. Но это и был голос с того света, учитывая разницу во времени! Откуда мне было знать? У Арсенала села на вапоретто в сторону Острова мертвяков — сама не знаю зачем. Тайный вожатый? Ты? В утренней мгле и неге из воды всплывала Венеция — стояла acqua alta. С вапоретто, сжатая толпой не туристов, а утренних хмурых, невыспавшихся аборигенов, увидела тебя на набережной Неисцелимых. То есть обреченных, да? Обрученных со смертью. Облученных смертью. Нет исцеления. Конечная остановка — Остров мертвецов.

Не сразу узнала, ты стал моложе, походка была легкой и быстрой, какой давно не была, одолеть расстояние длиной с фасад стало для тебя проблемой. А здесь — не шел, а летел, не касаясь подошвами мокрой брусчатки. Фалды плаща цвета хаки развевались на ветру, как крылья у ангела, не поспешая за тобой. Любимая ирландская кепка в клетку, темный пиджак, белая рубашка с открытым воротом. Куда ты летишь, не видя и не слыша ничего окрест? Я надрываюсь с вапоретто, но и сама уже не слышу собственного голоса из-за грохота мотора.

Галлюцинация? Предвидение? Виде́ние? Я видела тебя в миг твоей смерти. Только что с того, если ты меня не видел.

Или видел?

Видел или не видел?

Молчишь.

Выскочила на Сан-Микеле, пересела на встречный вапоретто, бегом по воде на набережную Неисцелимых. Тебя и след простыл. Ушел, убежал, улетел. Куда? Пометалась по городу, заблудилась, твои сторожевые львы крылышкуют мне на каждом повороте. Устала, пот градом, шлепаю по колено в воде обратно в альберго. Вода все прибывает, город на глазах уходит под воду, что твоя Атлантида. Шемякин с порога:

— Где тебя носит? Твой друг умер ночью в Нью-Йорке.

И тут только дошло — ты летел, чтобы поспеть на этот клятый, переполненный венецианцами вапоретто в Сан-Микеле. Навстречу смерти. Конечная остановка — Остров мертвых, кладбище изгнанников.

Позвонила в Нью-Йорк. Так и есть: выбегая из комнаты, упал на пороге, разбил очки и расквасил себе лицо. Остывшее тело нашли под утро.

Не выходи из комнаты, не совершай ошибки.

Так торопился на Сан-Микеле, что забыл, о чем предупреждал сам себя четверть века назад.

К полудню город уже был в воде по пояс, и гондолы плыли по рио, кампо и фондаментам — как гробы с разбитого кладбища у твоего коллеги, хоть он и оставил тебя равнодушным. Если аш два о, ты считал, есть образ времени, то Венеция — образ смерти. И не есть ли тогда твой роман с ней — род смертолюбия? Неосознанная мечта о Сан-Микеле?

Теперь ты здесь экспонент, а экспонат — твоя могила.

Если метафизику ты противопоставлял физике, всему физическому и человеческому, то смерть как вечность предпочтительней тогда всего мгновенного и мимолетного, человеческую жизнь включая, да? Этот город настраивает на смерть — не только душу, но и тело. Приступы смертолюбия не обернулись как-то приступом смерти. Ты мечтал умереть в Венеции — и чуть не умер, настигнутый сердечным приступом. На крайний случай: быть в ней погребенным. Чего ты и добился в конце концов. Пусть твое нынешнее бытие и под вопросом.

Парадокс времени. Прошлое, которого нет. Нигде: ни в пространстве, ни во времени. Адрес, параметры, координаты прошлого? Существует ли оно в параллель настоящему? Или только взамен ему? Вот я сейчас рою, как крот, подземный ход из лабиринта будущего в лабиринт прошлого. Что не существует, так это настоящее, протекающее сквозь пальцы.

Разница во времени — да: ты скончался ночью в Нью-Йорке, но здесь, в Венеции, ты был еще жив, тебе осталась еще пара часов вдыхать кислород. Но как быть с пространством, которое ты ставил всегда ниже времени, делая ему исключение только здесь, в Венеции, вневременная красота которой есть единственная фора пространства, которой нет у времени? Какая сила перенесла тебя в миг смерти из твоей бруклинской каюты на затопляемую набережную, в город, который казался тебе вариантом рая, хоть у тебя и не было тогда возможности сравнить копию с оригиналом?

А теперь?

Можешь себе представить такое? Наутро после твоей смерти я разговаривала с тобой живым и видела тебя с вапоретто, днем Венеция ушла по пояс в воду, а ночью венецейское небо озарилось огненными сполохами — Ля Фениче вспыхнула, как спичка, и сгорела дотла: зачем ниша, когда нет статуи? Когда отполыхал священный огонь, в который раз пожрав оперный театр, над Венецией долго еще стоял траурный смог. Город оделся в траур. Несло горелым. По каналам и улицам плыли крошечные гондолы — черные головешки. Зеленую муть накрыл серый пепел.

Пепел и алмаз.

Последняя дань Города — последнему на земле Поэту.

Или это ты сам поджег и чуть не спалил всю Венецию, воздвигнув себе памятник из огня и пепла?

P. P. S. МЯУ С ТОГО СВЕТА,

или ЖИЗНЬ КАК РИМЕЙК

> Смерть — это то, что бывает с другими.
> *Памяти Т. Б., 1968*

> Впрочем, долой ходули —
> До несвиданья в Раю, в Аду ли.
> *Памяти Т. Б., 1968*

Как и договаривались, пишу с того света. Человек слова в обоих смыслах. Обещал прислать весточку, если случится оказия. Случилась. Отправляю с Орфеем, чуть не разминулись, мнимонечаянная встреча: он со своей дивчиной наружу, а я вверх тормашками, сама понимаешь — куда. Хоть один, думаю, наказ пусть выполнит, коли не повезет с главным.

Что тебе сказать про ад? Дежавуист вроде меня легко узнает местность по прежнему опыту: не послабже земного, те же круги, каждый следующий поплоше предыдущего. Никого не виню окромя себя. Как сказал один слепец — нет, не Гомер: «Повсюду я в Аду. Ад — это я». Он же — на все тот же сюжет потерянного рая: «Яростный поток вечно пылающей серы». Само собой, несет горелым, на то и огнь поядающий и неугасимый, но все лучше конечного ледяного озерца по имени Коцит в центре земли, коего надеюсь не достичь, с учетом претерпелых мною земных мук. Еще неизвестно, кто больше напортачил: я — в жизни, или она — мне?

Знал всегда, что умру зимой, снег как саван, зима и есть смерть. Как сказал опять-таки не я (или все-таки я? память дает сбои, на что она мертвецу? что с ней де-

лать на том — теперь этом — свете?): такой мороз, что
коль убьют, то пусть из огнестрельного оружья. Настоящий Ад — это Арктика, вечная мерзлота и все такое.
Всегда предпочитал жар хладу, на этой почве — форточку закрыть, форточку открыть — разбежались с
одной девулей, озеро огненное и серное лучше того ледяного, в которое вмерз Люцифер, будь проклят, но это
все равно что пожелать ему долгих лет жизни, то есть
вечности, ибо нет бо́льшей вечности (если оных не одна
и они сравнимы), чем осуществленное проклятие. Ужас
тьмы, как сказал некий святой, но чего Иероним не просек, так это что эта тьма внутри тебя, твоя личная тьма,
ты слеп, как Гомер, Мильтон, Борхес, Слепой музыкант
и все семь слепцов Брейгеля (или их шесть?). Вокруг
свет и огонь, а в душе у тебя темно, как у негра не скажу
где из-за политкорректности. Одно утешает в этом
мраке вечного огня, что и огонь и тьма — от Бога, как
при жизни утешало, что боль невнятицы — от любви и
от любимой (пусть не любящей).

Петроний круто ошибся, полагая, что душа без тела
играет. Тут тебе не до игр. Как я и сказывал, душа за время жизни приобретает смертные черты; посему, бестеле-
сая, претерпевает вполне телесные муки. А кара, как ты
догадываешься, язвит именно согрешивший член.

Нет, совсем не тот, на который ты подумала — зачем
так буквально? Совсем иной член души-тела. Как раз
сам *membrum virile,* с которым еще при жизни были
проблемы и который, как меня предупреждали сведу-
щие патологоанатомы, первым сгнил и отпал, вроде бы
избежал наказания за не такие уж многочисленные, как
оказалось, грехи. Я — не Казанова, которого твой муди-
ло (как его капоты? или за их отсутствием он теперь
прыгает спьяну на ferri гондол?) спулил у Феллини и
осквернил Венецию — передавай привет, коли ты с
этим трудо-алкоголиком днюешь-ночуешь в моей Венеции, бросив умирающего друга, а я — от него — Феллини, ежели повстречаю в этом самом перенаселенном месте: нас здесь тьма, не сравнить с вашим шариком, где

смертность-рождаемость, зато у нас — сплошняком протекает вечность, то есть безвременье. Да и этот пиздочет — я о Казанове — сильно, говорят, завысил свои любовные подвиги: 122 бабы за 39 лет сексуальной активности. А вот Артур Шницлер подсчитал в дневнике, сколько у него было оргазмов за год — эстет, однако! Жил на кончике своего хуя (я про обоих). Вопрос: грех послушаться или ослушаться детородного зова, коли сам Бог вменил в обязанность плодиться и размножаться генитальным путем, не дав альтернативного способа. Mio e Lui. Пусть *Lui* и не лучший вожатый, другого нет, без него как без рук, ха-ха.

Греховным признан совсем другой член моего грешного тела. То есть грешной души. Вот тебе открытие с того света, дружок: душа грешит еще больше, чем тело, а здесь воздается именно за намерения, а не за дела: и помыслить не моги! Ты уже, конечно, догадалась, какой одновременный член души и тела признан главным греховодником. Вот именно:

> И он к устам моим приник
> И вырвал грешный мой язык,
> И празднословный и лукавый...

Остальное — туфта. В чем родоначальник круто ошибся, так это в способе наказания согрешившего члена: ни о каком удалении языка, наподобие гнилого зуба, нет и речи. Я подвешен за язык на крюк как клеветник, претерпевая прелютыя муки различныя. Все мои попытки доказать, что это был грех не языка, что язык как раз безгрешен и невинен яко бэби, а грешны рука, мозг, сердце и хуй — всуе, ибо здешние собеседники побивают меня каменьями моих собственных цитат о языке как праматери, альма-матер, родине, музе и прочее литературы. Говорил? Кто спорит — говорил, но Оден и Роб-Грийе талдычили о том же самом — где они? Ау! Нет, отвечают сверху, они не были так зациклены на языке, как ты. Язык был для тебя Молохом, в жертву которому ты принес поэзию. Да, говорят мне здесь, в начале было слово, но не в конце. Ты превратил слово в самоцель: хозяин слова, ты стал его рабом. Язык уничтожил тебя как поэта, заставил служить себе, а не поэзии. Поэзия, как и балет — Барышу привет! — есть возможность невербального общения.

Каково мне выслушивать всю эту бодягу, а? Здесь не поспоришь. А кто рядом в таком же подвешенном состоянии за сотворение из языка кумира, догадывашься? Вертаю взгляд вправо — Джойс за «Поминки по Финнегану», влево — Набоков за «Аду».

Я-то думал, что его будут терзать в аду истребленные им в массовом порядке, без разбора и без нужды, бабочки. Энтомологический холокост! И он еще смеет упрекать Гоголя, что тот палкой колотил «чертовскую нечисть» — перебегавших дорогу ящериц, а Пруста — что отрезал крысам головы, когда мучила бессонница (на самом деле прокалывал их шляпными булавками)! Крысы, ящерицы, бабочки, без разницы — божьи твари с одинаковым правом на жизнь. Хоть бы раз, пусть опосля, пожалел о своих жертвах! Но эксперименты с языком здесь сочли бóльшим грехом, чем эксперименты с чешуекрылыми. Если успею, расскажу мою собственную историю с чешуекрылым — случилась аккурат в канун моей кончины.

Как видишь, соседи — так себе, но могли быть хуже. Представь Эзру Паунда с его лютым антисемитизмом на месте этих двух юдофилов! Бог миловал, но и с этими двумя о чем калякать на вечном досуге? Разве что о том же языке, а он яко таракан вездесущ, неприкаян и вечен: оба переживут человека, и когда тот вымрет, тараканы будут калякать на человечьем наречии.

Нет, не жалею о своем грешном и празднословном. Когда даже воспоминания выцветают что цветы в гербарии, остается — язык. Что жизнь, когда даже слава изнашивается! Языковые игры предпочитал любовным, последние отпали сами собой. Как там у классика? Во дни сомнений, во дни тягостных раздумий — ты один мне поддержка и опора, о великий, могучий, правдивый и свободный... Он один сохранил мне верность, а я ему — нет: блуд с английским. Но там, увы, улица с потусторонним движением. Тьфу — односторонним. Как и любовь, которая есть луч, посылаемый любящим любимому, и отражаясь от него, возвращается к исходной точке — это по Прусту, но своими словами, потому что здесь нет книг, все книги остались на земле, а память мертвеца, даже свежеиспеченного... Ах, что говорить! Пусть жалуются живые, а мертвецы помалкивают.

Да и мало ли о чем я трепался там, на земле! Я и сейчас праздно и суесловлю, греша этим треклятым грешником, когда сочиняю тебе отсюда туда цидулу. Кто начал пить, тот будет пить, да? Мне уже не разучиться писать — даже на том свете. Все равно что. Заместо стихов, которым разучился на этом. Как говорил помню кто, догадайся сама: чернильная лихорадка в крови. А некий янки из Коннектикута — Перкинсом звать — целые полвека вел в Ливерпуле, Нова Скоша, дневник, пропустив только три дня по уважительной причине: такой мороз, что замерзли чернила в чернильнице. Как у меня в жилах стынет кровь. Вот я и есть тот *diarist*[1], что бы ни строчил: волшебные стишки, заурядные эссе, никакие письма.

Привык писать мертвецам не первой свежести, а теперь, сам мертвец первой свежести,— пишу живым. Сначала — моей кромешнице, как обещал: к тебе я буду прилетать, сны золотые навевать etc, etc, etc. Теперь — тебе. Харон, кстати, оказался добродушным старичком-взяточником, но ты знаешь: ворюга мне милей, чем кровопивец. О монетах, понятно, и речи нет, тем более драхмах, гребет только гринами — предпочитает налом, в крайнем случае — кредит-кард. Хорошо захватил с собой Американ Экспресс.

Что сказать по существу? Что жизнь оказалось слишком долгой, а здесь, где покоятся нерожденные,

---

[1] Человек, ведущий дневник *(англ.).* — *Примеч. ред.*

и вовсе вечность коротать, да еще в компании таких же
отпетых, как я, *язычников*? Тебя, дружочек, не хватает,
но мы расплевались перед моей смертью и, скорее всего,
разминемся после твоей, если только тебе в грехи не за-
пишут излишнюю суровость к моим грехам. Да и откуда
знать, как наше слово отзовется! О том, что Артем тебе
больше чем знакомый, и не подозревал. По привычке
держал тебя в девушках. Как сказал не я: все еще девочка, но уже не девушка. Предупредила бы — был бы с ним
поосмотрительней. И что ты в нем нашла (вопрос в сторону)? Сломал ему карьеру? Но не жизнь! Согласись: не
одно и то же. Нет худа без добра — благодаря мне он
подался в риелторы, вполне переспективная и прибыль-
ная профессия, учитывая ваших будущих деток, детка,
о которых лично мне и думать не хочется. Будь на то моя
воля, я бы тебя вообще заспиртовал в том девичьем
состоянии, в котором любил. Что делать, если именно такой ты осела в моей памяти, а память консервативнее,
чем ее мнимый хозяин (на самом деле раб). Уже дефло-
рированная ты не есть ты, хоть и нет хуже греха, чем
невинность. Избавляясь от нее, мы избавляемся от первородного греха, да? В дохристианскую эпоху — как и
теперь, в постхристианскую,— считали иначе: утрачен-
ный стыд что сломанная целка: никогда не вернется.
Моя Арина — матрона, мать семейства? Чтобы ты —
и обабилась? Бог миловал — я не дожил. Сама знаешь,
есть вещи несовместные... Пытаюсь представить тебя
беременной — фу! Как говорила моя мама, краше в гроб
кладут. Не есть ли дефлорация — знак времени, а вовсе
не старение и не смерть? Что же до твоего боя, то работа
риелтором (или риалтером? риаэлтером?) нисколько не
помешает ему заниматься литературой (чур, только не
русской! кому она нужна здесь? то есть там? да где угодно!), как моя профессура не мешала сочинять стишата.
Ты считаешь, помешала? Голова профессора Доуэля? Не
обо мне речь, а о твоем суженом-ряженом. Ну, конечно,
знал — не отпираюсь. Потому и завелся. Но и он меня
подзавел. То есть ты. Надо же — притащить его сюда из

Питера! А если это любовь? Как у меня? Не дай тебе бог, детка. Врагу не пожелаю. Любовь есть патология и уродство — сужу на основании собственного опыта. Я свое отлюбил. *Liebestod*, гибель любви. Как там у моего друга Горация про сирен, по-нашему — русалок? *Desinit in piscem*[1]. Увы, все кончается рыбьим хвостом.

А что суть мои стишата? Следствие следствия, тень тени. Пусть уж лучше пишет стихи твой Артем — тебе, а не ты — ему. Не то чтобы хочу выставить себя вашим благодетелем, но и оправдываться: подлецу не к лицу. Или как там в вашей псевдонародной мудрости? Даже монстр имеет право на последнее слово — если не перед казнью, то хотя бы после нее. А смерть и есть казнь, которая предстоит каждому человеку, а не только убийцам и выродкам. Все мы — на *death row,* или, как изволил выразиться классик из нелюбимых, на роковой стоим очереди. Последняя в моей жизни.

Вопрос: выродок ли я? — куда более актуален, чем вопрос, с которым ты ко мне подъезжала: гений ли я? Могла бы сама догадаться, а так получался подъёб. Увы, вопросы связаны.

И что есть гений?

Гений, как и даун, есть урод. Две крайности, которые сходятся, ибо за пределами статистического человека. Отклонение от нормы. Горбун тащит на горбу свой дар. Гений — не счастье, а бремя. Гений — раб своей гениальности. То есть судьбы. Как среднестатистический человек — раб своих гениталий, и институт евнухов — не как стражей в гареме, а как высших сановников — оправдан высокими государственными соображениями. Гений — на поводу и на поводке своей гениальности. Как следствие — нравственные загибоны. И выебоны.

— Ты себя чувствуешь гением? — вопрошала ты меня с присущей тебе, как и всем биографам, бестактностью. То есть напрямик.

---

[1] То, что сверху, прекрасная женщина *(лат.).— Примеч. ред.*

— Я себя чувствую монстром,— не ответил тебе я, потому что такой ответ был бы неверно истолкован как кокетство в ожидании опровержения, которого бы не последовало, даже сделай я паузу, ибо ты набралась правду-матку-резать от своей маман, которой, тем не менее, привет, как и ее супругу. А уж теперь — после истории с Артемом — мне и вовсе нет пощады. Что я монстр, ты теперь убедилась на собственной шкуре. То есть на шкуре близкого тебе человека.

А если я родился монстром? Как некто, скажем, шестипалым либо, хуже того, минотавриком? Так что же, всех уродцев во младенчестве с Тарпейской скалы сбрасывать? Нет, у нас, евреев, так не принято, что с большим удивлением отметил еще Тацит, воспитанный в иных — мягко говоря, римских — традициях. А теперь, сама видишь, весь ваш христианский мир взял эту нашу гуманитарную идейку на вооружение, и даун или уродец — на каждом шагу. Коли монстру сохранили жизнь, то должен он как-то уживаться с самим собой, да? А совесть — это такая прокладка между Я и Сверх-Я. Если я ничего не путаю, д-р Зигги.

А что, если любой гений монстр? Не в оправдание и не в утешение, а исключительно в теоретическом плане. Лично мне судить трудно, потому что окромя себя гениев не встречал: за других не скажу.

Конечно, все мы уродцы в той или иной степени. Человечество есть паноптикум, но в этом равенстве гении первые среди равных, ибо равны в бо́льшей степени, чем другие. Вот тебе еще один пример, как из двух чужих афоризмов можно сварганить свой собственный. И средь детей ничтожных мира — не быть может, а совершенно точно — всех ничтожней...

Кто, детка?

Я.

Если хочешь, гений дает своим латентным уродствам волю, доращивает их до уровня характера. Свой ад носит в себе, а потому объективный ад, в новой среде — для него не внове. Ну, то, что гений и злодейство совместны — это и ежу понятно, хоть Пушкин и поставил знак вопроса. А сам Пушкин? Вот Лимошка даже его причисляет к священным монстрам.

Как знать. Я не спец — ни по гениям, ни по монстрам, а только по самому себе: монстру — уж точно, а может, и гению, кто знает. Сюда бы синьора Ломброзо, слыхала такого? Увы, в наш — теперь ваш — политкорректный век вышел не токмо из моды, но и из употребления. Он гениальность и преступность уравнял с безумием. А как насчет обратного равенства?

Всякий ли гений — монстр?

Каждый ли монстр — гений?

Разгуливающий на свободе масскиллер (тот же Потрошитель, к примеру, а как веревочка ни вейся — это для трусливой заурядности) или попавший в лапы правосудия сексуальный маньяк (сколько угодно!), да хоть багдадский вор — не есть ли любой преступник высшего класса гений в избранной им деятельности? Как, скажем, Моцарт в музыке?

И чего мы на этом застряли, а?

Не слышу.

Знаешь, в чем разница между мужиком и бабой? Помимо того, что у вас нет чувства вины и физиологического оргазма. Вы думаете, у вас в запасе вечность; мы же чуем, что смерть притаилась .в нас, как змея: выжидает. Есть, конечно, тупари и среди нашего брата, но у меня тонкачество в крови. Смерть как таблица умножения — с ней не поспоришь. Родиться — это начать умирать. С младых ногтей знаю, как жизнь моя скукоживается. А под конец — идефикс. Как у Паскаля. Страх смерти вообще, а не только собственной. Ну ладно я, но Моцарт, Бах, Шекспир — даже они не избегли общей участи. Что больше всего смущает, так это одноразовость жизни. Жизнь напрокат. Недавно вот безносая постучалась во время бенца, но я не открыл. Робко так постучалась, проверочно, хотя пульс рваный, боль острая, грудь как в корсете — ни вздохнуть, ни пернуть. Визит старой дамы. У кота девять жизней, а у человека? Пару-тройку своих я уже прожил.

Прощально глянул на книжные полки. Не знаю, с кем жальче расстаться — с читаными или нераскрытыми? А вдруг именно в них то самое? Так и не дочитал «В поисках утраченного времени» — не успели перевести при мне на русский, а вроде именно в последнем томе разгадка времени, что и меня цепляло.

В следующий раз, боюсь, она взломает дверь. Я про костлявую.

Мгновение — и целый мир рухнет в небытие.

Папа говорил: сдаю. Мама: пора на свалку. Оба: годы берут свое. Но сколько им было и сколько — мне? Старость — это расширение словаря в нежелательном направлении медицины и фармакологии. А какой словарь у смерти? Пользуюсь пока старым. То есть устарелым — как и при жизни. Ты думала, я в отпаде, когда ты меня поправляла: не предки, а родаки; не сникерсы, а кроссовки; не трахаться, а чикаться? Не в отпаде, а в отчаянии. Там я работал с голоса, схватывал на лету — улица, лестница, тошняк (мы говорили тошнилка), а здесь добираю из словаря и от новоприбывших. Помнишь, как на тебя набросился? Не в том смысле, понятно. А на Юза! Моцартом обозвал. Хоть я и не в восторге от того же «чикаться». Говорю, понятно, о глаголе, а не о действии. Родаки — да, кроссовки — куда ни шло, но почему чикаться? Но это вторично: нравится не нравится — спи, моя красавица! Вот это и есть моя оптимистическая трагедь — потеря языкового кода. Господи, куда меня занесло! Чужой город, чужая страна, чужое время, чужой язык. Иссяк родник родной речи. А не податься ли вместо Сан-Микеле на Брайтон и пройти мертвецом курс живой русской речи? Или инкогнито на родину белых головок?

Единственная радость-сладость изгнания — все мои оседлые друзья, враги и подруги навсегда остались в том возрасте, в каком бросил их на растерзание Левиафана. Ее включая. Только я шнифты закрою и т. д. и т. п. Все остались живы — и Левиафан сыт, и человеки целы. Никакой ностальгии по людям и березам, здесь навалом тех и других, зато дикая тоска — по русской новоречи. И по староречи — тоже. Мой нью-йоркский кордебалет — мертвому припарка. Мои склеротические усилия — услышать, схватить, запомнить. Я уже вхожу в русскую речь своим стихом, но не русская речь — в меня. Словарь — подпитка, но нельзя заменить роман с языком на роман со словарем. Небольшая вроде бы такая ранка — с Атлантический океан шириной, а так и не срослась, бля. Зато фокусное расстояние: отсюда виднее, что там у них происходит. Ничего хорошего. Вид у родины плебейский что кирпичный завод. Как обустроить Россию, ха-ха! Да гори она синим пламенем. Как и любая другая страна — от Америки до Израиля. Как все это ничтожно по сравнению с вечной болью любви, измены, смерти. Разве можно чем-то еще интересоваться кроме самого себя!

Как говаривал старик Гораций, *coelum, non animum mutant, qui trans mare currunt*[1]. Тем более — через океан.

Кстати, о ностальгии. Набираю недавно Москву, прошу главреда.

— *Перезвоните через пару минут. Он на линии.*

— Мне сложно. Я звоню из Нью-Йорка.

— *Не надо было так далеко забираться.*

Пока я жду переключения на другую линию, дивчина пересказывает кому-то наш разговор, гордясь своей репликой. Ее юмор стоил мне тридцать долларов.

Билл придет уже в мое отсутствие.

Жизнь изговнилась, не стоит выебанного яйца, я выпал в осадок. Удачи в микромире и полный завал в макро-. Не звезда, а звездочка, осколок, исчезающий метеорит. Пора, мой друг, пора — ввиду хотя бы исчерпанности жизненных ходов, поэтических сюжетов и родной речи. Как неплохо сказал плохой поэт, отцокало Пегасово копыто. Еще лучше у хорошего поэта: «Того уж Вяземского нет». Смутные какие-то видения всплывают в памяти, но что это — ретро или фэнтези?

---

[1] Небеса над головой, не существо свое изменяя, пересекли море *(лат.).— Примеч. ред.*

И спросить больше не у кого. Свидетели детства, отрочества и юности все повымерли или лгут, или поклялись молчать. Как не сказал Шекспир, ленивое воображение не дорисует остальное. Даже эрекция — факт памяти и воображения, а не физиологии.

Кранты.

Так странно просыпаться утром — еще жив. Возраст — это преодоление земного притяжения: каждое утро вставать, надевать штаны, расстегивать ширинку, застегивать ширинку, чистить зубы, доставать из-под двери «Нью-Йорк Таймс», кому-то звонить, с кем-то встречаться. Однообразный, постылый ритуал. Я вступил во владения Бога, где мое волеизъявление ровным счетом ничего не значит. Конечно, мы все ходим под Ним, нас всех подстерегает случай, над нами сумрак неминучий и проч., но сейчас уже не случай, а закономерность. Только не надо, прошу тебя, что случай — это псевдоним Бога, когда Он не хочет подписываться своим именем. Опять твой Ежи Лец? А кто? Запамятовал. Цитату помню, хозяин выскочил из головы. Давно пора провести всеобщую национализацию афоризмов и парадоксов. Зачем дуб, когда есть желуди?

Жизнь состоит из одних цитат. Пронумеровать все цитаты и вызывать по номерам нужную. Как в том анекдоте о пронумерованных анекдотах: шесть — все ржут, восемнадцать — рассказчик схлопотал по морде, при дамах такие анекдоты не рассказывают.

Знаю, что знаете все мои анекдоты, цитаты и стихи, а потому не место мне среди живых. Рассказать, что ли, Набокову или Джойсу? Не дойдет.

Если нам не принадлежат наши бабы, то наши мысли — тем более.

Про тела и говорить нечего.

Самый эпиложный эпилог моей жизни.

Плохел, плохел, пока не помер.

Мое тело стало обременительно, обрыдло, остоебенило мне. Инвалид по всем статьям — от сердечного костыля до бифокальных стекол и вставной челюсти.

Зато все как на подбор, ни один не ноет и не шатается. В остальном жизнь заебла, а смерть доёбывает. Какое тело получает человек от Бога — увы, не в подарок, а на-прокат: совершенное, послушное, приносящее тьму ра-достей и наслаждений! И в каком виде возвращает, умирая! Почему не на всю жизнь даны человеку зубы, сетчатка, слух, сердце, желудок, член, и все постепенно выходит из строя? Память включая. Еще не афазия, но уже амнезия. Кретинею понемножку. Кто там стоит в очереди за моим автографом? Мистер Альцгеймер? Память есть вечность, а беспамятство — смерть. Как го-ворят старики: то, что не вспоминается, не стоит и вспоминать. Зачем старику память? Лишние пережива-ния. Потому и сбои, пока вовсе не атрофируется — что-бы легче было расстаться с жизнью. Своего рода анесте-зия. Беспамятство — прижизненная смерть. А уж на том свете с ней и вовсе делать нечего. Зато никто боль-ше не обзовет злопамятным слоном или графом — как его? — Монте-Кристо. Корни высохли, жизненные соки иссякли, воспоминания вымерли, батарейки сели. Чело-век умирает постепенно, свыкаясь со смертью. Даже при нормальном цикле он сначала теряет вкус к жизни, а потом уже и саму жизнь. Причина и следствие. Жизнь как римейк. То есть тавтология. Она же пародия. Дежа ву. Все было встарь, все повторится внове.

Жизнь как римейк и есть гиньоль и смерть. Я выпол-нил все функции, возложенные на меня Б-м. Произвел потомство — даже два, сочинил стишки — есть неплохие, и даже от Б-га, получил Премию. Что еще? Жизнь сошла на нет. Отпутешествовал. Отлюбил. Отписал. Отчитал: книги все читаны-перечитаны, и, само собой, отпала одна из главных функций моего организма — чтение: нечего больше читать, кроме последнего непереведенного тома Пруста. Но ради него одного тянуть лямку? Меняю не-прочитанную книгу на ненаписанный стишок! В моей сорной памяти осели книгохранилища. Поэзия — вся! — наизусть. Что русская, даже переводная — Хикмет, Ту-вим, Галчиньский и прочие оттепельные коммуняги, на

которых взошел, пока не перескочил на английских мета-
физиков,— стихи вбиты в мозг, как гвозди.

Обречен на тавтологию: в чтении, в писании, в любви.
Не только любовь, но и секс остался позади, о чем я тебе
жалился при жизни. Потому у меня больше ничего и не
выходит ни со стишками, ни с бабами, ни с любовью, ни с
чем — я исполнил свое предназначение на земле.

Как сказала Сусанна одному из старцев: «Кому ты
нужен, старый хрен!» Кому из — без разницы. Оба хоро-
ши. А в самом деле, окажись на их месте два молодца, как
бы тогда реагировала эта библейская Пенелопа? Да я и в
изначальной сомневаюсь — десять лет хранить верность
своему мудаку? Верность — это еще не любовь. Может,
даже противоположна любви. А сроки у них в эпосе чисто эпические: Троянская война семь лет, странствия
Одиссея — десять лет, странствия Моисея — сорок лет:
чтобы померли все, кто еще помнил, что в египетском
плену было не так уж худо. Память перетасовывает прошлое. Кто знает, может, мои любовные несчастья и были
моим единственным в жизни счастьем? В этом мире желаний, ревности и измен, настоящих и мнимых,— сам
черт ногу сломит. Возьмем сны, которые отпускают наши тайные желания. Ибо — классик прав — мы из той же
материи, что наши сны. Снилась мне как-то мама, красивой и желанной, какой я, поздний ребенок, знать ее не
мог, да и не уверен, что была когда красавицей.

Или такой ретрово-хреновый сон. Вот только не помню — там, на земле, или уже здесь. Сидим мы с моей
куклой в плюшевой утробе синема, помню даже что за
movie[1], не имеет значения, глажу рукой ее колено, про-
двигаясь известно куда, а там натыкаюсь на чью-то еще
руку. *Well, well, well.* Это как в том анекдоте про тун-
нель. «Если бы я знал, что такой длинный...» — говорит
муж жене.— «А разве это был не ты?» Но то в анекдоте,
а в жизни, то есть во сне... Жизнь и есть анекдот, коли
родная пизда такая гостеприимная. Прошу прощения:

---

[1] Кинофильм, картина *(англ.).— Примеч. ред.*

влагалище. Представь: встречается моя рука с рукой-предшественницей, и что, думаешь, дальше? Пожимаем друг другу руку. Там. В темной плюшевой утробе. Нет, не в синема, а в вагине. Я не знаю — кому, и он не знает — кому. Или знаем? То есть прощаем друг друга? Хоть они меня и поимели самым мерзким образом, по полной программе, стало мне вдруг обидно и как-то все равно. Зато теперь, отсюда, думаю: а чего, собственно, прощать? Нашли наконец друг друга, хоть искали нечто иное. Место встречи изменить нельзя. И не надо. Колумба помнишь? Искал Индию, нашел Америку. Вот мы с ним оба здесь и оказались. Оба — без нее.

Ну что за предсмертная бредятина! В чем ее эзотерический смысл? Если есть?

Нет, ночные страшилки меня уже не страшат. Чувствую, что вот-вот умру и что вечен.

А теперь не сны, а явь. Неровно дышишь к тварям Божьим? Вот тебе парочка историй из Брема.

На Лонг-Айленде есть зайка, который — единственный! — заставляет меня усомниться, ту ли я выбрал профессию в земной жизни. То есть: та ли профессия выбрала меня? Само собой, из литературных — какой из меня, к черту, врач, адвокат или инженер! Нет, никаких комплексов, но поэтический завод кончается раньше прозаического, поэт как балерун и проч. А зайчишку этого проклятого я повстречал, когда весь мой поэтический дар был израсходован, иногда всуе, увы. Да и не уверен, что косой для стишат подходящий — нет, не герой, не сам по себе, как у Пришвина-Паустовского, но — как сюжет.

Так вот, этот лонг-айлендский заинька каждый раз поджидает меня в Хантингтоне, на повороте в Камсетт-парк, и бросается под колеса. Путаю одного серого с другим? Ни в коем разе. Знаю как облупленного — мой персональный заяц. Торможу в последний момент, выбегаю, уверенный, что раздавил, но никаких следов, будто сон, а на обратном пути этот паршивец сидит как ни в чем не бывало на обочине. Как-то даже обнаружил на машине кровавые пятна — оказался раздавленный помидор. Или у него девять жизней, как у моего Миссисипи? Чего он меня дразнит, этот заяц-самоубийца, не знаешь? Может, он посланник Божий, а? Какой-то мне знак, а что за знак — пас. Не врубаюсь — и всё! Пришвин, тот, помню, написал, что вся тайна мира — в зайце. Ах, зачем я не прозаик!

Почему о вислоухом вспомнил? Не поверишь! По аналогии с тараканом, а тот явился мне аккурат после твоего сегодняшнего звонка — в разгар моей предсмертной депрессухи. Если только депрессия не является нормальной, адекватной реакцией все еще мыслящего по инерции тростника. Как эрекция, только с обратным знаком. «Привет из Венеции»,— сказала ты, а я как раз наладился туда на вечное, сама понимаешь, поселение. Хотя бесчувственному телу равно повсюду истлевать,— тем не менее! Когда-то, в юности, мечтал там умереть, но как-то случилось мне там помирать на самом деле, совсем расквасился, да еще колотун взял, что никак не объясниться из-за их тарабарского наречия, который у меня на нуле, как у них наш инглиш. Сердечный приступ, помноженный на приступ страха. Есть от чего запаниковать.

Приснилась мне, помню, *ospedale,* куда меня отвозит роскошная такая «скорая» со скрипичным грифом — одним словом, гондола. Та самая *ospedale,* что напротив Санти Джиовани е Паоло, обожаю фасад сей чиезы, а задами она выходит на фондамента супротив Сан-Микеле, где я окажусь в обездвиженном состоянии post mortem. В больничке этой, понятно, нелады с языком, но сначала один, потом другой и наконец все айболиты свободно говорят по-русски без никакого акцента, а больничные стены уставлены стеллажами с книгами, сплошь русскими, и я обнаруживаю разрозненные тома Полного собрания сочинений родоначальника. Боль отпускает, бенц позади, ухожу со стопкой этих фолиантов под мышкой, договариваюсь с докторами, что буду пользоваться их библиотекой регулярно. Только вот книжная ноша не по силам, острое такое бо-бо, от которого и просыпаюсь.

Еле ноги унес. Вот тогда и прозвал Скиталией. Бесчувственному телу как раз тарабарщина не помеха, а вот пусть не чувственному, но кое-что еще чувствующему — как-то боль, как сейчас, например... Короче, решил умереть все-таки в Америке, а в Скиталию вернуться в бесчувственном состоянии.

Вдруг, уже на исходе жизни, твой венецианский звонок. Неспроста, думаю. Звонок есть знак. Родной твой голосок оттуда как намек, что пора сматывать удочки. Я и сам знаю, что пора. Пора, мой друг, пора.

А тут еще этот чертов таракан, о котором обещал и вроде бы успеваю, хотя слева бо-бо и грудь как обручем и в спину, бля, отдает.

То есть никакой он не таракан, пусть и похож, но как сквозь лупу — гигантских таких размеров водяной жук, хрупкое и ломкое ископаемое, совершенно безвредное, хоть и чудище.

С Грегором Замзой знакома, да?

Он самый.

Вылитый!

Миссисипи их обожает, но без взаимности. Зацепляет одного когтем, переворачивает на спину, а потом сидит над ним, как Гулливер, и наблюдает, как тот шевелит конечностями. Чистый садист, что говорить. Коту потеха, а каково лжетаракану? Как только тот затихает, Миссисипи его нежно так лапкой трогает — тот опять сучит своими ножками-ручками. Только на этот раз я не выдержал, отнял у кота живую игрушку и — в окно. Взял с полки Кафку, читаю про Грегора Замзу, перевоплощаясь в него, как тот в жука. Овидиев этот рассказ про меня: мне тоже в тягость мое тело, которое давно уже и не мое. Теперь представь: внизу гости, гостья с косой у порога, я с Францем и Грегором за письменным столом, за окном ночь, вдруг Миссисипи вскакивает на подоконник и носом прямо в оконную сетку. Включаю свой полицейский фонарик, направляю луч в окно. Жуть! По другую сторону сетки, цепляясь конечностями, сидит этот тарканище из динозавровой эпохи и вращает на меня свои шарнирные шнифты. Приполз обратно, хочет домой. Может, у него здесь жена, детки. Как у меня. Щелкаю по сетке — он снова летит в преисподнюю. Как вот-вот я. Думаешь, вернется? Имеет такое же право на этот дом, что и я. Хоть и не платит рент. Даже большее, потому что я — не жилец.

А где мой дом?

В Сан-Микеле? Если реэмигрировать, то только в Скиталию!

Господи, как я устал!

Живу через силу. По инерции. Стыдно, что отсвечиваю. Перед друзьями, перед врагами, перед будущей вдовой, перед будущей сиротой, перед собственными стишатами, которых разучился писать. Весь выложился. Да и то сказать: старомодное занятие в виду грядущего — точнее, нагрянувшего — хама. Он же — варвар. Последние проблески сознания, секса и таланта. Жизненный мизер. Хорошо сохранившийся труп. Живой трупешник. Отходняк-доходяга. Какое там вдохновение — редкие, внезапные и короткие, не хватает на стишок, вспышки. То же — с сексом: не донести до цели. Что предпочтительней: Эрос без Венеры или Венера без Эроса? А когда ни того, ни другого? Отсутствие выбора. Я свое отлюбил и отъебал. Соскочил с этого дикого жеребца. Живу на пределе. Пора делать ноги отсюда. Не осень, а смерть патриарха.

Думаешь, сам не знаю, что мысли, а тем более разговоры о смерти — бессмысленны, непродуктивны, постыдны? Именно поэтому мертвецам место в могиле, а не среди живых. А я умер задолго до своей преждевременой смерти. Бог давно махнул на меня рукой. Кого хочет наказать, лишает разума, да? В моем случае — производительной силы. Разве это жизнь, если хер набирает силу только в минже — когда набирает, а когда не набирает? То же со стихом, которому ну никак не набрать силу, спасает остроумная концовка — или, наоборот, выдает с головой. Качество жизни — как и поэзии — снизилось настолько, что стоит ли тянуть лямку?

Были кризисные, застойные, тупиковые времена, от самоубийства останавливало только буриданово сомнение, в какой пальнуть висок. Много на эту тему размышлял, а размышление отвращает от действия (привет Гамлету). В чем преимущество самоубийцы перед остальными смертными? Он точно знает, когда тю-тю, а мы тщетно пытаемся угадать. Как я, например. Или Пушкин, так и не отгадавший годовщину своей смерти. Самоубийство и есть преодоление этой тягостной неизвестности. Оракул или цыганка — паллиатив. Иное дело — когда берешь судьбу в собственные руки. Самоубийство есть посягательство на прерогативы Бога. Как и онанизм. Единственное, в чем мы можем Его — нет, не победить — но преодолеть. Да, ценой жизни — собственной или потомства, но она в любом случае не бесконечна, а быстротечна. Ценой остатка, который есть неизвестность. В моем предсмертном возрасте хронологическая разница была бы и вовсе незначительной. Но именно поэтому и отпала необходимость, когда сама la morte стучится в дверь. А потеря тяги и воли к жизни такова, что нет сил и на самоубийство. Лишен права на самоубийство — умер самым что ни на есть натуральным образом.

Помнишь, мы с тобой придумали совместный афоризм: умирать, как и жить, надо молодым. Самоубийством тоже надо кончать молодым.

Короче, помышлял — и размышлял — о самоубийстве в лучшие годы моей жизни. Вспоминаю о них с ностальгической нежностью и пускаю слезу, когда настал предсмертный беспросвет — от физической немощи до тотальной импотенции. Включая поэтическую. Выяснилось, что поэзия — дар таинственный, ненадежный, не на всю жизнь. В те самые худше-лучшие годы моей жизни был выход в поэзию, спускал пары, а теперь они скапливаются перед окончательным взрывом. Так и зовется в народе: разрыв сердца.

А теперь про Доссо Досси. Слыхала такого? А жаль. Он проиллюстрировал нашу с тобой сентенцию еще в XVI веке. Самый остроумный ренессансный художник. Пусть маргинальный, но я предпочитаю его Леонардо, Микеланджело, а тем более слащавому Рафаэлю. Живописец-аллегорист. Очень хорош у него Зевс, рисующий — не отгадаешь! — бабочек! И ноль внимания на жалобы Добродетели, а та недовольна людьми и богами, что ее игнорируют или насмехаются. Между Зевсом-живописцем и ябедой-Добродетелью — Гермес, он прикладывает палец к губам, чтобы она не потревожила Мастера. Добродетель, представляешь, ждала приема у Зевса целый месяц, да так и не дождалась! По аналогии — Пушкин на полях статьи Вяземского: «Господи Суси! какое дело поэту до добродетели и порока? разве их одна поэтическая сторона». А какая прелесть, что Громовержец рисует не что-нибудь величественное, под стать ему самому, а именно бабочек. Этот феррарец далеко за пределами своего XVI века, скорее в духе Оскара Уайльда или Россетти — не само Возрождение, а его стилизация в духе прерафаэлитов.

Само собой, не мог этот эзопоязычник пройти мимо хрестоматийного тогда сюжета «Три возраста». Сколько я навидался в Италии вариаций на эту вечно актуальную тему! Но лучше, чем у Доссо Досси,— ни у кого! Хоть до третьего возраста я и не дожил, вот потому и западаю на этот сюжет. Феррарец самый пойнт схватил. Дети с одной и старики с другой стороны завидуще подглядывают за центральной сценой: молодые занимаются любовью. Именно: только молодой ебущийся мир и стоит внимания. Думаешь, мне на том свете вместо мочи сперма стукнула в голову, тем более крантик один и тот же? Здесь нет ни мочи́, ни тем более спермы — один мозг. Да, голова профессора Доуэля — как опыт метафизического существования. Отстоявшийся вывод моей неудачной по большому счету жизни: единственное сто́ящее (и стоя́щее) на земле занятие — секс. Или стихи. По сути — одно и то же. Субстанция, сублимация, надстройка. Остальное — лажа. А мы с Миссисипи всего этого, увы, лишены: он — кастрат, я — мертвец. Отколоколили наши с ним колокола. Из всех людей, кого знал, ближе всего оказались... Нет, не бабы и не друзья — коты! Вот гляжу я на него, а он глядит в пространство.

Мяу.

Тебя все еще колышет, с чьим именем на устах умирает рыцарь прекрасной не во всех отношениях дамы? Вариантов множество — от мамы до фафы. Как и имен. Да хоть Миссисипи, хоть и длинновато, ты права. Тем более — для последнего дыхания. Выбирай сама, мой Босуэл, тебе запросто — как моему псевдобиографу. Какое выберешь, такое и произнесу, евангелистка чертова. Евангелие от Иуды. А думаешь, канонические Евангелия пришлись бы Иисусу по ноздре? Ты напишешь обо мне книгу, но не ту, которую я бы хотел о себе прочесть. Потому что биограф должен быть объективен, а у тебя появился субъективный фактор: обида на меня за Артема. Вот ты и покатишь на меня бочку — бочку дегтя в ложке меда. Так, кажется, гласит пословица? Или мне снова изменяет память? С пьедестала — мордой в грязь. Фейсом об тейбл, как говорят на Брайтоне. Не зарекайся: ты меня предашь до первых петухов.

Какая в конце концов разница, откедова письмо — с того света или из его предбанничка, в котором в предсмертной депрессухе жду не дождусь околеванца? Слово перед казнью, как сказал некий чех с петлей на шее. Как живой с живыми говоря, хотя уже мертв. Знала бы ты, какая тонкая, прозрачная, невидимая грань отделяет жизнь от смерти! Письмо на тот свет, письмо с того света — почта в один конец. Обратный адрес в таких письмах не так уж и существен — можно и не ставить. Как и сам адресат — чистая условность. *To whom it may concern.* В вольном переводе: письмо в бутылке — тому, кто найдет первым.

Всем — и никому.

Послание важнее как получателя, так и посылателя (сама знаешь куда), а потому пусть будет анонимно.

Мой совет: коли у тебя такой писательский зуд и соблазн непреодолим, назови меня О. Что в имени тебе моем, коли мне самому оно больше не нужно? Имя — само по себе, я — сам по себе. Пусть буду узнаваем, но не узнан.

— Как тебя звать, прекрасная маска?

— Я — О.

Я бы, конечно, мог надиктовать тебе из могилы автобио длиной в жизнь, но масло масляное: я уже все сказал о себе в стишатах. Как там говорят на нашей географической родине? Котлеты — отдельно, мухи — отдельно. Стихи стихами, а биография биографией. А ты не путаешь, птенчик, биографию с ро́маном, а ро́ман со сплетней? Видеоряд моей жизни тянет на ро́ман, а какой ро́ман без сплетни? Чем отличается сюжет от сплетни, а сплетня от метафизики? Тем более покойник любил то и другое: перемывать косточки и витать в эмпиреях, куда он в конце подзалетел навсегда. Взять классиков. У Достоевского все ро́маны держатся на сплетнях, «Горе от ума» — сюжет-сплетня, а уж такого любителя сплетен, как Пруст, во всей мировой литературе не сыщешь. Вот тебе жанровая подсказка: роман-сплетня. Чем не подзаголовок?

Тем более к тому времени, когда ты закончишь мое псевдо- (ибо я под псевдонимом) жизнеописание, будут исчерпаны и выродятся в пародию все прочие способы постичь меня в литературоведческом, тем более — в мемуарном жанре. Любые мемуары — антимемуары, роман автора с собственной памятью, а та — известная сказительница-исказительница. У слова вообще реваншистские наклонности: добрать то, что упущено жизнью. Знаю по себе. В мемуарах не меньше вымысла, чем в ро́мане, зато ро́ман не притворяется. Наоборот! Лучше откровенный фикшн, чем лжемемуар. Когда человек клянется говорить правду, только правду и ничегошеньки, кроме правды, ему ничего не остается, как лгать. Мемуары сочиняют лжесвидетели, ро́маны — правдолюбцы. И запомни, *s. v. p.*: документ в ро́мане выглядит квази, реальный герой проигрывает рядом с вымышленными. Отчуждение, да? Осторожней с фактами: сама знаешь, больше фактов могут лгать только цифры.

Пиши и не оглядывайся на будущего читателя. Паче того — критика. Помнишь, Конан Дойл написал о профессоре Мориарти: его исследование достигло таких высот чистой математики, что во всем научном мире не нашлось специалиста его рецензировать. То, о чем мечтал прототип твоего героя, дорожа мнением кота о себе больше, чем читательским.

Пиши вровень с героем, не пресмыкаясь и не снисходя. Но и без подъёба, *please*.

Тебе предстоит сыграть мужскую роль, но я всегда был убежден, что неудачи с Гамлетом оттого, что его играют мужики. Одолжи у своего бой-френда на время яйца. Привет ему с того света, пусть простит мертвеца. Кто спорит, peccadilo[1], бес попутал — не узнал в нем самого себя, каким был и перестал быть. Вот и потерял связь с самим собой. Не узнать себя — на снимке, в зеркале, в ближнем — есть самоубийство. Передай Артему, что в метафизическом смысле я уже наказан, строк постыдных не смываю, у всех прошу прощенья, хотя за миропорядок и его бардачное устройство прямой ответственности все-таки не несу.

Жалобная книга — на небесах.

А потому никаких соплей в связи с моей преждевременной кончиной. Во-первых, покойник этого не любил; во-вторых, никакая не преждевременная — я прожил через край и остаточные годы воспринимал как принудиловку. Вот тебе последняя цитата, а другие пусть рыщут в поисках ее источника:

> «Лицо ее закройте, мои глаза ослепнуть могут —
> Столь юной умерла она...» —
> «Не думаю. Несчастие ее,
> Что прожила так долго».

---

[1] Грешок, пустячный поступок *(англ.).— Примеч. ред.*

Рефрен: умирать надо молодым.

Главное, мой друг, соблюсти пропорции. Напиши о человеке, похожем на меня, чтобы сделать меня похожим на человека, а не на памятник, которым я стал при жизни. Сам себе и сотворил со товарищи, кто спорит? Зачем поэту пьедестал? Из инстинкта самосохранения, детка: памятник пуля не берет. Вот и забронзовел, хотя мечтал о мраморе. Разве я не предлагал установить на постаменте вместо меня — его? *Lui.*

Сделай меня похожим на человека, детка, а не на монстра. Памятник и есть монстр, я бы сам свалил с пьедестала, да поздно: только тут усек.

Сделай меня похожим на самого себя, каким я был и перестал быть.

Сделай Бродского похожим на Бродского больше, чем он сам.

До встречи в Венеции.

Привет меньшинству. От большинства.

Покедова.

Будь з.

Дальнейшее — неописуха, как сказал напоследок сама знаешь кто.

Мяу.

Преданный тобой, но преданный тебе до и за гробом — *Virtually yours,*

Отгадай кто, детка!

Бруклин, Н.-Й.
27 января 1996 года, ночь. Или уже 28 января? Как у вас в Венеции давным-давно.

P. P. P. S. Воленс-ноленс вдова передаст тебе это письмо с причиндалами (стишата, рисунки, фотки), а ты уж поступай в меру своего разумения. Вот и долгожданный стук — пошел открывать дверь. Пока сама не взломала. Найдут под утро лежащим на пороге, морда в крови, очки разбиты, без признаков жизни, коих было мало и при жизни.

Автокомментарии

Автокомментарий к современному художественному произведению — не нонсенс ли это по определению? Если только не литературный розыгрыш, как у Набокова в «Бледном огне». Почему автор берет на себя черную работу будущих историков, литературоведов и текстологов? Из недоверия к ним или — к собственному тексту? Из объяснительного зуда и графоманства? Из суетного и противопоказанного искусству желания все досказать и поставить все точки над Ё? Не говоря уж о том, что подобный автокомментарий — научный или псевдонаучный — способен подточить само художество, а то и подорвать его под корень. И что тогда останется историкам литературы: комментарий к комментарию?

Потребность (не знаю, необходимость ли) в комментарии возникла по причине двойного авторства «Post mortem», а вместе с этим комментарием — даже тройного: рассказчица по имени Арина, то есть лжеавтор, реальный автор, то есть Владимир Соловьев, и комментатор, тот же Владимир Соловьев, хотя и не совсем тот.

«Post mortem» написан от лица юной особы (не считая первой футурологической главы, когда рассказчица сравнялась по возрасту с героем), которая, благодаря родителям (художник & критикесса), с младых ногтей вращалась среди звезд и мнимостей культурного истеблишмента, а после отвала за кордон снова оказалась в том же — плюс-минус — порочном кругу. Здесь, в Америке, она определилась как профессиональный фотограф, к ее услугам частенько прибегают русско-американские знаменитости 80—90-х годов прошлого века — Барышников, Шемякин, Ростропович, Бродский, Довлатов и другие, она у них — а иногда между ними — мальчик на побегушках (несмотря на гендерное отличие от последнего). Самый близкий ей из этой разношерстой компании — семейный друг, по ее подозрениям — б. чичисбей ее матери, мнимотаинственный персонаж, обозначенный в докуромане, ему посвященном, буквой «О»: поэт, изгнанник, нобелевец и прочее. Читатель вправе подставить под этого литературного героя какой угодно реальный прототип — автор снимает с себя ответственность за разгул читательской фантазии, за сходство и за несходство. Как и за высказывания рассказчицы, которая отнюдь не его altra ego. Зато все остальные персонажи — исключая рассказчицу и главного героя — даны под своими собственными именами. С подлинным верно.

Все равно что сочетание мультика с игровым фильмом. Или игрового с документальным. Жанровый кентавр: эклектика, которая, по мере привыкания читателя, должна стать органикой. В контексте «Post mortem» такое «смешенье языков французского с нижегородским» оправданно, а здесь автор вынужден объясняться курсивом.

И еще парочка курсивных пояснений.

По жанру «Post mortem» — роман, хоть и с реальными героями, а потому, при портретном сходстве основных персонажей и аутентичности их поступков, реплик, словечек и интонаций, неизбежны и преднамеренны беллетристические швы, топографические подмены и хронологические смещения. Скажем, реальный — почти слово в слово — разговор переносится из питерской квартиры на Второй Красноармейской в московскую на Малой Филевской или из кафе «Флориан» на Сан-Марко в кафе «Моцарт» в Гринвич-Вилледж. Либо событие 93-го года помечается 95-м. Делается это намеренно, автор исходит из требований сюжета, контекста, концепции и ритма прозы. Да и О среди поименованных и реальных — как кукла среди живых людей. Пусть автору даже, если повезло, удалось сделать его «живее всех живых» — включая прототипа, который в последние годы жизни сильно забронзовел и покрылся патиной. Цель автора: превратить условное в безусловное, маловероятное и даже невероятное — в абсолют. По известному выражению: это должно быть правдой, даже если этого не было. Чтобы художественный образ подменил и затмил своим сюрреализмом реального человека — задача под стать человеку, с которого О списан. В его энергичный — как он сам говорил, «стоячий» период.

Еще одна жанровая чересполосица: беллетризованные главы идут в романе бок о бок с документальными, компилятивными. Одна из причин — пусть не единственная и, может быть, не главная: почему понадобился этот комментарий — реального автора к тексту лжеавтора. Как раз беллетризованные главы в подобных примечаниях не нуждаются, тогда как писанные с натуры и выстроенные на цитатах, как Спас-на-Крови, могут показаться художественным вымыслом, а то и злым умыслом, коли речь идет о реальных людях. Так случилось с первой публикацией отрывков из «Post mortem» в книге «Довлатов вверх ногами» Владимира Соловьева и Елены Клепиковой (М.: Коллекция «Совершенно секретно», 2001), где именно эти фрагметы стали главной мишенью для нареканий Владимиру Соловьеву в тенденциозности. Отличие этой публикации от тогдашней, что в той резать пришлось по живому, искусственно, силой и с мясом вырывать из магнитного поля романа о человеке, похожем на Иосифа Бродского, куски, где фигурирует под своим именем Довлатов, тогда как теперь роман издается целиком, без каких-либо вынужденных обрезаний.

Хотя роман не обязан соотноситься с реальностью, даже когда речь идет о реальных персонажах под реальными именами — что тогда делать, скажем, с Кутузовым, Наполеоном и Александром Первым в «Войне и мире»? — настоящий автор «Post mortem» решил на этот раз подстраховать лжеавторшу, подверстав к художественному тексту, помимо эпиграфов из текстов прототипа главного героя, еще и этот комментарий: примечания литературоведа Владимира Соловьева к роману прозаика Владимира Соловьева. Что стало возможным благодаря моей писательской многостаночности: и швец, и жнец, и на дуде игрец.

Конечно, комментарий не может охватить, то есть проверить и сравнить с реальными все артефакты романа — от реплик до событий, да в этом и нет особой нужды — в том-то и дело, что они сопоставимы, а не тождественны. На каждый чих не наздравствуешься. Зато судьбы — да: один к одному. В большей мере, чем биографии, хотя и те аналогичны. Комментарий должен ввести читателя в производственный процесс, чтобы он был в курсе, как создавалась эта книга, а настоящие, академические примечания — дело будущего, за пределами литературных обязанностей и жизненного пространства комментатора.

К примеру, когда рассказчица сообщает покойнику, который описан когда в третьем лице, а когда во втором — рассказчица ведет с ним бесконечный воображаемый диалог, и весь роман, по сути, это письмо на тот свет, — о мемуарной лихорадке, с ним связанной, и приводит несколько о нем свидетельств неназванного, но легко угадываемого пиита, к которому как герой романа, так и его реальный прототип относились не просто отрицательно, но и враждебно (см. два последних эпиграфа к главе «Иосиф в Египте»), то Арину или Владимира Соловьева можно заподозрить в недобросовестности — настолько пародийно, карикатурно, невероятно эти лжесвидетельства звучат. В таких случаях читатель имеет право заглянуть в писательскую кухню и сопоставить художественную компиляцию с источниками, коли таковые имеются.

Как образчик — абзац из романа и сразу же вслед прямые цитаты, из которых он составлен:

Post morten. Иосиф в Египте

Среди твоих лжевспоминальщиков пальма первенства, безусловно, у него. Какая жалость все-таки, что у покойника нет возможности прочесть, что о нем вспоминают пока еще живые! Знаешь, что пишет этот махлевщик в своих фантазийных мемуарах? Только не переворачивайся, пожалуйста, в гробу, очень тебя прошу! Что ты носил его фотографию в бумажнике и та вся истерлась — так часто ты ее вынимал, чтобы еще раз глянуть в любимое лицо. Что даря транзистор «Сони», пообещал: «Я скоро умру — и все будет твое». Что на поздравление с Нобелькой ответил: «Да! Только в стихах — чернуха. И чем дальше, тем черней». Жаловался, что не с кем перекинуться словом, а тем более о стихах — только с ним. Ты у него в роли Державина, а сам он, понятно, Пушкин, тем более тезки, да и фамилии странным образом аукаются: Александр Пушкин — Александр Кушнер.

Источники

«Показал мне, вынув из бумажника, затертую фотографию: это меня и Лену сфотографировал у нас дома кто-то из американцев, и она попала к нему».

«Купил мне транзисторный приемник "Sony" — "с премии". Когда я благодарил за подарок, вдруг сказал: "Я скоро умру — и все будет твое..." Я почувствовал, что он очень одинок».

«Он жаловался, что о стихах ему поговорить не с кем...»

«Не печалься, ты что! Ты же получил премию!» А он отвечал: «Да! Только в стихах чернуха. И чем дальше, тем черней».

(А. Кушнер. Здесь, на земле...//Иосиф Бродский: труды и дни. М., «Независимая газета», 1999.)

Однако помимо этих утилитарных функций у данного комментария есть сверхзадача, и даже не одна. Прежде всего, понятно, сопоставить художественный образ с его реальным прототипом, в примечаниях и в служащих той же цели эпиграфах аббревиатурно именуемым ИБ или О (то есть Ося). Другими словами, комментарий-громоотвод.

Само собой, такого рода заземления скорее факультативны, чем обязательны, и воля автора — их давать или не давать. Так же как воля читателя — их прочесть, просмотреть или опустить вовсе. А что касается упомянутой опасности, что они подточат художественную целокупность книги, то да — такая опасность существует. Автор однажды уже сам себе повредил, издав свой исповедальный «Роман с эпиграфами» с портретами героев (нью-йоркское и факсимильное ему питерское издания; в «захаровской» версии «Три еврея» эта ошибка исправлена). Единственный способ избежать опасности: сделать этот разросшийся комментарий самостоятельной книгой со своим жанровым статусом, книгой в книге, status in statu. Дабы не только документировать художество, но и дополнить его иными средствами. Тогда и только тогда появление этого комментария оправданно.

Судить читателю.

Эпиграфы

Еще одно уточнение о природе двойного авторства «Post mortem»: основной корпус произведения, включая эпиграфы, но исключая данный комментарий, должен быть атрибутирован рассказчице, а та отождествляет себя с героем, но скорее все-таки по Брехту, чем по системе Станиславского, то есть пропитываясь им, но не перевоплощаясь полностью, оставаясь самой собой, с правом стороннего, отчужденного и критического взгляда на своего героя. Аналогичным образом поступал и ИБ, оставаясь самим собой, хотя и утверждал, что «ты — это я» в «Письме Горацию» и «я — это он» в эссе про Одена. Оба эти эпиграфа, которые, само собой, имеют отношение к рассказчице, а не к настоящему автору,— игра эквивалентами, но мнимыми: субъект отличается от объекта не только возрастом, гениталиями и проч., но и на метафизическом уровне. В том числе — на литературном. Рассказчица идет дальше прототипа своего героя и ведет нескончаемый спор с обоими; отсюда местоимение «ты» вместо «он». Соревнование, переходящее в соперничество: чей образ интересней и глубже — созданный мною или созданный им самим?

Опять-таки это вопрос рассказчицы, а не автора.

Зато перед читателем неизбежно встает вопрос: насколько совпадают эти образы? Точнее: стремится ли рассказчица, вживаясь в образ, к тождеству? Поначалу — на уровне замысла по крайней мере — рассказчица, не скрывая своих намерений, пытается подретушировать реального прототипа и даже подумывает, не сменить ли ему био, возраст, рост, этнос, матримониальный статус, даже пол — но не судьбу! Однако по мере продвижения — и удаления — от исходной причины к следствию, то есть результату, герой становится все более узнаваемым. Иными словами: человек, похожий на ИБ (замысел), все более на него походит (результат).

Не знаю, всегда ли это хорошо для художества. Оригинал, с которого списан О, очевиден, но это скорее все-таки — уточним — прообраз, чем прототип. То есть литературный персонаж живет полноценной самостоятельной жизнью и несводим к реальному человеку, а разве что сопоставим с ним, но — на уровне читательских догадок либо в данном своде примечаний, вынесенных за пределы романного корпуса. С другой стороны, однако, этот литературный персонаж есть результат внимательного вчитывания и вслушивания в стихи и высказывания ИБ и пристального вглядывания в его фигуру, а та дополняет, перекрывает, снижает, объясняет его поэзию-прозу. Иногда от обратного. Как эти образы стыкуются друг с другом? И должны ли они стыковаться?

Не знаю.

Уже в прологе возникает мифологический дибук — дух мертвеца, вселившийся в живого человека, дабы обрести облик и голос все равно какой гендерной принадлежности (на роль Гамлета вполне подходит женщина, лучше всего — девственница). Да еще помянутая Ариной библейская парочка Моисей—Аарон — первый в мировой культуре двойной образ, сварганенный по методу остранения.

В данном случае фокус, однако, в тройном (а то и больше) остранении, что, полагаю, в той же мировой культуре беспрецедентно: автор не равен рассказчице, рассказчица не равна герою, герой не равен прототипу, а кому (или чему) не равен прототип, решать читателю. Прошу прощения за клише: человек не равен самому себе. В данном случае все усугубляется еще и самомифологизацией ИБ в поэзии-прозе и проговорах в интервью, где самоконтроль ослаблен. В любом случае судить о литературном герое по соотнесенности с реальным прообразом, которому он адекватен, но не полностью, соблазнительно, но неграмотно. Цель этого комментария и состоит в анатомическом (по возможности) расчленении созданного образа — где документ, пусть и смещенный художественно, а где опять-таки художественная, но отсебятина. То есть комментатор движется в направлении, противоположном рассказчице, надеясь повстречаться с ней где-нибудь на полпути. Или под конец. Если даже параллельные линии сходятся за пределами Евклидова пространства, как напоминает нам рассказчица. Она-то действует в моцартианском ключе (независимо от результата), в то время как комментатор следует за убийцей Сальери, дабы музыку разъять, как труп. Любой критик — Сальери: если не по методу, то по импульсу.

Вся эта система вживаний и открещиваний носит пусть неравный, но взаимный характер: Арина, будучи вымышленным персонажем, нет-нет да проходится по адресу своего создателя, предъявляя ему претензии литературного (и не только литературного) толка. Что это — дань постмодернистскому кокетству автора с самим собой или род закамуфлированной самокритики, вмонтированной внутрь романа? Либо таким образом, by proxy, автор подстегивает сам себя, дабы удержаться на уровне своего замысла, а замысел — мой, а не рассказчицы — очевидно выше моих литературных возможностей. Будучи по одной из своих литературных профессий критиком, автор и внутрь романа норовит вставить самокритику, вкладывая ее в уста литературного прсонажа. А так как происходит это не по окончании романа, но в процессе его создания, то легко угадать за этим желание автора прыгнуть этим романом выше собственного хуя, что ему пару-тройку раз удавалось: «Тороплиивая проза» (1968), «Роман с эпиграфами» (1975), «Семейные тайны» (1992—1995). Покойник любил повторять, что главное — это величие замысла.

Но судима ли литература на уровне замысла? Чем замысел ничтожнее, тем легче достигнуть совершенства. Соответственно — наоборот. Провалы внутри великих замыслов неизбежны: «Братья Карамазовы», «Война и мир», «Моби Дик», «Улисс», «В поисках утраченного времени» — произведения отнюдь не совершенные. Свой великий — вровень с упомянутыми — роман «Шум и ярость» Фолкнер называл «моим самым прекрасным, самым блистательным поражением». И разъяснял, что имеет в виду: «Лучшее в моем представлении — это поражение. Попытаться сделать то, чего сделать не можешь, даже надеяться не можешь, что получится, и все-таки попытаться. Вот это и есть для меня успех». Не будучи Фолкнером, Прустом или Джойсом (увы!), автор идет аналогичным путем, ставя перед собой задачи, которые ему явно не по плечу. И это естественно — равняться на великих, а не на литературный середнячок. Иаков потерпел поражение и на всю жизнь остался хром, но это было поражение в борьбе с Богом. Тем более надо соответствовать избранному прототипу. Как тот равнялся на Овидия, на Цветаеву, на Одена: ты — это я, я — это он.

Так к кому из авторов относятся эти эпиграфы — к автору мнимому или настоящему? Не вырываются ли dramatis personae на волю — не только доосмысленный главный герой, но и сплошь вымышленная Арина,— бунтуя против своего создателя, но не хозяина? К примеру: Голем против рабби, монстр против Франкенстайна, робот против астронавтов в Кубриковой «Одиссее». Или человек — против Бога. И уже не крикнешь: «Тень, знай свое место!» Поздно.

Конечно, у рассказчицы, которая зажила независимой от автора жизнью, есть все основания отождествлять себя с героем, несмотря на гендерное отличие, разрыв отношений и нравственное с ним размежевание под конец. Но и автор имеет на это некоторое право по элементарному принципу «Эмма Бовари — это я». Одних фактов даже для создания докуромана недостаточно. Страх и страсть, ревность и нежность, похоть и бессилие испытаны автором, а потом уже героем и в конце концов читателем, то есть понятны на сопереживательном уровне. В противном случае, если писать только с натуры, а не с себя, литературный персонаж мертворожден. Даже в случае докуромана — с фактами, конфискованными из самой что ни на есть реальности. Тавтология исключена: роман — не зеркало, литературный герой больше равен автору, чем прототипу, несмотря на цитаты и компиляции.

К слову об источниках. Настольными книгами были все прижизненные — рукописные и первые Гутенберговы — и одно, им подготовленное, но посмертное издание ИБ, семь томов вышедшего собрания его сочинений, «Разговоры с Иосифом Бродским» Соломона Волкова, «Большая книга интервью» Валентины Полухиной, хотя в последнем случае приходилось рыскать по периодике, чтобы сверить перевод по первоисточнику (когда оригинал обнаружить не удавалось, цитирую это уникальное издание). То же самое — с русскими переводами английских эссе ИБ. Также просмотрены автором многочисленные образчики бродсковедения, но есть среди них пустопорожние издания, например, псевдоакадемическое — «Иосиф Бродский: творчество, личность, судьба» — издание журнала «Звезда» (как, впрочем, и большинство мнимоакадемических публикаций этого журнала о Бродском, Набокове, Довлатове и др.).

Сложнее с мемуарами. Впереди всех, с огромным отрывом от остальных, насыщенные по информации и изумительные по наблюдениям воспоминания о Бродском его близкого друга Андрея Сергеева, который, по словам Дмитрия Бобышева, «считал Иосифа, и не без оснований, своим созданием, как бы Галатеей мужского рода, сформированной из его переводов с английского» (хлестко, но в обоих отношениях все-таки приблизительно). Что касается обиженных воспоминаний самого Бобышева «Я здесь», то их заключительная часть, посвященная «треугольным» отношениям с ИБ и Мариной Басмановой, была опубликована уже после того, как основной корпус текста, т. е. собственно роман (включая отсек, посвященный этому треугольнику) был уже закончен, и подтверждающие ссылки на «Я здесь» автор успел внести в этот комментарий.

Работать приходилось и с полезными, но витиеватыми, эгоцентричными воспоминаниями, типа Анатолия Наймана, Людмилы Штерн или Аси Пекуровской, выщелкивая из них зерно истины. Либо с мемуарными фальшаками, типа кушеровских, где все надо читать с точностью до наоборот. В ряде случаев печатные воспоминания были подтверждены автору изустно (Александром Минчиным, например).

И наконец, моя любимица Арина. Вымышленная героиня в более-менее реальном мире докуромана. Все равно что искусственное сердце в натуральном организме. Отсюда трудность: исключить отторжение. К сожалению, в поздней камарилье ИБ не было близких ему людей, которые осмелились бы говорить ему правду. Одна из причин притупления у него инстинкта интеллектуального и поэтического самосохранения и превращения в литературного пахана.

Ты — это я, я — это она, altra ego.

Сама система регулярных эпиграфов, настойчиво проводимая от начала до конца, схожа, но не эквивалентна «Роману с эпиграфами», с которым «Post mortem» соотносится скорее по контрасту, чем по аналогии. Как во времени, так и в пространстве: между ними четверть века и атлантическая бездна. Худо-бедно, но питерский период ИБ в «Романе с эпиграфами» дан, хотя, конечно, это не официальное, а тем более авторизованное его био — скорее неофициальный и неавторизованный его портрет (в жанровых пределах авторского автопортрета). С большой натяжкой можно считать эту парочку романов сериалом, дилогией, сиквелом, хотя автор и не оспаривает пра́ва читателя на сравнение одного с другим.

P. S. ДОРОГИЕ МОИ ПОКО́ЙНИКИ

Футурологический, а скорее, псевдофутурологический зачин этой книги — пусть не из далекого, но будущего,— безусловный с литературной точки зрения, но рисковый и уязвимый с исторической прием, более адекватный для статьи в периодике, где мы и находим ряд аналогов, чем для романа. См., к примеру, футурологическую статью в воскресном приложении к «Нью-Йорк Таймс» с рядом предсказаний, совпадающих или не совпадающих с Арининами «свидетельствами» — энергетический кризис, глобализация терроризма, экономический спад, статусное оформление американского империализма, окончательный раскол между иудео-христианским и мусульманским миром (вплоть до запрещения ислама в ряде стран и американских штатов («2011» by Niall Ferguson//«New York Times Magazine», 2001, December 2). Однако маловероятно, что в предсказанном 2011 году кто-нибудь, кроме разве что дотошного архивиста, обратится к периодике нашего времени, тогда как книга, особенно если ей надлежит стать известной, а тем более долговечной — благодаря ли собственным качествам либо избранному герою, то есть отраженно,— более доступна для сравнительного анализа во времени: анахронизма с реальностью. Эту футурологическую главу можно было бы сделать сменной или избежать ее вовсе, если бы жанрово она не зашкаливала в пародию. Не всегда можно определить, где всерьез, а где литературный розыгрыш. Что угодно, но не не *time capsule* (капсула времени *(англ.).— Примеч. ред.*).

(14) *Чем не начало Апокалипсиса?* — «Между прочим, я сегодня вышел на улицу — опустить какие-то

письма. Солнечный день, все нормально. И пролетел вертолет. Военный причем. И я подумал — а что, если это уже началось? И как будет выглядеть день новой мировой войны? А так и будет выглядеть: солнышко будет светить, вертолеты летать, где-то будут стрелять пушки. И мир будет катиться к гибели. Да и происходит же этот ежедневный Апокалипсис где-то в Ливане» (С. Волков. Разговоры с Иосифом Бродским. Нью-Йорк: «Слово—Word», 1997; М.: «Независимая газета», 1998).

(14) *...посмеивался над милленаризмом — оргией дальнозоркости у близоруких в связи с предстоящей сменой четырех цифр на годовом календаре, до которой тебе не суждено было дожить: «Наперегонки — кто раньше кончится: век или я?»* — Компиляция из стиховых и прозаических заявлений ИБ: «Век скоро кончится, но раньше кончусь я»; «Всякий раз, когда цифра (число) оказывается круглой, будь то конец десятилетия, столетия или тысячелетия, общество приходит в состояние невнятного для него самого воодушевления и, близорукое по природе, предается оргии дальнозоркости и фантазиям о перемене миропорядка. Явление это именуется милленаризмом» («Взгляд с карусели»).

(14) *Даже когда рулил свой... музейный «мерс» 72-го года.*— ИБ привязался к своему кару как к домашнему животному и ни за что не хотел менять на новый, несмотря на постоянные поломки и уйму денег на ремонт — может быть, потому что машина была того же года «выпуска», что ИБ (из России): 1972.

(15) *Разница как между оседлым и кочевым человеком. То есть принципиальная. Я — кочевник по судьбе и по назначению. В тридцать два мне выпала монгольская участь, но седло при мне как себя помню.*— Не один к одному, но развитие идей ИБ о кочевничестве как своей судьбе. К примеру: «...кочевник как бы компрометирует идею горизонта, существующую для оседлого человека...

Так случилось, что в тридцать два года мне выпала монгольская участь... То есть я слушаю... слушаю как из седла»
(интервью с Любовью Аркус, журнал «Сеанс», 1988, № 1).

(17) *Бродвей в стойке эрекции.*— Этот свой сабвейный кошмар ИБ рассказывал, варьируя от случая к случаю. Один из варинтатов прижизненно был опубликован
в книге Марианны и Соломона Волковых «Иосиф Бродский в Нью-Йорке» (Нью-Йорк: «Слово—Word», 1990).

(17) *Я написал столько букв за свою жизнь...*— Оче-
видная реминисценция стиховой строчки ИБ «Ты написал много букв; еще одна будет лишней».

(18) *В отличие от библейского тезки ты был больше
сновидом, чем провидом, хотя сюрной твой сон
оказался и вещим и зловещим.*— У ИБ:

> «А сны твои — они бывают вещи?
> Иль попросту всё мчится колесом?» —
> «Да как сказать; те — вещи, те — зловещи».

(18) *Будущее тебя тревожило не само по себе, а как
эгоцентрика — твое в нем отсутствие: будущее как синоним небытия. Но ты предсказал, что новое столетие
начнется под знаком столкновения ислама с
остальным миром... И еще угадал, что будущее выберет
нечетное число. Ссылаясь на прошлое: 1939.*— Ср.
с футуристскими и антифутуристскими высказываниями ИБ в вышеупомянутой статье «Взгляд с карусели»:
«Судя по всему, разговор о будущем на уровне психоло-
гическом нестерпим, на уровне философском — невыносим или немыслим. Если будущее вообще что-либо
значит, то это в первую очередь наше в нем отсутствие.
Первое, что мы обнаруживаем, в него заглядывая,— это
наше небытие».

Там же находим первоисточник «нечетного» предсказания: «Хронология по определению несемантична,

и хронологическое событие на самом деле не- или анти-
событие. Будущее, сиречь новое качество, вторгается в
действительность индивидуума или нации не по расписанию и предпочитает, судя по всему, числа нечетные
(например, 1939 г.)».

См. также эпиграфы к предисловию-постскрип-
туму.

(18) *...мало что замечая округ, смотрел — и в упор не
видел...*— «Я попытался показать Иосифу город, который он совершенно не знал. Оказалось, что смотреть
он не способен»,— пишет Андрей Сергеев про ИБ
(А. Сергеев. О Бродском//Omnibus, М.: НЛО, 1997).
Комментатор и сам бывал свидетелем нечувствитель-
ности ИБ к приметам пейзажа, даже городского. Косвенным — а на самом деле прямым — свидетельством
ненаблюдательности ИБ может служить его очерк о
Венеции «Fondamenta degli Incurabili», где сама по себе
Венеция как объективная данность отсутствует начисто, вытесненная субъектом восприятия. Точнее —
в данном случае — невосприятия.

(18) *...в числителе у людей больше, чем в знаменателе, тогда как искусство — непрерывная, мгновенная
смена именно знаменателя.*— Довольно точное воспроизведение мыслей ИБ, который, рассказывая о Венеции
(устно), начисто забывает о венецианцах, а когда ему
напоминают о них: «Люди в общем-то отсутствуют.
Разумеется, итальянцы очаровательны — черные глазки, помесь трагедии и жульничества и все прочее, как
полагается... Но на самом деле люди не так уж интересны. От них — более или менее — известно, чего ожидать. В конце концов, люди, как бы это сказать, несравненно более синонимичны, нежели искусство. То есть у
людей гораздо больше в числителе, чем в знаменателе,
да? В то время как искусство — это постоянная пере-
мена знаменателя» (С. Волков. Разговоры с Иосифом
Бродским). Образ числителя-знаменателя — проход-

ной у ИБ. В нобелевской лекции он говорит о «бегстве от общего знаменателя, от попытки навязать знаменателя этого черту, не поднимавшуюся ранее выше пояса, нашему сердцу, нашему сознанию, нашему воображению. Бегство это — бегство в сторону необщего выражения лица, в сторону числителя, в сторону личности, в сторону частности». О том же — в эссе «"1 сентября 1939 года" У. Х. Одена» («...Наличие у людей общего знаменателя, который помещается, как и положено, внизу») и в других стиховых и прозаических опусах ИБ.

Однако комментатору не удалось разыскать в текстах ИБ ни замечания об однокоренности слов «предательство» и «преданность», ни о каламбурной «Скиталии». Собственно, вся эта отсебятина и выводит данные записки из линейных био в высший все-таки регистр художества, а ему присуще скорее искажать, чем воспроизводить реальность. Тем более в таком компилятивном жанре, как биография, пародией на которую и является данный опус. В общеизвестном соотношении: «Дон Кихот» — рыцарские романы. Именно исчерпанность бродсковедения и подвигнула рассказчицу и комментатора как ее соавтора на это вольное сочинение на вольную опять же тему. Хотя это скорее внешний повод, а не внутренний импульс. Художник творит в параллель с Богом, утверждал Виктор Юго. Что не так. В данном случае: художник творит в параллель с художником же. Род неизбежного соперничества автора с героем, быть побежденным в котором для автора не только почетно, но и полезно.

(19) *Чем только тебя не попрекали, окромя погоды.*— Ср. с первой строкой стихотворения 1994 года:

> Меня упрекали во всем, окромя погоды...

(20) *Кто знает, если Блок несказанно обрадовался гибели «Титаника» — есть еще океан!* — Почти точное воспроизведение дневниковой записи А-ра Блока:

«...гибель Titanic'а, вчера обрадовавшая меня несказанно (есть еще океан)». Сразу же вслед — «Так пусть погибнет мир» — скорее всего, усеченный перевод «Pereat mundus et fiat justitia» («Пусть погибнет мир, но да свершится правосудие.— *Примеч. ред.*), ни русский, ни латинский вариант которого в произведениях и высказываниях ИБ комментатору обнаружить не удалось. Латинские цитаты у него вообще довольно редки, разве что самые расхожие и, как правило, короткие, типа «urbi et orbi», и чаще в переводных версиях, как через абзац традиционный русский вариант латинского перевода сорок первого псалма «Abyssus abyssus invocat», да и его латынь, как он признается в «Письме Горацию»,— «паршивая». Что более важно, маловероятна и неправдоподобна гипотетическая радость по поводу уничтожения исламитами WTC, приписываемая рассказчицей герою. Если, конечно, иметь перед собой реальный прообраз литературного персонажа. Похоже, сама рассказчица чувствует сомнительность и произвольность подобной атрибуции, давая следом корректив мертвеца. В самом деле, прав или неправ, но ИБ отстаивал прерогативу рукотворного над нерукотворным, порядка над стихией, цивилизации над природой. Более подробно см. об этом в главе «Плохой хороший еврей». Там же, кстати, заинтересованный читатель найдет пространную цитату А-ра Блока о различии в понимании природы у арийев и иудеев. ИБ не больно жаловал Блока, устно и печатно поругивал — не в последнюю очередь за его обратное предпочтение: стихии — культуре.

(21) *«И на бушующее море льет исцеляющий елей»...* — Перевранная цитата из Тютчева, у которого: «И на бунтующее море льет примирительный елей».

(21) *...сам обожал сплетни и метафизику, «что в принципе одно и то же» — твои собственные слова.* — См. один из эпиграфов к роману со ссылкой на «Запис-

ные книжки» Сергея Довлатова: «Бродский говорил, что любит метафизику и сплетни. И добавлял: "Что в принципе одно и то же"». На самом деле, чего Довлатов не знал, так как ИБ в разговорах часто опускал источник, эта мысль близка к высказыванию Э. М. Чорана: «Две самые интересные вещи на этом свете — это сплетни и метафизика». В очерке «Исайя Берлин в восемьдесят лет», приводя эти слова, ИБ добавлял от себя: «Можно продолжить, что и структура у них сходная: одно легко принять за другое». В интервью с Джаил Хэнлон ИБ приписывает эту мысль Ахматовой: «...она часто говаривала, что метафизика и сплетни — единственно интересные для нее темы. В этом она была достаточно схожа с французским философом Чораном» («The Yowa Review», 1978, № 4). Замысел рассказчицы — дать именно метафизический портрет, а сделать это можно в том числе через сплетни, которые демифологизируют его образ, созданный не без его прямого участия как на Западе, а тем более в России. Демифологизация эта носит любовный характер: рассказчица спасает реального, знакомого, живого, любимого человека из-под завалов памятника, который сама же разрушает. ИБ — в данном случае JB (Joseph Brodsky) — часто повторял «plane of regard», то есть точка отсчета. Рассказчица избрала домашний plane of regard, интимный угол зрения. В таком подходе есть свои достоинства и свои недостатки, чему наглядным свидетельством является эта книга.

В компьютерных черновиках рукописи находим подзаголовки, отвергнутые автором: **роман-сплетня, роман-скандал,** ибо выглядели бы амбициозно или даже претенциозно. Зато соображение о сплетне и метафизике Чорана—Ахматовой—Бродского вынесено в эпиграф к этой книге. За его пределами, однако, осталось многое другое, в том числе определение Карлейлем истории как дистиллата сплетен и наблюдение Фолкнера из его рассказа «Писатель у себя дома»: «...живых людей не превратишь в хорошую рукопись, самая увлекательная рукопись — это сплетня, в ней все почти сплошь неправда».

(22) *Ты и есть мое гипотетическое alter ego, а кто еще?* — Неоднократно, со ссылкой и без, ИБ цитировал ответ Стравинского на вопрос, для кого он пишет: «Для себя и для гипотетического alter ego». Вот несколько примеров: «Если поэт в состоянии будет творить, то он будет творить для себя и для своего потенциального alter ego»; «Знаете, как ответил на этот вопрос Стравинский? "Я пишу для себя и вероятного альтер эго". Для вероятного альтер его, вероятного альтер эха. Альтер-эхо»; «В основном это всегда делается для... для себя и гипотетического альтер его. Во всяком случае, для кого-то невидимого. Может быть, для ангела, откуда я знаю» (Иосиф Бродский: Большая книга интервью. М.: «Захаров», 2000; С. Волков. Разговоры с Иосифом Бродским). И, уже отрывая собственный «ангельский» образ от аллюзионного чужого: «Идеальный собеседник поэту — не человек, а ангел» (интервью с Джованни Буттафава//«L'Expresso», 1987, 6 декабря).

(23) *Зря, наверное, разглагольствую, сам обо всем там знаешь.* — Ср. с ИБ: «...где человек информирован лучше, как не в подземном мире?» («Письмо Горацию»).

(23) *Да и ты уже не свежак — девятнадцать лет как на том свете.* — Если исходить из того, что прообразом героя является ИБ, то по этой фразе и упомянутому далее его семидесятипятилетию можно определить время написания этой футурологической записки: 2015 год.

(23) *Дыра в пейзаже, сказал бы ты. Дыра и есть, но покрупней той, которую оставил ты, переселившись в новую среду.* — Сдвоенная комбинация стиховых образов ИБ:

Теперь меня там нет. Означенной пропаже
дивятся, может быть, лишь вазы в Эрмитаже.
Отсутствие мое большой дыры в пейзаже
не сделало...

* * *

Нас ждет не смерть, а новая среда.

(24) *...ты даже прижизненному четырехтомнику всячески противился...* — Свидетельств чему множество. К примеру, Владимир Уфлянд рассказывает, как составитель упомянутого четырехтомника Геннадий Комаров неоднократно выезжал к автору, уламывал его, «Бродский был очень против издания» (интервью Максима Андреева с Владимиром Уфляндом//Нью-Йорк, «Курьер», 1996, 26 января).

(24) *...на Васильевском острове, где обещал умереть...* — См. строчки ИБ «Ни страны, ни погоста не хочу выбирать. На Васильевский остров я приду умирать», от которых он сам всячески открещивался («Шел к девочкам на Васильевский, написал шутливый стишок...») и тавтологическая патетика которых стала объектом пародийного обыгрывания, типа:
— Не знаешь, где живет Иосиф Бродский?
— Где живет, не знаю. Умирать ходит на Васильевский остров.
(С. Довлатов. Записные книжки. СПб.: Азбука, 2001.)

(24) *...не в любимом тобой мраморе, который застрял у тебя в аорте...* — Ср. с последней строфой стихотворения ИБ «Корнелию Долабелле»:

И мрамор сужает мою аорту.

(24) *«Боюсь, советской марки с моей жидовской мордочкой я не дождусь».* — Почти дословное воспроизведение разговора ИБ с Томасом Венцловой:
— ...советской марки с моей мордочкой я не дождусь.

— Кто ее знает...
— Нет, я думаю, что это-то мы знаем.
(«Страна и мир», 1988, № 3.)

(25) *Хулиганский стишок получился — если материализовать его образ в бронзу, вышел бы памятник твоему пенису в боевой изготовке.* — Так как к этому хулиганскому стихотворению рассказчица неоднократно возвращается, вот для сравнения полный текст стихотворения ИБ «Aere Perennius», о котором, очевидно, идет речь (курсив комментатора, чтобы читателю легче было разгадать название-шараду):

> Приключилась на твердую вещь напасть:
> будто лишних слов циферблата пасть
> отрыгнула назад, до бровей сыта
> крупным будущим, чтобы считать до ста.
> И вокруг твердой вещи чужие ей
> встали кодлом, базаря «Ржавей живей»
> и «Даешь песок, чтобы в гроб хромать,
> если ты из кости или камня, мать».
> Отвечала вещь, на слова скупа:
> «Не замай меня, лишних дней толпа!
> Гнуть свинцовый дрын или кровли жесть —
> не рукой под черную юбку лезть.
> А тот камень-кость, гвоздь моей красы —
> не скучает по вам с мезозоя, псы.
> От него в веках борозда длинней,
> чем у вас с вечной жизнью с кадилом в ней».

(25) *А конный автопортрет, который установлен теперь на его могиле в Клавераке,* — *классный, пусть его член и лежит устало на лошадиной спине.* — См. подробное описание этого автопортретного памятника в большом очерке комментатора (В. Соловьев. Роман с эпиграфами. Варианты любви. Довлатов на автоответчике. СПб.: Алетейя, 2000).

(25) *Чуть не спалил дотла Венецию в день своей смерти* — *как еще объяснить пожар в Ля Фениче, где ты должен был выступать через пару недель?* — Оперный

театр La Fenice в Венеции горел неоднократно: в 1774, 1836 и 1996-м — на следующий после смерти ИБ день. Его выступление в La Fenice действительно планировалось на февраль 1996 года. Это совпадение рассказчица разворачивает в метафору в заключительных главах книги.

(25) *...многоуважаемый книжный шкап...*— Аллюзия на известную идиому из «Вишневого сада» А. П. Чехова; эпитет «книжный» — вставка рассказчицы.

(26) *Даже бродскописцы поутихли, заглохла бродскоголосица...*— Бродскоголосица, бродскописцы — образования типа «бродскоголось» (Евтушенко о молодых поэтах постбродской поры), «Бродленд» (у Уфлянда — как поэтический мир, соприкасающийся с его Уфляндией) и тому подобное. Литературный генезис: пастернакипь и мандельштампы у Ильи Сельвинского. Один из редких у Арины проговоров, обычно она дает своего героя в параллель с ИБ, не соприкасая литературный персонаж и жизненный прототип.

(26) *Писать ньюйоркцу про Нью-Йорк для ньюйоркцев — тавтология...*— Аналогичная мысль высказана ИБ в «Fondamenta degli Incurabili» применительно к Венеции: «Возможно, находясь в самом сердце цивилизации, спрашивать о ее последних достижениях было тавтологией».

(26) *...несчастным счастьем?* — Ср. у Лимонова: «Очевидно, Иосиф понимал, что несчастнейший — он же и счастливейший» (Э. Лимонов. Книга мертвых. СПб.: Лимбус-Пресс, 2000).

(26) *Что наша жизнь? Нет, не игра, как в оперетте у этого голубого популиста.*— Чайковского не любил еще *больше, чем Вагнера.*— Как и Набоков, ИБ относился к Чайковскому с неизменной издевкой, примеры чита-

тель найдет там, где речь о вкусовых его пристрастиях.

(27) *С другой стороны, сама по себе кратковременность любовного акта, как его ни затягивай,— большого места в жизни любовь занимать не должна.*— Ср. с аналогичным высказыванием ИБ: «...из всего, о чем нам говорят, что это важно: любовь, работа и прочее,— выживает только работа. Если работаешь серьезно — делаешь выбор между жизнью, то есть любовью, и работой... Если выразиться более определенно, то сознаешь, что относишься к любимой как к чему-то на неполный рабочий день, тогда как полный день занимает работа...» (интервью с Хелен Бенедикт//«Antioch Review», 1985, зимний номер).

(27) *Отдушина, замещение, сублимация — привет дедушке Зигги.*— Так ИБ, коверкавший все имена на свой лад, называл Фрейда: «В этом замешаны также доктор Фрейд, ибо что за толкование сновидений, если оно не пропущено через старого доброго Зигги» («Письмо Горацию»).

(27) *...чесал нервно котофея...*— Помимо личных наблюдений комментатора, см. в «Конце прекрасной эпохи» ИБ:

> Сам себе наливаю кагор — не кричать же слугу —
> Да чешу котофея...

(27) *Отличие не котов, а имен: Миссисипи от Оси, твоего питерского кота.*— Ося, кошачий тезка ИБ, пережил его отъезд из России, а Миссисипи — его смерть.

(27—28) *...душа за время жизни не приобретает смертные черты.*— Без частицы «не» — одни из самых зацитированных строчек ИБ, в том числе в раскавыченном без ссылки виде. Комментатор проделал этот лихой фокус в своей дискуссионной статье «Необходимые противоречия поэзии» («Вопросы литературы», 1974, № 2), когда на само имя ИБ в советской прессе было наложено строжайшее табу.

(29) *Умереть бы в Венеции. На худой конец, провести в ней остаток вечности...*
Программа-максимум и программа-минимум.— Обе эти программы — даже три — источником имеют высказывания ИБ. «И я поклялся,— пишет ИБ в «Fondamenta degli Incurabili»,— что если смогу выбраться из родной империи, то первым делом поеду в Венецию, сниму комнату на первом этаже какого-нибудь палаццо, чтобы волны от проходящих лодок плескали в окно, напишу пару элегий, туша сигареты о сырой каменный пол, буду кашлять и пить, и на исходе денег вместо билета на поезд куплю маленький браунинг и не сходя с места вышибу себе мозги, не сумев умереть в Венеции от естественных причин». В той же статье ИБ высказывает пожелание-надежду переселиться в Венецию post mortem: «Странно, что красота ценится ниже психологии, но пока это так, этот город мне по карману — то есть до самой смерти, возможно, и после». В открытке из Венеции Андрею Сергееву то же пожелание высказано в шутливой форме:

Хотя бесчувственному телу
равно повсюду истлевать,
лишенное родимой глины,
оно в аллювии долины
ломбардской гнить не прочь. Понеже
свой континент и черви те же.

ДВОЙНИК С ЧУЖИМ ЛИЦОМ,
или ПРОБЛЕМА СХОДСТВА И НЕСХОДСТВА

(34) *Зато кого невзлюбил, тому ставил палки в колеса, пока не сошел в гроб. Евтушенке, например.—* Об от-

ношениях ИБ с Евтушенко см. в главе «Иосиф в Египте» и в Приложении (докурассказ «Мой друг Джеймс Бонд», где приводится письмо ИБ президенту Куинс-колледжа в Нью-Йорке).

(35) *«Тайм» взял у него интервью для своей престижной рубрики «профайл» и предложил прислать того же фотографа, что пару лет тому сделал снимок для его статьи в «My turn».—* Что касается ИБ, то для «My turn» в «Ньюзвик» он писал несколько раз, но ни разу опубликован там не был, несмотря на протекцию редактора еженедельника Патриции Блейк. Схожая история произошла и с «Profile» — Дмитрий Радышевский, который проходил шестимесячную стажировку в этом уикли, собрал большой материал для портретной статьи (интервью с ИБ и его знакомыми, включая комментатора), но та была отвергнута редакцией.

(38) *В области медицины, если не ошибаюсь.—* Апокриф, кочующий по бродскомемуаристике (см., к примеру: А. Найман. Славный конец бесславных поколений. М.: Вагриус, 1999).

(38) *В Питере у него была ирландская, в клетку, кепочка, которой он ужасно гордился.—* По памяти комментатора и других мемуаристов (см., к примеру: А. Сергеев. О Бродском).

(38) *...«насквозь поэт, хоть, как все ирландцы, говорит не раскрывая рта».—* Характеристика Шеймуса Хини позаимствована у ИБ.

(39) *Природа нас, согласись, большим разнообразием не балует: у всех один и тот же овал, а в нем — точка, точка, запятая, минус — рожица кривая.—* Ср. у ИБ: «...когда доходит до человеческой внешности, природа в конечном счете не располагает большим выбором. Каков он? Пара глаз, рот, нос, овал» («Письмо Горацию»).

(40) *Дать его метафизический портрет, как сделал мой Мишель.* — «Метафизический портрет Иосифа Бродского» неоднократно воспроизводился, в том числе на обложках посвященных ИБ книг: юбилейный, к 40-летию, альманах Григория Поляка «Часть речи» (Нью-Йорк, 1980); сборник Валентины Полухиной «Бродский глазами современников» (СПб., 1997). Еще более метафизичен, пожалуй, рисунок Шемякина «Посвящение Иосифу Бродскому». Обе работы воспроизведены в качестве иллюстраций к одной из публикаций юбилейного адреса Владимира Соловьева «Апофеоз одиночества» («Королевский журнал», 1997, № 1).

(40) *Вот-вот: давно уж ведомое всем, как твой любимчик изволил однажды выразиться.* — Само собой, Баратынский:

> Сначала мысль, воплощена
> В поэму сжатую поэта,
> Как дева юная, темна
> Для невнимательного света;
> Потом, осмелившись, она
> Уже увертлива, речиста,
> Со всех сторон своих видна,
> Как искушенная жена
> В свободной прозе романиста;
> Болтунья старая, затем
> Она, подъемля крик нахальный,
> Плодит в полемике журнальной
> Давно уж ведомое всем.

Схожие образы находим не только у Баратынского, но и у его современников, того же Пушкина, скажем: «Так поэма, обдуманная в уединении, в летние ночи, при свете луны, продается потом в книжной лавке и критикуется в журналах дураками».

(40) *Нелепо, конечно, отрицать его био-судьбо-физическое сходство с другим знаменитым пиитом, у которого я заимствую стишки для эпиграфов — именно*

ввиду этого сходства. С тем чтобы отмежеваться от стихов самого О, чтобы мой роман не скатился в докудраму, которую я, как и он, терпеть не могу. Куда нелепее, однако, отождествлять одного с другим. Как и Бродский... — Это, конечно, игровой абзац. Типа ленинского постулата: прежде чем объединиться, необходимо размежеваться. Есть, видимо, нечто общее между партийным строительством и строительством псевдобиографического, псевдомемуарного романа, который возник по причине кризиса и на обломках квазидокументальных жанров, посвященных ИБ. К этой теме рассказчица и комментатор неоднократно возвращаются: она — на уровне литературной пародии, комментатор — на уровне фактического опровержения. Документ в литературе может быть подлинным и поддельным; соответственно — будто бы подлинным и будто бы поддельным.

Вот и Арина проводит аналогию между литературным персонажем и его реальным прообразом только для того, чтобы с ходу ее опровергнуть, сводя очевидное сходство к случайным совпадениям либо к родовым отличиям человека как животного: две руки, две ноги, один нос и прочее.

КТО КОМУ СОЧИНИТ НЕКРОЛОГ?

(44) *Годом раньше, на следующий день после нашего переезда на запасную родину — так он называл Америку...* — Определение ИБ: «Появилось ощущение второй родины — что есть запасная родина» (А. Сергеев. О Бродском).

(45) *При первой встрече в Нью-Йорке Довлатов обратился к нему на «ты», но О тут же, прилюдно, поставил его на место: «Мне кажется, мы с вами на "вы"»,* — подчеркивая образовавшуюся между ними брешь, шире Атлантики. «С вами хоть на "их"»...* — Чуть

в иной редакции, чем слышал от Довлатова эту реплику комментатор, приводит ее Александр Генис в книге «Д-в и окрестности» (М.: Вагриус, 2000), опуская горькую Сережину обиду на ИБ, одну из многих.

(46) *«А если ты помрешь на мне от натуги?» (так и произошло, метафорически выражаясь,— слава богу, не со мной)...—* Вот именно что метафорически! Фраза неслабая, но соотносится в реальном варианте ИБ с его женитьбой, а никак не сексом.

(46) *Мой друг Уистан (указание, что был накоротке с Оденом, с которым знаком был шапочно и кратковременно, всего за год до смерти последнего, да еще языковая преграда — английский у О в то время был пусть не на нуле, но в зачаточном состоянии)...* — К встрече-невстрече с Оденом (прежде всего, конечно, по причине пиетета ИБ и слабого знания им английского) ИБ возвращается неоднократно в статьях («"1 сентября 1939 года" У. Х. Одена» и «Поклониться тени»), в интервью и разговорах. К примеру: «Был момент, когда я набрался смелости... ну, это произошло действительно потому, что мой английский был в то время не очень хорош. Я посетил его в Крайст-Черче, в Оксфорде. И внезапно возникла бессмысленная пауза, потому что я не знал, как ее заполнить, а он ничем не хотел ее заполнять. Потом я нарушил молчание, сказав: "Уистан, я думаю, что вы и Том Элиот — это один великий английский поэт". Он просто одарил меня устрашающим взглядом» (интервью с Евой Берч и Дэвидом Чином//«Columbia. A Magazine of Poetry & Prose», 1980, весна—лето).

(47) *...со своими соображениями о латинских мраморах и их реальных прототипах,которые неоднократно варьировал в стихах, пьесах, лекциях и эссе, вплоть до мрамора, застрявшего у него в аорте, из его предсмертного цикла.—* Сюжет с мрамором среди излюб-

ленных ИБ — от пьесы «Мрамор» до стихотворения «Корнелию Долабелле»:

И мрамор сужает мою аорту.

(48) *...наравне с Библией, которая тоже суть (не моя, а его грамматическая вольность) стишата...*— На грамматическую вольность в употреблении (и злоупотреблении) ИБ слова «суть» обратил внимание А. Солженицын в статье «Иосиф Бродский — Избранные стихи»: «Вопреки грамматике Бродский неправильно обращается с глаголом "суть": многократно соединяет его с единственным числом существительного: белизна "суть отраженье", "это суть местный комплекс", "он суть", "будущее суть"...» («Новый мир», 1999, № 12). Однако 4-томный академический «Словарь русского языка» 1984 года придерживается более либеральных воззрений, чем пурист Солженицын, и признает де-факто употребление этой глагольной формы также и в третьем лице единственого числа с примером из письма М. Горького — и то сказать, не самого большого грамотея в русской литературе: «Сие не суть угроза, а предупреждение». Как говорится, не суть важно. И дело даже не в незаконченном восьмилетнем образовании и что ИБ все схватывал с наскоку, но в самой системе советского образования. «Мы все учились понемногу, чему-нибудь и как-нибудь» в пушкинские времена значило докторат по советским стандартам. Это общая совковая черта, а не личная ИБ. Он сам рассказывает в интервью Дэвиду Бетеа, как Надежда Яковлевна Мандельштам, когда он спутал Брунеллески с Бромини, «выпустила когти. Она сказала: "Все вы игнорамусы"».

(48) *С его подачи в нью-йоркском сабвее появились сменные плакатики с логотипом «Poetry in Motion»...*— Аллюзия на сабвейное двустишие ИБ (см. английский эпиграф к этой главе). ИБ носился с вполне прожектерскими и совковыми по происхождению идеями о вне-

дрении поэзии в массы, особенно в бытность поэтом-лауреатом в Библиотеке Конгресса в Вашингтоне, восприняв этот почетный и формальный статус как своего рода министерский пост — само собой, культуры (неоднократно, кстати, печалился, что такого поста в США нет — в отличие от России или Франции). Действительно предлагал продавать сборники стихов в супермаркетах, держать их в отелях и мотелях наравне с Библией и проч. Из такого рода утопических прожектов ему удалось пробить только один: по инициативе ИБ в нью-йоркском сабвее появились сменные плакатики со стихами классиков и современников, пока не дошла очередь до застрельщика, который написал приведенное в эпиграфе и переведенное мною двустишие «на случай». История с копом — реальная. ИБ ее рассказывал с гордостью — как явился к нему полицейский Юджин Роуч, спросил, о ком этот сабвейный стишок, и был крайне удивлен ответом. Отголосок этой истории — со слов ИБ — попал в американскую прессу («The New York Times», 1994, 21 октября).

(49) *...полицейский фонарик, с которым О не расставался в своих итальянских скитаниях, направляя его прожекторный луч на фрески и картины в полутемных церквах.—* Этот фонарик упомянут ИБ в «Fondamenta degli Incurabili»: «Кидать монеты в осветительный аппарат во время службы не очень-то хорошо. Кроме того, их часто не хватает в кармане, чтобы как следует насладиться картиной. В былое время я не расставался с мощным фонариком, каким пользуются нью-йоркские полицейские».

(49) *Довлатов, думаю, удивился бы еще больше, узнав, что он, Сережа, умер, а О все еще жив и даже сочинил ему эпитафию.—* Впервые напечатана в мемориальном выпуске нью-йоркского двуязычного журнала «Слово—Word», 1990, № 9.

(52) *Голос правды небесной против правды земной,— напел ты незнамо откуда взятые слова...*— Ну почему же незнамо! Марина Цветаева, из рутинно приводимых ИБ ее строчек (к примеру, в пространном интервью Дэвиду Бетеа). Когда в самооправдание («Пусть они там — то есть здесь — обливаются слезами, что мне ваша земная правда, чувство вины и etc, etc, etc?» — почти прямая цитата ИБ), когда теоретически — в том смысле, что поэзия по ту сторону добра и зла. Либо приводил слова Роберта Фроста: «Сказать о себе, что ты поэт, это все равно что сказать о себе, что ты — хороший человек» («Say Joseph Brodsky, Ex of the Soviet Union: "A Writer is a Lonely Traveller, and No One is His Helper"»//«The New York Times Magazine», 1972, October 1). С точностью до наоборот. Примеры: Лермонтов, Фет, Некрасов, Пастернак, Ахматова, Мандельштам — вплоть до ИБ — моральные уродцы. Про Пушкина промолчу, хотя Эдуард Лимонов, к примеру, причисляет его к священным монстрам — наравне с Гитлером, Сталиным и маркизом де Садом. Вот, наконец, цитата из многократно опубликованного в периодике по обе стороны океана и в книгах автора мемуара Владимира Соловьева «Два Бродских»: «А кто из крупных поэтов хороший человек? Железная Ахматова с патологическим нематеринством (по отношению к сидевшему Льву Гумилеву)? Предавший Мандельштама в разговоре со Сталиным Пастернак? Мандельштам, заложивший на допросах тех, кто читал его антисталинский стих? Преступный Фет, на чьей совести брошенная им и покончившая с собой бесприданница? "Не верь, не верь поэту, дева",— обращался самый по поведению непоэт Тютчев к своей сестре, которую охмурял Гейне. А характеристика Заболоцкого Дэзиком Самойловым:

> ...И то, что он мучает близких,
> А нежность дарует стихам.

Помню, уже здесь, в Нью-Йорке, в связи с одной историей упрекнул ИБ в недостатке чисто человеческой отзывчивости, на что он усмехнулся: "Не вы первый мне это говорите". Про Фриду Вигдорову, которая надорвалась, защищая его, и рано умерла, отзывался пренебрежительно: "Умереть, спасая поэта,— достойная смерть". Неоднократно повторял, что недостаток эгоизма есть недостаток таланта.

По ту сторону добра и зла?

Плохой хороший человек?

А не есть ли тот, кто мыслит, в отличие от нас, стихами, некая патология, в том числе в моральном смысле? И чем талантливее поэт, тем ненадежнее человек? Степень аморализма как показатель гения?

Куда меня занесло...»

(В. Соловьев. Три еврея, или Утешение в слезах. Роман с эпиграфами. М.: «Захаров», 2001.)

(52) *В детстве мечтал стать летчиком...* — ИБ многократно упоминает о своей летной мечте в мемуарной прозе и интервью, заодно поясняя, почему мечтой дело и ограничилось: «Но это отпадало сразу, потому что я по национальности еврей. Евреям не разрешали летать на самолете» (интервью с Д. М. Томасом//«Quatro», 1981, декабрь). Что не совсем так. Существовали, конечно, ограничения, но случались и исключения, в том числе такие общеизвестные, как Герой Советского Союза летчик-испытатель Марк Галлай. Оказавшись в Америке, ИБ попытался нагнать упущенное и осуществить свою детскую мечту хотя бы на любительском уровне. В Анн-Арборе, штат Мичиган, он записался в летную школу и даже совершил пару учебных полетов с инструктором, но вынужден был отказаться от затеи ввиду недостаточного знания английского: он не понимал указаний наземного диспетчера. «Грохнуться из-за незнания какой-нибудь идиомы — еще чего!» — объяснял он комментатору.

(53) *Там, на родине, вокруг моей мордочки нимб, да?* — Почти дословно из разговора с Томасом Венцловой («Страна и мир», 1988, № 3; однако при перепечатке в «Большой книге интервью» эта фраза почему-то исчезла).

(54) *Какой-то сопливый хлыст с моим именем бегает по сцене и мои стихи под ладушки читает. Каково мне, когда сперли мое айдентити!* — Аналогичную жалобу ИБ приводит Людмила Штерн (Бродский: Ося, Иосиф, Joseph. М.: «Независимая газета», 2001).

(54) *Раз психанул и выгнал одного трупоеда: еле оторвал — так присосался.* — Нелепо было бы отрицать, что непоименованный трупоед списан с Соломона Волкова («Разговоры с Иосифом Бродским») — насколько точно, не так уж важно. Очевидно, что не один к одному. Тем более он дан в ворчливо-брюзгливом представлении ИБ, который в самом деле порвал с «собеседником», не пускал на порог и чинил препятствия в публикации его «разговоров». Довлатов сообщает своему корреспонденту о контраверзах Волкова с ИБ: «Соломон Волков хочет насильно выпустить книгу о Бродском, а тот грозит ему судом» (С. Довлатов. Эпистолярный роман с Игорем Ефимовым. М.: «Захаров», 2001). Да и сам комментатор помнит, как к Бродскому вынужден был ездить издатель Гриша Поляк, чтобы завизировать одну из тематических бесед Волкова с Бродским — сам Волков не решался. Дело усугублялось еще тем, что Соломона часто сопровождала его жена, фотограф Марианна Волкова, что вызывало у ИБ аллергическую реакцию. Марианна рассказывает, как «Иосиф вдруг окрысился и наговорил мне кучу грубостей, каких — даже вспоминать неохота» (Иосиф Бродский в Нью-Йорке//Нью-Йорк: «Слово—Word», 1990). Однажды она даже обиделась настолько, что решила больше никогда ИБ не снимать, но, получив втык от мужа, продолжала с камерой обхаживать ИБ и в кон-

це концов выпустила в Нью-Йорке неподъемный кирпич-альбом его снимков (из-во «Русский дом»), где один разнится от другого долями минуты. Альбом фоточерновиков, по поводу которых прохаживается Арина, сама фотограф: «Одна и та же фотка, помноженная на пятьдесят».

Волков известен именно как подтасовщик и фальсификатор жанра интервью, что особенно ярко проявилось в его книге о Шостаковиче, где великому композитору приписаны общие места околомузыкального трепа, что, понятно, снижает и искажает его образ. Посему Волков — именно как трупоед — вызывал оторопь у тех знаменитостей, которым он делал схожие предложения. ИБ попался, о чем потом жалел и поливал Волкова при каждом удобном случае. Волков, действительно, взял посмертный реванш за унижения и оскорбления, которые претерпел от ИБ, выпустив по-русски и по-английски книгу разговоров с ним, которая, по словам Валентины Полухиной, хорошей знакомой ИБ и весьма подкованной бродсковедки(см., в частности, ее «Большую книгу интервью», изданную у Захарова в 2000 году — 60 из 152-х интервью ИБ), «долго и тщательно "монтировалась" и редактировалась в попытке достигнуть иллюзии разговора равных». Несмотря, однако, на бросающиеся в глаза фальсификаты, позднейшие вставки и провалы в аутентичности, говорок ИБ схвачен — его разговорный стиль, словесные жесты, интонации и проч.

(54) *Написал в завещании, чтоб не печатали писем, интервью и раннего графоманства.*— Соответствует предсмертным распоряжениям ИБ. См. подробную сноску к главе «Иосиф в Египте».

(55) *У него после того самого трепа с вами весь организм разладился,*— *выдал справку тогда еще живой Довлатов...*— См. письмо Довлатова от 2 октября 1984 года: «Есть у нас такая новость — повредился в рассудке

Соломон Волков. У него от психического напряжения совсем разладился организм — кровь идет из носа, не действует желудок. Ему запрещено докторами — работать. Вообще, Соломон и был человеком нездоровым. Года два назад он предлагал мне и Вайлю заняться коллективными половыми утехами, меняться женами и т. д. Я чуть не умер от страха, а мужественный Вайль сказал, что разводится с женой Раей и потому к утехам не склонен. Оба мы с Петей люди пузатые, тонконогие и гарцевать без штанов перед посторонними не любим. Соломон тоже не Роберт Редфорд, но, как видите, пылкий» («Эпистолярный роман»).

(55) *...а тот сам словно аршин проглотил в твоем присутствии.* — «Говорун от природы, он испытывал оторопь в присутствии Бродского, дивясь самому себе: "Язык прилипает к гортани"» (В. Соловьев. Довлатов на автоответчике//Последняя публикация в книге В. Соловьева и Е. Клепиковой «Довлатов вверх ногами» М.: Коллекция «Совершенно секретно», 2001).

(55) *«Он не первый. Он, к сожалению, единственный».* — Дословная цитата из «Записных книжек» Сергея Довлатова.

ИОСИФ В ЕГИПТЕ

Эпиграфы

Отзывы ИБ о поэтах-собратьях извлечены: о Лимонове — из статьи Александра Сумеркина, секретаря и переводчика ИБ, «Строг! Но справедлив ли?» («Новое русское слово», Нью-Йорк, 2001, 9—10 июня), о Евтушенко и Вознесенском — из разговора ИБ со своим старым приятелем Томасом Венцловой («Страна и мир», 1988, № 3), о Кушнере — из интервью с Дэвидом Бетеа

(David Bethea. Joseph Brodsky and the Creation of Exile. Princeton,1994; Иосиф Бродский: Большая книга интервью. М.: «Захаров», 2000), разговоров с другом ИБ Андреем Сергеевым (А. Сергеев. Omnibus. М.: НЛО, 1997), а также с комментатором, который подтверждает и отзыв, приводимый Сергеевым («посредственный человек, посредственный стихотворец»). ИБ редко менял отношение к людям, а тем более свои характеристики, которые помнил наизусть всю жизнь и повторял без каких-либо изменений. Ввиду крайней резкости и понятного субъективизма общеизвестный отзыв ИБ о Бобышеве не приводится, тем более их отношениям между собой и с Мариной Басмановой посвящена отдельная глава. Легко наскрести аналогичные негативные характеристики ИБ и на прозаиков (скажем: «То, что говорит Солженицын, монструозная бредятина» — «Gazeta Wyborcza», 1995, № 3, 20 января; цитирую по «Большой книге интервью»), но это увело бы нас в сторону от сюжета данной главы.

(58) *...выход из Американской академии, когда туда избрали иностранным членом Евтуха, а его не забывал до самой смерти: за два с половиной месяца до кончины затеял новую против него интригу, когда Евтушенко взяли профессором Куинс-колледжа, и даже послал телегу его президенту.*— Об отношениях ИБ с Евтушенко см. в главе «Три поэта» в «Романе с эпиграфами» Владимира Соловьева, а о сюжете с Куинс-колледжем — в рассказе Владимира Соловьева «Мой друг Джеймс Бонд» (первая публикация в «Новом русском слове», Нью-Йорк, 2001, 16—17 января, вызвала много откликов, включая отклик Евтушенко, который обвинил автора в попытке поссорить его с Бродским уже после смерти последнего). Евтушенко (как и Бродский) неоднократно излагал комментатору свою версию конфликта с Бродским (первый раз в 1972-м в Москве, последний — в 2001-м в Нью-Йорке), а в печатной форме — в своей книге «Не умирай прежде смерти» (New York: Liberty Publishing House, 1993), добавив «пиджач-

ное» объяснение нелюбви к нему ИБ. Будто бы в ресторане «Арагви», где поэты встретились по возвращении ИБ из ссылки, Евтушенко, заметив, что ИБ поеживается, предложил ему свой пиджак, но тот отказался: «Я не нуждаюсь в пиджаках с чужого плеча». С тех пор ИБ, согласно этой нелепице, и мстит Евтушенко. Сам ИБ впервые рассказал историю отношений с Евтушенко for the record (для записи.— *Примеч. ред.*) в «разговорах» с Соломоном Волковым.

(58) *...шестидесятников-сисипятников...—* Сисипятники — члены ССП (Союза советских писателей).

(59) *— Есть такое замечательное русское выраже-ние...*
— Рядом...— начали мы хором, зная наизусть все замечательные русские выражения, которые ты употреблял-злоупотреблял и называл инородной мудростью.
— Не сяду...— Почти дословно из упомянутого разговора ИБ с Томасом Венцловой про выход из Академии искусств после избрания туда Евтушенко:
— Есть такое замечательное выражение.
— На одном поле...
— Не сяду.

(59) *Или про себя: что я «маля».—* Понятно, что вымышленной Арине присочинены как биография, так и реплики. В частности, «личи» и «маля» принадлежат Евгении Захаровой и даны с любезного разрешения ее и ее родителей.

(59) *Человека он воспринимал на физиологическом уровне — всеми порами, ухом, глазом, ноздрей, разве что не облизывал!* — «Я собака. Разумеется, у меня есть интеллект, однако в жизни я руководствуюсь нюхом, слухом и зрением (интервью с Адамом Михником// «Gazeta Wyborcza», 1995, № 3, 20 января; цитирую по «Большой книге интервью»).

(60) *«Женюру люблю, но нобелевскую медаль сопрет — без вопросов».*— Клептомания Рейна общеизвестна в его окружении, комментатор сам тому был неоднократно свидетель (и жертва). Людмила Штерн в книге «Бродский: Ося, Иосиф, Joseph» описывает аналогичный разговор с ИБ о безымянном поэте: «Я поинтересовалась, почему Н.Н. не может пожить на Мортон-стрит, раз Иосиф все равно уезжает. "Боюсь, что сопрет нобелевскую медаль",— ответил лауреат».

(61) *И хотя ты терпеть не мог знакомить одних своих знакомых с другими...*— Общее наблюдение; см., к примеру, у Андрея Сергеева: «Он принципиально не стремился перезнакомить своих друзей» (А. Сергеев. Omnibus).

(61) *Можешь ее выебать, ей это нравится. У меня для такой кобылы уже здоровье не то.*— Цитата из главы «Ветхий Бродский — великий американский поэт» в «Книге мертвых» Эдуарда Лимонова. Далее по тексту: «Что я и сделал в первый же вечер и потом еще периодически с удовольствием впивался в нее. "Спасибо тебе за это, Святой Джозеф",— сказал я. И повторяю свое "спасибо"».

(62) *А как же «красавице платье задрав»,*— вспомнила я обидный для нас, девушек и б.девушек, стишок.— Лично я хочу, чтобы видели дивное диво. По-другому — не желаю.— Обыгрыш (не единственный) строчки ИБ: «Красавице платье задрав, видишь то, что искал, а не новые дивные дивы».

(62) *...Таня Либерман рассказывала, а ей Гала сообщила.*— Таня Либерман — она же Татьяна Яковлева, когда Маяковский посвятил ей последние любовные стихи; куда более известна как жена Алекса Либермана, издателя, фотографа и мецената. Гала — русская жена Сальвадора Дали, изображенная им на многих его полотнах.

(63) *Смердяков от литературы, Лимонов...* — В упомянутой «Книге мертвых» Лимонов сообщает об этом эпизоде, но вместо Смердякова называет Свидригайлова. Однако на памяти у комментатора, который защищал Лимонова от ИБ, последний называл его именно Смердяковым. Косвенное подтверждение находим в неформальном интервью ИБ Александру Минчину, напечатанном при жизни ИБ: «...эдакий современный Смердяков», — говорит там ИБ о Лимонове («Совершенно секретно», 1991, № 12; републикации в книгах Александра Минчина «15 интервью» (Нью-Йорк, из-во им. Платонова) и «20 интервью» (М.: Эксмо-пресс, 2001). Замена Лимоновым Смердякова на Свидригайлова — это, конечно же, эвфемизм, без разницы — бессознательный или намеренный.

(64) *Знаешь, как Соловьев назвал статью о нем? «В защиту негодяя».* — «В новом свете», Нью-Йорк, 2001, 30 ноября—6 декабря; «Панорама», Лос-Анджелес, 2002, 2—8 января; «Русский базар», 2002, 21—27 февраля; «Совершенно секретно — Версия», 2002, май; «Итоги», 2002, ноябрь; и другие публикации.

(64) *А кто еще?* — См. аналогичную реплику ИБ, воспроизведенную Владимиром Соловьевым в мемуаре «Два Бродских».

(64) *Вот абзац из его пасквиля «On the Wild Side»* — *о художнике Алексе, подозрительно смахивающем на моего Шемяку...* — Повесть напечатана в парижском журнале «Мусагет» и обнаружена комментатором с подсказки самого Шемякина, который не только не отрицал сходства, но считал необходимым, чтобы я, как пишущий о нем автор, ознакомился с этим текстом его бывшего друга.

(66) *А тебе в той новой среде... + До тебя там, в новой среде...* — ИБ: «Нас ждет не смерть, а новая среда».

(67) *Нарушила клятву верности.*— Не столько преувеличение, сколько буквализм. Клятву верности, как и
расписок кровью, ИБ ни с кого, понятно, не брал. Однако «от друзей Иосиф... требовал, чтобы они его не
предавали, не делали пакостей. Требовал верности...»
(А. Сергеев); «Ты за моей спиной дружишь с Бобышевым»,— объяснил ИБ в аналогичной ситуации охлажде-
ние в своих отношениях с Людмилой Штерн (Л. Штерн.
Бродский: Ося, Иосиф, Joseph); того же рода замечание
Сергея Довлатова Владимиру Соловьеву в связи с появ-
лением его рецензии на книгу Бобышева—Шемякина
«Звери св. Антония»: «Иосиф вам этого никогда не простит» (см. «Два Бродских»). Той же диктаторской природы абсолютная нетерпимость к критике, которую
воспринимал как предательство, если она исходила от
знакомых. «Полюбите нас черненькими, а беленькими
нас всяк полюбит» — фраза, которую комментатор услышал от ИБ в ответ на сугубо литературное замечание. Шутка, конечно, но с закипающей обидой.

(67) *На место преступления — всегда пожалуйста,
но не на место любви.*— Фраза варьируется ИБ с завид-
ным постоянством, кочуя по его публикациям (в упомянутом разговоре с Томасом Венцловой, например: «На
место преступления вернуться еще можно, но на место
любви...»). Но и прочие контраргументы против поездки в Россию — цитатная солянка из его заявлений. См.
заключительные вопросы-ответы в интервью с Фрицем
Раддалем для «Il Giornale dell'arte»:
    — *А вы могли бы подумать о том, чтобы вернуться
жить в Советский Союз?*
    — Нет. Не могу представить, как бы я там жил. Я не
могу эмигрировать еще раз. Нет, я больше не смог бы
жить в моей стране. Теперь я живу и пишу здесь.
    — *А совершить путешествие в Россию вы хотели
бы?*
    — Нет. Я не представляю себя туристом в стране,
где вырос и прожил тридцать два года. В России похо-

ронено мое сердце, но в те места, где ты пережил любовь, не возвращаются.

Интервью это напечатано в декабре 1989 года, а взято еще раньше, то есть как раз в период хлынувшего из России потока гостей. Для ИБ — как и для героя романа — вопрос о поездке в Россию не стоял вовсе, а вопросы ходока были если не провокацией или проверкой на вшивость, то кокетством.

Следующая фраза в этом абзаце — прямая цитата из интервью ИБ Юрию Коваленко: «Думаю, что если туда вообще поеду, то тогда, когда в Советском Союзе выйдет книжка... Это мое личное дело — куда мне ехать, а куда — нет» (московская газета «Неделя», 1990, № 9).

(68) *...живым не выпустят, друзья и враги растерзают, как менады Орфея (образ тебе, однолюбу, близкий).—* Андрей Сергеев: «О возвращении в Россию речи быть не могло, только — "приезжать или не приезжать". Я твердо высказал свое выношенное, не с налету мнение, что приезжать ему ни в коем случае нельзя, потому что его живым не выпустят. И друзья, и враги растерзают на куски, как менады. По удовлетворенной реакции было видно, что он хотел услышать именно это, поддержку своего собственного нежелания ехать. Его душа была неспокойна, и я, как, вероятно, многие, внутренне помогал ему закрыть тему».

(68) *Одной поездкой тут не обойдешься.—* Дословно из мемуарного фальшака Кушнера: «Очень долго обсуждали план его приезда в Россию... Я объяснил ему, что одной поездкой тут не обойдешься. Затем, в телефонном разговоре, он сказал, что у него на эту затею (организация фонда и журнала) нет сил».

(68) *«Даже в Финляндии был — до Петербурга рукой подать!»* — Тот же источник — опять дословно: «...в 95-м летом побывал даже в Финляндии — до Петербурга было рукой подать».

(69) *Самая выдающаяся посредственность русской поэзии.*— Само собой, перенос на Кушнера хрестоматийной характеристики Сталина Троцким.

(69) *...ну как не порадеть родному человечку! Как-никак еврей.*— Очень странный довод, да? Но и здесь Арина следует крученой логике ИБ, который, ставя Кушнера ниже всех остальных поэтов, добавлял зачем-то через союз «но», что он еврей (см. интервью с Дэвидом Бетеа и отрывок из него среди эпиграфов к этой главе). Вообще-то, упоминания Кушнера в интервью и разговорах ИБ чрезвычайно редки, он не входил в его обойму — ни как знакомец, ни как поэт. «Иосиф в разговорах упоминал всегда одни и те же имена: Анна Андреевна — и Найман, Рейн, Бобышев, которые все трое существовали в разных контекстах. Других ленинградских имен он при мне не называл» (А. Сергеев). Так что приведенная тем же Сергеевым характеристика Кушнера: «Посредственный человек, посредственный стихотворец» — раритет.

(70) *Тогда гэбуха и стала лепить из него официального поэта, в противовес тебе: антибродского.*— Один из редких проговоров Арины.

(71) *Гомункулус гэбухи, гомо советикус, поэт-совок.*— Совпадает с характеристикой Кушнера в «Бикфордовом шнуре» (В. Соловьев. Три еврея, или Утешение в слезах).

(72) *О чем мечтал Иосиф в Египте? Простить своих предателей.*— Сама по себе аналогия ИБ с библейским Иосифом навязчиво проводится Кушнером в его квазимемуаре, но ближайший источник развернутой метафоры — стихотворение питерской поэтессы Татьяны Галушко:

> Как тезка твой, библейский фаворит,
> Пророк иноязычников,— годами —

Средь почестей и подвигов святых
Мечтал простить предателей своих.

Однако сиквел — прощенный предатель самим прощением поощрен на новые предательства и дальнейшую гнусь, особенно посмертную, пользуясь выданной индульгенцией,— принадлежит уже лично рассказчице. Что касается посмертного предательства, то вряд ли его можно ограничивать одним Кушнером. А Найман с его дрожащим от зависти и раздражения мемуаром? Нобелевская премия Бродского — лакмусова бумажка для его бывших друзей и знакомцев, его словами — проверка на вшивость.

(73) *А вот и крещендо: мы-то думали, что у него там сплошь нобелевские премии и оксфордские мантии, а ему — то есть тебе — было плохо, плохо! — повторяет он как заклинание.*— Почти дословно из лжемемуара Кушнера, в том числе: «он со всеми премиями и оксфордскими мантиями» и «Ему было плохо, плохо...»

(73) *Тем более эту волынку — что тебе плохо — он затянул на следующий день после твоего отъезда из Питера: как доказательство, от обратного, своего modus vivendi.*— В самом деле, так. Радостная кушнеровская эврика — «Ему было плохо, плохо...» — не эврика вовсе, а очередное притворство, ибо ее следует датировать четвертью века ранее. Вынужденная ссылка на «Роман с эпиграфами» (1975):

«Есть даже такая гипотеза, вроде бы кем-то когда-то подтвержденная, что там — на дальних берегах — ему не пишется, не очень пишется, а то и вовсе не пишется, а если и пишется, то не так пишется, как здесь писалось, или, наоборот, точно так же — никаких изменений, никакого творческого роста. Другая гипотеза еще более решительна и касается уже не творчества, а жизни — полная, мол, безнадега и никому не нужен, преподает в заштатном университете, часто пересекает океан и по мере возможности приближается к границам социалистического лагеря, куда с ностальгической тоской поглядывает.

— Ему плохо,— говорит мне Саша в сотый раз, словно зубную боль заговаривает.— Ему очень плохо, ему не может быть хорошо. С чего бы ему было хорошо? — спрашивает он и сам же отвечает: — Не с чего.

— Как я ему сочувствую,— говорит он мне в другой раз.— Вот ему не пишется, говорят. А для кого там писать? Кому мы там нужны? Мы здесь нужны — здесь наш читатель, и язык наш с нами.

Я пытаюсь возражать, что здесь человек не живет, а прозябает, тлеет, сходит на нет, как только осознает тщетность всех своих попыток. И чем ты оригинальнее, тем ненужнее — это закон, закон коллектива против индивидуума, любого. Отсюда сейчас уезжают гении, неудачники и авантюристы, что порою — вот несчастье! — совпадает в одном человеке и бьется в нем, как в предсмертной агонии сердце инфарктника. И неизвестно, что выплеснется в конце концов и выдержит ли человек это испытание.

Кем был здесь невидимый герой моего романа — до того как очутился на дальних берегах?

Или кем он так боялся стать, спрашиваю я, возмущенный отторжением рыжего изгнанника из нашей среды, — и при жизни здесь, и теперь, когда его нет рядом с нами?

— Кем мы сделали его? Как Чацкого на фамусовском балу, общими усилиями, вроде бы даже снисходительно заботясь о нем и печась — и печалясь — елико возможно, о его судьбе? Кем? Городским сумасшедшим? А был гением...

О, эти подтасовки! Ему плохо, а нам — хорошо? А со стороны это так: два соседа по камере, указуя в зарешеченное окно на чудом вырвавшегося на волю, ему сочувствуют: бедный, несчастный, ходит там один неприкаянный и никому не нужный! Вот мы — все вместе, одной цепью скованы, к одному столбу привязаны, и тупая секира рубит нашу общую буйную голову. Ну как тут не прыгать от счастья до потолка и не жалеть горько о тех, кому выпала иная судьба?!

Мы привыкаем к самим себе — к нашему здешнему существованию, к нашему самочувствию. Мы говорим, что, когда станет совсем плохо, мы отсюда рванем. А мы заметим этот невидимый предел, когда нам будет совсем плохо? Разве можно заметить смерть?

А что, если он уже наступил, этот предел, но привычка мешает нам в этом признаться даже самим себе?

Не лучше ли тогда судить по другим — по жалкому и униженному существованию, которое влачат твои собратья по литературной суете?

И что может быть хуже для нас, чернильного (а не только иудейского) племени, чем Россия за четверть века до второго тысячелетия после Р. Х.?

Ах, Саша, Саша, при чем здесь Бродский?

Хотя — при чем.

Осенью 1974 года я встретился в скромном номере ленинградской гостиницы "Октябрьская" с представителем одной всемирно известной организации — по его просьбе. Не могу сказать, что беседа наша протекала в дружеской атмосфере, зато в откровенной: ссорясь, оскорбляя друг друга, переходя на крик, мы пробеседовали так часа полтора, если мне не изменяет память. Ни о чем мы тогда не договорились, как и прежде, как и позже, хотя об опасных этих связях я еще напишу, они того заслуживают, опасные эти связи, которые бог весть когда начались и бог знает чем еще кончатся...

А сейчас о другом.

Собеседник мой тогда сказал мне:

— У нас есть сведения, что Бродскому в Америке плохо. Ему не пишется, он тоскует по родине и мечтает снова получить советское гражданство. Мы заинтересованы, чтобы об этом знало как можно больше людей.

— Не моя забота,— сказал я, загоняя свой страх в пятки и дрожа от возмущения,— не моя забота. Я получаю зарплату не в Большом доме и на службе у вас не состою.

И до сих пор тяжелые сомнения мучат меня: кто кому подсказал, что Бродскому там плохо; даже если ему в самом деле плохо — разве в этом дело? Избави меня от подозрений, Господи».

(74) *В чем дело? Я что же, избегал его? Забыл его после отъезда? Не посылал ему книг? Не хоронил его отца? А где был он, когда меня громили в газете «Смена» и журнале «Крокодил»? Или в 1985 году, когда меня обругали в центральной «Правде» — и это было замечено всеми, только не им? Мог бы заступиться по западному радио.* — Дословная, хоть и усеченная, цитата все из того же фальшака Кушнера.

(74) *«Был отвратителен. И этого не понимал совсем».* — Прямая цитата из мемуарного рассказа Елены Клепиковой о посещении ею и Кушнером Довлатова в Таллине, у которого только что рассыпали набор двух книжек:

«Было его ужасно, дико жаль. Мне казалось, иного — не сочувственного отклика на этот крах всех надежд человека и не могло быть. Потому так поразила меня реакция Кушнера: торжество победителя. Он откровенно веселился над фигурой Довлатова у разбитого корыта своей писательской судьбы. И хихикал всю обратную дорогу. Был отвратителен. И этого не понимал совсем».

(Опубликовано в периодике: Нью-Йорк, «В новом свете», 2001, 3—8 сентября; «Московский комсомолец», 2001, 3 сентября; «Панорама», 2001, 28 ноября — 4 декабря и 5—11 декабря и др.; вошло в книги: В. Соловьев, Е. Клепикова. Довлатов вверх ногами; Е. Клепикова. Невыносимый Набоков. Нью-Йорк—Тверь: Другие берега, 2002.)

(74) *А еще ссылается на тебя через стих, подключив к борьбе с Соловьевым и произведя посмертно сначала*

в друга, хотя были заклятые, а теперь уже и в брата. Подожди: еще подселят его к тебе в могилу как родственника. — Вот этот стишок Кушнера:

> Поскольку я завел мобильный телефон,—
> Не надо кабеля и проводов не надо,—
> Ты позвонить бы мог, прервав загробный сон,
> Мне из Венеции, пусть тихо, глуховато,—
> Ни с чьим не спутаю твой голос: тот же он,
> Что был, не правда ли, горячий голос брата.

Что касается борьбы с Соловьевым, то да — в стихах и в прозе. Последняя строфа цитируемого стиха:

> Тогда мне незачем стараться: ты и так
> Все знаешь в точности, как есть, без искажений,
> И недруг вздорный мой смешон тебе — дурак
> С его нескладицей примет и подозрений,
> И шепчешь издали мне: обмани, приляг,
> Как я, на век, на два, на несколько мгновений.

То есть умру понарошку, как незабвенной памяти Тарелкин («Умру. Но не так умру, как всякая лошадь умирает... Умру себе всласть и удовольствие; умру так, как никто не умирал!..») Здесь весь Кушнер: у него все понарошку в его игрушечных стихах, в ненастоящей поэзии, все заемно («Каких трагедий нам занять, чтоб вровень с гамлетами встать...»).Человек редкостно благополучной советской судьбы, он уже потому ненастоящий поэт (хоть это и не единственная причина), что абсолютно не способен жертвовать земными благами ради поэзии, чем вызывал неизменное раздражение ИБ с его противоположной судьбой. Отсюда уже и его «амбарный кот», и неменяющаяся в течение четверти века характеристика Кушнера как посредственного человека и стихотворца.

Долг комментатора перед покойником — поставить все точки над ё в этой истории, переписанной под себя Кушнером в его лжемемуаре.

(74) *...который по незнанию приударил за твоей нареченной.* — Аналогичный случай с вилкой приводится во многих письменных и устных рассказах про ИБ. См., к примеру, в упомянутой книге Людмилы Штерн:

«Однажды Генрих Орлов уселся по моей недоглядке рядом с подругой Бродского Мариной Басмановой. Сперва Генрих слегка приобнял Марину за плечи, потом прикрыл ее руку своей ладонью. Иосифу это "не показалось" — и он воткнул вилку в орловскую руку».

(75) *Говорил, его из-за меня донимают. Соловьев в «Романе с эпиграфами» нас стравил, меня конфеткой, а его говном вывел, а потом и на меня наехал.* — Речь идет о статьях Владимира Соловьева в «Новом русском слове» (Нью-Йорк): «Буффонада Иосифа Бродского» и «Закон обратной связи», прочитанных также по радио «Свобода» и вошедших в книгу рассказов и эссе Соловьева «Призрак, кусающий себе локти» (М.: Культура, 1992), которые «наездом» никак нельзя назвать, хотя написаны они без почтения и пиетета, вровень, как и должно писать рецензии, но к тому времени русский «нобель» независимую критику уже не признавал. И то сказать — его довольно сильно поругивала англоязычная критика, особенно в Великобритании, а потому русскоязычную прессу он держал в фортификационных целях — как хорошо защищенный тыл: по сталинскому принципу «кто не с нами, тот против нас», даром что оба Иосифы! Соответственно, менялось отношение ИБ к Владимиру Соловьеву — от дружеского (см. послание ИБ Соловьеву и Клепиковой, приведенное в этом комментарии) до настороженного, в связи с его литературной критикой. Подробности читатель может найти в мемуаре Владимира Соловьева «Два Бродских». Что касается «Романа с эпиграфами», ИБ говорил автору сразу же после выхода нью-йоркского издания, что тот, сам того не желая, продлевает жизнь литературной мухе-однодневке. «Есть зло, творящее добро, а Вы — добро, творящее зло» — его шутка, circa 1991,

в преддверии или сразу же после написания антикушнеровской диатрибы «Письмо в оазис». Продолжая эту мысль ИБ, автор в предисловии к московскому изданию «Романа с эпиграфами» писал:

«В известном смысле появление героя по имени "Саша Кушнер" в этом качестве в моем романе — большая честь для его реального прототипа, своего рода подпитка ему, ходули для литературного лилипута. Разве это не везение: пусть в качестве антипода, но оказаться вровень с гением! Как писал один здешний рецензент, "Роман с эпиграфами" выдержал проверку временем: написанный 25 лет назад и впервые опубликованный 10 лет назад, он читается с огромным интересом и, я думаю, будет читаться потомками, которые, конечно, забудут о поэте Кушнере и других малозначительных фигурах романа, но дух своего времени, так взволнованно и правдиво переданный автором, они ощутят» (В. Соловьев. Бикфордов шнур//Три еврея, или Утешение в слезах).

(75) *Уникальный, однако, случай: ухитрился использовать свой страх, выжал его в «Роман с эпиграфами», превратил в книгу.* — Характеристика «Романа с эпиграфами», которую выдал автору ИБ при первом (в рукописи) прочтении.

(75) *А потом прибыли послы из отечества белых головок...* — Один из многих в рассказе Арины интертекстов ИБ. Большинство раскавыченных цитат дано без ссылок.

(75) *...мол, слишком большой семантический вес придашь ты тогда этому стиху и тем самым уничтожишь его адресата.* — О переименовании сборника см., к примеру, у А-ра Сумеркина: «Непросто было и с названием. Были рассмотрены три варианта: "Письмо в оазис" (по косвенной ассоциации с "Остановкой в пустыне"), "Пейзаж с наводнением" и "В окрестностях

Атлантиды". Мне казалось, что "Письмо в оазис" в заглавии придаст слишком уж заметный вес одноименному (замечательному, но не исчерпывающему многообразие тем книги) стихотворению. И когда нам удалось сговориться на разделы (хотя это слово было начисто изгнано из употребления, я говорил о кусках, частях и т. д.), было решено последний из них назвать именно так; в окончательном варианте "Письмо в оазис" — это как бы книга в книге, которая вполне могла существовать и сама по себе» (А. Сумеркин. «Пейзаж с наводнением» — краткая история//Иосиф Бродский: творчество, личность, судьба. СПб.: Звезда, 1998).

(75) *«Остановка в пустыне» — «Письмо в оазис».—* Нелишним будет напомнить, что хронологически стихотворение «Письмо в оазис» идет сразу же вслед за первым нью-йоркским изданием «Романа с эпиграфами», который ИБ перечитал спустя 13 лет после первого с ним знакомства в рукописи. Вот комментарий Владимира Соловьева к этому «нестыдному» стихотворению в «Двух Бродских»:

«Четыре эти строфы — результат внимательного чтения "Романа с эпиграфами", его стихотворное резюме. Вплоть до прямых совпадений — от "амбарного кота, хранившего зерно от порчи и урона" (в то время как "грызун" — сам ИБ) до "в тени осевшей пирамиды". То, для чего мне понадобилось 300 страниц, ИБ изложил в 16-ти строчках. Боль, обида, гнев, брезгливость — вот эмоциональный замес, послуживший импульсом этого стихотворения, в котором ИБ объявляет Кушнера своим заклятым врагом. Как и было. Стихотворение это аннулировало комплиментарное, вынужденное выступление ИБ на его вечере, и вот хитрован Кушнер, перебздев, попытался обезвредить, обесточить стихотворение, перевести в план литературной полемики, вымышляя обиду ИБ на критику Кушнером его поэтики и приписывая ему реплики, даже стилистически немыслимые в его устах. Тем более сам ИБ оставил очень четкий комментарий к этому стихотворению в письме Кушнеру: "Все это — только буквы, и если в них есть доля правды, то не обижаться на это следует, а 1) посетовать, что дела обстоят именно так, а не иначе и 2) что буквы способны на подобие правды"» (В. Соловьев. Два Бродских).

Примечание к комментарию
Две ключевые строчки этого стихотворения:

> Я был не лишним ртом, но лишним языком,
> подспудным грызуном словарного запаса... —

восходят к прочной русской традиции (мыши, грызущие непрозрачное время, у Хлебникова; мандельштамовские мыши, точащие «жизни тоненькое дно»; «грызущие годы» Ходасевича), а сравнение себя (и языка) с грызуном, с крысой, с мышью встречается в поэзии, прозе, интервью и разговорах ИБ довольно часто. См., к примеру, стихотворение из цикла «Часть речи»:

> ...и при слове «грядущее» из русского языка
> выбегают черные мыши и всей оравой
> отгрызают от лакомого куска
> памяти, что твой сыр дырявой.

Либо 35-ю строфу в «Речи о пролитом молоке»:

> Я беснуюсь, как мышь в пустоте сусека!

Либо первую строфу «Разговора с Небожителем»:

> ...где жил, в чужих воспоминаньях греясь,
> как мышь в золе,
> где хуже мыши
> глодал петит родного словаря...

Либо 18-й сонет из «Двадцати сонетов к Марии Стюарт»:

> Язык, что крыса, копошится в соре,
> выискивает что-то невзначай,—

с его аллюзией с ахматовским «...из какого сора растут стихи, не ведая стыда».

(75) *Литературный генерал, ты был окружен в последние годы не только приживалами и подхвостниками, но и идиотами.*— Хотя отрицательная оценка окружения ИБ, особенно русского, как приживал, нахлебников, подпевал, мафии и проч.— общее место в воспоминаниях независимых от ИБ литераторов (например, «Книга мертвых» Э. Лимонова); сказать, что он окружен идиотами,— все-таки преувеличение, красного словца ради. Герой романа — может быть, но у ИБ, наравне с приживалами, нахлебниками, кровососами и идиотами, были в окружении вполне достойные, соразмерные с ИБ лица: Дерек, Милош, Венцлова — к сожалению, сплошь иностранцы, включая последнего. Российские ходоки и вовсе не в счет — они прибывали с кучей просьб и улетали нельзя сказать что с пустыми руками. Но и здешние свои: Юз Алешковский, например,— точь-в-точь режущий правду-матку первый министр из шварцевского «Голого короля»: «Позвольте мне сказать вам прямо, грубо по-стариковски: вы великий человек, государь!» (Сравнение Алешковского со шварцевским героем принадлежит Довлатову.) Тесное общение привело их даже к физиогномическому сходству. Очевидно влияние Юза на ИБ в смысле сленга, до которого он был так охоч, но в иммиграции оторван от живительного источника, и здешний кордебалет ИБ не совсем выполнял роль улицы, как он надеялся. Юзова сленговая прививка просматривается в стихах ИБ 80-х (см., к примеру, «Пейзаж с наводнением» или «Представление»), и шире — результат пристального чтения Владимира Уфлянда, Тимура Кибирова и других живущих в России поэтов. Эта тяга прослеживается также в ранних стихах из «Школьной антологии», в «Любовной песне Иванова», «Наброске» и проч.

(76) *...ты написал еще два таких злых стиха. Один — антилюбовный и несправедливый, но сильный — своей femme fatale. Другой — за пару месяцев до смерти — православным прозелитам, тем самым жертвам обреза, что целуют образа. Фактически, памятник собственному пенису, борозда от которого длинней, чем вечная жизнь с кадилом в ней.* — Два других стихотворения ИБ, написанных на отрицательном вдохновении: «Дорогая, я вышел сегодня из дому поздно вечером...» и «Aere Perennius» («Приключилось на твердую вещь напасть...») приводятся в эпиграфах и комментариях к соответствующим разделам основного текста.

(76) *«Образа» — «обреза».* — Рифма ИБ в «Представлении», инверсированная Ариной.

(77) *О своем любовном поражении распространялся налево и направо в мельчайших деталях...* — Ср. у Сергеева: «Не боялся говорить с подробностями о своих обидах, претензиях к кому-либо, о своей удаче, горе, оскорбленности, уязвленности. О своей действительно душераздирающей истории — с предысторией, с развитием шажок за шажком».

(77) *И терзает.* — Стилевое заимствование из «Речи о пролитом молоке» ИБ: «Я, вероятно, терзаю Музу».

(77) *Раньше полсотни стихов в год — норма, а сейчас дюжину с трудом наскребаю.* — Зафиксированная в интервью жалоба ИБ, хотя и с иным соотношением: прежняя норма — 50, теперь — 17.

(78) *Может, потому тебе и Тютчев не по ноздре?* — См., к примеру, разговор ИБ с Томасом Венцловой: «Ну, Тютчев... Все говорят: Тютчев, Тютчев. Я всю жизнь то же самое думал. Но если ты его почитаешь, то оказывается десять-двадцать стихотворений... Но все это окружено таким количеством, как бы сказать... То

есть более верноподданного... Тютчев... лижет государев сапог по сугубо внутреннему побуждению». Впрочем, ИБ высказывал и противоположную точку зрения — именно на верноподданнические стихи Тютчева. Державинско-тютчевская традиция просматривается у ИБ в «На смерть Жукова», написанном именно по внутреннему побуждению. Уже по питерской закваске ИБ — убежденный имперец. См. также пьесу «Мрамор».

(78) *Тогда вот тебе твой любимчик: «Дар опыта, мертвящий душу хлад».—* Евгений Баратынский. «Осень», 11-я строфа. Баратынского ставил выше Пушкина, о чем сам писал и другим говорил; тому же Андрею Сергееву, к примеру: «Баратынский — мой любимый поэт».

(78—79) *Восходящая метафора: Муза — старшая жена в гареме поэта; не альтернатива любовницы, а ее предтеча, метафизический прообраз всех физиче-ских возлюбленных поэта.—* Почти прямым текстом из «Altra Ego» ИБ: «...Муза — не альтернатива возлюбленной, но ее предшественница. По сути, в качестве "старшей дамы" Муза...» и так далее.

(79) *Приходил в ужас от самой такой возможности — кто-нибудь обнаглеет настолько, что сочинит за тебя твое био. Присвоил себе эту прерогативу: о себе только я сам, биография поэта в его стихах. Отрицал биографов как вуайеристов.—* Заботясь о метафизической, то есть посмертной своей судьбе, ИБ незадолго до смерти сочинил меморандум, в котором предостерегал будущих исследователей от излишнего внимания к бытовой, личной стороне его жизни. Открещивание ИБ от своих прижизненных, а тем более будущих биографов и мемуаристов — по сути, утробный страх перед ними — сказался даже на его предсмертных распоряжениях: «Я прошу своих друзей и родственников не сотрудничать с неавторизованными изданиями биогра-

фий, биографических исследований, дневников и писем... Биография писателя в покрое его языка» (Поклониться тени. СПб.: Азбука, 2000). Что, по счастию, не так, о чем ИБ, конечно, догадывался. По словам его питерского приятеля Я. Гордина, «понимая утопичность своих пожеланий и неизбежность появления некорректных биографических штудий и нескромных мемуаров, Бродский упорно и последовательно выстраивал свою биографию, четко обозначая ракурсы, для него желательные, в многочисленных интервью, диалогах, автобиографической прозе». Вот почему, добавит от себя соавтор Арины, проговоры ИБ важнее его заявлений. Поэт — не один только ИБ, но ИБ, будучи кузнецом своего счастья, вероятно, в большей мере, чем другие,— воссоздает биографию свою наново, сочиняет поэтическую взамен реальной. Фактами своей жизни распоряжается произвольно, тасует их, как шулер, создавая новую комбинацию взамен бывшей. Поэт шулер и есть: отсюда недомолвки, переоценки, ложь. Пусть так: ложь во спасение. Литература, по сути, реванш за жизнь, род компенсации за неудачи.

В уже цитированном интервью Дэвиду Бетеа, сославшись на любимую Цветаеву — «голос правды небесной против правды земной»,— ИБ от себя добавляет, что «земная правда, какой бы она ни была, не совсем правда. Я не говорю, что поэту все прощается. Все, что я хочу сказать,— это то, что поэта нужно судить с той высоты — или скорее с той глубины,— где он сам находится». А интервьюер уже доводит эту антидемократическую мысль ИБ до логического конца, хоть и преподносит ее, согласно жанру, в виде вопроса:

— Значит, функции критика, биографа и исследователя ограничены определенными рамками?

— Почти так же, как в случае с переводами, когда от тебя требуется конгениальность оригиналу. Такова моя точка зрения... Это исключительно современное изобретение — биография поэта... Вы знаете, почему биографии до сих пор читают? Потому что в нашу эпоху,

эпоху игры в классики, потока сознания и так далее и так далее, биография остается таким последним оплотом реализма, каким бы он ни был. Биография должна быть строго повествовательной, без прикрас: почти документ. Люди это любят — документальную литературу. Но здесь нужно быть чертовски осторожным с... В сущности, фраза «голос правды небесной против правды земной» упраздняет жуткое количество вещей, включая то, что мы называем подробностями. Вот почему многие отрицают то, что о них пишут биографы, запрещают публиковать переписку и т. д.— возьмите хотя бы Одена. Дело не в тщеславии: он, мол, про себя знает, что его биография все равно будет написана, поэтому и говорит: «Я не хочу прижизненой биографии».

Сравнение биографов с вуайеристами, приводимое и оспариваемое Ариной на протяжении всей книги, также принадлежит ИБ: «Среди прочих факторов духовного оскудения публики вуайеристский жанр биографии занимает первое место. То, что погубленных дев гораздо больше, чем бессмертных лирических стихов, по-видимому, никого не смущает. Последний бастион реализма — биография — основывается на захватывающей предпосылке, что искусство можно объяснить жизнью» («Altra Ego»). С этим сравнением связаны авторские сомнения Арины, которые она, по счастию, преодолевает. У героя нет — и не может быть — монополии на собственную биографию, а тем более копирайта на факты своей жизни и извивы судьбы.

(80) *Ты видел лето, осень, зиму и весну — больше ничего тебе не покажут, да?* — Монтень.

(80) *Ты даже секс находил монотонным — и ритм, и позы.*— Насмешки над сексуальными позами восходят к д-ру Сэмюэлю Джонсону; у ИБ — «избежать банальности постели» — это из «Письма Горацию», а еще в Питере: «Красавице платье задрав, видишь то, что искал, а

не новые дивные дивы», но тогда это было скорее наигранным скепсисом, чем реальным чувством.

(80) *Поэт — герой собственного мифа.—* Прямой перевод слов ИБ: «A poet is a hero of his own myth». Вот еще несколько высказываний ИБ на эту тему: «Замечательный, кстати сказать, стилист Герцен. Только врет очень много... Федор Михайлович Достоевский тоже был, между прочим, совершенно чудовищный лжец, царство ему небесное... Вообще-то автору так и следует вести себя. Тут я автора нисколько не обвиняю. Тут он всегда прав. И он даже не лжец. В тех условиях, в какие автор поставлен обществом, он может себе это позволить. Непонятно еще, почему он не крадет, не убивает...» (С. Волков. Разговоры с Иосифом Бродским).

«Это была почти ложь, но так оно выглядело красивее, а к тому времени я научился ценить ложь именно за это "почти", которое заостряет контуры правды: в самом деле, правда кончается там, где начинается ложь. Вот чему научился мальчик, и эта наука оказалась полезней алгебры» (И. Бродский. Меньше единицы).

В том числе в стихах — например, в «Посвящается Ялте»:

> ...да простит меня
> читатель добрый, если кое-где
> прибавлю к правде элемент искусства,
> которое, в конечном счете, есть
> основа всех событий (хоть искусство
> писателя не есть искусство жизни,
> а лишь его подобье).

На сюжет самомифологизации в романе «Post mortem» есть отдельная глава «Поэзия и ложь», в этой книге по ряду причин отсутствующая. Перевертыш названия книги Гёте, сама эта ампутированная глава — дополнение к ахматовскому «Какую биографию делают нашему рыжему!» В ней объект является одновременно субъектом и делает — точнее, доделывает — свою биографию сам: от демонстративного ухода из школы, из которой был изгнан за классическую неуспеваемость (а до этого остался на второй год из-за английского), до, наоборот, изгнания из страны, из которой сам мечтал выбраться всеми правдами и неправдами и что только ни замышлял в этом направлении — от угона самолета до женитьбы на влюбленной в него по уши американке. Многие из этих сюжетов мелькают в основном корпусе и в комментариях, но сконцентрированные в одной главе выглядели бы телегой, компрой, а потому решено было с публикацией этой главы повременить. Тем более, опять-таки префразируя Ахматову, если стихи растут из сора, то и сами поэты произрастают не на мавританских газончиках. Концепция опущенной главы: как художник попадает в сеть сотворенного о нем — при его участии — мифа; как независимый становится зависим, а зависеть от царя, зависеть от народа или зависеть от самого себя (позволим себе дополнить родоначальника) — не все ли нам равно...

В одной из сносок к этой удаленной главе приведены слова поэта, скандалиста и эксгибициониста ККК — Константина Константиновича Кузьминского — двойного земляка, по Питеру и Нью-Йорку, ИБ и Михаила Шемякина. В пространном интервью Александру Гранту в нью-йоркской газете «Новое русское слово» ККК не однажды возвращается к теме самомифологизации своих выбившихся в люди питерских знакомцев: «История создается людьми, а люди брехливы, лживы и спекулятивны по природе. Причем история меняется, переписывается на наших глазах. ...Я спрашиваю: можно ли верить историям Шемякина или Бродского? Каждый создает свою легенду. Как говорил мой учитель Давид Яковлевич Дар: нет поэта — нет легенды. То есть поэт сам создает о себе легенду». Конкретно о Бродском: «Гёте в свое время совершил фальшивое самоубийство в "Юном Вертере", чтобы стать Фаустом, изменить полностью ментальность. Так и Бродский.

Поэты не кончаются, поэты умирают. Вот эта трансфор-
мация из самоубийцы Вертера в мудреца Фауста — она
происходит вне зависимости от воли поэта. И Бродский
стал мудрым. Занудным, но мудрым» («Новое русское
слово», 2001, 10 августа). Здесь надо, конечно, сделать
поправку на весьма произвольную лексику ККК — что он
имеет в виду под словом «мудрый», например?

(82) ...*мгновенного старика.* — В последние годы ИБ
довольно часто употреблял это пушкинское словосоче-
тание.

(82) ...*где еще, кроме разве что фотографии, ты пребудешь всегда без морщин, молод, весел, глумлив?* —
Гендерный перевертыш двух строчек из антилюбовного стихотворения ИБ:

> Повезло и тебе: где еще, кроме разве что фотографии,
> ты пребудешь всегда без морщин, молода, весела, глумлива?

(82) ...*судьба послала тебе моего Артема...* — Упоми-
наемый здесь и далее Артем — знакомый Арины, из-за
которого они с О и разбежались незадолго до смерти последнего: сюжетный контрапункт романа (см. далее).

(83) *Шаг в сторону от собственного тела — вот что
есть автопортрет.* — Калька со строчек ИБ:

> Что, в сущности, и есть автопортрет.
> Шаг в сторону от собственного тела.

Стихи ИБ — автопортрет, но можно ли ему верить?
Даже в его лучших стихах? Не говоря про худшие. Точнее: насколько можно ему верить? Что несомненно:
есть дистанция между автором и автопортретом. Тем
более словесным автопортретом, смесью покаяний,
самооправданий и умалчиваний. Вот именно, поэзия и
правда. То есть правда и вымысел. Правда и ложь.

(83) *Уж не знаю, какой он там у меня на самом деле —
синий, серый!* — Источник — «Римские элегии»:

> На ночь глядя, синий зрачок полощет
> свой хрусталик слезой, доводя его до сверканья...—

и «Разговоры с Иосифом Бродским», где Волков
спрашивает о Бенедетте Кравиери, которой посвяще-
ны «Римские элегии»,— это у нее синие глаза, которые
не раз поминаются?

— Да нет, синий зрачок — это мой! Уж не знаю там,
какой он у меня — синий, серый!

(83) *Ты, дядюшка, слеповат и глуховат, сам знаешь.* — ИБ: «Я, Боже, слеповат. Я, Боже, глуховат».

(83) *А твои питерские друзья уже не помнят, где ты
там жил — на Рылеева или на Пестеля.* — Знаменитый дом
Мурузи (салон Мережковских, второй «Цех поэтов»,
студия художественного перевода при издательстве
«Всемирная литература» и проч.), куда семья Бродских
переехала в 1949-м — улица Пестеля (б. Пантелеймо-
новская), 27, кв. 28 (почтовый адрес по Литейному
проспекту, 24). Из окон (и балкона) двух их комнат в
коммуналке-шестикомнатке на третьем этаже были
видны купол церкви св. Пантелеймона и Спасо-Преобра-
женский собор. Комментатор не раз бывал в этом доме в
гостях у ИБ (см. «Роман с эпиграфами» В. Соловьева).
ИБ описывает свое житье в доме Мурузи в американском
эссе «Полторы комнаты», а до этого стихами:

> Меж Пестеля и Маяковской
> стоит шестиэтажный дом.
> Когда-то юный Мережковский
> и Гиппиус прожили в нем
> два года этого столетья.
> Теперь на третьем этаже
> живет герой, и время вертит
> свой циферблат в его душе.

А вот образчик ложной памяти или топографического кретинизма у одного из приятелей ИБ: «Дом Бродского — угол Литейного и Рылеева» (И. Ефимов. Шаг вправо, шаг влево//Нью-Йорк, «Новое русское слово», 2002, 26—27 января). Двойной провал в памяти: на самом деле — угол Литейного и Пестеля, а «угла Литейного и Рылеева» и вовсе не существует, т. к. это параллельные улицы.

КОМПЛЕКС ГРАФА МОНТЕ-КРИСТО

(86) *Мы дни за днями шепчем «завтра, завтра», а у меня завтра уже нету.* — Аллюзия на «Макбет», акт V, сцена 5.

(87) *От собственного голоса устал.* — Дословная цитата: «Дело в том, что я немного устал от собственного голоса...» (интервью ИБ Дэвиду Бетеа. David Bethea. Joseph Brodsky and the Creation of Exile. Princeton, 1994).

(87) *Первым условием бессмертия является смерть, как сказал Ежи Лец.* — ИБ разделял любовь восточноевропейской и советской интеллигенции к польскому афористу-зубоскалу Ежи Лецу, чему есть много свидетельств в его статьях, стихах, интервью и разговорах. К примеру, в интервью с Томасом Венцловой: «Как говорил Станислав Ежи Лец, то, что один поэт может сказать о другом поэте, можно сказать и не будучи поэтом...» Или начало статьи «Взгляд с карусели»: «Разговоры о погоде, заметил однажды польский юморист Станислав Ежи Лец, становятся интересными только при первых признаках конца света». Вплоть до раскавыченных цитат из Леца в стихах. К примеру, последние строчки весеннего стишка 1978 года из «Урании»: «Весной, когда крик пернатых будит леса, сады, вся природа, от ящериц до оленей, устремлена туда же, ку-

да ведут следы государственных преступлений» — не очень внятны, если не вспомнить источник этого усмешливого перифраза у Ежи Леца: «Следы преступлений ведут в будущее». Даже набившая оскомину шутка Бродского — «Мы хорошо знаем, чем все это кончается» — восходит опять-таки к «непричесанным мыслям»: «Жить вредно. От этого умирают». Впрочем, аналогично высказывался и другой любимчик ИБ Анри де Ренье: «Уже одно то, что я живу, делало меня уязвимым».

(87) *Меня зароют в шар земной,* — процитировал ты *незнамо кого, и спросить уже не у кого.* — Память ИБ была феноменальной, он называл ее сорной, патологической, особенно на стихи, в том числе маргинальных поэтов («Мне и вообще свойственно помнить куски неизвестно чего», — говорит он Рейну, у которого память еще мощнее), к которым принадлежит Сергей Орлов, автор стихотворения «Меня зароют в шар земной...», лучшего, а может, единственного у него настоящего стихотворения. Принадлежит к так называемым «кирзятникам», официально — «военному поколению», из коего ИБ признавал только Слуцкого и нежно называл Борухом и Борей (см. ниже — в примечаниях к главе «Плохой хороший еврей»). Плюс — с оговорками — Давида Самойлова. Когда я сообщил Слуцкому, что публикую в «Юности» статью о поэтах «военной обоймы», где есть глава и о нем, он поинтересовался, кто там еще. Я перечислил.

— Повезло им.

— В чем?

— В хорошую компанию попали.

Реакция ИБ на эту историю: «Смешно, но верно».

(88—89) *С памятью вот перебои: там помнил все до мельчайших деталей, на какой стороне раскрытой книги прочел то или иное предложение. А здесь не могу вспомнить, чем был занят утром.* — Перенос Ариной временно́го признания ИБ в пространственное, обоснованный тем, что ИБ говорит именно о том возрасте, когда уехал из России: «У меня такое чувство, что до тридцати трех — тридцати четырех лет я помнил свою жизнь до мельчайших подробностей. Я мог вспомнить, на какой стороне раскрытой книги прочел то или иное предложение. А теперь я редко помню, что происходило утром» (интервью с Хелен Бенедикт//«Antioch Review», 1985, зимний номер).

(90) *Убил бы меня за клише.* — Ср. с ИБ: «Грубо говоря, чтобы вещь продать и избежать клише, нашему поэту постоянно приходится забираться туда, где до него никто не бывал — интеллектуально, психологически и лексически». Это из «Altra Ego», но подобные антитавтологические рассуждения разбросаны у ИБ повсюду — в прозах, в стихах, в интервью. Своего рода фобия, если перевести страх перед повторами и трюизмами в психоаналитический ряд.

(91) *...жаловался, что латынь у тебя паршивая...* — «Моя латынь паршивая», — объясняет ИБ в «Письме к Горацию», почему его со товарищи (Вергилия, Овидия, Проперция) читает по-русски. А почему не по-английски?

(91) *«Побег от тавтологии, от предсказуемости»,* — *объяснял ты друзьям.* — Это скорее определение кочевнического принципа ИБ («теория колобка» у О) в целом, чем только антиматримониального: уход из школы, даже если он, согласно Арине, не был таким уж добровольным, как ИБ представляет («Я просто не мог выносить некоторые лица в своем классе — лица некоторых одноклассников, но главным образом учителей...»); побег из страны, хоть это и было изгнание, но давно взлелеянное и многократно отрепетированное и проч. Включая, само собой, нежелание связывать себя брачными узами. Не только с МБ. Было, по крайней мере, еще два случая близости, когда ИБ отступился в

самый последний момент. Инстинкт самосохранения, который не сработал 1 сентября 1990 года в Стокгольме, где состоялось его бракосочетание с Марией Содзани? Сам ИБ никогда бы в этом не признался. А самому себе? Чужая душа — потемки. Тем более — мертвеца.

В любом случае было бы упрощением трактовать позднюю женитьбу ИБ как измену собственному принципу.

Возвратимся, однако, в доженатые времена ИБ. Вот его высказывания на этот счет, которые уже приводились здесь, но в усеченном виде:

— А любовь? — спрашивает его Хелен Бенедикт в 1985-м.— От нее вы тоже уходите?

— Ну, она попадает в ту же категорию. Просто из всего, о чем нам говорят, что это важно: любовь, работа и прочее,— выживает только работа. Если работаешь серьезно — делаешь выбор между жизнью, то есть любовью, и работой. В чем-то одном приходится притворяться, и притворяешься в жизни. Если выразиться более определенно, то сознаешь, что относишься к любимой как к чему-то на неполный рабочий день, тогда как полный день занимает работа...

— Это побег от предсказуемости. Все меньше возможности принять определенную точку зрения, какую бы то ни было форму душевной или экзистенциальной рутины. Это в значительной степени связано с безнадежным ощущением, что ты никто, и, должен сказать, такова особенность моего скромного «я». Так или иначе, я всегда это чувствовал. Более или менее принадлежишь жизни или смерти, но больше никому и ничему.

(Интервью с Хелен Бенедикт//«Antioch Review», 1885, зимний номер.)

(92) *Этот — употребляя ненавистное тобою слово — текст...*— Аллюзия на ИБ: «Он будет подобен — употребляя ненавистное слово — тексту» («Письмо Горацию»).

(93) *Профессия: человек, который знал О.—* См. про то же у Эдуарда Лимонова в его замечательной «Книге мертвых»: «Конечно, можно сделать своей профессией профессию "человека, который знал Бродского", как сделали сейчас многие мелкие и несостоявшиеся таланты...» (Э. Лимонов. Книга мертвых).

(93) *Бродсковеды, бродскоеды, бродскописцы.—* Ср. со словечком Евтушенко «бродскоголось». Один из немногих Арининых проговоров, когда она литературного персонажа называет именем его очевидного прототипа.

(93—94) *Ходил гоголем, утверждая равенство собеседников: что ты получал не меньшее удовольствие от бесед с ним, чем он — с тобой...—* «Это длинные задушевные разговоры... Собеседник привыкает к тебе, ты привыкаешь к нему... Эта работа, при всей ее напряженности, доставляет колоссальное удовольствие. Надеюсь, не только мне» (интервью с Соломоном Волковым//«Русский базар», 2002, 17 января—23 января).

(95) *Один из его адресатов опубликовал том переписки с ним, несмотря на завещательный запрет Довлатова на публикацию писем.—* Само собой, Игорь Ефимов (С. Довлатов. Эпистолярный роман с Игорем Ефимовым).

(96) *...«Соловьева и Вовы» (опять твоя кликуха — она же автоцитата...).—* См. также уже упомянутый поздравительный стих ИБ:

> Позвольте, Клепикова Лена,
> пред Вами преклонить колена.
> Позвольте, Соловьев и Вова,
> пред Вами преклонить их снова.
>   Моя хмельная голова
>   Вам хочет ртом сказать слова.

(97) *...из-за поездки в Среднюю Азию, чтобы хайд-жакнуть там самолет...* — Об этой неудавшейся попытке сбежать из России ИБ рассказывал и писал неоднократно.

(97) *...когда вернулся после самолетной неудачи, крепость уже пала.* — «Это была зима то ли 1959-го, то ли 1960 года, и мы осаждали тогда одну и ту же коротко остриженную, миловидную крепость, расположенную где-то на Песках. По причинам слишком диковинным, чтобы их тут перечислять, осаду эту мне пришлось вскоре снять и уехать в Среднюю Азию. Вернувшись два месяца спустя, я обнаружил, что крепость пала» (И. Бродский. О Сереже Довлатове//«Звезда», 1992, № 2).

(99) *...антисемитизм твоего соперника...* — Общее место. К примеру: «У нас тут по соседству живет Дима Бобышев с женой-американкой. Он стал добрее и терпимее. Только антисемитизма сдержать не может. Но тут я его понимаю. В здешней среде это трудно» (С. Довлатов. Эпистолярный роман с Игорем Ефимовым).

(99) *Вредный стук, как сказал Довлатов.* — Источник тот же.

(99) *Мой Шемяка, тот и вовсе ходит в махровых, ты ему даже обещал дать в рыло при встрече, хотя все куда сложнее.* — Об открытке ИБ Шемякину с подобными обвинениями и угрозой «дать в рыло» рассказывал комментатору сам Шемякин.

(99) *...они не любили тебя лично, а не как еврея.* — Вопрос довольно сложный. Старшие Басмановы входили в так называемую русскую группу Ленинградского отделения Союза художников, теоретиками среди них слыли художник Стерлигов (ученик Филонова) и искусствовед Ковтун. Будучи сам искусствоведом, ком-

ментатор был знаком с ними, а с Женей Ковтуном приятельствовал. Если они и были антисемитами, то скорее на теоретическом, чем на бытовом уровне. Как тот же, к примеру, Хлебников — в отличие от антисемита-бытовика Алексея Толстого.

(101) *...в посмертной статье о Довлатове — том самом некрологе, который ты сочинил о нем, а не он о тебе! — написал о пиетете, который тот испытывал перед поэтами, а значит, перед поэзией.—* Иерархическое представление ИБ о поэзии как старшей жене в литературном гареме четко проявилось и в упомянутой статье «О Сереже Довлатове»: «...если вы пишете стихи, вы еще и в большей мере старшеклассник по отношению к прозаику. ...Двигало им (Довлатовым) вполне бессознательное ощущение, что проза должна мериться стихом. За этим стояло, безусловно, нечто большее: представление о существовании душ более совершенных, нежели его собственная...»

(101) *Литературный пахан, не в обиду тебе будет сказано, дядюшка.—* По аналогии см. у Василия Аксёнова: «В Нью-Йорке "крестным отцом" литературы был в то время Бродский, самая влиятельная фигура русского зарубежья. Он ненавидел меня. Сделал мне как-то одну подлость и с этого момента стал меня же ненавидеть. А до Америки мы были друзьями. Странно все это...» («В поисках жанра». Интервью с Василием Аксёновым//Нью-Йорк, «Курьер», 2001, 12 октября). Речь идет о разгромной внутренней рецензии на роман Аксёнова «Ожог», написанной для американского издательства. Для объемности и объективности общеизвестная эта история в изложении ИБ: «Когда он только приехал сюда, то отдал свой роман для публикации по-английски в мое издательство "Farrar, Straus & Giroux". Они прислали мне его на отзыв, что и естественно, так как я читаю на языке оригинала... Я им ответил что думал. О произведении как таковом. Роман был полное

г...о (естественно, я отозвался мягче), но не мог я им врать, не мог. Они ему прислали ответ, что отказывают в публикации. Для него это, видимо, было важно: первый большой роман по-английски с момента его приезда на Запад... Там редактором работает одна русская баба (она здесь родилась, но в русской семье), он ее знал через кого-то и спросил, кто дал отрицательный отзыв, кто "зарубил"? Так эта дура взяла и ляпнула, что рецензию дал Бродский... Через несколько дней он прислал мне письмо, где разнес меня в пух и прах, написал много оскорблений, а в конце назвал Иудой... Честное слово, у меня и в мыслях такого не было. Первый раз в жизни я сел и написал ему письмо, на 26 страницах, где полностью, подетально разбирал его роман по главам, объясняя, почему я дал отрицательный отзыв и чем он мне не понравился. Честно написал. А В. не ответил, прервал со мной все отношения, длится это уже несколько лет» (в упомянутом выше интервью Александра Минчина с ИБ).

(101) *Твоя собственная железная формула: недостаток эгоизма есть недостаток таланта.* — См. цитированное эссе Владимира Соловьева «Два Бродских» и воспоминания Евгения Рейна и Анатолия Наймана о Бродском.

(102) *Информация о том вечере тем не менее просочилась.* — Помимо устных источников подробное описание вечера у Довлатова, где был освистан ИБ, читатель может найти в книге первой жены Довлатова Аси Пекуровской «Когда случилось петь С. Д. и мне» (СПб.: Симпозиум, 2001), а само описание довлатовской комнаты позаимствовано из устного рассказа его второй жены Елены Довлатовой комментатору.

О ВРЕДЕ ЖЕНИТЬБЫ,
или ЕЩЕ НЕ ИЗОБРЕТЕНА БЫЛА ВИАГРА

(104) *Считал себя мономужчиной...* — «До истории и помимо нее у него было огромное количество увлечений — он рассказывал, что в юности чувствовал себя, как он выражался, мономужчиной» (А. Сергеев. Указ соч.).

(104—105) *То есть Лилит.* — Здесь и далее Лилит не только предместница Евы, но и злой дух иудейской демонологии — женского, само собой, пола, — которая овладевает мужиками против их воли, дабы произвести потомство. Что же до первой жены Адама, то Лилит была сотворена из глины и, едва увидев Адама, вступила с ним в ожесточенный спор, отстаивая гендерное равенство и утверждая глинобитное, то есть одинаковое происхождение обоих. Суфражистки не дошли до этого, зато феминистки реабилитировали Лилит и объявили своей предшественницей. Как и мифических существ другого народа — амазонок. Идеологически еще дальше в споре с гендерным шовинизмом Библии идет известный анекдот о том, как Бог, чтобы Ева не скучала, дает ей в товарищи Адама, но предупреждает, чтобы она никогда не проговорилась, что сотворена первой. Но это à propos. Сравнение с Лилит — обеими, пре-Евой и демонихой — было в ходу среди приятелей ИБ, которые, ревнуя, не принимали МБ за свою. Впрочем, и сам ИБ, который вообще не любил знакомить одних своих знакомых с другими, тем более всячески ограждал МБ от своих, и, как оказалось, не без оснований: таки не уберег. «Она стала его наваждением и источником вдохновения. Как-то он признался, что Марина — его проклятие» (Людмила Штерн). Даже отзыв самого добродушного из его питерских приятелей Владимира Уфлянда совпадает с характеристикой Лилит как «прекрасной спорщицы», если воспользоваться названием известного фильма Жака Ривьетта: «Марина и Иосиф какое-то время пытались жить вместе. Но проблема в том, что семейная жизнь основана на одном жестком принципе: кто-то кому-то должен уступать. А тут представьте: под одной крышей оказываются мужчина, который считает себя первым поэтом Петербурга, и женщина, которая считает себя первой красавицей Петербурга» (Нью-Йорк, «Курьер», 1998, 26 января). Объяснение несколько упрощенное по сравнению с тем, которое дает Арина.

(105) *...чем кончились его сомнения, не знаю.—* По аналогии: «В изображаемое время Иосиф был этаким жрецом морали. Помню, когда у него что-то произошло, вряд ли по его инициативе, с женой одного художника, он угрызался и явно раскаивался» (А. Сергеев. Указ. соч.).

(110) *...подтвердив... название и концепцию юбилейного адреса, который опубликовал к твоему полувеку Соловьев. «Апофеоз одиночества» назывался.—* Юбилейный адрес Владимира Соловьева «Апофеоз одиночества», первоначально опубликованный в нью-йоркской газете «Новое русское слово» к пятидесятилетию ИБ, неоднократно потом перепечатывался — в том числе в книгах автора: «Призрак, кусающий себе локти». М.: Культура, 1992; «Роман с эпиграфами. Варианты любви. Довлатов на автоответчике», СПб.: Алетейя, 2000; наконец, данное издание. О реакции ИБ комментатору известно со слов Довлатова, хотя как раз сам Сережа был частью негативного хора вокруг этого эссе. Именно в это время ИБ начинает говорить на тему одиночества прямым текстом, то есть не только в стихах. Озвучив прозой отстоявшийся в стихах ИБ вывод об одиночестве как источнике вдохновения, Соловьев, по-видимому, и ИБ подтолкнул на заявления подобного рода в прозе и разговорах. См., к примеру, интервью ИБ газете «Неделя» (1990, № 9) — спустя три месяца после публикации «Апофеоза одиночества»:

— *Однажды вы написали, что «одиночество — это человек в квадрате». Поэт — это человек-одиночка?*

— Одиночка в кубе, или уж не знаю, в какой степени. Это именно так, и я в известной мере благодарен обстоятельствам, которые в моем случае это физически подтвердили.

— *И сегодня вы остаетесь человеком более или менее одиноким?*

— Не более-менее, а абсолютно.

— *Наверное, это тягостное чувство?*

— Нет, я бы не сказал... Человек — существо автономное, и на протяжении всей жизни ваша автономность все более увеличивается.

(110) *Бог решил иначе: мне суждено умереть холостым. Писатель — одинокий путешественник.—* Первая часть реплики О на своем пятидесятилетии вспоминается в разночтениях участниками этого торжества на Мортон-стрит, 44 (см., к примеру, у Людмилы Штерн); вторая часть — в названии и тексте статьи ИБ в «Нью-Йорк Таймс» спустя несколько месяцев после приезда в Америку: «Say Joseph Brodsky, Ex of the Soviet Union: "A Writer is a Lonely Traveller, and No One is His Helper"» («The New York Times Magazine», 1972, October 1).

(110) *Участь моя решена, я женюсь,— явная цитата, а из кого — не знаю и спросить больше некого. Не обращаться же к тебе туда по столь ничтожному поводу.—* Ну, конечно же, Пушкин — майский набросок 1830 года, связанный с помолвкой с Н. Н. Гончаровой, которая уже упомянута в основном корпусе не то как муза, не то как блядь. В пушкинском наброске находим абзац, тесно связанный с излагаемой Ариной матримониальной концепцией:

«Я женюсь, т. е. жертвую независимостью, моей беспечной, прихотливой независимостью, моими роскошными привычками, странствиями без цели, уединением, непостоянством. Я готов удвоить жизнь и без того неполную. Я никогда не хлопотал о счастии: я мог обойтиться без него. Теперь мне нужно на двоих, а где мне взять его?»

(111) *Пока не дошло: женщина — это черновик посвященного ей стихотворения.* — Афористичное это определение — отстоявшийся вывод из статьи «Altra Ego», однако ИБ на него так и не решается, ходит вокруг да около, отстаивая независимость поэта (то есть свою) от любовного объекта.

(112) *Суровый славянин, он слез не проливал.* — Как раз Пушкин, которого цитирует Арина, стал с возрастом, судя по воспоминаниям современников, слезлив. Что касается сухоглазости, объявленной ИБ в мемуарном эссе «Полторы комнаты» народной чертой («Слезы нечасто случались в нашем семействе; в известной мере то же относится и к России в целом»), то вот на этот счет горячая отповедь Елены Клепиковой:

«Говорили о наклоне Бродского в прозе рассуждать наугад, наобум и в лоб, прикрываясь тоновой спесью и крутостью стиля. Я не могла простить ему оплошной фразы — а их десятки! — что по России, как и в жестковатом семействе Бродских, плачут редко.

Я возражала: кабы так, другая бы жизнь была у страны — порезвей, добыточней, умственней. А так — вся морда России в слезах. Слезы очень расслабляют нацию — до полного изнеможения. Особенно в 50-е годы — как их должен был помнить мальчиком Бродский, — когда отходили от шока войны и массовых казней. И вот зашлась, захлюпала вся нация, со всеми своими нацменьшинствами и невзирая на их темпераменты и разные нравы. Так оттаивает стекло после снежных и крутых морозов.

Плачу и рыдаю, и захожусь в плаче, и уже не хочу перестать, такая экзальтация рыданий, а потом бурные всхлипы и икота на полчаса — до упадка сил и потери сознания. Это нервы гудят и воют у тронутой России —

как провода под токами высокой частоты. Куда ни глянь, по улице, в квартире, на природе — всюду слезоточивый настрой, у мужиков и баб едино.

Готовность к плачу в народе моментальна, и повод нужен самый ничтожный — чем радостнее, тем рыдательней. При радости, от дуновения счастья особенно обильно льются российские слезы, до истерики. Не унять, как ни старайся, ни кривись.

Мужчины плачут тайком и втихомолку. Женщины в России плачут в охотку и не таясь. Как рыбы в воде, в рыдательной стихии отечества.

Всего этого, лезущего в глаза и в душу, Бродский не схватывал. "Я, Боже, глуховат. Я, Боже, слеповат". В стихах не врал почти никогда».

(В. Соловьев, Е. Клепикова. Довлатов вверх ногами.)

(112) *Томаса Манна пренебрежительно называл немчурой, изготовителем романов, человеком-вакуумом...* — «...Томас Манн, крайне неприятный тип, чья деятельность лежит вне пределов искусства, изготовитель романов...» (интервью Фрицу Раддалю, журнал «Il Giormare dell' Arte»), «Яша Гордин прислал мне только что вышедшие "Иосиф и его братья" и тут же "Доктор Фаустус". И я более или менее понял, что это за господин. Ужасно интересный и сугубо немецкий феномен. Отсутствие души, если угодно, пользуясь русскими категориями, подмененное избытком интеллекта. Это тот вакуум, который заполняется интеллектуальными построениями. И это, надо сказать, довольно невыносимо». Отчасти, но только отчасти, это аллергическая реакция на моду — отвергал, не глядя и не больно задумываясь, то, что было в то время в фаворе. (Из Томаса Манна, помимо упомянутых романов, в фаворе у либеральной интеллигенции были также «Волшебная гора» и «Феликс Круль».) Автору этих строк выдал как-то про общего знакомого (не Гордина): «Думаете, не знаю, какого он пошиба? Что вы хотите от человека, который любит Томаса Манна!» Плюс,

конечно, стойкая германофобия ИБ, просочившаяся даже в поэзию («Два часа в резервуаре» либо разбросанные по стихам пренебрежительные отзывы, типа «Но, может, как любая немчура, наш Фридрих сам страшился топора» и тому подобное). Нелюбовь — персональная и этническая — к Томасу Манну не мешала ИБ цитировать или перефразировать его знаменитое изгнанническое motto, иногда анонимно: «Перефразируя одного немецкого писателя, оказавшегося тридцать пять лет назад в похожей ситуации: "Die Russische Dichtung ist da wo ich bin"» («Say Joseph Brodsky...//«The New York Times Magazine», 1972, October 1).

Далее, на пару страниц, идут не менее субъективные оценки, которые, за редкими исключениями, комментатору удалось обнаружить у ИБ. Приводимый Ариной список продолжить еще легче, чем подтвердить. Вот некоторые из них (остальные пусть ищет читатель):

«Он (Сунион) раз в десять меньше Парфенона. Во сколько раз он прекрасней Парфенона, сказать трудно...» («Путешествие в Стамбул»).

(*Примечание к комментарию*. Парфенон вообще не давал ИБ покоя — как трюизм травелога, туристское клише. Что Сунион! В эссе «Полторы комнаты» он противопоставляет Парфенону псевдоантичное здание Биржи; вот этот нонсенс: «...сооружение несравненно более греческое, чем любой Парфенон, и к тому же куда удачней расположенное...»)

* * *

«Проза ему, по-видимому, была нужна мало, о ней практически не говорили. Как Анна Андреевна, Толстого не любил. Федор Михалыч был вроде как старший товарищ, из своих... Американская проза его не увлекала. Не могу себе представить его отпадающим от Хемингуэя, модной фигуры, необходимой в бытовании шестидесятников; Иосиф, не будучи шестидесятником, Хемингуэя видал в гробу... Иосиф ответил... что "Улисс" сейчас не смотрится, что он проигрывает "Человеку без свойств"... Иосиф говорил, что Моцарт сейчас звучит хуже, чем Гайдн... Иосиф — улавливатель из воздуха. Когда-когда Оден пустил это про симфонии... В России Иосиф, кажется, как все, отпадал от Набокова. Теперь отнесся о нем сдержанно, недружелюбно» (А. Сергеев).

* * *

«Самое главное: книга была написана короткими — длиной в страницу или полторы — главами,— пишет ИБ о прозе Анри де Ренье в "Fondamenta degli Incurabili".— Их темп отдавал сырыми, холодными, узкими улицами, по которым вечером спешишь с нарастающей тревогой, сворачивая налево, направо. Человек, родившийся там, где я, легко узнавал в городе, возникавшем на этих страницах, Петербург, перемещенный в места с лучшей историей, не говоря уже о широте. Но важнее всего в том впечатлительном возрасте, когда я наткнулся на роман, был преподанный им решающий урок композиции, то есть: качество рассказа зависит не от сюжета, а от того, что за чем идет. Я бессознательно связал этот принцип с Венецией. Если читатель теперь мучается, причина в этом».

* * *

«Мне сорок девять лет, и читать его (Набокова) на сегодняшний день я почти уже не в состоянии» (ответы ИБ на вечере в парижской Ecole Normale Superieure — «Русская мысль», 1990, 19 января). См. также комментарий ИБ к переведенному им стихотворению Набокова, где он раздолбал и само это стихотворение, и его автора.

* * *

О Чайковском, которого, по словам Людмилы Штерн, ИБ терпеть не мог: от «смахни с рояля Бетховена и Петра Ильича...» («Приглашение к путешествию») вплоть до последнего стишка ИБ — надпись на книжке пианистке Елизавете Леонской от 26 января 1996 года, за день до смерти:

Дарю стихи Елизавете,
она простит меня за эти
стихи — как я, в душе рыча,
Петра простил ей Ильича.

В «Меньше единицы» Чайковский дан в контексте советской знаковой системы: «Штакетники, правительственный чугун оград, неистребимое хаки военных в каждой толпе пешеходов, на каждой улице, в каждом городе, неотступная фотография домны в каждой утренней газете, неиссякаемый Чайковский по радио — от всего этого можно сойти с ума, если не умеешь отключаться».

Чайковский навяз в зубах — точнее, в ушах — именно как агитпроп. Но были, по-видимому, и иные, на более глубинном уровне, причины этой нелюбви. См. статью Е. Петрушанской «"Слово из звука и слово из духа". Приближение к музыкальному словарю Иосифа Бродского» («Звезда», 1997, №1).

* * *

К Фрейду ИБ и в самом деле изменился, но не в противовес Набокову — не только, а поняв, что ругать Фрейда стало еще бóльшим трюизмом, чем хвалить его. Хотя ИБ и считал фрейдизм «одним из наиболее простых языков» (С. Волков. Разговоры с Иосифом Бродским), вот как сочувственно мелькает Фрейд в двух эпистолах ИБ — «Письме Горацию» и «Письме в бутылке»:

«В этом замешаны также доктор Фрейд, ибо что за толкование сновидений, если оно не пропущено через старого доброго Зигги».

> Доктор Фрейд, покидаю Вас,
> сумевшего (где-то вне нас) на глаз
> над речкой души перекинуть мост,
> соединяющий пах и мозг.

* * *

«Циники» Мариенгофа часто мелькают в разговорах ИБ (плюс его предисловие к французскому изданию романа). Помню наш с Довлатовым спор по этому поводу: Сережа считал, что ИБ опять выпендривается. То же самое в письме Довлатова Игорю Ефимову: «Всем говорит, что лучший в мире роман — "Циники" Мариенгофа. Я прочитал, вполне рядовая книга» (С. Довлатов. Эпистолярный роман с Игорем Ефимовым), тогда как я согласен был полностью (в нескольких статьях о Мариенгофе этого времени я причисляю его к лучшим из лучших — Бабелю, Олеше, Зощенко и Платонову).

* * *

Ни единого упоминания Шеллинга у ИБ обнаружить не удалось, но, как вспоминает комментатор, именно на Шеллинге зациклился мой разговор с ИБ в Комарово, уж не помню в каком году: я там строчил свою книгу о Пушкине в Болдино, которую спустя полгода защитил как кандидатскую диссертацию. Одна из шести глав в этой книге и была посвящена скрытым связям Пушкина с иенскими романтиками и Шеллингом, их теоретическим вождем,— в противоположность самоочевидным и к 30-му году исчерпанным французским связям. ИБ слушал жадно, поглощая новую информацию, но когда зашла речь о болдинских пьесах, ошибочно именуемых «маленькими трагедиями», самым решительным образом заявил, что все это от лукавого, просто Пушкину было никак не остановиться — все четыре пьесы написаны на инерции белого стиха. Я сказал, что это немыслимое упрощение. «А немецкие связи Пушкина — натяжка»,— огрызнулся ИБ, но, полистав «Бруно» Шеллинга (издание 1908 года), попросил до вечера. Книжка небольшая, но я был удивлен, когда к вечеру, уезжая в Ленинград, он действительно ее вернул:

— Жаль, что немчура. В остальном — приемлем.

Я не сразу понял, что читатель ИБ никакой, о чем спустя пару лет написал в «Романе с эпиграфами». ИБ схватывал содержание на лету, с первых двадцати-тридцати страниц, его редко хватало до середины, а целиком прочел, думаю, считаные книги (если прочел). Не читатель, а улавливатель смысла. Как он сам говорил, sapienti sat, умному с полуслова,— адекватная формула ИБ как читателя. Да и как слушателя. Недели две спустя, уже в Л-де, я убедился, что Шеллинг им освоен — на нужном ему уровне, ни больше ни меньше. Книгоглотатель, потребитель мировой культуры, улавливатель смысла, он был похож на кота, который в разнотравье выбирает именно ту траву, которая в данный момент позарез нужна его организму. У Шеллинга, как выяснилось, ИБ обнаружил две такие «травки»: настойчивое противопоставление чувства — рассудку и определение свободы как испытания человека, а мой любимый у Шеллинга афоризм — «В человеке природа снимает с себя ответственность и перекладывает ее на плечи homo sapiens» — повторил вслед за мной с явным удовольствием, запоминая. Я тогда носился с Шеллингом и навязывал его всем знакомым, но один только ИБ на него купился.

Не считая Пушкина (согласно моей гипотезе).

* * *

Шестова ИБ ставил на одну доску с любимой Цветаевой и противопоставлял Бердяеву:

«В русской культуре двадцатого века есть два человека, которые мне неимоверно близки,— это, в сущности, та же восприимчивость, выраженная разными средствами. Один из них — это Марина Цветаева, другой — Лев Шестов, философ. Оба занимались чем-то в некотором смысле до тех пор чуждым российской культуре. Ведь основная идея русской культуры, русской литературы, русской восприимчивости — это идея утешения, оправдания экзистенциального порядка на некоем, возможно высшем, уровне. Цветаева и Шестов были в каком-то смысле очень кальвинистскими писателями, а пользуясь обиходной формулировкой, — выдвигали на первый план идею принципиальной болезненности существования, отвергали мир. Шестова я люблю, в частности, потому, что он был эссеистом и не столько философом, сколько мыслителем. Бердяев сказал о нем (правда, Бердяев последний человек, который должен высказываться по поводу Шестова, поскольку он, по моему убеждению, был гораздо худшим мыслителем, чем Шестов, хотя более известным, делающим себе publicity), так Бердяев сказал, что Шестов "узкий" мыслитель. Но в узком ручье, в узком русле вода течет с большей силой — и в некотором смысле действительно напряженность написанного им огромна... Шестов был единственным, чей стиль кажется мне продолжением языка Достоевского. Это тот же самый тип очень иронической вычурности высказывания... Существует три вида познания — рациональное, интуитивное и — как у библейских пророков — посредством откровения. Шестов в большей степени библейский мыслитель, или, может быть, движется в сфере библейских проблем. Его основная мысль звучит так: в какой-то момент разум подводит, и тогда человек либо совершенно побежден, либо — если есть в нем нечто, что позволяет ему выдержать, — может достичь некоторого рода откровенной истины» (интервью Ларсу Клебергу и Сванте Вейлер// «Divertismento Sztokholmskie», Warszawa, 1998; аналогичные мысли в интервью Дэвиду Бетеа и др.).

(115) *Хоть имя дико, но мне ласкает слух оно.* — Источник: «Панмонголизм! Хоть имя дико, но мне ласкает

слух оно» — известные по эпиграфу к «Скифам» Александра Блока строки Владимира Соловьева (того, а не этого). Зная цитату по цитате, О повторяет вослед Блоку ошибку: у Владимира Соловьева не «имя», а «слово». У Блока, пожалуй, лучше.

(116) *Очень гордился, что зачал в пятьдесят с лишком.*— Отсебятина (выражаясь эвфемистически, художественный домысел)рассказчицы, не совпадающая с био ИБ: Анна-Мария-Александра Бродская родилась 9 июня 1993-го,через три почти года после женитьбы ИБ на Марии Содзани (1 сентября 1990-го). Подтасовка эта, однако, допустима беллетристическим жанром и оправдана семантическим контекстом: отступление от холостяцкого принципа ИБ полагал последним шансом в борьбе со старением и — на генетическом уровне — со смертью.

(116) *Скука? Как признак мыслящего тростника. Знак цивилизации, если угодно.*— Довольно сомнительное заявление, но близко к тому, что пишет ИБ в «Похвале скуке» и в своем вымученном, провальном, в самом деле очень скучном эссе «Коллекционный экземпляр»: «Скука мешает инстинкту. Скука — признак высокоразвитого вида, признак цивилизации, если угодно». Не есть ли это все тот же романтический сплин байроновского толка, но в современной и личной модификации?

(117) *Стоячий период позади.*— Из разговора ИБ с комментатором (см. «Два Бродских» В. Соловьева).

(117) *Жаловался на проблемы с эрекцией и спермой.*— Как и ИБ, который постоянно жалился, письменно и устно, на сексуальные проблемы. К примеру, см. его литании в «Письме Горацию»: «Хотя я должен признать, что даже в те стародавние дни, когда со спермой дело обстояло куда лучше...» Там же он описывает «са-

мую энергичную встречу такого рода, в которой я когда-либо участвовал, будь то в реальной жизни или в моем воображении... На меня произвела большое впечатление моя стойкость, равно как и мое вожделение». Странно писать так о себе, сравнивая коитус во сне с предыдущими — как во сне, так и наяву. Одна знакомая, у которой с ИБ были «встречи такого рода», вспоминает их короткость — обычно недотягивал до среднестатистических пяти минут,— кончал раньше или бросал на полпути, отшучиваясь с помощью Пастернака: «Я вздрагивал. Я загорался и гас...». Одной особе, с которой у него были довольно длительные отношения, признался, что «все досталось другой», но она восприняла это за экскьюз. В «Двух Бродских» рассказывается об американке Джейн, близкой с ИБ по Питеру, но здесь он сказал ей, что стал импотентом после операции на сердце. Опять отговорка? Терпеть не мог сексуально требовательных женщин. См. его мизогинистский очерк «После путешествия, или Посвящается позвоночнику», где именует свою постельную партнершу «моя шведская вещь по имени Ulla», «вонючий хорек» и признается, что «чуть было ей не врезал», но при отсутствии психологических мотивировок звучит, выражаясь его же словами, как полная лажа и вызывает недоумение. Мизогинизм — как и гомофобия или антисемитизм,— как верно замечает, ссылаясь на Довлатова, Арина,— составная часть мизантропии, а в ней ИБ признается с постоянством, переходящим в клише.

(118) *Контрабанда настоящего в прошлое, уточнил бы тот, судьбу которого ты взял за образец, а не достигнув, стал отрицать.* — Само собой, Набоков.

(118) *...позади всадника усаживается его любовь.* — У Горация позади всадника сидит мрачная забота: post equitem sedet atra Cura.

(118) *Verra la morte e avra i tuoi occhi...* — Придет смерть, и у нее будут твои глаза. Чезаре Павезе; эпиграф к стихотворению ИБ «Натюрморт».

(118) *Ты оставил в Питере ее стареющую двойницу и подмену, а с собой увез: без морщин, молода, весела, глумлива!* — Арина второй раз цитирует эту строку из антилюбовного стихотворения ИБ (см. эпиграф), на этот раз в ином контексте, трактуя романически (то есть произвольно), как доказательство от обратного хронической любви ИБ к МБ, его незаживающей любовной раны. «Как это ни смешно, я все еще болен Мариной. Такой, знаете ли, хронический случай...» — приводит Людмила Штерн слова ИБ. Другая его реплика о Марине: «Она мне не дает почить на лаврах», что можно бы счесть положительным фактором, если бы он не был нейтрализован противоположным влиянием — со стороны друзей и жены. Владимир Уфлянд, который называет последнюю подарком судьбы, пишет тем не менее: «Мне кажется, Марину он любил до самой смерти. Даже поняв, что наконец нашел то, что искал».

В других главах романа «Post mortem» рассказчица останавливается на этой «хронической любви» подробно, давая возможность высказаться всем ее участникам.

(118) *По принципу: «Не верь, не верь поэту, дева!»* — *как сказал сам поэт, хоть и не самый у тебя любимый.* — Тютчев — согласно гипотезе Тынянова — своей сестре, которую в это время обхаживал Генрих Гейне.

(119) *...фалл обеспечит вечную жизнь, а не фаллическое кадило.* — Из уже процитированного стихотворения «Momentum aere perennius»:

> А тот камень-кость, гвоздь моей красы, —
> он скучает по вам с мезозоя, псы,
> от него в веках борозда длинней,
> чем у вас с вечной жизнью с кадилом в ней.

(119) *А подзавел тебя на стишок Найман с его удручащим прозелитством и пошлыми призывами немедленно креститься.* — «С раздражением он говорил мне об одном общем нашем приятеле, при первой встрече с ним в США после многолетнего перерыва сказавшем: "Иосиф, вы уже не мальчик, пора подумать о душе. Вам надо креститься"». Я бы не стал ссылаться на подтасовочные воспоминания Кушнера, тем более он всюду выпрямляет, симплифицирует позицию ИБ согласно своим детсадовским представлениям о чем бы то ни было, если бы в данном конкретном случае они не совпадали с другими: «Бродского раздражало влезание А. Г. (т. е. Анатолия Генриховича Наймана) в его личные и семейные дела, его бестактные вопросы и непрошеные советы (в частности, совет креститься)» (Людмила Штерн). Да и сам Найман написал о разговоре с ИБ про христианство, перефутболя инициативу ИБ: «Когда в Нью-Йорке в первый день мы вышли из дому, он сказал: "Сейчас покажу вам кое-что, про что вы только читали" — и по карточке получил деньги из уличного банкомата. Когда пачка долларов поползла из стены, прибавил, ухмыляясь: "Силой молитвы — если объяснять на понятном вам языке". И заговорил. Зачем я крестился? Зачем в церковь пошел? Бог, вера, религия — все это так, но "господи-исусе" зачем хором? И с кем хором-то: кто они мне, тутти-фрутти?» Минуя меркантилизм Наймана по отношению к ИБ, о котором пишут мемуаристы, отмечу еще одну причину раздраженного отношения к нему ИБ: в ахматовском квартете ИБ и Женя Рейн выглядят как бы жертвами, которых предали друзья — соответственно Бобышев и Найман, уведя их фемин. С точки зрения ИБ, аналогия не просто уничижительная, но убийственная: неспособность соперников к самостоятельному выбору, по чужим следам, то есть любовный плагиат, но и на первопроходцев, взломщиков мохнатых сейфов, интрига отбрасывает густую тень — что и они любили не оригинальное, а общее и общедоступное. Задним числом у

ИБ было ощущение дежавуизма, тавтологии, а уже отсюда такое негативное отношение и к изменившей ему Марине Басмановой, и к предавшему его Дмитрию Бобышеву, а рикошетом — к Найману, который в схожем треугольнике выполняет роль злодея.

(120) *Не тогда ли, от перенапряга, начались у него сердечные проблемы? Mea culpa?* — Эпизод с днем рождения Арины и посвященным ей стихотворением — калька с совместных дней рождения Владимира Соловьева — Елены Клепиковой и посвященного им ИБ стихотворения. Дабы читатель мог скоординировать художественный вымысел с реальностью, ниже приводится комментарий Владимира Соловьева и само стихотворение, опубликованные в нью-йоркской газете «Новое русское слово» 29—30 января 2000 года.

Владимир Соловьев
ИСТОРИЯ ОДНОГО СТИХОТВОРЕНИЯ

Мы родились с Леной Клепиковой с разницей в пять дней, а потому справляли один день рождения на двоих, где-то между 20 и 25 февраля, чтобы званый вечер пришелся на субботу, с чем и связана третья строфа посвященного нам Иосифом Бродским стихотворения:

> На свет явившись с интервалом
> в пять дней, Венеру веселя,
> тот интервал под покрывалом
> вы сократили до нуля.
>   Покуда дети о глаголе,
>   вы думали о браке в школе.

Бродский являлся к нам на день рождения всегда с опозданием и всегда без подарка, на который у него не было денег. Подарком был он сам. Не сам по себе, хотя мы с Леной его очень любили, а коронное его выступление с чтением новых стихов — обычно под конец вечеринки, за полночь. На улице мерзли топтуны, кэгэбэшная свита Бродского.

Однажды Ося спел солдатскую песенку про Лили Марлен в собственном переводе, аккомпанируя себе постукиванием ладони по столу — это был триумф на периферии. Как и его рисунки — идеализированные автопортреты и шаржи на приятелей. Сходство схватывал верно, но нос слегка преувеличивал. Потому Сережа Довлатов, при всем пиетете к Бродскому, перерисовал свой нос на его лиссабонском рисунке.

В «Романе с эпиграфами», который я сочинил осенью 75-го в Москве, я описал эти наши питерские дни рождения. В том числе — разные забавности. Помню, как Ося оттолкнул других претендентов (включая мужа) и, взгромоздив на руки, задыхаясь, попер пьяненькую Лену по крутой лестнице к нам на четвертый этаж, после того как мы ее приводили в чувство на февральском снегу.

В 72-м, когда Ося сочинил нам в подарок стихотворение, он прийти не смог. Или не захотел нас подводить — к тому времени он стал персоной нон грата и спустя три месяца покинул страну. А тогда, через пару дней после нашего дня рождения, он зашел к Лене Клепиковой в редакцию журнала «Аврора», сел напротив и тут же настрочил это стихотворение. Конечно, он сочинил его заранее, но было ли оно у него записано или он держал его в памяти — не знаю.

В «Романе с эпиграфами» я разорвал стихотворение пополам — три строфы поставил эпиграфом к главе «Три поэта» и три привел в тексте. Там же я высказал предположение, что небрежно брошенное в заздравном стихе сравнение себя с ястребом Бродский вскоре разовьет в длинный, 120 строк, стиховой сюжет: написанное уже в Коннектикуте стихотворение «Осенний крик ястреба».

Готовя в 90-м году нью-йоркское издание «Романа с эпиграфами», я спросил у Оси разрешение на публикацию посвященного нам стихотворения и получил в ответ: «Валяйте». Уже после смерти Бродского у нас с

Леной спрашивали это стихотворение для публикации.
Мы отказывались, так как, выдернутое из контекста нашей питерской жизни, оно могло быть неверно понято.
Сейчас, когда «Роман с эпиграфами» доступен наконец
российским читателям, я решил опубликовать это прекрасное, независимо от адресата, стихотворение с потрясающей последней строфой.

Иосиф Бродский

Позвольте, Клепикова Лена,
пред Вами преклонить колена.
Позвольте преклонить их снова
пред Вами, Соловьев и Вова.
    Моя хмельная голова
    вам хочет ртом сказать слова.

Февраль довольно скверный месяц.
Жестокость у него в лице.
Но тем приятнее заметить:
вы родились в его конце.
    За это на февраль мы, в общем,
    глядим с приятностью, не ропщем.

На свет явившись с интервалом
в пять дней, Венеру веселя,
тот интервал под покрывалом
вы сократили до нуля.
    Покуда дети о глаголе,
    вы думали о браке в школе.

Куда те дни девались ныне,
никто не ведает — тире —
у вас самих их нет в помине
и у друзей в календаре.
    Все, что для Лены и Володи
    приятно,— не вредит природе.

Они, конечно, нас моложе
и даже, может быть, глупей.
А вообще они похожи
на двух смышленых голубей,
    что ястреба позвали в гости,
    и ястреб позабыл о злости.

К телам жестокое и душам,
но благосклонное к словам,
да будет Время главным кушем,
достанется который вам.
        И пусть текут Господни лета
        под наше «многая вам лета!!!»

[конец февраля 1972 года]

(120) *Вот и ты — все делал сверх своих возможностей, хоть и говорил, что fatum non penis, in manus non recipis.*— «Раз уж вы помянули судьбу, есть такая латинская поговорка, она гласит: «Fatum non penis, in manus non recipis». По-русски это звучит так: «Судьба — не хуй, в руки не возьмешь» (из разговора ИБ с Дэвидом Бетеа).

(121) ....— Хоть рассказчица, выдавая различные версии и слухи, и ссылается на Светония («привожу лишь затем, чтобы ничего не пропустить, а не оттого, что считаю их истинными или правдоподобными»), комментатор позволил себе цензурное вмешательство и пару уже написанных страниц купировал.

(122) *...учитывая самцовую и эгоцентричную его породу, младенца мужеского пола любил бы с неизбежной примесью соперничества.*— Пушкинско-тютчевского поколенческого альтруизма («И пусть у гробового входа...», «Когда дряхлеющие силы...») у ИБ не было и в помине; совсем напротив — в стихотворении, написанном за пару недель до смерти:

Загорелый подросток, выбежавший в переднюю,
у вас отбирает будущее, стоя в одних трусах.

(123) *...так и не купил ему видеоплеер.*— О покупке видеомагнитофона сыну ИБ советовался с Сергеем Довлатовым, Людмилой Штерн и др., о чем его знакомые оставили как устные, так и печатные воспоминания, но в конце концов, разочаровавшись в отпрыске, так и не

сделал ему этого подарка (см., к примеру, у Людмилы Штерн в ее книге «Бродский: Ося, Иосиф, Joseph»).

(124) *Нюха.*— Так называл ИБ свою дочь Анну. Полное имя — Анна-Мария-Александра. Первое имя — скорее во исполнение собственного предсказания 1965 года, чем в честь Анны Ахматовой:

> ...И если мы произведем дитя,
> то назовем Андреем или Анной,
> чтоб, к сморщенному личику привит,
> не позабыт был русский алфавит...

Андрей у ИБ уже был (1967), и для человека, относящегося к себе как к мифу, естественно было назвать новорожденную (1993) Анной. Ахматова, никогда не любимая им как поэт, была только уловкой.

Два других имени — в честь родителей ИБ —Марии Моисеевны и Александра Ивановича.

(124) *Другой поэт-поляк-еврей, поколением старше.*— Юлиан Тувим, 15-ю годами старше Леца.

БЕНЦЫ, или МИЗОГИНИЗМ КАК ЧАСТЬ МИЗАНТРОПИИ

(126) *В самом деле, пастернакова Шекспира предпочитал Шекспиру шекспирову...*— Довольно часто мелькает в интервью и в разговорах ИБ. Один интервьюер (Биргит Файт) предположил, что ИБ не должен нравиться Шекспир: «Да нет, я его обожаю. Почему это он мне не нравится? Я его обожаю. Я его обожаю, но я его знаю хуже. Не знаю, как это случилось, но в общем поначалу я читал Шекспира по-русски, а потом, когда я стал его читать по-английски, возникло какое-то странное препятствие в процессе запоминания — я не запо-

минаю его строчки точно. И когда я их не помню, это меня раздражает» (Иосиф Бродский: Большая книга интервью. С. 571). Комментатору ИБ говорил, что перевод Шекспира и Диккенса дает если не адекватное, то достаточное о них представление, чтобы не любопытствовать оригиналом.

(127) *«Достаточно глянуть на себя в зеркало — монстр и есть монстр,— говаривал часто, скорее опять-таки игриво, чем покаянно.— Чего только не натворил я с людьми. Особенно с близкими».—* См. реплики ИБ, приведенные в эпиграфах к этой главе.

(127) *Считал себя «исчадием ада» и то же самое выражение применил в статье о своем тезке... в честь которого был назван...—* Так ИБ, в частности, назвал себя в интервью с Томасом Венцловой (см. первый эпиграф к данной главе), но также называлось и эссе к 20-й годовщине смерти Сталина: «Reflection on a Spawn of Hell», которое было опубликовано в воскресном приложении к «Нью-Йорк Таймс» ("The New York Times Magazine", 1973, March 4).

(128) *Все его горбуновы и горчаковы, туллии и публии и прочие dramatis personae...—* См. поэму ИБ «Горбунов и Горчаков» и пьесу «Мрамор».

(129) *Любовь слишком мгновенна. Отлюбил, а что потом делать? Работа длится дольше. Вот я и выбрал.—* См. интервью ИБ с Хелен Бенедикт: «Если выразиться более определенно, то сознаешь, что относишься к любимой как к чему-то на неполный рабочий день, тогда как полный день занимает работа» («Antioch Review», 1985, зимний номер).

(129) *Все мои бенцы...—* О «бенцах» см. третий эпиграф к этой главе — интервью ИБ Аманде Айзпуриете (1990).

(130) *В отличие от Его сыночка я не возоплю на кресте «Пошто меня оставил?»* — Прямая цитата из «Разговора с Небожителем» ИБ:

> Там, на кресте,
> не возоплю: «Почто меня оставил?!»
> Не превращу себя в благую весть!
> Поскольку боль — не нарушенье правил:
> страданье есть
> способность тел,
> и человек есть испытатель боли.
> Но то ли свой ему неведом, то ли
> ее предел.

(130) *Вывод: я — человек в кубе.* — См. цитату из интервью ИБ в предпредпредыдущем комментарии.

(131) *...нигде пока что не опубликованное стихотворение «О преимуществах мастурбации»* — *отстоявший итог его печального любовного опыта, деперсонализация секса как такового.* — Что имеет в виду Арина? Неоднократно ею и комментатором цитированный антилюбовный эпилог ИБ к его любовному, посвященному МБ циклу («Дорогая, я вышел сегодня из дому поздно вечером...»)? Другой зацитированный нами обоими стих «Aere Perennius»? Или речь о стихотворении О, которому у ИБ нет аналога? Или все-таки есть — одно из тех неопубликованных стихотворений ИБ, которые упоминают Александр Сумеркин, Владимир Соловьев и другие авторы?

(134) *Его философия после Катастрофы сводилась к довольно простому правилу: зачем вся дева, раз есть колено.* — Переведенная в прозу строчка из стихотворения ИБ: «Я всегда твердил, что судьба — игра...»

(134) *Кстати, его знаменитое «конец перспективы» — внимание литературоведов! — относится именно к вагине, а никак не к политике.* — Оставим эту хунвейбин-

скую трактовку известной строчки ИБ на совести Арины. Хотя — похоже.

(137) *Его так называемое мужество в тюрьме, на суде и в ссылке — по причине его эмоционального перерасхода: у каждого есть свои квоты, он весь истратился на любовные переживания.* — Зато это объяснение — в отличие от предыдущего — находит многочисленные подтверждения в высказываниях ИБ — когда смутно, намеками, а когда прямым текстом: «В то время у меня был первый и последний в моей жизни серьезный треугольник. *Manage a trois* — обычное дело, двое мужчин и женщина,— и потому голова моя была занята главным образом этим. То, что происходит в голове, беспокоит гораздо больше, чем то, что происходит с телом» (интервью с Хелен Бенедикт//«Antioch Review», 1985, зимний номер).

Это рассказ журналисту четверть века спустя, уже в спокойных тонах, отстраненно.

А вот рассказ приятельницы ИБ:

«Много лет спустя, в Нью-Йорке, я спросила Бродского, почему он был так невозмутим, будто все это не с ним происходило. "Это было настолько менее важно, чем история с Мариной,— все мои душевные усилия ушли, чтобы справиться с этим несчастьем"» (Л. Штерн. Бродский: Ося, Иосиф, Joseph).

А в еще одном разговоре — опять-таки в связи с судом — ИБ говорит про «квоту негативных ощущений».

Короче, Арина опирается на достаточное число свидетельств, опровергая, что не суд — центральное событие, поворотный пункт, перекресток, контрапункт и проч. в жизни-судьбе ее конфидента, а предшествующие ему измена любимой и предательство друга. Потому ИБ и оказался таким беззащитным, безразличным, индифферентным на суде и далее. С другой стороны, именно благодаря личному несчастью у него выработался своего рода иммунитет к внешним невзгодам, и он сравнительно легко пережил тюрьму, психушку и ссылку.

Это одна из точек пересечения человека, похожего на Бродского, с самим Бродским — литературного персонажа с реальным человеком. Однолюбие О совпадает с моногамной страстью ИБ к МБ, о чем можно судить и по его стихам, и по беспрецедентному в русской поэзии сборнику стихов, целиком посвященному любимой женщине, и даже — опосредованно — по антилюбовному любовному стиху, с оксюморонной трактовкой которого рассказчицей комментатор склонен согласиться, хоть и не на все сто. Достаточно заглянуть в воспоминания более-менее близких или бывших близких ИБ людей — от Андрея Сергеева и Анатолия Наймана до Людмилы Штерн, которая в своей мемуарной книге посвящает Марине отдельную главу под ее именем: «Главная и самая любимая в его жизни женщина». Сам Бродский охотно делился своими любовными переживаниями с друзьями и не обязательно друзьями, отстаивая моногамную природу любви. «Есть квота любви, положенная на человеческую душу,— любить можно только один раз» — слова, сказанные ИБ автору этих строк еще в Питере, с чем я, на основании собственного опыта, понятно, поспешил согласиться. «Орфей отнюдь не Дон Жуан. Он так потрясен смертью своей жены Эвридики, что олимпийцы, не в силах более терпеть его стенания, разрешают ему сойти в преисподнюю, чтобы вывести ее. То, что из этого путешествия... ничего не выходит, только доказывает интенсивность чувств поэта к своей возлюбленной, а также, безусловно, понимание древними всех тонкостей вины. Эта интенсивность, как и дальнейшая судьба Орфея (он был растерзан толпой разъяренных менад, чьими обнаженными прелестями пренебрег, блюдя обет целомудрия, данный им после гибели Эвридики), указывает на моногамный характер страсти»,— пишет ИБ в статье «Altra Ego» и далее переносит моногамный принцип на отношения поэта с языком: «...привязанность к языку у поэта моногамна, ибо поэт, по крайней мере в силу профессии, одноязычен»,— что только внешне противоречит опыту

ИБ, который писал стихи и по-английски, потому как английский поэт ИБ не состоялся, о чем косвенным образом свидетельствует и это признание за несколько лет до смерти, а прямо — негативные оценки в американской и британской печати, объяснить которые одной только аллергической реакцией аборигенов на пришельца было бы неверно. См., к примеру, свод посмертных рецензий в лондонской периодике у Валентины Полухиной в статье «Английский Бродский» (сб. «Иосиф Бродский: творчество, личность, судьба»).

Однолюб, человек «одной, но пламенной страсти», ИБ тяжело, как катастрофу личной жизни, переживал измену Марины Басмановой, да еще с его лучшим другом Дмитрием Бобышевым из того же ахматовского квартета, что он сам. Вся его последующая судьба, вся его поэзия — выпрямление, высвобождение из-под эмоционального стресса этого «несчастья». Я и сам кое-что помню из его любовных признаний, но и объективно, из стихов, видно, что ИБ так никогда и не освободился от своей, как он говорил, «хронической любви» к МБ, которой посвятил спустя десять лет после разлуки упомянутую книгу потрясающей любовной лирики «Новые стансы к Августе», а за несколько лет до смерти написал ей мстительное антилюбовное послание, которое свидетельствует об обратном: есть чувства, которые, подобно некоторым болезням, умирают только вместе с их носителем.

(137) ...*творил себя и свою жизнь всей силою несчастья своего.* — См. у ИБ:

> Но, как всегда, не зная для кого,
> твори себя и жизнь свою твори
> всей силою несчастья своего...

(138) ...*к породе достоевских персонажей, а те любую свою гнусь объясняют высшими материями.* — Ср. с утрированной характеристикой Бобышева у Довлатова:

«Знаю я Диму, переспит с чужой женой и скажет — я познал Бога!» (С. Довлатов. Эпистолярный роман с Игорем Ефимовым).

(139) *«Сейчас ты в заграничном том пределе, куда давно глаза твои глядели»...* — Еще одна ссылка на Довлатова: «Да, собирается ехать Бобышев. Осудивший в стихах эмигр. Бродского: "Сейчас ты в заграничном том пределе, куда давно глаза твои глядели"» (там же).

(139) *...остракизму, который закончился только после смерти О, и Иуда стал выпускать книжку за книжкой с совсем даже недурными виршами.* — Анахронизм. На самом деле книги Бобышева выходили еще при жизни ИБ — сначала в зарубежных издательствах (YMCA-PRESS, «Apollon Foundation»), а с началом гласности и в России.

(140) *Выбирая то, что привлекает других, обнаруживаешь свою собственную вульгарность.* — Объясняя в «Меньше единицы» уход из школы, ИБ дает камуфляжный комментарий к любовной драме: «...если ты выбрал нечто, привлекающее других, это означает определенную вульгарность вкуса. И вовсе не важно, что ты набрел на это место первым. Первым очутиться даже хуже, ибо у тех, кто приходит следом, аппетит больше твоего, отчасти уже удовлетворенного».

(141) *Я ее видел в музеях, детка. Статуи сохранились.* — Уже в новом тысячелетии, до которого ИБ, как и предсказывал, не дожил, в Британском музее открылась выставка, посвященная образу Клеопатры в искусстве. В экспозиции были одиннадцать статуй, которые прежде ошибочно атрибутировались другим египетским царицам. Женщина, соблазнившая своей красотой Юлия Цезаря, Марка Антония и прочих менее знаменитых любовников, оказалась низкорослой и некрасивой тостушкой. «Чем больше мы изучаем изображения Кле-

опатры, тем меньше мы уверены в ее красоте»,— сказала Сьюзанн Уокер, куратор выставки, корреспонденту лондонской «Sunday Times».

(141) *Из его изречений: «Мало того что сало русское едим, так еще и девок русских ебем». При чем здесь сало?* — «А сало русское едят» — строчка из басни Сергея Михалкова времен так называемой «борьбы с космополитами». Однозначно воспринималась как антисемитская. У Арины, понятно, никаких ассоциаций — поколенчески и по возрасту.

(143) *Мужик должен хоть раз схватить триппер — чтобы знать, что такое баба!* — Этот постулат приводится в том виде, как комментатор слышал его от ИБ. Дмитрий Бобышев приводит несколько иной, сглаженный вариант: «Настоящий мужчина должен переболеть триппером — хотя бы доля верного взгляда на женщин» (Д. Бобышев. Я здесь//«Октябрь», 2002, № 9). Триппер был на слуху в тогдашних питерских и, позднее, нью-йоркских тусовках. Что далеко ходить за примерами, вот отрывок из «Довлатова на автоответчике» Владимира Соловьева:

«Во всех отношениях я остался у него в долгу — он помог мне освоить шоферское мастерство, написал обо мне защитную статью, принимал у себя и угощал чаще, чем я его, дарил мне разные мелочи, оказывал тьму милых услуг и даже предлагал зашнуровать мне ботинок и мигом вылечить от триппера, которого у меня не было, чему Сережа искренне удивлялся:

— Какой-то вы стерильный, Володя...»
(В. Соловьев, Е. Клепикова. Довлатов вверх ногами.)

(143) *...стало невмоготу видеть морды как учителей, так и однокашников.*— Ср. с признаниями ИБ: «Помню, когда я бросил школу в возрасте 15 лет, это было не столько сознательным решением, сколько инстинктивной реакцией. Я просто не мог терпеть неко-

торые лица в классе — и некоторых однокашников и, главное, учителей» («Меньше единицы»).

(143) *Да и квота негативных ощущений у меня — через край.*— Ср. с высказыванием ИБ в интервью Белле Езерской:

— Что касается негативных, то у меня, как у всякого человека, есть своя «квота негативных ощущений».

— Она у вас заполнена или нет?

— Более или менее заполнена.

(«Время и мы», 1981, № 63.)

(144) *Или еще раньше, когда отец его тиранствовал и ремень гулял по заду будущего гения русской поэзии?*

Отец был дубоват, брутален и груб, чистый совок, горд, что родился 7 ноября, это потом была создана — не без участия сына — легенда о милых, тонких, интеллигентных родителях. Чего не было, того не было.— С отцом ИБ был грубовато-снисходителен, чему комментатор свидетель — как бы беря реванш за былые, в детстве, от него унижения. Что подтверждается — со слов опять-таки ИБ — неангажированными мемуаристами: «Сейчас, после стольких лет, вспоминая рассказы Иосифа о детстве, об отце-тиране, без промедления снимавшем ремень,чтобы отхлестать сына, я иначе вижу эту фотографию (Бродский-старший в форме морского офицера — *В. С.*), и офицерская форма представляется мне костюмом дрессировщика тигров. Лицо на портрете было полнее и не имело никакого сходства с оригиналом. Только властное выражение осталось»,— пишет Аннелиза Аллево, дружившая в 1981 году с родителями ИБ (А. Аллево. Улица Пестеля, 27, квартира 28//«Старое литературное обозрение», 2001, № 2).

(146) *Как еще объяснить, что с голосом, который приводил его в возбуждение, спустя всего несколько лет больше ничего не связывало?* — ИБ: «До сих пор, вспоминая твой голос, я прихожу в возбужденье», «С твоим

голосом, телом, именем ничего уже больше не связано...» См. систему эпиграфов к следующему текстовому отсеку.

(146) *Душа за время жизни приобретает смертные черты?* — Рассказчица снова цитирует эти зацитированные слова ИБ, меняя утвердительную интонацию на вопросительную.

(147) *Как говорил один гречана, в один и тот же асфальт ступить неможно,*— *еще одна прижизненная вариация мертвеца на гераклитову тему.*— См., к примеру, свидетельство Романа Каплана, совладельца с ИБ и Михаилом Барышниковым ресторана «Самовар»: «Он всегда говорил одну и ту же фразу, что нельзя вступить в один и тот же асфальт» (В. Козловский. Прощание с Бродским//Лос-Анджелес, «Панорама», 1996, № 775, 14—20 февраля). На самом деле ИБ варьировал формулу Гераклита, перевирая ее каждый раз наново (см. прежде и далее в основном корпусе текста).

(150) *Это я был тот юный паж, который преклоняет свою рыжую голову на королевское бедро, изумительнее которого нет, не было и не будет.*— Почти дословная цитата из эссе ИБ «Трофейное»: «Ничего оттуда (из фильма "Дорога на эшафот") не помню, кроме сцены, в которой юный паж скорбно преклоняет голову на изумительное бедро своей обреченной королевы». И далее — по совпадению с излагаемой Ариной любовной концепцией О: «По моему убеждению, она была самой красивой женщиной, когда-либо появлявшейся на экране, и мои последующие вкусы и предпочтения, хотя сами по себе и вполне достойные, все же были отклонениями от обозначенного ею идеала. Из всех попыток объяснить сбивчивую или затянувшуюся романтическую карьеру эта, как ни странно, представляется мне наиболее удовлетворительной». Другой источник этого отождествления исторической героини, голливудского

образа и подружки героя — в «Двадцати сонетах к Марии Стюарт». К сожалению, комментатору не удалось обнаружить никаких следов фильма «Mr. Skeffington» в советском прокате конца 40-х — начала 50-х (может быть, из-за еврейства его главного героя?), но, если честно, я не очень этим и занимался, а ссылку на «трофейный» фильм слышал лично от ИБ, после чего посмотрел его и был очень смущен голливудским happy end. Тогда я спросил ИБ, смотрел ли он этот фильм здесь, в Америке. «Что я, идиот?» — последовал ответ.

Уж коли мне приходится ссылаться на самого себя, то вот еще один вспоминательный наплыв.

Мне кажется, я ни разу не рассказывал об этом нашем трепе с ИБ — стеснялся. Разве что упомянул, не помню где. Может быть, в каком-нибудь интервью. Место действия — Ленинград, время — самое начало 70-х. Что точно помню — ранняя весна. Я довольно долго засиделся у Оси, возвращая ему рукопись его книги «Остановка в пустыне» (он внимательно выслушал мои соображения и ни одного не учел), и вышли мы поздно — сумерки, зябко. Нам было по пути: он ехал к Ефимовым, я — домой. Троллейбус, как сейчас помню, двойка. Мы тряслись сзади на просторной такой площадке без скамей, держась за поручни, время от времени, на светофорах и остановках, нас бросало друг к другу, что создавало ощущение неловкости и близости. Не помню в связи с чем, я назвал имя Марины, имея в виду Марину Рачко, жену Игоря Ефимова, которую все, кроме меня, звали Машей. Никак не ожидал от него такой реакции на имя. Знал, что это его болевая точка, идефикс, bête noire, но чтобы до такой степени!

Когда выяснилось, что он зря сделал стойку, и догадываясь о моей реакции на его реакцию, он вдруг спросил:

— Извините за нескромный вопрос: вам Лена изменяла?

Я растерялся, но уж слишком ИБ был серьезен, чтобы реагировать на него тоже серьезно:

— Ну, кто же это может знать наверняка! Язык любви — язык лжи.

— Язык лжи — это язык нелюбви,— возразил он резко, и я мгновенно согласился, о чем потом жалел.

— Если речь о ревности, то не так уж и важно, имела место измена или нет. Неизвестность томит хуже известности. Измену — точнее саму ее возможность — представляю очень живо. Воображение у меня работает на крутых оборотах. Отелло по сравнению со мной щенок. Да еще сны с их дикостью и бесконтрольностью. Там жена у меня блядь блядью. Со всеми знакомыми.

— И со мной?

— А то как же! Вот недавно снилось, как Лена запросто, без напряга и стыда, признается, что спала с вами, и я безумец-ревнивец наяву (ко всем и ни к кому) спокойно это во сне воспринимаю как само собой разумеющееся.

— А теперь представьте, что вы просыпаетесь, и оказывается, что это вам вовсе не снилось, а на самом деле. Что тогда?

Подвох? От одной такой возможности меня передернуло.

— Да нет, я не о себе, а вообще,— утешил он меня.— Что бы вы сделали?

— Не знаю..

— Вот и я не знаю. Шесть лет как не знаю.

Подумав, добавил:

— Я старше вас не на два года, а на этот вот опыт.

У Пяти углов он вышел, оставив меня в сомнениях: не о нем, а о себе. А что бы сделал я на его месте?

Такая вот история.

ХРОНИЧЕСКАЯ ЛЮБОВЬ.
РЕКОНСТРУКЦИЯ НА ЧЕТЫРЕ ГОЛОСА

Этот многоголосый скорее блок, чем глава, являясь художественным вымыслом Арины, не нуждается в подробных комментариях, но только в кратком общем.

Зато несколько страниц эпиграфов, вынесенных в отдельную, начальную подглавку, суть, по замыслу автора, жанровая модификация сносок, хотя и без точного указания — какая к чему. То есть без четкой атрибуции стиховых, прозаических и оральных высказываний ИБ. Да и невозможно прерывать внутренние монологи сносками и ссылками. А приведенные вразброд цитаты пусть читатель сам распределяет и перераспределяет по собственному усмотрению.

Тем более некоторые эпиграфы приведены парно и содержат если не сюжетное сравнение, то по крайней мере стилевое смещение, а чаще — сопоставление, противопоставление и уравнение. Если воспользоваться гегелевской триадой: теза — антитеза — синтез. Начиная с первой пары, которая рисково и пикантно составлена по аналогии «не трожь» в первом стихотворении и «не тронь» во втором. Да еще по ситуативной общности классического треугольника, описанного в гротескной, насмешливой, издевательской «Любовной песне Иванова», стилистически и хронологически близкой к стихам из «Школьной антологии» — *manage á trois* самого ИБ (+ДБ и МБ), на основании чего и можно считать исповедь алкаша закамуфлированным, пародийным, автоироничным признанием самого ИБ (по принципу классического объяснения в любви в третьем лице) и ставить в пару с открыто-исповедально-любовным «Горением». Маска алкаша Иванова позволяет ИБ сделать признания, немыслимые для него прямым текстом в автобиографических стихах. Скажем, «я знал ее такой, а раньше — целой», что непонятным образом волнует рассказчицу. Или о невнятном чувстве вины, обобщение которому — опять-таки в третьем лице — дано в приведенном в комментарии к предыдущей главе отрывке про Орфея, где говорится о «всех тонкостях вины».

Само собой, Иванов или Орфей (как и Тезей, Эней, Одиссей, Новый Дант и другие авторские псевдонимы) — не совсем ИБ, но такие аналогии и переносы, как и в целом биографический, то есть все-таки буквальный подход к поэзии, оправданны в структуре нашего с Ариной двукнижия советом самого ИБ: «Поскольку каждое произведение искусства, будь то стихотворение или купол, является автопортретом, мы не будем во что бы то ни стало проводить различия между личностью автора и лирическим героем стихотворения. Как правило, такие разграничения совершенно бессмысленны хотя бы потому, что лирический герой неизменно является авторской проекцией». Хоть это и сказано в связи с Оденом («"1 сентября 1939 года" У. Х. Одена»), но явно на основании собственного поэтического опыта. Если и можно упрекнуть рассказчицу — и комментатора — в буквально-биографическом подходе к стихам ИБ, то этот упрек, как видим, можно переадресовать и самому ИБ, коли он ищет биографический подтекст даже в куполе. Несомненно, в критике и литературоведении подобный подход недопустим (привет Тынянову и К°.) — иное дело биографический, а тем более мнимобиографический жанр.

Реконструкция любовной драмы героя (точнее, героев) собственно и произведена на основании вынесенных в эпиграфы высказываний, хотя ими не ограничена. Вдобавок, само собой, довольно дифференцированное знание комментатором с питерских еще времен (в том числе со слов ИБ, который в этих делах скрытностью не отличался) подробностей этого любовного четырехугольника. А не треугольника, как ошибочно полагал ИБ. Если что и нуждается в комментарии, то отнюдь не сюжетные выверты и скрытые цитаты, а причины измены автора и рассказчицы собственным же принципам двукнижия в этом текстовом отсеке, но поддаться этому соблазну значило бы отбивать хлеб у современных и будущих историков литературы, если таковые выживут в противостоянии конкурентам.

Очевидна — по контрасту с предыдущими и последующими главами — рокировка текста Арины и текстов ИБ: в самом деле, телега впереди лошади. Как и положено эпиграфам, но не комментариям. Читателю предстоит самолично решить, как соотносятся заявления ИБ и его монолог, а заодно и монологи остальных фигурантов в этой весьма рисковой четырехголосице. В отличие от других глав, в которых вымыслу положены пределы и если не каждое утверждение Арины, то многие могут быть подтверждены самим ИБ, каковая задача и выполняется худо-бедно комментатором, эти четыре потока сознания, разные даже стилистически, невозможно заземлить научными или даже псевдонаучными примечаниями и педантично привязать к документальным высказываниям тех, кому они приписаны.

Тем более реальные имена присвоены все-таки беллетризованным персонажам.

Сам этот четырехголосник — а фактически пятиголосник, считая голос комментатора,— с легко угадываемыми литературными образчиками: «Расёмон» Акутагавы—Куросавы, «Шум и ярость» Фолкнера и, само собой, «Семейные тайны» Владимира Соловьева, с подзаголовком «роман на четыре голоса». В данном случае — *рассказ на четыре голоса*. Четыре Б — по-видимому, по аналогии с упомянутыми в тексте пятью Б (Блок, Белый, Брюсов, Бальмонт и Бунин) — это ИБ (Иосиф Бродский), МБ (Марина Басманова), ДБ (Дмитрий Бобышев) и АБ (Андрей Басманов). Три других голоса отнюдь не подголоски главному, а скорее коррективы, а то и опровержения версии, излагаемой ИБ орально и текстуально и приведенной в эпиграфах. Но и монолог мертвеца, то есть главного героя, отнюдь не тождествен высказываниям его прототипа, а в ряде случаев является существенной к ним поправкой.

К примеру, если гармошка сепий с ведутами Венеции прямо заимствована из устных и печатных рассказов ИБ — «...девушка, за которой я ухаживал, подарила на день рождения набор открыток с рисунками сепией, который ее бабушка вывезла из дореволюционного медового месяца в Венеции, и я корпел над ними с лупой»,— то его земное и заземленное (в данном случае точнее было бы сказать «приводненное») понимание метафизической цитаты из Библии «Земля же была безвидна и пуста; и тьма над бездною. И Дух Божий носился над водою» выправлено в соответствии с его предполагаемым потусторонним опытом. В самом деле, предположить, что «если он носился над водой, то, значит, отражался в ней» (С. Волков. Разговоры с Иосифом Бродским»), и продолжать на этом настаивать в цитированном выше венецейском эссе: «В любом случае, я всегда считал, что, раз Дух Божий носился над водою, вода должна была его отражать» («Fondamenta degli Incurabili»),— такой подход слишком материалистичен для метафизика, коим полагал себя ИБ. Наделенный новым опытом, О в своем загробном монологе сам себя как бы поправляет, когда говорит, что смятенный дух носится над лагуной, **не** отражаясь в ней, и еще пару раз варьирует это свое посмертное наблюдение. В самом деле, кто может быть большим метафизиком, чем мертвец?

Монолог ДБ, в свою очередь, начинается эпиграфически — со стихов Дмитрия Бобышева, в которых выражена иная, его собственная версия на тему «обожались и обжимались», и даже стилистически выстраивается под этого реального прототипа (один из ориентиров — классный бестиарий Дмитрия Бобышева — Михаила Шемякина «Звери св. Антония»), хотя и не в такой цитатной зависимости, как речь главного персонажа романа. И вообще, семантическое наполнение монологов — в частности, монолога ДБ — принадлежит, конечно, рассказчице, а не прототипу, и зависимо разве что системой образов молодого, питерского Бобышева, а не поворотом сюжета. Ключевой образ — с подожженными Мариной Басмановой в новогоднюю ночь занавесками — не только вычитываем из приведенных в эпиграфе стихах Бобышева(«Тот новогодний поворот винта, когда уже не флирт с огнем, не шалость с горящей занавеской, но когда вся жизнь моя решалась»; «Но как остановились эти лица, когда вспорхнула бешеная птица в чужом дому, в своем дыму, в огне...»), но и подтвержден независимыми источниками. Галина Шейнина, например: «Накануне этого Нового (1964) года Бобышев предупредил, что приедет с девушкой. Девушка оказалась Мариной Басмановой. Дима объяснил, что Иосиф поручил ему опекать Марину во время его отсутствия. Мы встретили ее приветливо, но дальше отношения не сложились. Марина всю ночь молчала, загадочно улыбаясь à la Джоконда. Под утро, заскучав, она, все с той же загадочной улыбкой, подожгла на окнах занавески. Пламя вспыхнуло нешуточное, и она прокомментировала: "Как красиво горят". По всему стало ясно, что Димина опека зашла слишком далеко...»

Сам Бобышев в своих скорее обидчивых, чем реваншистских воспоминаниях дает этот эпизод несколькими фразами: «Как пришли, со свечами, мы продолжили свой ритуал, танцуя. Маринина свеча подожгла серпантиновую ленту, и огонек, побежав, прыгнул на занавеску.

— Красиво!

Начавшийся было пожар потушили, мы поднялись в горницу и задремали "под польтами". Год обещал выдаться незаурядным» («Октябрь», 2002, № 11).

Цитируемые воспоминания ДБ «Я здесь» остались как источник незадействованными и даже невостребованными рассказчицей. Причина — хронологическая: этот семантически и композиционно ключевой, контрапунктный отсек нашей с Ариной книги был закончен летом 2002, то есть до того, как Бобышев дошел, наконец, в своих мемуарах до их общей с ИБ истории и обнародовал ее в ноябрьской книжке журнала «Октябрь» за 2002 год, которая дошла до Нью-Йорка — через Интернет — только под Рождество. Не впадая в оценочно-рецензионный жанр, что увело бы комментитора в сторону, отмечу, что в наиболее важных аспектах ДБ прямым и косвенным образом подтверждает догадки, прозрения и знания Арины:

что, в то время как ИБ демонстрировал свою близость с МБ, сама МБ отстаивала и подчеркивала свою независимость:

«Иосиф на языке зверюшек и земноводных старался показать их зависимость, она, наоборот, свою независимость. И она держалась независимо: вот ведь звонила, заходила ко мне сама,— очевидно, ни перед кем не отчитывалась. Она даже подчеркивала свою отстраненность.

— Как же Иосиф? Мы с ним были друзья, теперь уже, правда, нет. Но ведь он, кажется, считал тебя своей невестой, считает, возможно, и сейчас, да и другие так думают. Что ты скажешь?

— Я себя так не считаю, а что он думает — это его дело.

"Я себя так не считаю" — значит, она свободна, и этого достаточно»;

что как поэт ДБ был ближе МБ, чем ИБ:

«Моему любимому поэту. Марина»,— надписала она подарок ДБ;

что для МБ роман с ДБ был не просто увлечением или адюльтером, но своего рода стимулятором и ultima ratio (последний решающий довод *(лат.).— Примеч. ред.)* в ее конфликтно-любовных отношениях с ИБ:

«...поиски объяснений ее (Марины) колеблющегося поведения в совсем уже чуждом ряду понятий — в стратегии кокетства, в использовании меня как средства уловления не меня, а его, его — вот в чем был "потерянный рай" ослепившего меня на минуту счастья»;

что и ДБ не просто запал на МБ, но рассматривал ее скорее как трофей в поэтическом турнире с ИБ:

«Хотелось... счастья, но добытого в одолениях и усилиях, за которые дорого и с хорошим риском плачено»;

«А — треугольник? Его напряжение то ослабевало, то вновь выпирало углами — им явно манипулировала Марина, для меня ее притягательность вовсе не исчезала, но стала восприниматься уже как литературный трофей, то затеняясь унынием, то подсвечиваясь надеждой».

Вплоть до весьма характерной сцены, когда ДБ, будучи в гостях у МБ, узнает, что ИБ стоит напротив у дома:

«Марина, ахнув, отдернула занавеску. Я шагнул к окну и, скрестив руки, встал с ней рядом. На той стороне улицы у дома Всеволожских стоял и смотрел на освещенные окна Иосиф. Марина запахнула занавеску и чуть не зашипела:

— Отойди! Как ты можешь так?»;

что ДБ еще в стерильно-платонический период отношений с МБ («Наши общения с Мариной, и так дистиллированные, не замутнялись никакими ухаживаниями и как будто собирались остаться надолго в состоянии бестелесного и восхищенного интереса друг к другу») рассказал о них ИБ, вызвав понятный вопрос последнего, спит ли он с ней, от которого ДБ ушел, оставив ИБ в больших сомнениях; честный Яго, ДБ выдает свой поступок за порядочность, но его можно трактовать и иначе — ну хотя бы как хвастовство (эвфемизм).

Вплоть до отгаданных рассказчицей отношений беременной МБ с ДБ:

«Вдруг — звонит и врывается ко мне в закут моя лира, мандолина дражайшая, вся в слезах, в испареньях адреналиновых... Что случилось, в чем дело? Оказывается, на четвертом месяце, хочет делать аборт, просит адрес врача или какой-нибудь частной клиники. Но почему же такое решение? Я — против. Если двое хотели сделать ребенка, то надо вынашивать и рожать. Нет, она этого совсем не хотела и даже не предполагала, все — едва ль не умышленно — он.

...Но если она ищет кардинальных решений для этих интимнейших дел, то почему же — ко мне?

Нет, опять же ко мне, уже с девятимесячным брюхом, и теперь: приму ль я ее навсегда? Конечно же, именно навсегда и приму, и никак иначе! Что там Толстой — ведь и у Достоевского не было ничего подобного. Забрезжила какая-то пародия на задуманное некогда счастье: Арлекин переодевается в панталоны Пьеро и роняет на сцену граненые ананасы слез».

Однако куда важнее, чем эти совпадения,— прорывы рассказчицы в неведомые вспоминателям области:

по классической формуле она начинает там, где те кончают, дырявя документ. Воспользовавшись опять-таки классическими формулировками, сформулируем собственную антитезу: «давно уж ведомое всем» или «страстное земное перешел»? В последнем помощь Бобышева-поэта, метафорически схватившего в синхронных стихах описанную Ариной драму — даже там, где она являет вполне мелодраматический лик,— куда значительнее, чем гипотетическая помощь от Бобышева-вспоминальщика, будь даже его мемуары напечатаны вовремя.

Монолог неартикуляционной, молчащей, то есть внетекстовой и даже внесловесной МБ имеет легко узнаваемый литературный прецедент, но в сторонней литературе, и немыслим без внесинтаксического потока сознания Молли в 18-й, последней, лучшей главе «Улисса». Детский монолог АБ (то есть Андрея Басманова) — сочетание младенческого лепета с неожиданными прозрениями — построен по принципу «устами младенца глаголет истина». Литературный прецедент не прослеживается.

Автопортретные эти монологи не кажутся комментатору адекватными их реальным прототипам. Во всяком случае, не один к одному. Да и сам прием рискован, сомнителен и спекулятивен. Сплетничество, мелодраматизация, психоаналитические упрощения или, наоборот, усложнения, перенос собственных, само собой, субъективных оценок во внутреннюю речь четырех Б — такой тип наррации возможен разве что по прошествии значительного отрезка времени после описываемых событий, по меньшей мере post mortem, а не так вот, по горячим следам, при живых еще персонажах всей этой истории. Я уж не говорю, что вся затея отдает бестактностью, дурновкусием, сенсационностью и скандалезностью. Естественно, комментатор отмежевывается от разгула фантазии рассказчицы, но известно, что роман только тогда выходит на прямую удачи, когда герои перестают повиноваться автору. О ком я сейчас? Не знаю. Скорее все-таки о четырех Б, чем об Арине.

Или обо всех кряду?

С другой стороны, именно благодаря выбранной манере — «фикшн», беллетристика, проза, потоки сознания — появилась возможность воссоздать эту трагическую любовную историю, дав ее в четырех лицах, ибо треугольник материализовалсяв конце концов в четырехугольник: двух поэтов, их общей возлюбленной и — привнесение расказчицы в этот жанр — сына ИБ и МБ, к которому ДБ испытывал отцовские чувства и к которому ИБ в самом деле допускали только при условии полной анонимности. Как он жаловался комментатору, из-за антисемитизма родителей Марины, чей антисемитизм, если таковой имелся, не зоологического, а скорее идеологического и — в данном случае — выборочного свойства. Четыре эти потока сознания — четыре точки зрения на один и тот же сюжет, что позволяет дать его объемно и до известной степени объективно, несмотря на субъективизм и тенденциозность рассказчицы.

Даже если в действительности это было не совсем так, то вышло не менее интересно, чем то, что было в действительности.

Мне остается только извиниться за Арину перед живыми и мертвецом, которых она представила в своих монологах с такой лихой самоувереностью и безоглядностью, чтобы не сказать — наглецой.

АРЕСТ, СУД, ССЫЛКА. Пропущенная глава

Рассказчица опускает эту главу — без разницы, написана она или нет — по нескольким причинам. Во-первых, из нелюбви к талдыченью «давно уж ведомого всем» (а об этих делах написано больше, чем о любом другом биофакте ИБ). Во-вторых, из принципиально иного подхода к судьбе своего героя, поворотным моментом которой она считает любовное фиаско, а вовсе не арест. В-третьих, исходя — в данном случае — из пожеланий прототипа, а ИБ с некоторых пор стал всячески и даже агрессивно открещиваться от диссидентской славы как общей, то есть тавтологической, хотя и попользовался ею в первые годы жизни в США. Однако в дальнейшем терпеть не мог размусоливания на судебно-тюремно-ссыльный сюжет — уходил от ответов и даже препятствовал публикациям на эту тему. Вот, к примеру, «ответ-вопрос» на его вечере в парижской Ecole Normale Superieure 11 января 1990 года:

— Почему вы были против того, чтобы Ефим Эткинд напечатал интереснейший документ — «Процесс Иосифа Бродского»? Где-то промелькнуло, что вы не со слишком большим энтузиазмом отнеслись к этой публикации?

— Подобное литературоведение унижает литературу. Снижает ее до уровня политической полемики. Я считаю, что вообще на зле концентрироваться не следует. Это самое простое, что может сделать человек, то есть концентрироваться на тех обидах, которые ему нанесены, и т. д. и т. д. Зло побеждает, помимо всего прочего, тем, что оно как бы вас гипнотизирует. О зле, о дурных поступках людей, не говоря о поступках государства, легко думать — это поглощает. И это как раз и есть дьявольский замысел.

В том же ряду возмутивший многих отзыв о Вигдоровой, которая застенографировала судебный процесс и передала отчет за границу — собственно, с этого и началась мировая слава ИБ. Кое-кто даже считал, что она рано умерла, надорвавшись, защищая ИБ, но тот отзывался о ней пренебрежительно: «Умереть, спасая поэта,— достойная смерть» (с поправкой на испорченный телефон пересказа).

Ну, о том, что «отчизне мы не судьи. Меч суда погрязнет в нашем собственном позоре» — известно теперь и ежу. По крайней мере — читателям ИБ и книги о человеке, на него похожем. А вот вариации из оральных выступлений ИБ. Цитирую по книге «Иосиф Бродский: Большая книга интервью»:

«Я совершенно мог бы оправдать советскую власть постольку, поскольку она давала по морде мне,— то есть мне наплевать, я-то считаю, что я вообще все это заслужил».

«...Никогда не позволял себе быть жертвой. Ни там, ни здесь... Я предпочитаю имитировать храброго человека, чем быть настоящим неудачником».

То есть хотя бы с виду — с их виду.

Синдром унижения: «Сжимая пространство до образа мест, где я пресмыкался от боли»? Патологический страх тавтологии — отмежевание от любого коллектива, будь то Синагога, Церковь или Диссент? Упомянутый рассказчицей комплекс еху? Нежелание впасть в дурной тон — «воспринимать себя и свои несчастья слишком всерьез» (там же)? Стоицизм?

Жалобы, скулеж, истерику не выносил ни в других, ни в себе. Ссылался на стихотворение грека Леонида: «В течение своей жизни старайся имитировать время, не повышай голоса, не выходи из себя. Ежели, впрочем, тебе не удастся выполнить это предписание, не огорчайся, потому что, когда ты ляжешь в землю и замолчишь, ты будешь напоминать собой время».

Короче, как раз этим пропуском судебной истории покойник остался бы доволен. Чего не могу сказать про написанные главы. Впрочем, недовольство подразумеваемого героя соавторами этого неавторизованного, апокрифного, антиагиографического жизнеописания вмонтировано внутрь книги — в виде воображаемых споров рассказчицы с мертвецом.

Ряд других, именно российских, пропусков связан с наличием «Романа с эпиграфами» Владимира Соловьева, вместе с которым данная книга составляет своего рода складень, хотя оба текста существуют независимо, сами по себе. Наконец, деревенский сюжет (ссылка в Норенскую) худо-бедно отражен в пассажах, связанных с возлюбленной поэта,— в «любовных» и «еврейской» (там, где о восприятии природы) главах.

В деревне, где скучал Иосиф —и в отличие от Онегина еще и вкалывал,— где Бог опять же живет не по углам, вдали от шума городского (уж коли пошли сплошь стиховые цитаты), ИБ оглянулся окрест и внутрь себя сторонним, отчужденным взглядом, чему способствовало также знакомство впригляд (при начальном знании английского) с метафизической поэзией англичан. Там он берет напрокат у Одена теорию языка и отходит от тесной зависимости от собственного тела, его показаний, позывов и несчастий. ИБ возвращается в Ленинград другим человеком — и другим поэтом.

ПЛОХОЙ ХОРОШИЙ ЕВРЕЙ

(200) *Моя первая ложь была связана с определением моей личности.* — Эпизод и резюме почти дословно позаимствованы Ариной из «Меньше единицы» ИБ.

(200) *...не с ходу признался, что еврей.* — Ахматова рассказывала, что Модильяни скрывал от нее возраст (сказал, что двадцать четыре, а ему было двадцать шесть) и не сразу признался, что еврей. Совпадает с абзацем в очерке Ахматовой «Амедео Модильяни»: «Как-то раз сказал: "J'ai oublié de vous dire que je suis juif". Что он родом из-под Ливорно — сказал сразу, и что ему двадцать четыре года, а было ему двадцать шесть...».

(201) *...фотосессию по выдавливанию из него аида и превращения в айриш.* — См. публикацию фрагментов из «Post mortem» в упомянутой книге Владимира Соловьева и Елены Клепиковой «Довлатов вверх ногами», где описан этот эпизод.

(201) *Бессмысленное слово, без никаких нюансов.* — «Помню, что мне всегда было проще со словом "жид": оно явно оскорбительно, а потому бессмысленно, не отягощено нюансами» (ИБ. Меньше единицы).

(201) *Бог для меня суть произвол и насилие. Как и следует из Библии, но... у меня это понимание на интуитивном уровне, путем откровения.—* Совпадает с высказываниями ИБ; см., к примеру, его интервью Адаму Михнику («Gazeta Wyborcza», 1995, № 3, 20 января; цитирую по «Большой книге интервью»).

(203) *Мы живем в пост- и даже постпостхристианскую эру.—* О постхристианстве см. в интервью ИБ и в его пьесе «Мрамор»: «Этот, как его, в Скифии который? ну, последний век христианства — верней, постхристианства...»

(203) *...пусть даже почта в один конец.—* В «Разговоре с Небожителем» эта мысль выражена в более императивной форме:

> В ковчег птенец,
> не возвратившись, доказует то, что
> вся вера есть не более чем почта
> в один конец.

(204) *Подзавести тебя на высокий стих могла теперь только злость, чему три свидетельства, три стишка, написанных «враждебным словом отрицанья» — антилюбовное, антикушнеровское и это вот антихристианское.—* Неожиданный комментарий к процитированному уже фаллоцентристскому стихотворению ИБ находим в антихристианской диатрибе Лимонова в «Книге мертвых»: «Секрет существования человека состоит в том, что он задуман не как индивидуум, но как вид. А обеспечивает сохранность вида — семя. Как кораллы, громоздится человечество друг на друга, поколение на поколение. По сути дела, человек должен был бы обожествлять семя — в семени его бессмертие. Вместо этого придуман на ближневосточном ландшафте некий тощий мертвец на кресте. Получается, что вместо жизни человек обожествляет смерть. На самом деле семя — это чудо жизни».

(204—205) *За всю жизнь в Америке опубликовал по-английски полстатьи в Мухосранске, а носился с ней как с писаной торбой.* — Хоть образ юдофоба-юдофила сборный, с миру по нитке, но в данной детали узнаем: комментатор радио «Либерти» Борис Парамонов опубликовал в «Лос-Анджелес Таймс» соавторскую статью (единственную его публикацию в американской прессе), трезвонил о ней направо и налево и даже промоушенал в парочке передач по радио.

(205) *Считал его ослабленной, карикатурной копией Розанова, а того терпеть не мог за ерничество и жидоедство.* — У ИБ отношение к Розанову хоть и сугубо отрицательное, но более сложное, чем его излагает Арина: «У меня к нему мало снисхождения. Розанов — проповедник безответственности. Когда моя, с позволения сказать, личность формировалась, я уже тогда ощущал чужеродность Розанова, несмотря на то, что его боготворили те, кто занимал в моем сознании не последнее место — Цветаева, скажем. Дело в том, что мне нечего сказать людям, которые считают: "Я хоть и поросенок, но Бог меня все равно любит"». Это не для меня» (интервью с Дэвидом Бетеа).

(206) *Бедный приспособленец!* — Повторяю: образ сборный, сводить его к какому-нибудь одному прототипу вряд ли уместно, узнаваемость мнимая, рассказчица уходит в сторону от реальной фигуры, создавая куда более сложный образ, чем любой из предполагаемых прототипов. Общее у всех — антисемитизм, но это родовая, а не индивидуальная черта.

(207—208) *...Марины Ивановны, пусть у нее и библейский темперамент, Иов в юбке...* — «А Цветаеву я люблю за ее библейский темперамент, темперамент Иова, за ее, если хотите, философию дискомфорта... Она кажется мне библейским Иовом в юбке. Такой она и была, ее фальцет и так далее. Библейский фальцет в русской традиции кажется мне очень любопытным явлением, в социальной и культурной традиции». И далее смычка с Шестовым: «Если потребуется философ, который сможет объяснить Цветаеву, то им будет Шестов» (из того же интервью с Дэвидом Бетеа).

(208) *Тут и возникает конфликт между генетическим знанием и благоприобретенным: читая, ты мысленно выворачиваешь строчку наизнанку, чтобы проверить, всё ли там в порядке.* — «Мы — народ книги. У нас это, так сказать, генетически. На вопрос о том, почему евреи такие умные, я всегда говорю: это потому, что у них в генах заложено читать справа налево. А когда ты вырастаешь и оказываешься в обществе, где читают слева направо... И вот каждый раз, когда ты читаешь, ты подсознательно пытаешься вывернуть строку наизнанку и проверить, все ли там верно» (там же).

(208) *XX век сплошь жидовизирован.* — Слово в слово, что ИБ говорил комментатору еще в Ленинграде — в самом начале 70-х, называя Кафку, Пруста и Джойса (из-за его героя), которых еще не заменил на Музиля. Подхватывал любой слух о еврействе кого-то из корифеев: того же Пикассо или Серватеса. Оправдательный монолог о предпочтениях может быть документирован высказываниями ИБ в его интервью и разговорах. См., к примеру, разговор с тем же Дэвидом Бетеа: «...русская литература изрядно проперчена еврейским присутствием. Как минимум пятьдесят процентов из тех, кто в этом веке считал себя поэтом, были евреями...» На вопрос о том, как он переживал свое еврейство — в отличие от Пастернака и Мандельштама: «Мы переживали его внутри семьи, не больше. Вряд ли Рейн или Найман ходили в синагогу. Я помню только один случай, когда я попал в синагогу. Я был в компании Наймана, его жены и еще кого-то, сейчас не помню, и со мной была смуглая леди моих сонетов, стопроцентная русская. И мы пошли туда — просто из любопытства, однажды вече-

ром, уж не помню каким. Особого впечатления на меня это не произвело, то есть не больше, чем поход в православный собор, рядом с которым я жил». В интервью Мириам Гросс («Observer», 1981, 25 октября) ИБ рассказывает о классной руководительнице, которая «меня ненавидела... из-за того, что был евреем»; объясняет антисемитскими препонами, почему пошел работать в морг, хотя «подумывал о таком еврейском поприще, как профессия врача...»; «Я был воспитан вне религии, но не мог не знать, каково быть евреем: это вроде отметины. Люди называют тебя "жид", тебя преследуют антисемитские замечания; в какой-то степени человек становится изгоем. Но, может быть, это и хорошо: тем быстрее привыкаешь не зависеть ни от чьего мнения. Позже, работая на заводе, в деревне, даже сидя в тюрьме, я удивительно мало сталкивался с антисемитизмом. Сильней всего антисемитизм проявлялся у литераторов, интеллектуалов. Вот где национальности придается действительно болезненное значение, от пятого пункта зависит карьера, и я отнюдь не был исключением».

(208) ...*Пастернак — обычный еврей, несмотря на православный загар, мне не нравится его вектор.*— «Его строфы — это микрокосмос, и в этом смысле, как мне кажется, он обычный еврей... Мне не нравится его вектор. Пастернак — поэт центростремительный, а не центробежный» (интервью с Дэвидом Бетеа).

(209) *Когда увлекся Шестовым, кто мог думать, что он Шварцман!* — Там же, когда Дэвид Бетеа спрашивает ИБ, сыграло ли какую-то роль в его предпочтении и восприятии Шестова, что тот еврей.
— На тот момент — никакой, абсолютно никакой. Я и не знал, что он еврей. Я обнаружил это уже потом, когда прочитал несколько его книг и решил заглянуть в предисловие (написанное, кажется, Бердяевым), где он был назван Шварцманом.

(211) *И почему на психа, дегенерата, масона и педераста не обижается, а на еврее зациклило?* — История реальная, хоть и без вымышленной Арины. См. воспроизведение отдельных страниц этой книги.

(211) *...сперва дал бы ему Нобельку как поэту, а потом — на стул как коллаборанта.* — На самом деле нечто подобное говорил Оден, а ИБ пересказывал когда с ссылкой, а когда — без: «Оден говорил, если великий поэт совершил преступление, поступать, видимо, следует так: сначала дать ему премию, а потом — повесить» (С. Волков. Разговоры с Иосифом Бродским).

(212) *Теперь ты понимаешь, почему я туда ни ногой?* — Аналогичная история рассказана Людмилой Штерн, которая привозит ИБ фотографию его дома, где рядом с подъездом ножом: «В этом доме с 1940 по 1972 год жил великий русский поэт Иосиф Бродский», но «русский поэт» замазано зеленой краской, а внизу нацарапано «жид».
— И ты удивляешься, что я не хочу туда ехать? — припоминает Штерн слова ИБ (Л. Штерн. Бродский: Ося, Иосиф, Joseph).

(215) *Семейное счастье длилось недолго, О не выдержал и трех дней и бежал от бытовухи — из папиной коммуналки в свою собственную, на Пестеля, обратно в родные пенаты, под родительское крыло, к котлетам, клецкам и шкваркам, а Марина с выблядком вернулась домой, к Павлу Ивановичу и Наталье Георгиевне, в их замысловатую квартиру, выкроенную из танцевальной залы пушкинских времен.* — В основе реальная история, рассказанная комментатору театральным художником Эдуардом Кочергиным (тогда главным художником питерского Ленкома) летом 1966-го в Сараево. Именно Кочергин, приятельствовавший с Мариной Басмановой, предоставил молодой семье одну из своих комнат.

(220) *Борух. Из кирзятников.* — Т. е. Борис Абрамович Слуцкий, которого ИБ высоко ценил, ласково называл Борухом или Борой, рассказывал, как «завис» на нем, прочтя «в "Литературной газете" стихи Бориса Слуцкого с предисловием Эренбурга» (на самом деле — большая статья Эренбурга о поэзии Слуцкого с обильными цитатными вкраплениями), «всегда считал лучше всех остальных» (С. Волков. Разговоры с Иосифом Бродским; о том же — в разговоре с Томасом Венцловой), утверждал, что Слуцкий «единственный поэт, у которого было ощущение трагедии... И сейчас, задним числом, мне представляется, что, может быть, это как раз и было ответственным за всю последующую идиоматику...» (из разговора с Рейном, который сам испытал сильнейшее влияние Слуцкого//журнал «Арион», 1996, № 1) и что вообще «начал писать стихи, потому что прочитал стихи Бориса Слуцкого. С него, собственно, и начались более или менее мой интерес к поэзии и вообще мысль писать стихи» (интервью Анни Эпельбуен//«Странник», 1991, вып. 1). В тех же «Разговорах с Иосифом Бродским» Соломона Волкова — со ссылкой на тот же номер «Литгазеты» как на импульс к стихосложению: «...стихи Слуцкого, которые на меня произвели очень сильное впечатление». У комментатора был не один разговор с ИБ о Слуцком, которого мы оба высоко ценили — я ссылаюсь на эти разговоры и в «Двух Бродских», и в мемуарном очерке о Слуцком «Ржавый гвоздь» (неоднократно в периодике по обе стороны океана и в упомянутой книге «Роман с эпиграфами. Варианты любви. Довлатов на автоответчике»). Лакуны в Арининой эрудиции не просто возрастного и поколенческого характера, из «кирзятников», то есть «военного поколения», она понаслышке знает милого эпигона Давида Самойлова, тогда как оригинальный, реформаторский поэт Слуцкий ей не по зубам, точнее — не по слуху, хотя тот оказал влияние не только на Бродского и Рейна, но и, скажем, на поэта противоположного лагеря Станислава Куняева — поверх идеологических ба-

рьеров. Впрочем, поколенческие вкусы тоже нельзя
сбрасывать со счетов, даже на бардовом уровне: песен-
кам Булата Окуджавы Арина решительно предпочитает
шлягеры Псоя Короленко. Могло быть хуже.

(222) *Жизнь на природе мне нравилась.*— Это типично городское выражение — прямое заимствование
из ИБ: «Жизнь на природе мне нравилась... Сельскую
жизнь я люблю» (интервью со Свином Биркерт-
сом//«Paris Review», 1982, № 83).

(222) *Животворное действие земли, дыхание природы тебе в мордочку, подзол, навоз, пейзане, иконы,
в деревне Бог живет не по углам and then and then and
then.*— «В деревне Бог живет не по углам...» — стихотворение, написанное в ссылке circa 1964. «Животворное
действие земли» — анахронизм-цитата из упомянутой
новомировской статьи Солженицына о Бродском, написанной после его смерти («Даже сквозь поток ошелом-
ленных жалоб — дыхание земли, русской деревни и природы внезапно дает ростки и первого понимания...»), где
один русский «нобель» выражает сожаление, что ссылка
другого русского «нобеля» оказалась слишком краткой:
«...поживи Бродский в ссылке подольше — та составляю-
щая в его развитии могла бы существенно продлиться. Но
вскоре его помиловали, вернулся он в родной город, дере-
венские восприятия никак не удержались в нем. Теперь
"в жадный слух... не входят щебет или шум деревьев —
я нынче глух"». К этому времени усиливается и напряжка
с МБ, которой он в самом деле обязан сближением с миром природы, хотя Арина трактует этот сюжет несколько механически, прямолинейно, основываясь на заяви-
тельной части стихов ИБ, посвященных или обращенных
к МБ: «Одушевленный мир не мой кумир», «Я, Боже,
слеповат, Я, Боже, глуховат», «Я был попросту слеп. Ты,
возникая, прячась, даровала мне зрячесть...» и проч.
Припоминаю стопку книг на столе, когда зашел с Леной Клепиковой попрощаться накануне его отъезда,—

те, что он не успел еще уложить в чемодан. Меня удивил подбор: несколько дореволюционных изданий о старом Петербурге, включая книги Лукомского и Анциферова, которые он позднее без кавычек и ссылок использовал в своих питерских эссе, и несколько справочных изданий по русской природе, в том числе том о лекарственных растениях СССР. «Не полагаясь на память...» — объяснил ИБ в ответ на мое удивление. Некоторые его зарубежные «природные» стихи кажутся зарифмованным справочником. Так или иначе, живое восприятие природы сменяется у ИБ гербарийным: «пшеница перешла, покинув герб, в гербарий».

(224) *...потрясающим может быть и пейзаж, но фасад Ломбардини говорит тебе, что ты можешь сделать сам.*— Прав или неправ, но ИБ отстаивал прерогативу рукотворного над нерукотворным, порядка над стихией, цивилизации над природой «с ее даровыми, то есть дешевыми радостями, освобожденными от смысла и таланта, присутствующих в искустве или в мастерстве. Потрясающим может быть и пейзаж, но фасад Ломбардини говорит тебе, что ты можешь сделать» (И. Бродский. Fondamenta degli Incurabili). Это противостояние коренится в ранних представлениях ИБ («Одушевленный мир не мой кумир. Недвижимость — она ничем не хуже», 1965), что можно объяснить и тем, что он типичный горожанин, и тем, что типичный еврей.

(224) *Арийские вкрапления среди питерских фим были редкими, великороссы бросались в глаза: Бобышев, Миша Петров да еще мой папа.*— Зацикленная на еврействе Людмила Штерн, которая иногда, по-видимому, путает свою компанию с компаниями ИБ, отождествляя их, тогда как ИБ жил в разных мирах и избегал знакомить одних своих знакомых с другими, пишет: «Итак, этнически Иосиф Бродский — чистокровный еврей. Как и многие друзья его юности. В **нашей** компании абсолютными "неевреями" были только Дима Бо-

бышев и Миша Петров. А ближайшими друзьями
"взрослого" Иосифа стали великороссы Барышников и
Шмаков».

(225) *...кроме «мяу» и «мур» в различных интонационных кодировках, других слов не произносилось, чистый
дурдом!* — Мяу не сходило у ИБ с языка, отца называл
котом, а мать кисой, чему комментатор был свидетелем. Мать обижалась: «Не смейте называть меня так!
И вообще, прекратите пользоваться вашими кошачьими словами. Иначе останетесь с кошачьими мозгами!»
О кошачьем эсперанто см. в «Полутора комнатах» ИБ:
«...к моим пятнадцати годам в нашей семье стояло одно
сплошное мяуканье. Отец оказался этому весьма под-
вержен, и мы стали величать и обходиться друг с другом
как "большой кот" и "маленький кот". "Мяу", "мур-
мяу" или "мур-мур-мяу" покрывали существенную
часть нашего эмоционального спектра: одобрение, сомнение, безразличие, покорность судьбе, доверие...»

(226) *Говорил, что не хочет уподобляться свинье
под дубом, добавляя от себя:*
— *Зачем рыба, коли есть икра?* — Первый образ
(дуб-желуди) достаточно традиционен (от Крылова до
Мандельштама), зато второй — прямая калька со
строчки из стихотворения ИБ «Я всегда твердил, что
судьба — игра...»:

...зачем нам рыба, раз есть икра.

(227) *А это был именно отвал, а не изгнание, как пытался О представить в своем автопиаре (еще один его
self-myth), потому что покинуть любезное отечество
мечтал сызмала — с первого трофейного фильма.* —
Миф об изгнании — конечно же, миф. На самом деле сам
мечтал уехать, изыскивал различные способы — от захва-
та самолета до женитьбы на иностранке, а уж приглаше-
ний и вызовов была тьма-тьмущая — от рутинного изра-

ильского до из Италии, Англии и даже Чехословакии. На вопрос Адама Михника: «Когда ты решился на выезд из России?» — следует ошеломляющий ответ:

— Я понял, что хочу уехать после просмотра первого западного фильма («Gazeta Wyborcza», 1995, № 3, 20 января; цитирую по «Большой книге интервью». О влиянии западных фильмов см. также эссе ИБ «Трофейное»).

(228) *Хотите стать популяризатором Священного Писания?* — Комментатор дает эту реплику по памяти, со слов ИБ. Аналогично по смыслу, но, увы, на свой лад, внося личный, тенденциозно-осудительный оттенок, передает ее Анатолий Найман: «...когда после "Исаака и Авраама", всеми высоко оцененных, он вскоре начал еще одну вещь на библейский сюжет, она (Ахматова) высказалась резко в том смысле, что Библия не сборник тем для сочинения стихов, и хотя каждый поэт может натолкнуться в ней на что-то свое, собственное, но тогда это должно быть исключительно личным, и что вообще нечего эксплуатировать однажды добытый успех» (А. Найман. Славный конец бесславных поколений).

(229) *...хоть были люди и покрупней.*— «А что вы, кстати, так Христом козыряете? Были люди и покрупней Христа... А хотя бы Платон. А хотя бы Моцарт» (Найман). Там же, комментируя статью о Марке Аврелии: «Да,— сказал Бродский, и уже на повышенных тонах: — И меня тоже от этого мутит. Жизнь не рынок, Бог не продавец, покорность не товар, и на смерти все равно никому ничего не выручить».

(229) *В религиозной искренности самого императора сильно сомневался, объясняя его разворот к Христу меркантильными соображениями...*— См. «Путешествие в Стамбул» ИБ: «Что там Константин ни имел в виду, осуществление инструкций, полученных им во сне, приняло прежде всего характер территориального рас-

ширения империи на Восток, и возникновение Второго Рима было совершенно логическим этого расширения последствием. Будучи, судя по всему, натурой деятельной, Константин рассматривал политику экспансии как нечто абсолютно естественное... Последнее слово принадлежит генотипу: племянником Константина оказался не кто иной, как Юлиан Отступник».

(229) *Его попрекали во всем, окромя погоды...*— Цитата из последнего стихотворения ИБ, с заменой местоимения «меня» на «его».

(229) *...потеряв все, стоять на своем.*— Близко к высказываниям ИБ: «Позиция Иова, человека, который утратил все, но стоит на своем, очень близка мне...» (интервью Ларсу Клебергу и Сванте Вейлер//«Divertismento Sztokholmskie», Warszawa, 1998).

(229) *Его Иисус — это Иов на кресте, утверждали прозелиты-неофиты, выискивая богохульские блохи в его рождественских стихах и отлучая от церкви, к которой он не принадлежал и не собирался, а будь последовательны, то есть воинственны в деле, яко на словах, приговорили бы к смертной казни, как муслимы Салмана Рушди.*— Копирайт на отлучение ИБ от Нового Завета, само собой, у Анатолия Наймана: «...из сорока первых дней, заключившихся принесением в Храм, никогда не вышел — из дней Ветхого Завета, иначе говоря». Доля истины в этом присутствует, тем более у самого ИБ мы находим множество тому письменных (стихи, проза) и устных (интервью, разговоры) подтверждений (см. эпиграфы к этой главе). ИБ неоднократно возвращается и развивает, разъясняет обе дефиниции: себя как стопроцентного еврея и себя как гипотетического (то есть внеконфессионного) иудея. Иногда используя эвфемизм — кальвинист: «Думаю, на сегодняшний день я назвал бы себя кальвинистом. В том смысле, что ты сам себе судья и сам судишь себя суро-

вее, чем Всемогущий. Ты не проявишь к себе милость и всепрощение. Ты сам себе последний, часто довольно страшный суд» (интервью с Дмитрием Радышевским. «Московские новости», 1995, № 50, 23 июля). Это присвоение себе высших судейских прерогатив можно прочесть и так: вы мне не судьи, и Ты мне не судья, я сам себе судья. Что касается религиозных воззрений ИБ, то вопрос этот, по мнению комментатора, столь ничтожен ввиду его очевидной внерелигиозности, страха толпы и тавтологии и экстремального индивидуализма («Идентичность человека не должна зависеть от внешних критериев» — из интервью Хелен Бенедикт в «Antioch Review», 1985, зимний выпуск), что не заслуживает отдельного рассмотрения — ни в этом комментарии, ни в основном корпусе текста. Заметим, однако, что Иисус как мученик у ИБ и в самом деле мало отличается от Иова, но все-таки они не тождественны и не взаимозаменяемы, плюс различная атрибутика.

Примечание к комментарию. То, что христианские критики считают богохульством у ИБ — типа «Назорею б та страсть, воистину бы воскрес!» или «И лобзают образа с плачем жертвы обреза...» вплоть до приведенного уже мною «Aere Perennius», предсмертного памятника своему члену,— относится скорее к поэтике, чем к этике, а тем более к религии. В отличие от Наймана, Солженицын, считающий зачатки религиозного чувства у ИБ непрочными, приводит его христианские метафоры, даже рисковые, без попреков, сочувственно. Зато Солженицын негативен, говоря о равнодушии ИБ к еврейским проблемам: «Что до общественных взглядов, Бродский выражал их лишь временами, местами. Будучи в СССР, он не высказал ни одного весомого политического суждения, а лишь: "Я не занят, в общем, чужим блаженством". Его выступления могла бы призывно потребовать еврейская тема, столь напряженная в те годы в СССР? Но и этого не произошло» (А. Солженицын. Иосиф Бродский — Избранные стихи). По касательной это совпадает с совсем уж анекдотическими советами ИБ-у перейти с русского на идиш, с которым он был знаком разве что на уровне расхожих словечек и идиом (*аид, гой, мешуге, поц* и им подобные вкрапления в язык любой страны, где есть евреи и даже где их нет,— с легкой руки американского инглиша).

(230) *За отказ побывать на Святой земле ему пеняли как иудеи, так и христиане (из иудеев же).—* Вплоть до посмертных упреков, что совсем уже нонсенс: «Он даже ни разу не посетил Израиль, чего я, по правде сказать, не понимаю» (А. Кушнер. Здесь, на земле...).

(231) *...от пейс до гениталий.—* Перенос в прозу стиховой стилистики ИБ. См. четвертую строфу его «Подсвечника:

> Нас ждет не смерть, а новая среда.
> От фотографий бронзовых вреда
> сатиру нет. Шагнув за Рубикон,
> он затвердел от пейс до гениталий...—

которая, в свою очередь, восходит к стиховому образу Леонида Аронзона, рано погибшего чрезвычайно одаренного поэта.

(231) *Хоть и ссылался на Акутагаву, что у него нет принципов — одни только нервы...—* одна из самых частых цитат у ИБ, сама по себе, среди интертекстов ИБ, ставшая клише. См., к примеру, в предпоследних абзацах «После путешествия, или Посвящается позвоночнику» и «Altra Ego», в «Fondamenta degli Incurabili», в интервью Дэвиду Бетеа; интервью с Ингрит Файт так и озаглавлено: «У меня нет принципов, есть только нервы» (Иосиф Бродский: Большая книга интервью).

(232) *Правда твоя, старина Шарло...—* Цитата из «Письма в бутылке» ИБ.

(232) *Будучи Иосифом, то есть сновидом,—как и он, научился разгадывать свои сны в тюрьме...*— Интересное тому объяснение находим у ИБ: «Вы никогда не сидели в тюрьме и, даст Бог, никогда не доведется, но человек, находящийся в тюрьме и особенно под следствием, становится чрезвычайно суеверным. Он пытается истолковать всё — самые незначительные детали становятся знаками, приметами. Выражение лица коридорного, как коридорный его толкнул, что принесли пожрать и так далее, и так далее. Сны — чрезвычайно важно. И очень часто все совпадает. Почему это происходит? Наверное, если бы вы были не в тюрьме, вы бы с меньшим вниманием к снам своим относились...» (интервью с Любовью Аркус//«Сеанс», 1988, № 1).

(233) *Поэт и муза, да? Почему тогда не муха! Поэт и есть муха. Поэт-муха.*— См. рассказ Владимира Соловьева «Поэт и муха» (В. Соловьев. Роман с эпиграфами. Варианты любви. Довлатов на автоответчике).

(233) *Кем угодно могу себя представить в другой жизни: мухой, червем, мартышкой, камнем. Даже женщиной. А вот гоем — никак.*— Прямо корреспондирует с устными и письменными заявлениями ИБ, в том числе стиховыми. См., к примеру, 2-й стих из «Литовского дивертисмента», где автор представляет себя рожденным сто лет назад, в Литве, но непременно в гетто, и даже переезд из Литвы в Новый Свет изображает как «пейсы переделать в бачки».

(235) *Он считал, что ограничивал себя в жизни и литературе из-за своего еврейства, а будь русским — дал бы себе волю.*— Ср.: «Мне, с моим местом рожденья, с обстановкой детства, с моей любовью, задатками и влеченьями, не следовало рождаться евреем. Реально от такой перемены ничего бы для меня не изменилось... Но тогда какую бы я дал себе волю! Ведь не только в увлекательной, срывающей с места жизни языка я сам с ро-

ковой преднамеренностью вечно урезываю свою роль и долю. Ведь я ограничиваю себя во всем. Разве почти до неподвижности доведенная сдержанность моя среди общества, живущего в революцию, не внушена тем же фактом?.. Все пристрастья и предубежденья русского свойственны и мне. Веянья антисемитизма меня миновали, и я их никогда не знал. Я только жалуюсь на вынужденные путы, которые постоянно накладываю на себя я сам, по "доброй", но зато и проклятой же воле!» (Пастернак — Горькому, январь 1928).

(235—236) *Мама была лучшим поваром, которого я когда-либо знал, за исключением разве что Честера Каллмана, но у того ингредиентов в мильон раз больше. Она меня всегда отгоняла от плиты, когда я пытался схватить прямо с огня. Или втихаря пробирался на кухню и прямо рукой выуживал из кастрюли застывшую в жире котлету. А соскребать со сковородки поджаристые корочки!* — Почти дословная компиляция ностальгически-гастрономических высказываний самого ИБ: «Она была лучшим поваром, которого я когда-либо знал, за исключением, пожалуй, Честера Каллмана, однако у того в распоряжении было больше ингредиентов. Очень часто вспоминаю ее на кухне в переднике — лицо раскраснелось и очки слегка запотели,— отгоняющей меня от плиты, когда я пытаюсь схватить что-нибудь прямо с огня» («Полторы комнаты»); «...любившего соскребать со сковородки прилипшие к ней поджаристые корочки» (А. Найман. Славный конец бесславных поколений) и проч.

(236) — *Вернемся к Пастернаку,— предложила я, устав от его еврейско-гастрономических сантиментов.*
— *В том-то и дело, что в детстве у Пастернака не было ни моих котлет, ни скисающих сливок Багрицкого.*— ИБ отрицал Пастернака вежливо, но рутинно. Любовь к Багрицкому пронес с детства и признавался в ней с некоторой застенчивостью: «Мне ужасно нравил-

ся в молодости Багрицкий» (разговор с Томасом Венцловой//«Страна и мир», 1988, № 3); называя «великолепную восьмерку» любимых русских поэтов, начиная с Державина: «Я бы еще добавил, как это ни странно, Багрицкого» (интервью с Юрием Коваленко//«Неделя», 1990, № 9).

ГОЛОВА ПРОФЕССОРА О

Фон и сюжет в этой главе соединены подставкой: схожая история случилась с ИБ в Мичиганском университете в Анн-Арборе, а не в Маунт-Холиоке, Массачусетс, где его конфликты со студентами часто кончались разрывом, но до такого драматического крещендо больше не доходили (по крайней мере, у автора нет таковых данных). Причина этого хронологического переноса — сюжетная: ИБ преподавал в Анн-Арборе в самом начале своей университетской карьеры, тогда как Артем, бой-френд Арины, прибывает сюда незадолго до смерти главного героя книги. Да и весь роман, как читатель уже изволил заметить, есть портрет художника на пороге смерти — несмотря на многочисленные набеги в прошлое.

Двадцатичетырехлетней преподавательской деятельности ИБ посвящено непомерно много воспоминаний и суммарных очерков. Несколько интервью, взятых у него его бывшими студентами с вкрапленными воспоминаниями о его классах — в «Большой книге интервью» издательства «Захаров». В книге «Иосиф Бродский: труды и дни» — целый раздел «Поэт на кафедре» со статьями Л. Лосева, Дж. Коппера, В. Полухиной, А. Батчана и П. Вайля о преподавании в Мичиганском и Колумбийском университетах и Амхерст-колледже.

— Какой я замечательный преподаватель, не правда ли? — кокетливо обращается ИБ к аспирантке после одного из своих семинаров.

— Преподаватель вы, честно говоря, никакой,— отвечает ему Валентина Полухина, будущая мемуаристка и исследователь его творчества.

Адекватная с академической точки зрения, такая оценка не объемлет, понятно, незаурядной личности ИБ, который проявлялся на лекциях во всем своем блеске — и нищете, а потому рядом с комплиментарными отзывами мы находим и весьма критические. И то сказать: составители посвященных ему сборников и организаторы соответствующих семинаров и чтений приглашали к участию в них аристархов, а не зоилов. Последние со своей ложкой дегтя проклевывались в индивидуальном порядке.

Почти пятнадцатилетний тенюре ИБ в Холиоке более-менее сносно описан в очерке Константина Плешакова «Бродский в Маунт-Холиоке» («Дружба народов», 2001, № 3) — на основании бесед с коллегами и студентами ИБ Стивом Биркертсом, Питером Виреком, Эдвиной Крузом, Питером Скотто, Мери-Джо Салтером, Биллом и Джейн Таубманами и Джо Эллисом. С говорливыми Таубманами (неоднократно) и молчаливой Викой Швейцер (пару раз), самым близким здесь ИБ человеком, комментатор и сам виделся во время лекционных наездов в Пять колледжей и Массачусетский университет в конце 70-х — начале 80-х. Жили мы тогда с Леной Клепиковой в гостевом доме в Амхерсте и общались со всеми, кто так или иначе был связан с Россией (политикал департмент) и русской литературой (славик департмент) — от «последнего акмеиста» поэта Юрия Иваска до молодежного лидера Венгерской революции Ласло Тикоша, переквалифицировавшегося здесь в слависты. Плюс, конечно, рассказы самого ИБ о студентах и его студентов — о нем. Арина права: скорее, чем о конфликтах, можно говорить о физиологической несовместимости ИБ — не со студенчеством, а с американской демократией, которая нигде так наглядно не проявляется, как в колледжах и на кампусе.

Недостаток плешаковского отчета — в весьма приблизительном знании американской вообще и университетско-кампусной фактуры в частности. Случаются у него проколы и в русских реалиях: «Дом под номером 40 на Вулбридж-авеню находится в полукилометре от колледжа. Он был построен двести пятьдесят лет назад — в середине XVIII века; по российскому счету — во времена Елизаветы и Екатерины. В этом смысле он ровесник ансамблей Росси». Ошибка здесь почти в целое столетие: главные санкт-петербургские ансамбли Росси созданы в 20—30-е годы следующего, XIX века. Понятно, что американских ошибок у Плешакова куда больше — от описания флоры и фауны Массачусетса до физиологии нравов университетской жизни. К примеру, на первой же странице он описывает визиты койотов к мусорным бакам: «Каждый визит вызывает сенсацию, и местная газета не преминет отвести койоту и соответствующему баку всю первую полосу — вне зависимости от того, что творится в Белом доме или на Балканах». Во-первых, койоты, один из звериных символов американского Запада, в Массачусетсе не водятся, специалисты по мусорным цистернам здесь — еноты и черные медведи. Во-вторых, Front Page (первая страница) любой американской газеты, где бы она не выходила и какой бы у нее не был тираж, традиционно состоит из дюжины материалов — местных, общенациональных и (реже) международных, которые продолжаются уже внутри газеты. Несколькими строчками ниже о белках: «Здесь их не любят и относят к разряду крыс...» На самом деле здесь — в Америке — их любят и подкармливают, несмотря на запреты кормить диких зверей. К сожалению, на белок до сих пор охотятся и употребляют в пищу, чего никак не скажешь о крысах, которыми брезгуют даже кошки.

Само собой, еще больше ошибок касаемо человеческого сообщества — в Америке в целом и в массачусетской долине, где расположены Пять колледжей, в частности. Мелочи, конечно, но они мешают отнестись с полным доверием к маунт-холиокскому очерку Плешакова. Человеческая фауна описана приблизительно, тенденциозно и бродскоцентристски — с точки зрения героя очерка, который жил в перманентном конфликте с любой человеческой средой, университетскую включая.

Пожалуй, это самое досадное — не фактические ошибки, а сам жанр панегирика, избранный Плешаковым для своего очерка, когда почти во всех описанных автором конфликтах он априорно на стороне своего героя. Спасибо и на том, что он эти конфликты описывает, а не замалчивает. Однако мифологический флер вокруг героя сильно мешает нормальному человеческому (и человечному) восприятию его злоключений в Массачусетсе.

Реальный антагонист мичиганской драмы, перенесенной Ариной на массачусетскую почву,— писатель и риелтор Александр Минчин, в ту пору аспирант Мичиганского университета, где ИБ, благодаря усилиям издателя-слависта Карла Проффера, первоначально приземлился в качестве преподавателя (после провального дебюта в Куинс-колледже в Нью-Йорке, о чем комментатору в подробностях известно из первых рук, так как спустя несколько лет я был сам взят в это заведение в качестве scholar-in-residence; см. также записи Розетт Ламонт о куинсовском периоде ИБ: Rosette C. Lamont. Joseph Brodsky: A Poet's Classroom. «The Massachusetts Review», Autumn 1974). Александр Минчин сам же эту историю и обнародовал в жанре неформального интервью с ИБ. Что важно — еще при жизни ИБ, со стороны которого ни устных, ни печатных опровержений, по словам Минчина, не последовало. Сначала в книге «15 интервью» (Нью-Йорк: Из-во им. Платонова, 1989) и сразу же вслед в московском таблоиде «Совершенно секретно» (1991, № 12; этот номер, полученный мной в составе комплекта «Совсека» от его главреда Артема Боровика, я тут же передал ИБ вместе в другими привезенными из Москвы материалами о нем, а ИБ живо, до болезннности, интересовался всем, что о нем писала советская и постсоветская пресса; о реакции ИБ см. ниже) и, наконец, после смерти ИБ в книге «20 интервью» (М.: Эксмо-пресс, 2001) — все три публикации без никаких изменений. Вот отрывок из разговоров Александра Минчина с ИБ, непосредственнно касающийся их «производственного» конфликта, хотя его корешки обнаруживаются и в других местах этой публикации — на стилевом, физиологическом, каком угодно уровне. Это очень странный, стесненный, через силу с обеих сторон, разговор:

Бродский. А вы что, ушли из университета?

Минчин. Да, сразу после вас.

Бродский. Странно, отчего — вы так рвались туда поступить.

Минчин. С вашей помощью и поступил...

Бродский. Ну, не надо преувеличивать. Поступили вы сами, я просто вас рекомендовал. Так что же случилось?

Минчин. Может, не стоит?

Бродский. Давайте-давайте, не тяните, Саша.

Минчин. Был у меня один профессор, который мне за реферат по литературе, итоговую работу по семестру, поставил «С» (тройку). И это в докторантуре.

Бродский. Отчего, тему же вы сами выбирали?

Минчин. Стиль мой не понравился, говорил, что «на стенку от него лезет».

Бродский. Видно, сильные эмоции у него вызывали. И что же?

Минчин. Я попросил его дать мне возможность написать новую работу, а эту оценку в деканат не подавать как окончательную. Так как с тройкой от него, да по литературе, да при том значении, которое придавалось его оценке, я мог уже не писать докторскую диссертацию и искать себе другой «кусок хлеба». Профессор уехал в Нью-Йорк, и мы договорились, что я ему пришлю вторую работу в течение месяца. *До этого* он не будет отсылать финальную ведомость. Когда новая работа была готова, я пришел в деканат, чтобы спросить его адрес. Ученый секретарь спросила, что я посылаю, я ответил: реферат за семестр. Она удивилась, почему так поздно, я сказал. «Он еще три недели назад прислал финальную ведомость в деканат из Нью-Йорка»,— ответила она. «У меня тоже поставлена оценка?» — «Конечно, у всех его студентов. Сейчас я проверю... у тебя стоит "С". У вас что-то произошло, личное случилось? Потому что он никому таких оценок не ставит». После этого я, натурально, ушел из университета, потом переехал в Нью-Йорк в поисках работы...

Бродский. Кто был этот профессор?

Минчин. Поэт Бродский.

Бродский. Ну да?! *(Виноватая ухмылка.)* Я такое сделал? А какие остальные оценки были?

Минчин. Все «А».

Бродский. Но работа по Мандельштаму ваша была ужасная — вернее, не сама работа, а стиль. Одна мысль, правда, там была интересная.

Минчин. Какая?

Бродский. Про Мандельштама: да за вас одного я способен возненавидеть весь народ. (И власть, как порождение его?) Да, как же так получилось? Не должен был...

Минчин. Ничего страшного, Иосиф. Не уйди я из университета и не переберись в Нью-Йорк, не встретил бы свою нынешнюю жену...

Бродский. У вас есть фотография?..

А теперь вкратце два моих разговора — с ИБ и с Александром Минчиным.

Конспект первого — с ИБ — извлекаю из дневника, где, к сожалению, не ставил дат. Скорее всего, конец 91-го или самое начало 92-го, сразу по возвращении из Москвы.

— Зачем вы мне эту гадость подсунули?

— Какую гадость? — не сразу же соображаю, о чем речь, так много вывез из Москвы материалов.

— Интервью Минчину, которое я ему не давал.

— Вы легко узнаваемы даже на стилевом уровне. Ваш говорок, Ося.

— Мало ли что я говорю!

— Вы не несете отвественности за сказанное?

— Только за написанное, хотя там тоже много херни. Мысль изреченная есть ложь. Что же касается трепа... Имею я право расслабиться?

— По полной программе?

— Элементарно: быть самим собой. Как в том анекдоте: ну не люблю я его!

— Так то говорит Бог, оправдываясь...

— Бог, демиург — не вижу разницы. Поэт творит наравне с Богом, слыхали?

— Гюго.

— Вот именно. А когда не требует поэта к священной жертве Аполлон...

— Тогда поэт приносит в жертву близких?

— Ну, с Сашей Минчиным в близких отношениях не бывал. Бог миловал. И за кого вы меня принимаете, Вова? Что я — голубой?

— ???

— Шутка.

....

Лет десять спустя, а именно 3 декабря 2002 года, комментатор получил дополнительную информацию от Александра Минчина, который помнит старую обиду, будто это было вчера, что не мешает ему относиться к ИБ как к поэту объективно, с высокой оценкой его стихов до 1985 года и отрицательной на написанные в последнее десятилетие его жизни. По культурно-образовательному уровню Минчин был на порядок выше аспирантов-американов, однако перед последними ИБ заискивал («лизал им...»), зато отыгрывался на русских. «Хамелеон» — определение Минчина. По его словам, аналогичная история случилась позднее с сыном художника Льва Межберга.

У двадцатилетнего с небольшим Минчина была, однако, и уязвимая пята: он только приехал в Америку, английский у него был еще слаб, чем не преминул воспользоваться ИБ. Минчин взял у него сразу два аспирантских курса: по русской и по английской поэзии. Однажды, не поняв чего-то, Александр переспросил ИБ. В ответ — резкая отповедь. Сокурсники были возмущены профессором; одна из студенток сказала Александру, что впервые за шесть лет учебы в американских колледжах и университетах сталкивается с такой «профессорской» грубостью. Это и в самом деле не в демократических университетских традициях. В конце концов Минчин «выписался» с курса английской поэзии. Как теперь говорит, не из-за обиды, но по причине, что его английский был недостаточен для понимания английской поэзии. Однако ИБ счел, по-видимому, его уход демаршем и стал мстить в классах по русской литературе: «хамил и наглел». И наконец последовала «страшная месть»: отметка «С» за реферат. На мой вопрос, было ли в самом реферате нечто могущее возмутить ИБ, Минчин ответил, что, возможно, его эмоциональный подход к Мандельштаму. Последняя встреча между бывшими профессором и студентом произошла в Нью-Йорке на премьере спектакля Льва Додина «Стройбат». По словам Минчина, ИБ направился к нему «с масляной улыбкой», но Минчин отвернулся и прошел мимо.

(238) *Не бойтесь обижать людей — его собственный постулат.—* Дословная цитата из «Двух Бродских» Владимира Соловьева.

(239) *...с очевидным уклоном в прозу, которая как раз О не давалась, и он ее иначе чем презренной не называл.—* Общее место в иерархически-сословных представлениях ИБ, мы этого касались и в основном корпусе текста, и в комментариях, но вот усеченная цитата из упомянутого интервью Александру Минчину, коли его случай положен в сюжетную основу данной главы: «...я считаю прозу более "презренной" и гораздо ниже, чем поэзию...»

(241) *...я-то знаю ему цену как читателю: поэт — гениальный, читатель — хуёвый.* — См. аналогичную характеристику во всех (нью-йоркском, питерском и московском) изданиях «Романа с эпиграфами»: «Бродский — гениальный поэт, но, боюсь, посредственный читатель». В дневниковом эссе «Два Бродских» восстановлен черновой вариант этой фразы:

«...Не эта ли самцовость была причиной его негативной реакции на некоторые сочинения своих соплеменников? Либо это было его реакцией на само чтение? В "Романе с эпиграфами" я написал, что поэт он гениальный, а читатель посредственный. В черновике стояло "хуёвый"».

(243) *В том же Холиоке он ставил свой «мерс» поперек обозначенных полос, занимая сразу три стоянки. Кой-кого это умиляло, других раздражало, остальные пожимали плечами на выпендреж поэта.* — Вот умилительное описание этого чудачества ИБ из упомянутого уже очерка Константина Плешакова: «Однажды администрация попыталась ввести новые правила — упорядочить правила парковки для профессуры. Когда унылый исполнитель принес план на суд Джо Эллиса (декан Маунт-Холиока), эксцентричный и властный Джо подвел его к окну. Из окна открывался вид на постыдно неурегулированную парковку: темно-бежевый "мерседес" Бродского был небрежно запаркован наискосок через целых три полосы. "Вот что,— сказал Эллис.— Это машина Джозефа Бродского. Она всегда будет припаркована так"».

(244) *Так О стал на ночь «содержимым» амхерстской тюрьмы.* — Конфликты ИБ с американским законом — с дорожной полицией и с налоговой инспекцией — описаны биографами и мемуаристами, той же Людмилой Штерн, например. Воспроизведенный близко к реальности эпизод в полицейском участке Спрингфилда, Массачусетс, имел место 3 мая 1994 года, когда ИБ

мчался со скоростью выше 65 миль при дозволенной 40 (при обычном лимите 65 миль он делал 90). «Был содержимым тюрем» — из стихотворения ИБ, но на другой, российский, сюжет.

(249) *...отбирает у меня будущее.*— Ср. со стихотворением ИБ «Август», написанным в январе 1996-го, за пару дней до смерти:

> Загорелый подросток, выбежавший в переднюю,
> у вас отбирает будущее, стоя в одних трусах.

(249) *Второй скандал — по поводу длиннющего списка мировой литературы, обязательного для чтения — от «Махабхараты» и «Гильгамеша» до Карла Поппера и Октавио Паса.*— Отксеренные списки рекомендуемой литературы, составленные ИБ для студентов, сохранились. Комментатор видел парочку, с незначительными разночтениями. Один из вариантов приводит Константин Плешаков в упомянутом очерке о маунтхолиокском периоде ИБ, другой — Лев Лосев с ссылкой на Лиама Маккарти, который был студентом ИБ (Иосиф Бродский: труды и дни»). Нет смысла воспроизводить здесь этот список ввиду его неоригинальности, а что касается отдельных лакун и подмен, то на них как раз и указывает Артем в споре с профессором О.

(250) *— Не вы один решаете, что читать и что не читать,— сказал Артем.*
— А кто еще? — В ином, правда, контексте это «А кто еще?» приведено в упомянутом неоднократно очерке Владимира Соловьева «Два Бродских»: «Как-то я ему сказал — по другому поводу,— что он не единственный в Америке судья по русским литературным делам. "А кто еще?" Я даже растерялся от такой самонадеянности, чтобы не сказать — наглости. Тут только до меня дошло, что передо мной совсем другой ИБ, чем тот, которого я знал по Питеру» (приведено во

всех многочисленных изданиях очерка в периодике и в составе книг В. Соловьева).

(250) *А бэкграунд? В Питере у него был большой опыт работы с трупами — вкалывал в морге.* — Этот свой опыт с трупами ИБ неоднократно упоминал в эссе, интервью и разговорах (в том числе с комментатором). К примеру: «...когда мне было шестнадцать лет, у меня возникла идея стать врачом. Причем нейрохирургом, естественно. Ну, нормальная такая мечта еврейского мальчика. И вслед появилась опять-таки романтическая идея — начать с самого неприятного, с самого непереносимого. То есть с морга. У меня тетка работала в областной больнице, и я с ней поговорил на эту тему. И устроился туда, в этот морг. В качестве помощника прозектора. То есть я разрезал трупы, вынимал внутренности, потом зашивал их назад. Снимал им череп, крышку. А врач делал свой анализ, давал заключение. Но все это продолжалось сравнительно недолго. Дело в том, что тем летом у отца как раз был инфаркт. И когда он вышел из больницы и узнал, что я работаю в морге, это ему, естественно, не понравилось. И тогда я ушел. Надо сказать, ушел без всяких сожалений. Не потому, что карьера врача мне так уж разонравилась, но частично эта идея как бы уже улетучилась. Потому что я уже поносил белый халат, да? А это, видимо, было как раз главное, что меня привлекало в этой профессии» (С. Волков. Разговоры с Иосифом Бродским).

(250) *По большому счету, профессорство — тем более критический анализ — ему не давались, хоть он и публиковал свои лекции в виде эссе и собирал в книги, но сам им цену знал и отзывался пренебрежительно — что из-под палки, ради денег и карьеры, дабы остаться на плаву. Делал исключение только для двух лирических очерков про детство. Считай, стихотворения в прозе.* — Аналогично у ИБ, судя по его неоднократным пренебрежительным высказываниям о своих эссе, вы-

званных практическими нуждами. В разговоре с Томасом Венцловой он, к примеру, признается, что «единственный случай подлинной внутренней необходимости — "Полторы комнаты"». Это объяснено в тексте. До известной степени внутренняя необходимость присутствала в эссе «Меньше единицы»: «просто мне захотелось написать нечто по-английски».

(251) *...свой мандельштамовский разбор О в периодику так и не тиснул и в последний момент — уже на уровне galley proof — изъял из очередного, которому суждено было стать последним, сборника своих эссе.*— В самом деле: ни в «Less than one», ни в «On Grief and Reason». К Мандельштаму ИБ возвращался неоднократно — на лекциях, в интервью и в разговорах, а в начале июля 1991-го, на Международном симпозиуме в Лондоне, повященном столетию Мандельштама, он зачитал доклад о стихотворении «С миром державным я был лишь младенчески связан...» Попытки устроить очерк в престижное периодическое издание провалились, отказы следовали один за другим, в том числе от «The New York Times Book Review» и даже от дружественного и снисходительного «The New York Review of Books». В конце концов этот вымученный, без никаких откровений, разбор был напечатан в сборнике по материалам симпозиума «Mandelstam Centenary Conference» в третьеразрядном русском издательстве «Эрмитаж» в Нью-Джерси, а спустя пару лет и в России («Письмо Горацию», седьмой том «Сочинений Иосифа Бродского»).

(252) *Как раз у О была замечательная привычка: не знакомить одних своих приятелей с другими.*— «Он принципиально не стремился перезнакомить своих друзей» (А. Сергеев. О Бродском).

(253) *Через две недели ты бы приехал сюда, чтобы выступить в Ля Фениче...*— Знаменитый оперный театр La Fenice в Венеции упомянут в текстах ИБ (см., к при-

меру, его эссе «Место не хуже другого»). Его выступление в La Fenice было запланировано на февраль 1996-го, но не могло состояться по любой из двух причин: смерти ИБ и пожара, уничтожившего театр. Если только не принять версию Арины, излагаемую в начальной и в следующей главах — что между двумя этими событиями существует тайная связь и чуть ли не сам покойник пытался спалить любимый город. Идефикс? Игра ложного воображения? Увлечение геростратовой метафорой?

См. следующую главу.

ОСТРОВ МЕРТВЫХ

(255) *Как от отца — в окно, так от КГБ он спасается в сванетских монастырях, где монахи его и развратили (версия Лимона, со ссылкой на Мишу).* — Вот абзац из однажды только напечатанного в парижском журнале «Мусагет» лимоновского пасквиля «On the Wild Side» — о художнике Алексе, подозрительно смахивающем на Шемякина. Лимонов вообще на выдумку не горазд, будучи адептом грязного натурализма.

«Алекс знал по меньшей мере одну из моих жен, но почему-то упорно продолжает держать меня за гомосексуалиста. На людях. Я никогда особенно не возражаю, после выхода моей книги "Это я — Эдичка" многие в мировом русском коммюнити считают меня гомосексуалистом. Однажды, я был как раз в обществе Алекса в тот вечер, мне пришлось дать по морде наглецу, назвавшему меня грязным педерастом. В русском ресторане в Бруклине. Я сам шучу по поводу моего гомосексуализма направо и налево. Но не Алексу, по секрету рассказавшему мне как-то, как его еще пятнадцатилетним мальчиком совратил отец-настоятель в русском монастыре, меня на эту тему подъёбывать».

(256) *Точь-в-точь как Федор Михайлович в трактовке Зигмунда Яковлевича: отец — садист, государство — репрессант, в итоге — после десятилетней каторги — да здравствует царь, он же батюшка.*— Рассказчица упрощает и без того упрощенный портрет Достоевского работы Фрейда. Основываясь на том, что приступы эпилепсии у Достоевского начались еще в юности, сразу же после убийства крестьянами его отца-изувера, но полностью прекратились во время каторги и возобновились после нее, Фрейд сделал следующий вывод. Что припадки были карой за подсознательное, а не исключено, что и сознательное желание смерти своему отцу, которое материализовалось в убийстве того крепостными. В Сибири Достоевский в этом наказании более не нуждался (хотя доказать это с абсолютной точностью невозможно, оговаривается Фрейд). Скорее этой необходимостью в наказании для психической экономии Достоевского объясняется то, что он прошел несломленным через все годы бедствий и унижений. Осуждение Достоевского в качестве политического преступника было несправедливым, и он должен был это знать, но он принял это незаслуженное наказание от батюшки-царя как замену наказания, заслуженного им за свой грех перед собственным отцом. Вместо самонаказания Достоевский дал себя наказать заместителю отца, считает Фрейд, исходя из известного наблюдения, что многие преступники сами ищут наказания, жаждут его. Это лежащее на совести Достоевского бремя определило также отношение Достоевского к другим сферам, покоящимся на отношении к отцу,— к государственному авторитету и к вере в Бога.

Конечно, в таком схематичном пересказе схема Фрейда неизбежно проигрывает в убедительности. Я многое опускаю — и априорное условие исследования, что отцеубийство есть основное и изначальное преступление человечества и отдельного человека, и ряд спорных, на мой взгляд, выводов Фрейда, типа «сделка с совестью — характерная русская черта» (оставим его на совести Фрейда). Тем не менее о Достоевском с тех пор никто глубже, на мой взгляд, не написал, хотя ни о ком из русских писателей не написано столько, как о нем.

(256) *Но и твоя «Acqua Alta» попадается на книжных развалах.*— Посмертное издание венецианского эссе ИБ «Fondamenta degli Incurabili».

(256) *Помнишь, ты читал здесь «Лагуну» — лучшее у тебя про Венецию, потому что остальное — только не лезь в бутылку — травелог в рифму или без.*— ИБ причислял «Лагуну» к лучшим своим стихам, однако впадал в амбицию, когда критики поругивали другие его путевые стихи и очерки. Суть претензий сводилась к тому, что путевой жанр ИБ — банальность в коконе рассудочной, вымученной метафоры. Удар под дых: тавтологии ИБ, как известно, боялся больше смерти. Комментатор сам свидетель бурной реакции ИБ на обидно короткую, в 200 слов, да еще в конце номера, на 32-й странице, пренебрежительную рецензию на его венецианское эссе в «Нью-Йорк Таймс Бук Ревю» (31 мая 1992). Так случилось, что неделей раньше, 24 мая, этот самый влиятельный в мире литературный еженедельник напечатал большую, на целую полосу, положительную рецензию на нашу с Еленой Клепиковой очередную политологическую книжку (о Ельцине), что вбило еще один клин в наши с ИБ отношения.

Это, впрочем, к делу отношения не имеет. Сам ИБ не менее резко, чем рецензенты о его путевых заметках стихом и прозой, отзывался об этих рецензентах:

«Какой-то критик написал, что это у меня получается травелог. Все это чушь! Пишешь потому, что ты был счастлив и хочешь поблагодарить за это. Той же монетой, если угодно. Потому что платишь искусством за искусство...» (С. Волков. Разговоры с Иосифом Бродским).

(256) *...в изо ты не мастак, мозги уже не те, жаловался...* — ИБ: «...в итоге за все время моих путешествий
по Италии видел там я довольно мало. Потому что
на полное усвоение увиденного у меня действительно
уходило довольно-таки много времени и энергии. И я,
в итоге, не думаю, что увиденное я понял. Не думаю,
что я это знаю. Потому что за любым явлением культуры, будь то фасадик или там картинка, стоит масса
информации, которую нужно усвоить. И у меня ощущение постоянное, что я всей этой информации усвоить
и осознать не в состоянии» (С. Волков. Разговоры с
Иосифом Бродским).

(256) *...почувствовал себя вдруг в некоем силовом
поле, и нечто своим стишком сам к этому полю добавляешь.* — Аналогичную историю рассказывает ИБ, путаясь в художественных реалиях: «Я помню один
совершенно феноменальный эпизод в моей жизни. Вы
ведь знаете мое стихотворение "Лагуна", написанное
про Венецию. Оно мне всегда очень сильно нравилось,
но это было давно. И вот во время той самой биеннале
1977 года я выступал в Венеции — уж не помню в каком
зале, где-то около театра Ла Фениче. Но сам этот зал
я запомнил на всю жизнь. Весь он — стены, потолок,
всё — был залеплен фресками Гварди, по-моему. Представьте себе, этот зал, эта живопись, полумрак. И вдруг
я, читая свою "Лагуну", почувствовал, что стою в некоем силовом поле. И даже добавляю нечто к этому полю.
Это был конец света! И поскольку это все было в твоей
жизни, можно совершено спокойно умереть» (С. Волков. Разговоры с Иосифом Бродским).

(256) *В первый раз тебе удалось проникнуть в этот
лабиринт за амальгамой — и в последний. Больше никогда, как ни бился.* — «Раз или два за эти семнадцать
лет я сумел втереться в венецианское святая святых,
в лабиринт за амальгамой, описанный де Ренье в "Про-
винциальных забавах"... Как бы то ни было, порог в

квартирах венецианцев я переступал редко. Кланы не любят чужаков, а венецианцы — народ клановый, к тому же островитяне. Отпугивал и мой итальянский, бестолково скачущий около устойчивого нуля» (ИБ. Fondamenta degli Incurabili).

(257) *Венеция — это сон, который возвращается до последнего вздоха.* — ИБ часто цитировал Ахматову: «Италия — это сон, который возвращается до конца ваших дней» — и добавлял от себя: «Грубо говоря, скорее я возвращался к этому сну, чем наоборот. Само собой, где-то по ходу дела мне пришлось платить за эту жестокость, или размывая то, что являлось для меня реальностью, или заставляя сон приобретать смертные черты, как это происходит с душой за время жизни. Реальность страдала сильнее, и часто я пересекал Атлантику на обратном пути с отчетливым чувством, что переезжаю из истории в антропологию» (ИБ. Fondamenta degli Incurabili).

(257) *Великий соблазн или, если хочешь, идефикс: стать частью этого сказочного ландшафта, которой — частью — тебе не стать.* — ИБ: «...Сколько ни путешествуй по той же Италии, стать частью этого ландшафта довольно трудно — именно потому, что это тот самый ландшафт, частью которого охота быть. Тут таится колоссальный соблазн...» (С. Волков. Разговоры с Иосифом Бродским).

(258) *И самое удивительное, что не фронтальная композиция, как обычно, а отлично смотрится отовсюду — спереди, сзади, от Дворца дожей, с Соломенного моста, с набережной, со сверкающей лагуны.* — Более подробную характеристику Шемякина читатель найдет, коли того пожелает, в очерке Владимира Соловьева «Путешествие в мир Шемякина», неоднократно публиковавшемся в периодике и наиболее полно представленном в книге Владимира Соловьева «Роман с

эпиграфами. Варианты любви. Довлатов на автоответчике».

На самом деле шемякинский памятник Казанове установлен в Венеции только спустя два года после смерти ИБ, и эта хронологическая вольность простительна рассказчице, которая сама является вымышленным персонажем, а потому взятки с нее и гладки. Таких беллетристических анахронизмов не так уж и много в тексте, и они оправданы жанровым выбором. Право автора — сопоставлять вымысел с реальностью в этих вот комментариях, а право читателя — принять или отвергнуть жанр и концепцию предложенного жизнеописания в целом, комментарии включая, и не размениваться по мелочам отдельных придирок. Судить художника надо по законам, им самим предложенным, и т. д.

(258) *Все торчат на Венеции — Вагнер, Пруст, Рескин, Генри Джеймс, Томас Манн, Иосиф Бродский, ты, наконец.*— Один из редких случаев размежевания между литературным персонажем и реальным прототипом — каждый из них в этой фразе существует сам по себе, заявляя тем самым о своей самостийности. Игра очевидными эквивалентами? Брехтовское отчуждение? Комментатор затрудняется здесь проникнуть в замысел рассказчицы.

(258) *Шлюзные ворота, чтобы запрудить человеческое море,— единственое, что спасет Венецию.*— Почти дословное совпадение с фразой ИБ в «Fondamenta degli Incurabili»: «Предавшись тираническим инстинктам, я бы установил какие-нибудь шлюзные ворота, чтобы запрудить человеческое море, за последние два десятилетия поднявшееся на два миллиарда и на гребень волны выносящее отбросы».

(259) *...о яйце как органическом, нерукотворном консерве.*— Ср. у ИБ в «Fondamenta degli Incurabili»: «Как яйца нередко, особенно пока готовишь завтрак,

наводят на мысль о неизвестной цивилизации, дошедшей до идеи производства пищевых консервов органическим путем...»

(259—260) *Помню, впервые здесь, ночь на ступенях Стацьони, сетчатка бездействует, морской ветер, в ноздри бьет родной запах. Для кого свежескошенная трава или рождественская хвоя с мандаринами, а для меня — запах мерзнущих водорослей. Что есть запах? Нарушение кислородного баланса, вторжение чужеродных элементов. Это был запах Балтики, Невы, ветра.* — Надергано из венецейских высказываний ИБ в его «Fondamenta degli Incurabili» и интервью. Например: «Ночь была ветреной, и прежде чем включилась сетчатка, меня охватило чувство абсолютного счастья: в ноздри ударил его всегдашний — для меня — синоним: запах мерзнущих водорослей. Для одних это свежескошенная трава или сено; для других — рождественская хвоя с мандаринами. Для меня — мерзлые водоросли... Привязанность к этому запаху следовало, вне всяких сомнений, приписать детству на берегах Балтики...» (ИБ. Fondamenta degli Incurabili).

(260) *Братаны питерских сфинксов! Ты что, не заметила? У меня на книжке питерских стишков сфинкс, а на обложке здешних — лев с крылышками. По аналогии и различию. Только наши себе на уме, а эти, хоть и с книжкой под мышкой, простованы. У нас — египтология, фиванский цикл, царь Эдип, доктор Зигги и прочая достоевщина, а здесь — простенько и со вкусом: «Pax tibi, Marce!»* — ИБ в «Fondamenta degli Incurabili»: «В этом городе львы на каждом углу, и с годами я невольно включился в почитание этого тотема, даже поместив одного из них на обложку одной моей книги: то есть на то, что в моей специальности точнее всего соответствует фасаду». Более подробно — в ответе на вопрос Волкова, почему на обложке «Части речи» изображен лев святого Марка: «Потому что я этого зверя

очень люблю. Во-первых, это Евангелие от Марка. Оно меня интересует больше других. Во-вторых, приятно: хищный зверь — и с крылышками. Не то чтобы я его с самим собой отождествлял, но все-таки... В-третьих, это лев грамотный, книжку читает. В-четвертых, этот лев, если уж на то пошло, просто замечательный вариант Пегаса. В-пятых, этот зверь, ежели без крылышек, есть знак зодиака, знак одной чрезвычайно милой моему сердцу особы. Но поскольку ему приходится летать там, наверху, то крылышки определенно необходимы. И наконец, просто хорош собой! Просто красивый зверь. Не говоря уж о том, что этот лев венецианский — явно другой вариант ленинградских сфинксов... Вот почему на обложке "Конца прекрасной эпохи" — ленинградский сфинкс, и на обложке "Части речи" — венецианский лев. Только ленинградский сфинкс куда более загадочный. Лев Венеции не такой уж загадочный, он просто говорит: "Pax tibi, Marce!"»

(261) *Зимой в этом городе, особенно по воскресеньям, просыпаешься под звон бесчисленных колоколов, точно в жемчужном небе за кисеей позвякивает на серебряном подносе гигантский чайный сервиз.* — Дословная цитата из «Fondamenta degli Incurabili». Время ежегодных, под Рождество, наездов ИБ в Венецию (минус те несколько лет, когда он провалялся в больнице с сердечными хворями, и минус еще один год, когда приступ схватил его в Венеции и поездку пришлось прервать) объясняется его профессорским расписанием — для него стало рутинным ритуалом приезжать сюда в зимние каникулы. «Вообще, для того чтобы понять по-настоящему, что есть та или иная страна или то или иное место, туда надо ехать зимой, конечно. Потому что зимой жизнь более реальна, более диктуется необходимостью. Зимой контуры чужой жизни более отчетливы. Для путешественника это — бонус». Соответственно — полное отрицание летних путешествий в Венецию: «В любом случае, летом бы я сюда не приехал

и под дулом пистолета. Я плохо переношу жару; выбросы мото и подмышек — еще хуже. Стада в шортах, особенно ржущие по-немецки, тоже действуют на нервы из-за неполноценности их — и чьей угодно — анатомии по сравнению с колоннами, пилястрами и статуями, из-за того, что их подвижность и все, чем она питается, противопоставляют мраморной статике. Я, похоже, из тех, кто предпочитает текучести выбор, а камень — всегда выбор. Независимо от достоинств телосложения, в этом городе, на мой взгляд, тело стоит прикрывать одеждой — хотя бы потому, что оно движется. Возможно, одежда есть единственное доступное нам приближение к выбору, сделанному мрамором».

Там же: «...в этом городе человек — скорее силуэт, чем набор неповторимых черт, а силуэт поддается исправлению».

В целом в этом очерке больше ненависти, чем любви,— и к человечеству в целом, и к отдельным его особям. Чаще всего неоправданной ни ситуативно, ни художественно. То есть любовь вовсе не обязательна (как и ненависть), но и та и другая должны быть эстетически мотивированы, иначе мстительные проявления последней, как и любые перехлесты, вызывают сопротивление читателя, когда хочется защитить от грубых, ни с того ни с сего наскоков и отвергшую автора венецианку, и возникшего из питерской подсознанки соперника («спуталась с высокооплачиваемым недоумком армянских корней на периферии нашего круга»), и безвестного архитектора левых взглядов, и Ольгу Радж, подругу Эзры Паунда, и самого Эзру Паунда — тоже.

(262) *За что ты полюбил Анри де Ренье?* — И далее следует компиляция, аналогичная предыдущей,— с той только разницей, что рассказчица опровергает ИБ и роет глубже, довольно убедительно выводя любовь к французскому писателю русского поэта из подсознанки последнего. Идя вслед за рассказчицей — как она за поэтом,— комментатор видел помянутый томик Анри

де Ренье с отчеркнутыми ИБ фразами, которые она приводит. А вот соответствующее лжеобъяснение (и лжеатрибуция) ИБ из «Fondamenta degli Incurabili», смесь лукавства и проговоров, не без того:

«Помню в 1966 году — мне было тогда 26 — один приятель дал мне почитать три коротеньких романа французского писателя Анри де Ренье, переведенные на русский замечательным русским поэтом Михаилом Кузминым...

Мне достались эти романы, когда автор и переводчик были давно мертвы. Книжки тоже дышали на ладан: дешевые издания конца тридцатых, практически без переплетов, рассыпались в руках. Не помню ни заглавий, ни издательств; сюжетов, честно говоря, тоже. Почему-то осталось впечатление, что один назывался "Провинциальные забавы", но не уверен. Конечно, можно бы уточнить, но одолживший их приятель год назад умер; и я проверять не буду.

Они были помесью плутовского и детективного романа, и действие, по крайней мере одного, который я про себя зову "Провинциальные забавы", проходило в зимней Венеции. Атмосфера сумеречная и тревожная, топография, осложненная зеркалами; главные события имели место по ту сторону амальгамы, в каком-то заброшенном палаццо. Подобно многим книгам двадцатых, роман был довольно короткий — страниц 200, не больше,— и в бодром темпе. Тема обычная: любовь и измена. Самое главное: книга была написана короткими — длиной в страницу или полторы — главами. Их темп отдавал сырыми, холодными, узкими улицами, по которым вечером спешишь с нарастающей тревогой, сворачивая налево, направо. Человек, родившийся там, где я, легко узнавал в городе, возникавшем на этих страницах, Петербург, перемещенный в места с лучшей историей, не говоря о широте. Но важнее всего в том впечатлительном возрасте, когда я наткнулся на роман, был преподанный им решающий урок композиции, то есть: качество рассказа зависит не от сюжета, а от того, что за чем идет. Я бессознательно связал этот принцип с Венецией. Если читатель теперь мучается, причина в этом».

Аналогичный обман — и/или самообман, но в менее связной форме трепа — находим в книге Соломона Волкова «Разговоры с Иосифом Бродским».

«Провинциальные забавы» называются на самом деле «Провинциальным развлечением», и различие между единственным и множественным числом семантически важнее различия в выборе существительного. Этот роман существует в русской литературе в переводе не Михаила Кузмина, а Адриана Франковского, бесподобного переводчика Пруста, Стерна, Филдинга и Свифта. К путанице ИБ Арина добавляет собственную, цитируя роман «Женщина из мрамора», само название которого идеально соответствует приписываемому — полагаю, не без оснований — ИБ восприятию своей возлюбленной, но ошибочно ссылается при этом на «Необыкновенных любовников», другой роман Анри де Ренье.

(263) *Нарциссизм — не когда себя любишь, а когда любуешься собой, когда не оторваться от себя, пусть даже твоя мордочка тебе не по вкусу. Так Венеция глядит в бесчисленные свои отражения в болотных водах каналов. А может, и Венеция тебе близка своим нарциссизмом?* — По аналогии с ИБ: «...О воде, которая содержит отражения, в том числе и мое, о гостиничных зеркалах, в которых ты сам — последнее, что хочется видеть. Город достаточно нарциссичен» (ИБ. Fondamenta degli Incurabili).

(264) *Венеция как возможность загробного взгляда на жизнь.* — ИБ: «Немного спустя я задумался над райским или загробным воздействием этого места на самосознание человека» (ИБ. Fondamenta degli Incurabili).

(264) *...одолеть расстояние длиной с фасад стало для тебя проблемой.* — «В декабре 1995-го бравурно и почти жалобно:

— Трудно стало одолеть расстояние этак с длину фасада...» (А. Сергеев. О Бродском).

(264) *Фалды плаща цвета хаки развевались на ветру, как крылья у ангела, не поспешая за тобой. Любимая ирландская кепка в клетку, темный пиджак, белая рубашка с открытым воротом.* — Надергано отовсюду, но вполне соответствует вкусовым пристрастиям ИБ. О его любимых, с питерских времен, ирландских кепках в клетку уже упомянуто и в основном корпусе текста, и в комментариях, два плаща — горчичный и светлого хаки — он приобрел в Венеции в подарок, плюс воображаемый им реквизит: «У меня в уме фильм "Венецианская семья"... Сцена со мной, идущим по фондамента Нуове с лучшими в мире красками, разведенными на воде, по левую руку и кирпичным раем по правую. На мне должна быть кепка, темный пиджак и белая рубашка с открытым воротом...» Помимо упомянутых в очерке «Венецианской семьи» и «Смерти в Венеции» ИБ называл в разговоре с комментатором еще два венецианских фильма — «Чувство» и «Ева», оба черно-белые, но ведь и гармошка венецианских сепий, с которой, собственно, и начался венецианский заскок ИБ, — также монохромна: «Странно говоря, мы помним не место, а открытку» («Место не хуже любого»). Как и черно-белая контрабандная копия «Смерти в Венеции» — «фильм не первый сорт». Как и Венеция зимой — «город был черно-белым, как и пристало выходцу из литературы или зимы». А какие нам снятся сны? Венеция и была его сном наяву.

(265) *Если аш два о, ты считал, есть образ времени...* — ИБ: «Я всегда был приверженцем мнения, что Бог, или, по крайней мере, Его дух, есть время... Отсюда моя слабость к воде, к ее складкам, морщинам, ряби и — коли я с Севера — к ее серости. Я просто считаю, что вода есть образ времени, и под всякий Новый год, в несколько языческом духе, стараюсь оказаться у во-

ды, предпочтительно у моря или океана, чтобы застать всплытие новой порции, нового стакана времени. ...Поставленное стоймя кружево венецианских фасадов есть лучшая линия, которую где-либо на земной тверди оставило время-оно-же-вода. ...Словно здесь яснее, чем где бы то ни было, пространство сознает свою неполноценность по сравнению с временем и отвечает ему тем единственным свойством, которого у времени нет: красотой» (Fondamenta degli Incurabili). В том же духе — в разговоре с Соломоном Волковым о Венеции, который можно счесть своего рода подмалевком, черновиком венецианского эссе: «Самое потрясающее в Венеции — это именно водичка. Ведь вода, если угодно, это сгущенная форма времени. Серенького цвета... — цвет времени. Дух... — H_2O. Отсюда идея появления Афродиты—Венеры из волн: она рождается из времени, то есть из воды» (С. Волков. Разговоры с Иосифом Бродским).

(266) ...казался тебе вариантом рая, хоть у тебя и не было тогда возможности сравнить копию с оригиналом.— ИБ: «Отсюда мои налеты в мой вариант рая, куда она так любезно меня ввела. Во всяком случае, за последние семнадцать лет я возвращался в этот город, или потерялся в нем, с частотой дурного сна. За двумя-тремя исключениями сердечных приступов, каждое Рождество или накануне я сходил с поезда/самолета/парохода/автобуса и тащил чемоданы, набитые книгами и пишущими машинками, к порогу того или иного отеля, той или иной квартиры.

Представление о рае, существующее только в приближениях. Лучшее из которых — город. Поскольку сравнение с подлинником — вне моей компетенции, то я могу этим городом и ограничиться» (ИБ. Fondamenta degli Incurabili).

P. P. S. МЯУ С ТОГО СВЕТА,
или ЖИЗНЬ КАК РИМЕЙК

Само собой, название последней главы пародийно связано с названием первой — «P.S. ДОРОГИЕ МОИ ПОКОЙНИКИ. Письмо на тот свет», а «мяу» возникло по аналогии с общеупотребительным в семье Бродских, а потом и самим ИБ междометием — вплоть до заглавия одного из поздних его эссе: «A Cat's Meow».

(267) *...несет горелым...* — ИБ: «*...несло горелым*».

(268) *...такой мороз, что коль убьют, то пусть из огнестрельного оружья.* — Точная цитата из «Похорон Бобо» ИБ.

(268) *...Ад — это Арктика...* — Прямая цитата, но у ИБ со ссылкой на подругу, с которой он оказался в Венеции: «Единственно, с чем я не согласна у Данте,— говорила она,— это с описанием ада. Для меня ад холодный, очень холодный. Я бы оставила круги, но сделала их ледяными, и чтобы температура падала с каждым витком. Ад — это Арктика» (ИБ. Fondamenta degli Incurabili).

(269) *Mio e Lui.* — Название скандального романа Альберто Моравиа («Я и Он»), по конфликту напоминающего «Нос», только на месте гоголевского эвфемизма у Моравиа хер (Lui). Несомненно если не прямое, то раскрепощающее влияние этого романа на «Aere Perennius», одно из предсмертных стихотворений ИБ.

(269) *...Оден и Роб-Грийе талдычили о том же самом...* — По словам исследователя, утверждение-лозунг Бродского, что родина писателя — это его язык, «несомненный, присвоенный от Роб-Грийе, плагиат, закавыченная якобы аксиома. А на самом деле — нет, не аксиома. Когда в самом конце 80-х годов я оказался на три

дня в компании Роб-Грийе, на конференции писателей
в Будапеште, и выслушал несколько его выступлений,
я понял, откуда пришел к Бродскому лозунг, составля-
ющий, в сущности, всю его литературную идеологию.
Это было модно в Европе 60-х, когда вышла на сцену
школа "новых романистов". Позже были другие школы,
но Бродский уже не услышал, он сложился». Сам ИБ
вспоминает ссылку в Норенскую, когда впервые наткнулся на мысль Одена о примате языка.

(271) ...*это по Прусту, но своими словами...*— Эта
глава, может, даже больше, чем предыдущие, нашпигова-
на раскавыченными цитатами, со ссылками и без, иногда
по нескольку в одной фразе. К примеру, такой коллаж
Пушкин + Вийон: «Передай Артему, что в метафизическом смысле я уже наказан, строк постыдных не
смываю, у всех прошу прощенья...» Иногда это общеизвестные, идиоматические цитаты, иногда редкие и
субъективные. Выискивать источник каждой — все равно что искать иголку в сене, да и не в жанре этого
комментария. Тем более и рассказчица, и ее герой поиг-
рывают этой цитатной анонимностью, вовлекая в игру
читателя; давать в каждом случае сноску значило бы
нарушить правила предложенной игры. Еще одно «тем
более»: для русского самоочевидны многие русские цитаты, как для англоязычника из вымирающей породы
интеллектуалов — американо-британские. Ссылка на
Джона Вебстера или Джона Донна была бы таким же
трюизмом, как на Пушкина или Грибоедова, а комментатор рассчитывает издать эту книгу на обоих языках.
По означенным причинам подобного рода сноски так
редки и вынужденны. Иное дело — не англо-русские
цитаты. В данном случае (как и в аналогичном, с пере-
водом названия романа Альберто Моравиа) стоит привести слова Пруста не в пересказе О, а в переводе
Франковского: «Когда мы любим, любовь слишком велика, чтобы полностью вместиться в нас. Излучаясь,
она направляется к любимому человеку, встречает в

нем поверхность, которая ее задерживает, заставляет вернуться к исходной точке. И вот этот удар, возвращающий нашу влюбленность назад, мы и называем чувствами другого, и он сильнее нас очаровывает, чем ее движение, направленное вперед, так как мы видим, что он исходит от нас».

(271) *Харон, кстати, оказался добродушым старичком-взяточником, но ты знаешь: ворюга мне милей, чем кровопивец. О монетах, понятно, и речи нет, тем более драхмах...* — У ИБ не кровопивец, а кровопийца. («Письма римскому другу»). Конгломерат из нескольких стихотворений. Помимо упомянутого еще и «На смерть друга»: «Тщетно драхму во рту твоем ищет угрюмый Харон...»

(276) *А на Юза! Моцартом обозвал.* — Юза Алешковского ИБ называл «Моцартом русского языка», что с точки зрения комментатора явная натяжка. Однако влияние его сленговой прозы на стихи ИБ — очевидно и легко прослеживается, начиная с их, уже здесь, в Америке, знакомства. Вплоть до устной речи: к примеру, после встречи с Юзом и ему подражая, ИБ стал говорить не роман, а ро́ман, дабы отделить жанровую дефиницию от флирта. Что отражено и в данном, с того света, письме.

(280) *Сидим мы с моей куклой в плюшевой утробе синема...* — См. второй сонет из «Двадцати сонетов к Марии Стюарт»:

> Мы вышли все на свет из кинозала,
> но нечто нас в час сумерек зовет
> назад в «Спартак», в чьей плюшевой утробе
> приятнее, чем вечером в Европе.

(282) *...никак не объясниться из-за их тарабарского наречия, который у меня на нуле, как у них наш инглиш.* — У ИБ: «Противней всего бывало, когда от этого

чего-нибудь разбаливалось,— и вообще, когда прихватывает там, где нет инглиша, весьма неуютно. Как говорил Оден, больше всего я боюсь, что окочурюсь в какой-нибудь гостинице, к большой растерянности и неудовольствию обслужив. персонала. Так это, полагаю, и произойдет, и бумаги останутся в диком беспорядке — но думать об этом не хочется. Хотя надо». («После путешествия, или Посвящается позвоночнику»).

(282) *Приснилась мне, помню, ospedale, куда меня отвозит роскошная такая «скорая» со скрипичным грифом — одним словом, гондола.—* ИБ: «Скрипичные грифы гондол»; и более отдаленно, по аналогии скорее подсознательной: «...этот город для глаз; остальные чувства играют еле слышную вторую скрипку» (ИБ. Fondamenta degli Incurabili).

(285) *...от самоубийства останавливало только буриданово сомнение, в какой пальнуть висок.—* Ср. со строками ИБ:

> Я застрелиться пробовал, но сложно
> с оружием. И далее, виски:
> в который вдарить?

Приложение

АПОФЕОЗ ОДИНОЧЕСТВА
(1990)

*Эссе написано в жанре юбилейного адреса
и впервые опубликовано в нью-йоркской газете
«Новое русское слово» к 50-летию Иосифа Бродского.
Печатается по оригиналу*

Мне кажется, я подберу слова...
Б. Пастернак

Почему, садясь за это юбилейное послание и испытывая некоторую оторопь перед чистым листом бумаги, я избираю для литературного эссе эпистолярный жанр? Отдавая Вам давний долг — когда-то, в другой нашей жизни, Вы написали нам с Леной Клепиковой на день рождения прекрасное стихотворение? Из подражания юбиляру? Ведь чуть ли не каждый второй Ваш стих есть обращение к невидимому и неведомому собеседнику, удаленному в пространстве и времени, живому или мертвому, потомку, предку, современнику, все равно к кому: к маршалу Жукову или к Томасу Венцлове, к Марии Стюарт или к М.Б. — постоянному адресату Вашей лирики. Да хоть к имяреку:

Имяреку, тебе — ....
........................— от меня, анонима.

Адреса потеряны, адресаты вымышлены — даже когда существуют под реальными именами, все равно как бы не существуют вовсе, как Ваш генерал Z, которому отправлено длинное послание: «Генерал! Вас нету, и речь моя обращена, как обычно, ныне в ту пустоту, чьи края — края некой обширной, глухой пустыни, коей на картах, что вы и я видеть могли, даже нет в помине». И апогей Вашей безадресной — и безответной — речи, когда Вы пишете:

> Ниоткуда с любовью, надцатого мартобря,
> дорогой уважаемый милая, но не важно
> даже кто, ибо черт лица, говоря
> откровенно, не вспомнить уже...

Я помню одну ленинградскую квартиру и несколько человек, подобно заговорщикам под низко спущенной с потолка зеленой лампой, и Вас, Ося, стоящего с листками в руках, со скрытым во тьме лицом,— один голос, читающий «Письмо в бутылке», с которого, собственно, началась и уже никогда не прерывалась моя любовь к Вашим стихам. Идущий на дно — человек ли, корабль — обращался ко всем, кого помнил, от Фрейда до Маркса, а фактически к никому: к тому, до кого дойдет.

Если дойдет.

Была бы бутылка под рукой, а там уж все в воле Посейдона...

Какой контраст к Вашей безадресной и безнадежной речи отчаянные возгласы Мандельштама:

> Петербург! я еще не хочу умирать:
> У тебя телефонов моих номера.
> Петербург! у меня еще есть адреса,
> По которым найду мертвецов голоса.

А Вы и живых превращаете если не в мертвецов, то в анонимов. Даже М.Б.— это не псевдоним реальности (при всей узнаваемости для общих знакомых прообраза), а условный знак боли, обиды, отчуждения, сиротства и беспросвета. Однажды Вы обмолвились: «Здесь снится вам не женщина в трико, а собственный ваш адрес на конверте». В этом весь секрет, все равно, осознаете Вы его или нет,— все Ваши стихотворные послания адресованы самому себе, а это роман, который, как известно, никогда не кончается. Вы пишете: «...я тогда лишь есть, когда есть собеседник», но это беседа, как бы сказал наш с Вами любимый римский император, «наедине с собой». На сакраментальный вопрос «Для кого вы пишете?» Вы отвечаете словами Стравинского: «Для себя и для гипотетического alter ego».

Об этом мнимо загадочном и мнимо таинственном alter ego Вы вспомнили в статье, посвященной некрологическому стихотворению Цветаевой: «Как это ни парадоксально и ни кощунственно, но в мертвом Рильке Цветаева обрела то, к чему всякий поэт стремится: абсолютного слушателя... Сознательно или бессознательно, всякий поэт на протяжении своей карьеры занимается поисками идеального читателя, этого alter ego, ибо поэт стремится не к признанию, а к пониманию».

Пусть не буквально, но на каких-то высотах это перекликается с тем, что писал Ваш любимый, чтимый выше Пушкина Баратынский:

> ...как нашел я друга в поколеньи,
> Читателя найду в потомстве я.

Замечательно, что, даже отнесясь далеко в будущее, Баратынский назвал читателя в единственном числе: нет читателей — есть читатель. Один-единственный.

Читателей у Вас сейчас предостаточно по обе стороны океана, но речь идет об особом читателе, сконструированном по своему образу и подобию, абсолютном собеседнике, понимающем с полуслова и без слов, об alter ego, персонифицированном в другом человеке — о читателе, который существует только в зеркале. Тогда ничего не остается, как самому создать читателя-голема и вкладывать ему в рот магические записки — стихи-послания, адресованные пространству, времени, стулу, мертвецу, листу бумаги, собственным стихам, самому себе. В Вашем идеальном представлении о литературе говорящий есть в ней одновременно слушатель, а речь рассчитана на самое себя: ухо внемлет рту. Монолог тогда есть результат кромешного одиночества и отсутствия реального собеседника, а в драматической форме — в «Горбунове и Горчакове» и в «Мраморе» — только притворяется диалогом: на самом деле это бесконечный спор автора с самим собой, если хотите — пользуясь сравнением из мира, нам с Вами обоим, как кошачникам, близкого,— игра кота с собственным хвостом. Закономерно, что в обеих Ваших пьесах всего по два действующих лица — а на сколько еще может распасться человеческая личность, чтобы ее можно было потом собрать обратно? — и оба персонажа взаимозаменяемы и путаются — Горбунов с Горчаковым, Публий с Туллием, хоть и представляют разные ипостаси автора:

> «Как различить ночных говорунов,
> хоть смысла в этом нету никакого?»
> «Когда повыше — это Горбунов,
> а где пониже — голос Горчакова».

«Диалектика»,— скажу я.

«Метафизика»,— поправите Вы меня.

Если фиктивен диалог, который по сути есть раздвоение авторского персонажа — в спектакле «Мрамор» обоих героев должен играть один актер! — то адресаты стихотворных посланий и вовсе мистификат, даже если обозначенные мирскими именами их двойники существуют в каких-то вполне конкретных координатах и измерениях. А адресат Вашего послания в прозе — Л. И. Брежнев: не такой ли он «сюр», как и все остальные Ваши эпистолярные собеседники? «Почта в один конец», как изволили Вы изречь по другому, правда, поводу, но тоже в обращении — сиречь послании — к самому невидимому Вашему адресату: Небожителю. Если бы я писал не юбилейное послание, а критическую статью, я бы сказал несколько слов о некрофильском настрое одиночества, которое есть свободный выбор — в отличие от все-таки вынужденной эмиграции. Усугублено и отретушировано ли это одиночество эмиграцией — другой вопрос, на мой взгляд, праздный. Я бы сказал о выборе одиночества ввиду очевидных его литературных преимуществ и даже выгод — в Вашем случае, несомненных. В хоре Вам не петь, даже «общественным животным» Вас не назовешь — слава Богу, Вы избегаете тавтологии, которой больше всего боитесь в самом себе. Рискну быть непонятым читателями, но Вы-то уж поймете: ленинградский суд был прав, избрав именно Вас в качестве мишени. Этот суд, а точнее — те, кто его инспирировал,— несомненно, обладали каким-то особым чутьем на поэтический гений, хотя слово «тунеядец» было неточным, приблизительным. Но что делать, если в уголовном кодексе нет таких слов, как пария, изгой, альбинос, отщепенец, отшельник, анахорет? Либо, как сказал Гёте о художнике: деятельный бездельник. Или, как пишете Вы:

> Бей в барабан, пока держишь палочки,
> с тенью своей маршируя в ногу!

И еще более определенно о преимуществах одиночества: «Одиночество есть человек в квадрате».

Было бы большим самомнением критику полагать себя тем идеальным читателем, по которому тоскует поэт, а сие послание — если не подражанием Вашим собственным, то попыткой ответа на все Ваши «письма в бутылках», жест одиночества и отчаяния, излюбленный жанр всех смертников, жанр, в котором написаны Ваши лучшие стихи, даже если обращение в них опущено вовсе.

А тем более легкомысленно было бы объяснять поэту его стихи. Я пытаюсь объяснить их самому себе, а заодно читателю, пользуясь открытой формой письма.

Я представляю себе Ваш юбилейный вечер, где я бы зачитал этот адрес-кентавр, помесь литературного эссе и дружеского послания. Но вечера не будет, а если бы и был, отправитель этого письма будет находиться в день Вашего 50-летия по другую сторону Атлантики, на нашей с Вами географической родине.

Другой вопрос, на который я отвечу не фразой или несколькими, а всем этим письмом — почему, приступая к нему, я испытывал некоторую оторопь?

Чувство ответственности перед Вами, живым классиком? Вряд ли — профессиональный критик адресует свой опус читателям, а не герою, даже если формально обращается к нему — Вы занимаете особое место в читательской аудитории, но не привилегированное. Тогда, возможно, боязнь повторов, ибо только в последнее время я напечатал о Вас две статьи, на очереди следующая, да и вышедший сейчас, после пятнадцатилетнего лежания в письменном столе, мой «Роман с эпиграфами» посвящен Вашей судьбе, вдохновлен Вашими стихами и приурочен издателем к Вашему юбилею. Однако и это не причина, потому что сделанное Вами в литературе так велико, обширно, ветвисто, сюжетно и жанрово разнообразно, что возвраты к Вашим стихам и прозе понуждают к новым раздумьям, которые читатель-критик вовсе не обязан держать запертыми в голове, но может доверить бумаге, самому прочному в мире материалу — куда там граниту или прославленному Вами мрамору! Быть может, тогда разрыв между образами — литературным отщепенцем с явными признаками гениальности, каким я знал Вас в Ленинграде, и всемирно известным поэтом, нобелевским лауреатом, литературным мэтром, коим Вы теперь являетесь?

Что говорить, скачок и в самом деле головокружительный, но вряд ли такой уж неожиданный для тех, кто Вас знал прежде,— даже когда Вы неприкаянно шатались по ленинградским улицам и самыми верными Вашими спутниками были агенты КГБ, и тогда в Вас ощущался (думаю, что и ими) мощный духовный потенциал, который был не ко двору в «отечестве белых головок» и пошел в бурный, чтобы не сказать буйный, рост, когда Вы «сменили империю»:

...Этот шаг
продиктован был тем, что несло горелым

> с четырех сторон — хоть живот крести;
> с точки зренья ворон, с пяти.
>
> Дуя в полую дудку, что твой факир,
> я прошел сквозь строй янычар в зеленом,
> чуя яйцами холод их злых секир,
> как при входе в воду. И вот, с соленым
> вкусом этой воды во рту,
> я пересек черту...

И годом раньше, в одном из сонетов к Марии Стюарт: «Во избежанье роковой черты, я пересек другую — горизонта, чье лезвие, Мари, острей ножа».

Так Вы были потеряны для Лениграда и России — тогда казалось, что навсегда — и найдены, приняты другим миром, хотя житейская везучесть разве что амортизировала приземление, потому что трагедия вовсе не в пространственных перемещениях бренного тела:

> В настоящих трагедиях, где занавес — часть плаща,
> умирает не гордый герой, но, по швам треща
> от износу, кулиса.

К этому сюжету-вопросу — кто герой разыгрываемой в жизни (или жизнью?) трагедии? — Вы возвратитесь спустя два года после «Колыбельной Трескового Мыса», которую я только что цитировал, в стихотворении «Пятая годовщина» (отъезда из России, поясним читателю):

> Я вырос в тех краях. Я говорил «закурим»
> их лучшему певцу. Был содержимым тюрем.
> Привык к свинцу небес и к айвазовским бурям.
> Там, думал, и умру — от скуки, от испуга.
> Когда не от руки, так на руках у друга.
> Видать, не рассчитал. Как квадратуру круга.
> Видать, не рассчитал. Зане в театре задник
> важнее, чем актер. Простор важней, чем всадник.
> Передних ног простор не отличит от задних.

Деперсонализовав таким образом трагедию — что она в самом деле в просторах скорее все-таки времени, чем пространства! — Вы кончаете стихотворение, и вовсе махнув на себя рукой:

> Мне нечего сказать ни греку, ни варягу.
> Зане не знаю я, в какую землю лягу.
> Скрипи, скрипи, перо! переводи бумагу.

И больше того: «Человек превращается в шорох пера по бумаге» либо «От всего человека вам остается часть речи» — название одной из Ваших книг. Пока герой не исчезает вовсе, окончательно, без следа: «...совершенный никто, человек в плаще, потерявший память, отчизну, сына; по горбу его плачет в лесах осина, если кто-то плачет о нем вообще».

Здесь я хочу сказать о последствиях Вашего отъезда — совсем иных, чем Вы (верю, не из кокетства) предполагаете: «Теперь меня там нет. Означенной пропаже дивятся, может быть, лишь вазы в Эрмитаже. Отсутствие мое большой дыры в пейзаже не сделало...» Я свидетель обратного, ибо прожил там на пять лет дольше Вас (сначала в Лениграде, потом в Москве) и уехал через пять дней после отмеченной в Вашем стихотворении пятой годовщины — 9 июня 1977 года.

За эти пять лет климат в стране — а тем более в Ленинграде, который есть страна в квадрате, что бы в той не происходило — безнадежно ухудшился, а для художников стал и вовсе невыносим. И здесь обнаружилась странная взаимосвязь — чем хуже становилось в стране, тем больше мастеров ее покидало, а чем больше их ее покидало, тем становилось все хуже и хуже. Наверное, можно и стоит говорить не только о художниках, но и про ученых, инженеров, врачей, журналистов, да хоть обывателей — с их отъездом в теле общества, а значит, и государства образовалась скважина, каверна, зияющая пустота, и эта мертвая полость с атрофированной тканью расширялась, тесня живые клетки организма. Вовсе не хочу все сводить к отъездам, но именно им суждено было сыграть если не роковую, то существенную роль в омертвлении государства, отчаянные попытки оживить которое делаются сейчас энтузиастами, прожектерами и авантюристами.

Я говорю о сумме отъездов, которые оказали такое разрушительное воздействие на главные опоры нашей с Вами родины — прежде всего духовную. Однако именно конкретные, индивидуальные отъезды — будь то эмиграция или насильственное выдворение — вызвали негативный эффект, который воспринимался остающимися весьма болезненно, то есть на эмоциональном уровне, еще до какого-либо анализа. Согласитесь, самый наглядный тому пример — высылка Солженицына, которая обозначила в жизни выславшей его страны рубеж — и рубец, долго не заживавший, кровоточивший. Ваш, полутора годами прежде, отъезд был духовным надломом в жизни Ленинграда.

Это не играет большой роли, как и кем эта утрата в Городе ощущалась. Я близко знал людей, которые тайно или явно Вашему отъезду радовались, потому что Вами был задан в жизни и в литературе тон и уровень, которым трудно было соответствовать, но которые уже невозможно было игнорировать. Всем нам, даже тем, кто Вас не любил, приходилось за Вами тянуться — никто в Городе не достигал такого творческого и духовного уровня, но само Ваше среди нас присутствие не позволяло «душе лениться», потворствовать собственным слабостям, тщеславиться и тешить себя мелкими удачами. То, о чем писал Рильке: «Как мелки наши с жизнью споры, нас унижает наш успех». Отвергнув провинциализм, Вы придали русской культуре мировые черты, передвинули ее с периферии к центру, отечественная стиховая речь зазвучала вровень с языком мировой цивилизации. Благодаря Вашей работе в литературе наша современность обрела свое место в историческом ряду, соотнесясь с другими его явлениями.

И вот Вас в Городе не стало — одни приуныли, другие, наоборот, приободрились, полагая возможным индивидуальные усилия заменить коллективными, цеховыми. Добытый Вами и как бы принадлежавший нам всем уровень стал с Вашим отъездом стремительно падать — у тех, кто остался, ибо не на кого было больше равняться. Конечно, литература — не спорт, но присутствие в нашей среде чемпиона как бы поднимало планку, до которой никто из нас не допрыгивал, но желание было, и попытки — тоже. Теперь планка была опущена, через нее перепрыгивал любой, все были чемпионами, каждому было чем гордиться. Как известно, атрофия, то есть потеря органом жизнеспособности и даже уменьшение его в размерах, есть результат длительного бездействия. Духовная жизнь Города была обречена с Вашим отъездом на прозябание, а в обозримом времени и на атрофию.

> Что пользы в нем? Как некий херувим,
> Он несколько занес нам песен райских,
> Чтоб, возмутив бескрылое желанье
> В нас, чадах праха, после улететь? —

эту формулу Сальери могли бы повторить Ваши наиболее глубокомысленные оппоненты, а Вы сами, за пять лет до отъезда, написали прощальное послание «К Ликомеду, на Скирос», и исторические детали тут же прикипели к современности:

> Я покидаю город, как Тезей —
> свой лабиринт, оставив Минотавра
> смердеть, а Ариадну — ворковать
> в объятьях Вакха.
> ....
> Теперь уже и вправду — навсегда.
> Ведь если может человек вернуться
> на место преступленья, то туда,
> где был унижен, он прийти не сможет.

Может, в этом причина, почему нет Вас среди наезжающих в Россию отсюда писателей — вот уж действительно «апофеоз подвижничества», над которым мне грех насмехаться, ибо, закончив это послание, я сам начну укладывать чемоданы.

Либо Вы и в самом деле так уж резко отделяете существование своих стихов, которые сейчас обильно печатаются в России, от существования их автора? Зачем тогда возвращаться автору, когда стихи уже там? Писали же Вы в другом своем стихотворении, circa[1] того же 1967 года — в «Послании к стихам», чудесно стилизуя старинный слог:

> ...Дай вам
> Бог того, что мне ждать поздно.
> Счастья, мыслю я. Даром,
> что я сам вас сотворил. Розно
> с вами мы пойдем: вы — к людям,
> я — туда, где все будем.

Я говорю сейчас даже не о посещении России, а о возвращении в Город, который лично для меня без Ваших стихов уже немыслим.

Вопрос о том, что для Вас Город, не менее, однако, важен, чем вопрос о том, чем были Вы для Города: «Только размер потери и делает смертного равным Богу».

Нынешние обоюдные ностальгические приступы все-таки не в счет в разговоре о Времени, которое есть главный герой Вашей поэзии. Время, попирающее пространство, как св. Георгий дракона,— это, конечно, в идеале, потому что битва Времени с пространством продолжается — «как будто Посейдон, пока мы там теряли время, растянул пространство», а поле их битвы — Ваши стихи. Когда «меж тобой и страной ледяная рождается связь», хотя в нашем контексте вместо «страны» следует поставить «Город», а вместо «ледяная» — «утробная», в этот торжественный и трагический момент не время для обмена комплиментами, которые сейчас взаимно расточаете: Город — Вам, а Вы — горожанам. Происходит девальвация похвал и смещение литературного процесса, который под Вашим снисходительным пером выстраивается из одних наших с Вами земляков, преувеличен-

---

[1] Приблизительно (лат.).— Примеч. ред.

ных каждый в отдельности, будто в других городах и
весях России ничего в это время не происходило.

Но во всех этих Ваших предисловиях и послесловиях,
этих издержках литературы, литературном шлаке, в Вашей сегодняшней аберрации — даже не зрения, а скорее
памяти, коли Вы гласно хвалите то, что заглазно считаете посредственным,— в сглаживании былых углов,
в стремлении к бесконфликтности, эквилибриуму и гармонии, в искажении реальных пропорций и масштабов,
в этом скорее все-таки бессознательном желании свести
необъятные (пока еще) просторы покинутой страны к
одной точке на окраине ее пунцовой карты — «сжимая
пространство до образа мест, где я пресмыкался от боли»,— во всей этой эмоциональной сумятице проглядывают действительные координаты существования поэта
во всеядном Времени и не поддающемся ему пространстве, независимо от того, где и когда, не оставляя следа,
ступает нога — все равно кого, поэта или читателя.

Менее всего я думаю сейчас о таких Ваших якобы
патриотических строчках, как «На Васильевский
остров я приду умирать» — вообще, идеологическая
трактовка (любая!) может только замутить картину, и
без того не очень четкую, размытую. Но вот что поразительно — по Вашим стихам можно восстановить топографию отдельных мест Вильнюса, Ялты, Венеции,
Лондона, Мехико-Сити, где «насытишь взгляд, но
мысль не удлинишь»; менее всего — нашего с Вами Города, хотя стихи и память пропитаны им, как после ливня, до мозга костей.

Есть питерские поэты — даже известные среди
них,— которые живут отраженной славой Города, паразитируют на его былой славе, их халявные стихи своего рода путеводитель по нему, а названия улиц, проспектов, площадей, памятников, рек и каналов своим
волшебством словно бы отменяют необходимость личных усилий, индивидуальных открытий.

Ничего подобного нет в Ваших зрелых стихах — ни
пиетета, ни любования, ни меркантильного отношения

к Городу. Связь с ним в Ваших стихах сложна, противоречива, метафизична. Может быть, поэтому Вас туда и не тянет физически, что, судя по стихам, Вы никогда Город не покидали. Или «есть города, в которые нет возврата»? И хотя у Города были великие славители и не менее великие ниспровергатели (иногда в одном лице — от Пушкина до Мандельштама, от Гоголя до Достоевского и Андрея Белого, вплоть до его гробовщика Константина Вагинова), ни один из них, смею утверждать, не был связан с ним на таком умопомрачительном, почти абстрактном уровне, где в конце концов отпадает нужда не только в названии его улиц, но и его самого. Это не декорация и не тема, не лейтмотив, не сюжет, не предмет описания или тоски, но — мифологема, безымянно, анонимно, но цепко и навсегда удерживающая Ваш стих. «Я заражен нормальным классицизмом» — это признание непредставимо в устах москвича или харьковчанина. Но как раз эту детскую болезнь классицизма Вы легко преодолели — не зараза, а скорее прививка от болезни.

Я сейчас о другом следствии Вашей градофилии, которую с равным основанием можно обозначить и как градофобию. Город, который по крайней мере на два столетия стал объективацией русской истории и подмял под себя всю страну, завораживает ныне даже отголоском своего былого значения. В самом деле, крошечная точка на карте оказалась важнее самой карты (говорю пока что о русской), а на эмоциональном уровне — равна бесконечности. География восстала против истории, архитектурный стиль стал политическим триумфом: ампир — имперским стилем. Какие там улицы и каналы, когда сам Город как восклицательный знак!

О каком еще городе можно сказать такое? Ну конечно же, о Риме, в который Вы в конце концов и переименовываете уже не раз переименованный наш Город. Вот где сходятся Ваши футурологические герои, Публий и Туллий, деля меж собой одну и ту же фразу. Публий ее начинает:

«Где бы все были, если бы он Империю не придумал...»
А Туллий заканчивает:

«...и столицу бы в Рим не переименовал. Гнили бы понемногу. Задворки Европы».

Надеюсь, нет сейчас в Кремле достаточно восприимчивого человека, чтобы откликнуться на Ваш — не совет и не призыв: предсказание.

Не говоря уж о разнице между Вашим имперством и их державностью: они хотят сохранить пространства, Вы доводите имперскую идею до абсурда. Их горизонтали у Вас противопоставлена вертикаль. Пьесу «Мрамор» лучше было назвать «Башней»: башней слов, башней снов, «правнучкой вавилонской» — потому и недостроенной. Знаю, предварительный набросок пьесы — в «Post aetatem nostram» — так и назывался: «Башня». Точнее сказать, это зерно, которое, упав в поэзию, проросло в драматургию:

> Подсчитано когда-то, что обычно —
> в сатрапиях, во время фараонов,
> у мусульман, в эпоху христианства —
> сидело иль бывало казнено
> примерно шесть процентов населенья.
> Поэтому еще сто лет назад
> дед нынешнего цезаря задумал
> реформу правосудья. Отменив
> безнравственный обычай смертной казни,
> он с помощью особого закона
> те шесть процентов сократил до двух,
> обязанных сидеть в тюрьме, конечно,
> пожизненно. Не важно, совершил ли
> ты преступленье или невиновен;
> закон, по сути дела, как налог.
> Тогда-то и воздвигли эту Башню.

Зачем страна, когда есть Город? Зачем империя, когда есть столица, пусть и бывшая? Зачем бесконечность, когда есть точка? Зачем горизонталь, когда есть вертикаль? Башня как идея Времени, пожирающего пространство. Зачем жизнь, когда есть смерть? Таков абсолют мысли, вложенный Вами в уста Туллия и не вовсе Вам чуждый. Слава Богу, он в пожизненной камере не один, а со своим антиподом, Вашим Сганарелем-Лепорелло, «армяшкой», варваром, обрезанцем: бунтующая в неволе плоть. Хотя если бы Туллий проповедовал абсолют империи в одиночестве, это бы выглядело еще более, что ли, неуместно, учитывая место действия — то бишь проповеди — то бишь бездействия. Но любой абсолют есть бездействие, счастье есть смерть, тем более рай, а империя мыслится Туллием именно как рай идеи, и это, пользуясь Вашими словами, «место бессилья», «конец перспективы».

Туллий умнее Публия, но Публий мудрее Туллия — я говорю не только о смертолюбии римлянина и жизнебесии варвара. Простота мудрее высокомерия, спеси, чванства — пусть не лично собой, а принадлежностью к великой идее, без разницы. Вы поместили в одну камеру двух маньяков — идейного и сексуального. Не знаю, как Вы (хоть и догадываюсь), но я отдаю решительное предпочтение последнему. Хотя, несомненно, прав Публий, когда замечает: «Не в словах дело: от голоса устаешь! От твоего — и от своего тоже. Я иногда уже твой от своего отличить не могу».

Я тоже не всегда могу — «как различить ночных говорунов»? А Вы сами, Ося, можете? Точнее — Иосиф Бродский, сидящий в своей башне слов и снов, в пожизненной каторге одиночества и поэзии и разыгрывающий в ней пьесу на два голоса. Не обязательно в драматургии. В любом жанре, за исключением разве дежурных предисловий к выступлениям и книгам Ваших земляков.

Было бы неразумно настаивать на ответе — в конце концов, любое послание, включая это, есть «почта в один конец».

В Вашей камере-обскуре, в вымышленной башне в вымышленном Риме и в вымышленном будущем нет ни Публия и ни Туллия, ни римлянина и ни варвара, ни варяга и ни грека, ни эллина и ни иудея, ни гоя и ни аида, но только Поэт и его Одиночество.

Но даже мысль о — как его! — бессмертьи
есть мысль об одиночестве, мой друг.

Теперь я, кажется, понял, почему испытывал оторопь, садясь за это юбилейное послание, в котором не все сказал, что думал, и не все додумал, что хотел. В заготовках Эйхенбаума к выступлению об Анне Ахматовой есть следующее замечание: «Я сам из того же поколения — и поэзия Ахматовой факт моей душевной, умственной и литературной биографии. Мне и легко и очень трудно говорить — не все скажу ясно».

Схожее чувство испытал я, обращаясь к Вам с этим посланием и осознавая его скудость и недостаточность. Потому что мне уже трудно представить свою жизнь и жизнь многих моих современников без того, что Вами сделано в литературе. Мы обрели голос в Вашей одинокой поэзии, а это далеко не каждому поколению выпадает.

ДВА БРОДСКИХ
из нью-йоркского дневника
(1978—1998)

И средь детей ничтожных мира,
Быть может, всех ничтожней он.
А. С. Пушкин

Какая польза человеку, если он приобретет весь мир, а душе своей повредит?
Мк. 8:36—37

Душа за время жизни
приобретает смертные черты.
ИБ

Возвращая мне рукопись «Романа с эпиграфами», ИБ сравнил его с воспоминаниями Надежды Мандельштам (с чем я не согласился по жанровой причине: у нее — мемуары, у меня — хоть и автобиографический, но роман), а про самого себя в романе сказал, что вышел сахарный. В последнем он, несомненно, прав — я его пересиропил. Но в негативной структуре «Романа с эпиграфами», где все говно кроме мочи, необходим был положительный противовес. И потом, «Роман с эпиграфами» писался об одиноком, неприкаянном поэте, на имя которого в советской прессе было наложено табу, тогда как теперь в России происходит канонизация и даже идолизация ИБ — как теми, кто близко знал покойника, так и теми, кто делает вид, что близко знал. Не пишет о нем только ленивый. Как с первым субботником и ленинским бревном, которое вместе с вождем несли несметные полчища, если судить по их мемуарам. Придворная камарилья ИБ после его смерти многократно увеличилась. Те, кто не был допущен к его телу при жизни, а борьба шла аховая,

теперь присосались к его метафизическому телу. Для тру-
поедов, паразитирующих на мертвецах, его смерть была
долгожданной, а для кой-кого оказалась и прибыльной,
хотя в потоке воспоминаний о нем есть достойные и
достоверные: к примеру, Андрея Сергеева, тоже, увы, по-
койного. Если судить по числу вспоминальщиков, то у него был легион друзей, хотя на самом деле он прожил
жизнь одиноким человеком, и именно одиночество — жи-
вительный источник, кормовая база его лучших стихов.

Куда дальше, когда даже заклятые враги ИБ взялись
за перо: лжемемуар Кушнера, например. Очередь за
гэбухой — пора и им вспомнить о своем подопечном.
Началась эта кумиродельня еще при его жизни, и ИБ ее
поощрял и культивировал: «Поскольку у меня сейчас
вот этот нимб...» — сказал он в интервью в 1990 году,
а незадолго до смерти сочинил свой «Exegi monumentum»:

> ...И мрамор сужает мою аорту.

Осенью 1977 года он попенял мне за то, что я его пе-
реслащил в «Романе с эпиграфами», а спустя 13 лет
обиделся на мою рецензию на его вышедший в Швеции
сборник «Примечания папоротника». Сережа Довлатов, не утерпев, прочел эту рецензию на 108-й улице,
где мы с ним ежевечерне покупали завтрашнее «Новое
русское слово», и ахнул:

— Иосиф вызовет вас на дуэль.

Странно: мне самому рецензия казалась комплимен-
тарной — я был сдержан в критике и неумерен в
похвалах. Однако к тому времени ИБ стал неприкасае-
мым, чувствовал вокруг себя сияние и был, как жена
Цезаря, вне подозрений. Никакой критики, а тем более
панибратства. Когда в 1990 году, издавая «Роман с эпиграфами», я спросил у него разрешения на публикацию
нам с Леной посвященного стихотворения, услышал от
него «Валяйте!», хотя прежнего энтузиазма по отношению к моему роману я не почувствовал. Тот же Довлатов, прочтя в «Новом русском слове» пару глав из «Ро-

мана с эпиграфами», сказал, что ИБ дан в них вос-
торженно, но непочтительно». Может, и ИБ уже так
считал: от сахарного образа до непочтительного?
А как он отнесся к моему юбилейному адресу, опубли-
кованному к его 50-летию? Дошло до того, что в одной
мемуарной публикации мне выправили «Осю» на
«Иосифа», хотя иначе как Осей никогда его не называл
(тогда как Довлатов — Иосифом). Не так ли полсотни
лет назад профессор поправлял на экзамене зарвав-
шегося студента: «Какой он вам товарищ!» — про
другого Иосифа, в честь которого ИБ и был назван.

Было два Бродских. Один — который жил в Питере
плюс первые годы эмиграции: загнанный зверь и великий поэт. Другой — его однофамилец: университет-
ский профессор и общественный деятель. За блеском
Нобелевской премии проглядели его жизненную и
поэтическую трагедию: комплексы сердечника, изгнанника, непрозаика. Куда дальше, если даже близкие
по Питеру знакомцы вспоминают по преимуществу
встречи с ИБ в Нью-Йорке или Венеции: нобелевский
лауреат затмил, заслонил приятеля их юности. Два
периода в его жизни: интенсивно творческий, питерский, и американо-международный, карьерный. Его
поздние стихи — тень прежних, без прежнего напряга,
на одной технике, с редкими взлетами. Помню один с
ним спор вскоре после моего приезда в Нью-Йорк: как
писать — стоячим или нестоячим. Теперь он настаивал на последнем, хотя его лучшие стихи сработаны
именно стоячим, на пределе страсти, отчаяния и одиночества. «Роман с эпиграфами» написан об одном
Бродском, а сейчас я говорю о другом.

Почему, сочинив сотни страниц про ИБ — роман,
рецензии, эссе,— я извлекаю теперь из моего американского дневника на свет Божий заметы, так или иначе,
косвенно или напрямую с ним связанные?

Для равновеса?

Для эквилибриума с написанным в России «Романом с эпиграфами»?

По контрасту с нынешней мифологизацией?

Да мало ли.

Одно знаю: им тесно и темно в утробе моего компьютера.

Может, причесать и организовать эти записи, выстроить в очередное эссе? Нет, пусть будут такими, как возникли. Даже те, что потом проросли в статьи. Сколько можно насильничать над собой! Пусть отправляются в мир какие есть — укромные, черновые, необязательные, безответственные, бесстыжие, непристойные.

Мысли вразброд.

* * *

Столкнулись с ИБ в Колумбийском. Рассказал ему о поездке в Мэн и встрече с Джейн К. из Бодуин-колледжа, где мы с Леной прочли по лекции. Он с ней знаком еще с питерских времен, но в Америке охладел. Понятно: там она — редкая американка, а здесь — американцы сплошь.

— Ребеночка ее видели? Не мой.

Шуточка довольно циничная. Джейн, наполовину индейских кровей и очень христианских воззрений, усыновила из жалости мексиканского глухонемого дебила, невыносимого в общежитии, чем зачеркнула и без того слабые матримониальные надежды, и теперь всех сплошь мужиков рассматривает исключительно с точки зрения семейных либо — хотя бы — ебальных возможностей. Рассказывала, как ИБ ей прямо сказал, что после сердечной операции у него не стоит. Скорее всего отговорка — свою американскую харизму Джейн растеряла, а скучна, как степь. Чтобы на нее встал, нужно слишком много воображения, как сказал бы Платон — «ложного воображения».

А мужскую свою прыть ИБ утратил и стал мизогинистом еще в Питере, сочинив «Красавице платье задрав, видишь то, что искал, а не новые дивные дивы». Импотенция — это когда раздвинутые ноги женщины не вызывают ни удивления, ни восторга, ни ассоциаций. Без удивления нет желания: «Я разлюбил свои желанья, я пережил свои мечты...» Импотенция — это равнодушие.

Еще у Джейн хорош рассказ из раннего периода жизни ИБ в Америке. Как на какой-то вечеринке звездило юное дарование из негров, и обиженный ИБ вдруг исчез. Джейн вышла в примыкающий к дому садик — ночь, звезды, ИБ стоит, обнявшись с деревом, и жалуется ему на одиночество и непризнание. Быть вторым для него невыносимо. Даже измену М.Б. он переживал больше как честолюбец, чем как любовник: как предпочтение ему другого.

Я сказал, что мы с Леной получили грант в Куинс-колледже, и назвал несколько тамошних имен. На Берте Тодде он поморщился:

— Это который с Евтухом?

Берт Тодд рассказывал мне, как пытался их помирить, Женю и Осю. В «Романе с эпиграфами» я описал обиду ИБ на Евтушенко за то, что тот будто бы способствовал его высылке из России, и ответную обиду Жени на ИБ за то, что тот будто бы сорвал ему американскую гастроль. Что достоверно: Ося вышел из Американской академии искусств в знак протеста, что в нее иностранным членом приняли Евтушенко, объясняя свой демарш объективными причинами, хотя налицо были как раз субъективные. И вот добрый Берт свел их в гостиничном номере, а сам спустился в ресторан. Выяснив отношения, пииты явились через час, подняли тост друг за друга, Ося обещал зла против Жени не держать. Недели через две Берт встречает общего знакомого, заходит речь про ИБ, и тот рассказывает, как в какой-то компании ИБ поливал Евтушенко. Берт заверяет приятеля, что это уже в прошлом, теперь все будет иначе, он их помирил. «Когда?» Сверяют даты — выясняется, что ИБ поливал Евтуха уже после примирения. Наивный Берт потрясен:

— Поэт хороший, а человек — нет.

«Про Евтушенко можно сказать наоборот»,— промолчал я и рассказал Берту анекдот, как один индеец раскроил другому череп трубкой мира.

А кто из крупных поэтов хороший человек? Железная Ахматова с патологическим нематеринством (по отношению к сидевшему Льву Гумилеву)? Предавший Мандельштама в разговоре со Сталиным Пастернак? Мандельштам, заложивший на допросах тех, кто читал его антисталинский стих? Преступный Фет, на чьей совести брошенная им и покончившая с собой бесприданница? «Не верь, не верь поэту, дева»,— обращался самый по поведению непоэт Тютчев к своей сестре, которую охмурял Гейне. А характеристика Заболоцкого Дэзиком Самойловым:

> ...И то, что он мучает близких,
> А нежность дарует стихам.

Помню, уже здесь, в Нью-Йорке, в связи с одной историей упрекнул ИБ в недостатке чисто человеческой отзывчивости, на что он усмехнулся: «Не вы первый мне это говорите». Про Фриду Вигдорову, которая надорвалась, защищая его, и рано умерла, отзывался пренебрежительно: «Умереть, спасая поэта,— достойная смерть». Неоднократно повторял, что недостаток эгоизма есть недостаток таланта.

По ту сторону добра и зла?

Плохой хороший человек?

А не есть ли тот, кто мыслит, в отличие от нас, стихами, некая патология, в том числе в моральном смысле? И чем талантливее поэт, тем ненадежнее человек? Степень аморализма как показатель гения?

Куда меня занесло...

Дал ему номер моего телефона. Он заметил то, на что я не обратил внимания:

— Легко запомнить: две главные даты советской истории.

В самом деле: ...— 3717.

* * *

Еще одна встреча с ИБ в Колумбийском, где он преподает, а мы с Леной теперь visiting scholars, то есть ничего не делаем, но зарплату получаем. Разговор глухонемых: он говорил об английской поэзии, которую я знаю почти исключительно по переводам, а я — о современной русской литературе, которую он не знает и знать не желает. «Искандер? Петрушевская? Вампилов? Ерофеев?» — переспрашивал он, делая вид, что слышит эти имена впервые. Застряли на Слуцком, которого оба любим. Я прочел пару его неопубликованных стихов, которые Ося не знал. «Еще!» — потребовал он, но из других я помнил только строчки. Рассказал про мою последнюю встречу с Борисом Абрамовичем — как тот раскрыл лежавший у меня на письменном столе нью-йоркский сб. ИБ «Остановка в пустыне» и тут же напал на нелестный о себе отзыв в предисловии Наймана. Ося огорчился, обозвал Наймана «подонком» и сообщил, что тот был последним любовником Ахматовой. Я было усомнился.

— А как еще объяснить ее любовь к нему?

Неоспоримый довод, ultima ratio.

Поинтересовался, не собираюсь ли я печатать «Роман с эпиграфами». Нежно вспоминал Женюру (Рейна). Поболтали с полчаса, а потом он глянул на часы и сорвался с места:

— Опоздал из-за вас на лекцию!

* * *

Чуть не поругался с Довлатовым. То есть сказал ему все, что думаю, но Сережа спустил на тормозах.

Вот в чем дело.

«Дабллэй» собирается издать «Двор» Аркадия Львова. Не читал и не буду, не принадлежа к его читателям. Однажды он мне позвонил и советовался, как быть с Ричардом Лури, бостонским переводчиком, который отлынивает от перевода романа (по договору с издательством) и «бегает» Аркадия. «Для меня это дело жизни и смерти!» Немного высокопарно, но понять его можно. Кстати, роман уже вышел по-французски. И вот Довлатов, узнав, что «Даблдэй» собирается выпустить «Двор», уговаривает ИБ, чтобы тот, пользуясь своим авторитетом, приостановил публикацию. Но самое поразительное, что ИБ на это идет и звонит знакомому редактору в «Даблдэй».

Чего, впрочем, удивляться. Пытался же он зарубить «Ожог» Аксёнова, написал на него минусовую внутреннюю рецензию. Как-то я ему сказал — по другому поводу,— что он не единственный в Америке судья по русским литературным делам. «А кто еще?» Я даже растерялся от такой самонадеянности, чтобы не сказать — наглости. Тут только до меня дошло, что передо мной совсем другой ИБ, чем тот, которого я знал по Питеру.

Разговор этот состоялся в гостинице «Люцерн» на 79-й улице в Манхэттене, куда ИБ пришел к нам второй и последний раз.

Но сначала о первой встрече.

Осень 1977 года. Мы только из России, полные надежд и растерянные. Ося явился к нам на следующий день, расцеловал, приветил, сказал, что беспокоился, когда прочел про нас в «Нью-Йорк Таймс»,— как бы нас не замели. Свел в мексиканский ресторан, чьи блюда острее бритвы (обхожу с тех пор стороной), расспрашивал про совдепию и про общих знакомых, хотел помочь в журнально-издательских делах. Я отказался, почувствовав, что предложенная помощь — способ самоутверждения для него. Держал фасон, хвост пустил павлином. Было бы перед кем! Мы были тогда на нуле, он — старше нас на пять лет своего американского опыта. С верхней полки стенного шкафа вылетел в облаке пыли эмигрировавший вместе с нами кот Вилли, чтобы пообщаться со старым знакомым. ИБ поморщился, будто мы несем ответственность за гостиницу, куда нас поселили на первых порах. Однако Вилли был им приласкан, кошачье имя вспомянуто. Кошек он всегда любил больше, чем людей.

Вторая встреча — сплошь напряженка, особенно после «А кто еще?» Будто в его власти давать добро на существование, казнить и миловать. Помню, сказал ему что-то о санкционированной литературе — все равно кем. Даже если по сути я был прав, человечески — нет. Когда Ося стал массировать себе грудь в области сердца, я ему не поверил, а теперь сам сосу нитроглицерин время от времени. Он взывал к жалости, несколько раз сказал свое любимое «мяу». Я замолчал, дав понять, что говорить нам больше не о чем. Обозлился на авторитарность, хотя та шла от прежней униженности, а хвастовство — от комплексов. Мания величия как следствие советской мании преследования, которую он описал в «Горбунове и Горчакове».

Отчасти общению мешали присутствие Лены и самцовость ИБ. Не буквальная, конечно — сублимированная. Не эта ли самцовость была причиной его негативной реакции на некоторые сочинения своих соплеменников? Либо это было его реакцией на само чтение? В «Романе с эпиграфами» я написал, что поэт он гениальный, а читатель посредственный. В черновике стояло «хуёвый».

Легче понять прозаика, который препятствует изданию книги собрата по перу. Воронели мне рассказывали, что после рекламного объявления о том, что в ближайшем номере журнала «22» будет напечатан роман Владимира Соловьева «Не плачь обо мне...», они получили письмо от Игоря Ефимова — почему печатать Соловьева не следует. Взамен он предлагал собственный роман. Это как раз понятно. Но ИБ ведь не прозаик — ни Львов, ни Аксёнов ему не конкуренты.

В том-то и дело, что не прозаик! Один из мощнейших комплексов ИБ. Отрицание Львова или Аксёнова — частный случай общей концепции отрицания им прозы как таковой. И это отрицание проходит через его эссе и лекции, маскируясь когда первородством поэзии, а когда антитезой — «Я вижу читателя, который в одной руке держит сборник стихов, а в другой — том прозы...» Спорить нелепо, это разговор на детском уровне: кто сильнее — кит или слон?

А если говорить о персоналиях, то Львов и Аксёнов — подставные фигуры: Набоков — вот главный объект негативных эмоций ИБ. Представляю, какую внутреннюю рецензию накатал бы он на любой его роман. Здесь, в Америке, бывший фанат Набокова превратился в его ниспровергателя: с теперешней точки зрения ИБ, слава Набокова завышенная, а то и искусственная. Я пытался ему как-то возразить, но ИБ отмахнулся с присущим ему всегда пренебрежением к чужой аргументации. Его раздражает слава другого русского, которая не просто превосходит его собственную, но достигнута средствами, органически ему недоступными. Комплекс непрозаика — вот импульс мемуарной и культуртрегерской литературы самого ИБ.

Прислушаемся к его собственным признаниям, хоть и закамуфлированным под третье лицо: посвященное Цветаевой эссе «Поэт и проза» — своего рода ключ к его собственной эссеистике. Конечно, Цветаева — не маска ИБ, она в этом очерке сама по себе, но одна из немногих, с кем он ощущает прямое родство (все другие — мужи: Мандельштам, Баратынский, Оден).

В чем сходство ИБ с ней? В кочевой судьбе, биографии и опыте, отстающих, как он пишет, от инстинкта и предвосхищения. Несомненно — в стилистике, в приемах, в спрессованной речи, в монологичности как результате одиночества и отсутствия собеседника. ИБ ничего не выдумывает, не подтасовывает, но замечает в Цветаевой то, что близко и внятно именно ему самому; другой обнаружит в ней иное. Подмечает, к примеру, «нотку отчаяния поэта, сильно уставшего от все возрастающего — с каждой последующей строчкой — разрыва с аудиторией. И в обращении поэта к прозе — к этой априорно "нормальной" форме общения с читателем — есть всегда некий момент снижения темпа, переключения скорости, попытки объясниться, объяснить себя».

С еще большим основанием эти слова можно отнести к самому ИБ. Оказавшись за пределами СССР, он обнаружил себя в чужой языковой и культурной среде, к которой ему предстояло приноравливаться, приспоса́бливаться. Этой среде было не до стихов, тем более — не до русских стихов. Если ИБ и был ею априорно принят, то благодаря советскому волчьему паспорту, но от этого его тоска по читателю не утихла, а потребность предъявить доказательства своего существования увеличилась. Менее всего годились для этой цели стихи. Так возникла эссеистика ИБ — в отчаянном поиске читательского эха. На чужом языке, в чужой стране.

Сама по себе такая установка уже предполагает вполне сознательное снижение уровня. К тому же в иерархическом, цеховом представлении ИБ «поэзия стоит выше прозы и поэт — в принципе — выше прозаика». Ущербный императив: чувство превосходства оказывается на поверку комплексом неполноценности. Запретный плод сладок, а виноград, до которого эзоповой лисе не дотянуться,— зелен. Нет нужды защищать от него прозу, которой он далеко не во всех, но в лучших эссе виртуозно владеет, и главная причина противопоставления прозе поэзии даже не в отсутствии у ИБ жанрового демократизма, а в его закомплексованности, в его оторопи перед прозой, а уже отсюда — в перестраховке: виноград зелен, проза ниже поэзии. Так можно дойти и до отрицания поэзии, до самоотрицания. Как верно подметил ИБ по другому поводу, в писательском ремесле накапливается не опыт, а неуверенность, которая по-другому называется мастерством.

Прежде всего он, конечно, поэт, и желая приблизить к себе чужеязычного читателя, вынужден кое-чем поступиться. Но это — в неудачных эссе, типа «Плачущей музы» про Ахматову, с которой ИБ дружил, но ее стихов не любил, либо популяризаторского, вымученного, компилятивного «Путеводителя по переименованному городу», где он вынужден пересказывать читателям (точнее, читательницам, ибо это эссе написано по заказу «Vogue» —

ностальгический каприз русского по происхождению Алекса Либермана, главы журнального холдинга «Conde Nast Publications») общеизвестные факты — от фабулы «Медного всадника» до биографии Ленина. Самый вымученный характер в этом «путеводителе» у метафор, даже удачных — с их помощью ИБ пытается сделать заимствованное, неоригинальное своим иоригинальным. В этом очерке ИБ работает как переводчик, который, по незнанию языка, вынужден пользоваться подстрочником. Но зачем топографический подстрочник человеку, который прожил в описываемом городе 32 года? Если бы у него это был единственный очерк о Ленинграде, можно было заподозрить, что, выложившись весь в поэзии, израсходовав все свои впечатления от города на стихи, ИБ ничего не оставил за душой, чтобы сказать о нем прозой.

Хорошо, что это не так.

В двух других «ленинградских» эссе — оба с арифметическими названиями: «Меньше единицы» и «Полторы комнаты» — ИБ решительно отбрасывает справочно-суфлерскую литературу, полагаясь исключительно на свою память, и Мнемозина не подводит. Он дошел до той возрастной черты, когда прошлое будоражит сильнее, чем настоящее вкупе с будущим. Это можно сравнить с тремя положенными спортсмену попытками, из которых одна сорвалась. Хотя эссе эти жанрово разные — в одном скорее «био» времени, чем поэта, тогда как второе походит на семейную хронику,— основным содержанием обоих является энергия памяти, которая движет клочковатый сюжет и вычленяет узловые моменты повествования.

В лучшей своей эссеистике ИБ остается самим собой, обращаясь к неведомому собеседнику с «безадресной речью». «Чему научается прозаик у поэзии? — вопрошает поэт, осваивающий прозу.— Зависимости удельного веса слова от контекста, сфокусированности мышления, опусканию само собой разумеющегося, опасностям, таящимся в возвышенном настроении... Неизвестно, насколько проигрывает поэзия от обращения поэта к прозе; достоверно известно, что проза от этого выигрывает». Противореча себе, ИБ отказывается вдруг от элитарно-иерархического подхода к формам литературы и перефразирует Клаузевица: проза всего лишь продолжение поэзии, только другими средствами. Иными словами, происходит перенесение методов поэтического мышления в прозаический текст, развитие поэзии в прозу, «то есть читатель все время имеет дело не с линейным (аналитическим) развитием, но с кристаллообразным (синтетическим) ростом мысли».

(К счастью, самоуверенное «А кто еще?» было хвастовством, а не реальностью. Перед наезжающими из России с конца 80-х знакомыми он и вовсе ходил гоголем. Найман пишет о могущественном влиянии ИБ и в качестве примера приводит его рецензию на аксеновский «Ожог». Это преувеличение со слов самого ИБ. И «Ожог», и «Двор» благополучно вышли по-английски, несмотря на противодействие ИБ. Не хочу больше никого впутывать, но знаю по крайней мере еще три случая, когда табу ИБ не сработали, его эстетическому тиранству демократическая система ставила пределы. Влияние ИБ ограничивалось университетским издательством «Ardis» и специализирующимся на нобелевских лауреатах (сущих и будущих) «Farrar, Straus & Giroux», но и там не было тотальным. Как сказала мне Нанси Мейслас, редакторша этого из-ва: «Если бы мы слушались Иосифа, нам пришлось бы свернуть деятельность вполовину». Зато без промаха самоутверждался ИБ, давая «путевки в жизнь» в русскоязычном мире Америки: комплиментарные отзывы своим бывшим питерским знакомым, а те воспринимали его как дойную корову. Тайную природу его покровительства просек Довлатов и отчеканил в формуле: «Иосиф, унизьте, но помогите». Другая причина: выстроить историю литературы под себя — пьедестал из карликов. Иногда ИБ жалел о содеянном им «добре», как в случае с Кушнером, вынужденное вступительное слово на вечере которого он вскоре опроверг с помощью убийственного стихотворения.)

* * *

7 марта 1988 г.

После скандала с Леной и гостящей у нас ее маман отправился с Довлатовым в Куинс-колледж.

На сцену вышел старый лысый еврей, лет 65-ти, хотя ему всего 47. Какое он имеет отношение к тому ИБ, которого я любил? Тень тени. Как встреча с любимой женщиной спустя полвека. Но тут всего несколько лет, как видел его последний раз, не участвуя в борьбе за «доступ к телу» и сохранив благодаря этому его питерский образ. Не ходил на его вечера, хотя всякий раз боялся, зная о его неладах с сердцем, что это последний, никогда больше не увижу. Вот и отправился. Что сделало с ним время! Долго не протянет, увы.

Читал, однако, с прежней мощью, особенно «Winter» по-английски и «Вороненый зрачок конвоя» по-русски. Часто сбивался, но это ничего. По-английски страшно заикается и эти бесконечные «Э...э...э...» Даже картавость по-английски как-то заметнее. Очень переживал за него. Английская неадекватность его русскому. В самом деле, как перевести ту же «жидопись»? Курит непрерывно. Выкурив положенную ему на день или на этот вечер норму, стал стрелять в зале. Тут как тут оказался Гриша Поляк, который сам не курит, но раздобывал и подносил ИБ.

Потом были вопросы — один банальнее другого, даже неловко как-то. ИБ долго что-то талдычил про свой интерес к индуизму, к иудаизму и христианству, но как человек безрелигиозный кончил принадлежностью художника к христианской культуре. Около него толпился люд, я пробился и обнял его, что-то мелькнуло в нем родное, близкое, но встреча была как будто уже за чертой горизонта, на том свете.

Довлатов, волнуясь, сказал:

— Я должен вас поблагодарить, Иосиф.

— За что?

— Для вас это не важно, но важно для меня. Я вам еще позвоню.

Довлатов льстит с достоинством — ИБ нравится. И вообще — такой большой, а льстит, заискивает, зависит. А что Сереже остается — он действительно зависит от рекомендаций ИБ: в «Нью-Йоркер», в издательства, на литконференции и гранты.

Подошел какой-то остроглазый, как ястреб, и сказал полувопросительно:

— Володя Соловьев? А где Лена?

Оказалось — Лева Поляков, фотограф. Кстати, именно «Ястреб», да еще читанный по-английски, показался не просто длинным, но бесконечным. Уж очень описателен. Ебёт нестоячим, но с прежней силой — отсюда этот патологический эффект. Может быть, это оттого, что два чтения одного и того же текста — по-русски и по-английски — утомительны.

Хотел пригласить ИБ к себе, но вспомнил о скандале с Леной и ее мамой и не решился, хотя когда-то он был с Леной нежен, да и Лена к нему благоволила как ни к кому другому из моих питерских знакомцев. Помню, как он оттолкнул других претендентов (включая мужа) и, взгромоздив на руки, задыхаясь, попер пьяненькую Лену по крутой лестнице к нам на четвертый этаж, после того как мы ее приводили в чувство на февральском снегу.

Было это в один из наших дней рождения, но убей Бог, не припомню, в каком году. В 70-м? В 71-м? На месте Лены я бы переживал: не тогда ли он надорвал себе сердце, таща ее по нашей крутой лестнице? Странно, что ей это не приходит в голову. Или mea culpa — исключительно мужское переживание?

Думаю, поехал бы к нам — так одинок, неприкаян. По пути обратно Сережа пересказал мне рассказ Валерия Попова — как человек стал чемпионом мира и все перестали ему звонить, думая, что у него теперь отбоя нет от поклонников. Вот и сидит этот чемпион, скучает, пока не раздается долгожданный звонок — это ему звонит другой чемпион мира, которому тоже все перестали звонить.

Домой не хотелось. Пока у нас гостит теща, мой дом перестал быть моим домом. Долго сидел на кухне у До-

влатовых — Сережа был возбужден, а его Лена погляды-
вала отстраненно и чуть даже свысока. Словесно он ее
побивает, но она берет реванш взглядами и мимикой.
Сережа и Нора Сергеевна считают ее эмоционально
непробиваемой, без нервов, но, думаю, это не так.

* * *

Вот та рецензия 1990-го года, за которую ИБ с его бо-
лезненным отношением к критике должен был, по мнению Довлатова, вызвать меня на дуэль. Я ее читал как
скрипт на радио «Свобода», напечатал в нью-йоркском
«Новом русском слове» и дал сокращенную версию в московском сб. моих рассказов и эссе «Призрак, кусающий
себе локти» (раздел «Вокруг Иосифа Бродского»).

Большой поэт, коим несомненно ИБ является, сам
устанавливает стандарты и критерии, согласно которым читатель судит его стихи. Другими словами, поэту
не избежать сравнения с ним самим, читательская
любовь — если говорить о любви, а не о моде — требо-
вательна, безжалостна и мстительна. В недавнем интервью ИБ признался, что «иногда... ну, просто устаешь от
стихов» — это с учетом и количества уже написанного,
и возраста поэта, и той в общем-то элементарной истины, что человек не бесконечен еще при жизни, хотя прав
Лев Толстой: в нем есть все возможности.

В том же интервью ИБ напутствует своих читателей, на всякий случай предупреждает их: «...я полагаю,
что книги... надо издавать с указанием не только имени
автора... но с указанием возраста, в котором это написано, чтобы с этим считаться. Читать — и считаться.
Или не читать — и не считаться».

Увы, ИБ упустил еще одну возможность: читать —
и не считаться.

Читатель-ровесник, а тем более читатель-земляк —
даже двойной, по Ленинграду и Нью-Йорку, говорю о
себе,— следящий за поэтом издавна, пристально и даже

нетерпеливо, знает и о возрасте поэта, не самом, как бы
он выразился, шикарном для стихотворства, и об исчерпанности каких-то тем и мотивов, к которым поэт
тем не менее, как завороженный, возвращается, и об
инерции стиховой техники, которая неизбежна у таких
виртуозов, как ИБ. Хуже нет, как стать плагиатором
самого себя, вот почему меня так порадовало его обращение к гротеску в напечатанной с полгода назад в
«Континенте» драматической поэме «Представление».
К сожалению, в рецензируемый сборник она не вошла,
а потому он дает все-таки неполное представление о
том, что сделано поэтом за два года после получения им
Нобелевской премии. Это сборник лирики, где гротеск,
тем более многостраничный, мог бы выглядеть инородно-
но. Однако именно лирическое начало у нынешнего
ИБ если не исчерпано полностью, то значительно
ослаблено — по сравнению с классическим ИБ 60—70-х.
Даже регулярные темы ИБ — старение, смерть, поедае-
мое временем пространство и проч.— звучат у него
теперь перечислительно и монотонно. По крайней мере
половина из 26 стихотворений сборника написаны в
этом ослабленном регистре и являются постскрипту-
мом к собственной поэзии, напоминая о ее прежних
достижениях, возвращая к ним память и отвлекая от
чтения. Вот, например, стихотворение «Памяти Генна-
дия Шмакова» — далеко не худшее среди такого рода,
действительно усталых (ИБ прав) и необязательных
сочинений:

> Извини за молчанье. Теперь
> ровно год, как ты нам в киловаттах
> выдал статус курей слеповатых
> и глухих — в децибелах — тетерь.
>
> Видно, глаз чтит великую сушь,
> плюс от ходиков слух заложило:
> умерев, как на взгляд старожила —
> пассажир, ты теперь вездесущ.

И так 80 строк, с проблесками, типа «перевод твоих лядвий на смесь астрономии с абракадаброй», либо с провалами, которые одинаково подчеркивают строкоблудие стихотворения в целом. В подобных случаях ИБ удается иногда хотя бы остроумной, парадоксальной либо афористичной концовкой спасти стих, но этот кончается так же аморфно, как двигался до сих пор. Вот его вялое окончание:

> Знать, ничто уже, цепью гремя,
> как причины и следствия звенья,
> не грозит тебе там, окромя
> знаменитого нами забвенья.

Здесь срабатывает закон обратной связи: писателю скучно писать — читателю скучно читать. Вообще, надеяться на воодушевление читателя там, где оно вчистую отсутствует у поэта, по крайней мере наивно. Квалифицированный либо просто памятливый читатель может взять да и вспомнить какой-нибудь жанрово-сюжетный прецедент у того же поэта — скажем, потрясающее некрологическое стихотворение 73-го года, на следующий год после эмиграции, «На смерть друга», который, кстати, оказался жив-здоров. Тем более, какова сила поэтического воображения, навсегда закрепившая за ложным слухом все признаки реальности!

> Тщетно драхму во рту твоем ищет угрюмый Харон,
> тщетно некто трубит наверху в свою дудку протяжно.
> Посылаю тебе безымянный прощальный поклон
> с берегов неизвестно каких. Да тебе и не важно.

Поэт такого масштаба, как ИБ — лучший русский поэт не только моего поколения, но и нашего времени,— не нуждается в снисходительной критике, тем более один из его самых неотвязных, навязчивых сюжетов последнего времени — изношенность жизни, ее обреченность на повтор, упадок и распад. Своим отношением к жизни поэт сам подсказывает читателю, как относиться к его поэзии:

> Только пепел знает, что значит сгореть дотла.
> Но я тоже скажу, близоруко взглянув вперед:
> не все уносимо ветром, не все метла,
> широко забирая по двору, подберет.
> Мы останемся смятым окурком, плевком в тени
> под скамьей, где угол проникнуть лучу не даст,
> и слежимся в обнимку с грязью, считая дни,
> в перегной, в осадок, в культурный пласт.

Этот «апофеоз частиц» вполне выдерживает сравнение с ранними воплощениями того же сюжета — скажем, с поразительными метаморфозами живого в мертвое, а мертвого в ничто в «Исааке и Аврааме» 1963 года. ИБ и сам устраивает себе экзамен и часто с блеском его выдерживает, сочиняя в каждое Рождество по стихотворению — вот последняя строфа одного из двух, помещенных в его «шведском» сборнике:

> Внимательно, не мигая, сквозь редкие облака,
> на лежащего в яслях ребенка издалека,
> из глубины Вселенной, с другого ее конца,
> звезда смотрела в пещеру. И это был взгляд отца.

Вообще, юбилейные послания — будь то на день рождения Иисуса либо на столетие Анны Ахматовой — поэтический жанр, в котором ИБ достиг блеска. Помню, как он написал нам с Леной стихотворение на день рождения — лучше подарка мы отроду не получали. Вот его ахматовский «адрес»:

> Страницу и огонь, зерно и жернова,
> секиры острие и усеченный волос —
> Бог сохраняет все; особенно — слова
> прощенья и любви, как собственный свой голос.
>
> В них бьется рваный пульс, в них слышен костный хруст,
> и заступ в них стучит; ровны и глуховаты,
> затем что жизнь — одна, они из смертных уст
> звучат отчетливей, чем из надмирной ваты.

Великая душа, поклон через моря
за то, что их нашла,— тебе и части тленной,
что спит в родной земле, тебе благодаря
обретшей речи дар в глухонемой Вселенной.

Самые сильные стихи в новой книге ИБ принадлежат, однако, не юбилейному жанру, а одно дидактическому, а другое — любовному. Дидактическое так и называется «Назидание», хотя это скорее жанровая пародия, но такого рода пародия, что заставляет нас серьезнее отнестись к этому поэтическому архаизму — ИБ и вообще часто обращается к традициям русской поэзии XVIII века, минуя век XIX. Тематически и концептуально этот замечательный стих примыкает к лучшей у ИБ прозе, его «византийской записке», которая по-русски озаглавлена им «Путешествие в Стамбул». В качестве примера две последние строфы этого длинного — и тем не менее не оторваться! — стихотворения:

X

В письмах из этих мест не сообщай о том,
с чем столкнулся в пути. Но, шелестя листом,
повествуй о себе, о чувствах и проч.— письмо
могут перехватить. И вообще само
перемещенье пера вдоль бумаги есть
увеличение разрыва с теми, с кем больше сесть
или лечь не удастся, с кем вопреки письму —
ты уже не увидишься. Все равно, почему.

XI

Когда ты стоишь один на пустом плоскогорьи, под
бездонным куполом Азии, в чьей синеве пилот
или ангел разводит изредка свой крахмал;
когда ты невольно вздрагиваешь, чувствуя, как ты мал,
помни: пространство, которому, кажется, ничего
не нужно, на самом деле нуждается сильно во
взгляде со стороны, в критерии пустоты.
И сослужить эту службу способен только ты.

Что же касается любовной лирики, то она представлена на этот раз антилюбовным стихотворением. В конце концов, если есть антимиры, антигерои и антимемуары, почему не быть любовной антилюбовной лирике? Вряд ли автора целой книги стихов, обращенных к женскому анонимному адресату М. Б., читатель заподозрит в женоненавистничестве. А если и заподозрит, его можно утешить: мизогиния ИБ — только часть его мизантропии («Я, более-менее, мизантроп»).

Не пойми меня дурно: с твоим голосом, телом, именем
ничего уже больше не связано; никто их не уничтожил,
но забыть одну жизнь человеку нужна, как минимум,
еще одна жизнь. И я эту долю прожил.

Повезло и тебе: где еще, кроме разве что фотографии,
ты пребудешь всегда без морщин, молода, весела, глумлива?
Ибо время, столкнувшись с памятью, узнает о своем бесправии.
Я курю в темноте и вдыхаю гнилье отлива.

(— Как вы осмелились сказать, что половина стихов в его книге плохая? — сказал мне Довлатов.

Любая интрига, пусть воображаемая, приводила Сережу в дикое возбуждение.

— Это значит, что другая половина хорошая.

— Как в том анекдоте: зал был наполовину пуст или наполовину полон? — рассмеялся Сережа.)

* * *

«Иностранка» заключила со мной договор на три эссе — «Эпистолярный Набоков», «Был ли Фрейд великим писателем?» и «Джозеф Бродский — американский эссеист». Первые два они уже успели напечатать в журнале, последнее должно сопровождать сб. статей ИБ в книжной серии «ИЛ». Звоню Осе, намечаем план издания. Это не годится, потому что лекция, а это — потому что рекламный гид по Питеру. К своему русскому сборнику он более отборчив и придирчив, чем к американскому, который по сути жанровая свалка. Я не удержался от подъёба:

— Может, включить вашу полемику с Кундерой?

— Еще чего!

По этой мгновенной реакции можно судить, как болезненны для него были шишки, которые посыпались за это выступление. Поделом! И вовсе не за политическую некорректность, как он пытался поначалу представить.

По природе своей ИБ монологист, а потому жанр полемики ему противопоказан. Плюс, конечно, политика, в которую его занесло — это его хобби и одновременно ахиллесова пята: слишком прямолинеен, поверхностен, что особенно заметно по контрасту с его сложной, разветвленной культурологической концепцией. Его спор в «New York Times Book Review» с Кундерой — наглядное тому свидетельство. Как и столкновение спустя три года на Лиссабонской писательской конференции сразу с группой восточноевропейских литераторов — венгром Георги Конрадом, югославом Данило Кишем и поляком Чеславом Милошем, другом ИБ. Бедный Довлатов! Он метался между восточноевропейским «коллективом» и своим покровителем, который привез его и еще нескольких русских на эту конференцию в качестве кордебалета. Не выдержав метаний, Сережа запил и прибыл в Нью-Йорк в непотребном состоянии.

Если в обеих пьесах ИБ — стихотворной «Горбунов и Горчаков» и прозаической «Мрамор» — есть видимость диалога, хотя на самом деле это бесконечные монологи, стачанные в диалоги, то в полемике с восточноевропейцами даже эта формальная демократичность отсутствует. Был бы такой жанр, оба выступления ИБ можно было бы определить как «окрик». В представлении обиженных или оскорбленных восточноевропейцев — окрик старшего брата: Данило Киш отметил «назидательный тон» и сказал, что «чувствует себя ребенком, которому читают нотации». Не спутал ли ИБ разноликую аудиторию европейских демократов с послушной его авторитету и привычной к авторитарности русской аудиторией? В конце концов в «домашний, старый спор» оказались втянуты сторонние. Приятельница ИБ Сьюзанн Зонтаг призналась, что сильно в нем разочарована, добавив, что страны советского блока не являются придатком Советского Союза и даже кое в чем его опережают. Салман Рушди, который через несколько месяцев вынужден будет уйти в подполье, скрываясь от разъяренных единоверцев, заметил, что это так типично для колонизаторов — определять, что хорошо для колонизируемых; если восточноевропейцы чувствуют, что они существуют как некая культурно-политическая целокупность, значит, они и в самом деле существуют в оном качестве. ИБ был зачислен в империалисты, хотя имперство его питерское — скорее эстетическое, чем от политики. Подводя итог дискуссии, политическая комментаторша Флора Льюис писала в «Нью-Йорк Таймс», что «даже Джозеф Бродский, живущий в Нью-Йорке нобелевский лауреат, встал на энергичную защиту Советского Союза от легких упреков в колониализме со стороны восточноевропейцев».

Спор этот, как известно, выиграли восточноевропейцы — не только количеством (оппонентов) и качеством (аргументов), но исторически: события в Восточной Европе наглядно опровергли имперские догмы, пусть даже они не были чисто политическими, но окрашены в культурологические полутона.

Дело еще во взаимном непонимании. Такое чувство, что борцы на ринге из разных весовых категорий. Даже когда ИБ был один на один с Кундерой.

Обоими двигала взаимная обида, и это важнее их аргументов. Кундерой — обида за прерванную советскими танками историю покинутой им родины. ИБ — обида за то, что в этом обвиняют не только советских политиков, но и русских писателей; не одного Брежнева, но заодно и Достоевского. Кундера расширил политическую тему до историко-антропологической, культурно-мифологической. В ответ ИБ обратно ее сузил, но не до политической, а до литературной: хороший или плохой писатель Федор Михайлович и нет ли у Кундеры по отношению к нему комплекса неполноценности? Можно подумать, что принадлежность Достоевского и ИБ к одному языку

и одной стране дает последнему какое-то преимущество
в споре с Кундерой. Собственнические претензии ИБ на
Достоевского, как и русская монополия на его понимание,— самое уязвимое, чтобы не сказать смешное, место
в диатрибе ИБ против Кундеры.

«...метафизический человек романов Достоевского
представляет собой бóльшую ценность, чем кундеров-
ский уязвленный рационалист, сколь бы современен и
распространен он ни был»,— пишет ИБ, переходя на личности и забывая старое правило, что спорить следует с
мнениями, а не с лицами. Иначе Кундере, пиши он ответ,
пришлось бы сравнивать метафизического человека Достоевского с лирическим персонажем поэзии ИБ.

Политическая аргументация ИБ и вовсе беспомощ-
на, а тон высокомерен и резок. К примеру: «О каком,
в самом деле, Севере—Юге может рассуждать чех
(Польша? Германия? Венгрия?)» Либо: «Вины Кундеры в этом нет, хотя, конечно, ему следовало бы отдавать
себе отчет в этом»,— то есть в том, кто есть кто: кто —
Достоевский и кто — Кундера. Или чисто российский
фатализм-детерминизм — кому из нас он не чужд, но
вменять в обязанность чеху? «Как бы парадоксально
это ни звучало, подлинному эстету не пришло бы в голову задумываться о проблеме выбора при виде инос-
транных танков, ползущих по улице; подлинный эстет
способен предвидеть — или предугадать заранее — вещи такого рода (тем более в нашем столетии)».

Как быть подлинному эстету теперь, когда на его
глазах меняется вся Восточная Европа? Предвидеть то,
чего, судя по всему, не будет? Апокалипсическое видение под стать библейским пророкам и русским поэтам,
но не политическим публицистам.

Не останавливаюсь на позиции Кундеры, потому что
не о его эссеистике речь. Скажу только, что в отличие от
Кундеры я — как и ИБ — люблю Достоевского, но в отличие от императивного ИБ допускаю возможность иного
мнения, в том числе и выраженного не столь деликатно,
как у Кундеры с его усредненным чешским темперамен-

том. Читая филиппику ИБ, представил грешным делом, как англичанин сочиняет гневную отповедь Льву Толстому за его неуважительный отзыв о Шекспире.

Вообще, ИБ, с его иерархическими и сословными предрассудками, с его безудержным монологизмом, авторитарностью, речевым императивом, невосприимчивостью (скорее, чем нетерпимостью) к чужому мнению и вольным обращением с фактами, лучше бы не соваться в такого рода споры, вовсе не касаться полемического жанра. В пылу полемики ИБ заявляет, что «именно с Запада возвращается душевнобольным князь Мышкин», хотя как раз наоборот: на Западе, в Швейцарии, его подлечили, а в России, под напором именно русских событий, он спятил окончательно и вернулся в «швейцарское заведение» уже безнадежно больным. Вот и получалось: чешский зоил Достоевского знает русского писателя лучше, чем его русский защитник.

Хорошо, что это не так.

Составляя американскую книгу эссе и лекций, ИБ опустил свой неудачный полемический опус, зато включил несколько страниц о Достоевском, где он пишет о языке как о некой независимой субстанции: литература есть средство существования языка, именно в ней происходит самопознание языка. Это не эстетическая, а лингвистическая точка зрения, и под ее углом рассмотрены такие явления, как Оден, Кавафис, Мандельштам, Цветаева, а в стихотворении, ему посвященном — Т. С. Элиот. К примеру, поэзия Цветаевой трактуется как заинтересованность самого языка в трагическом содержании. Тот же подход продемонстрирован и в связи с Достоевским, написано это с упоением, как стихотворение:

«Однако не одной достоверности ради его герои с чуть ли не кальвинистским упорством раскрывают перед читателем душу. Что-то еще побуждает Достоевского выворачивать их жизнь наизнанку и разглядывать все складки и швы их душевной подноготной — и это отнюдь не жажда Истины! Ибо результаты его инквизиции выявляют нечто большее, чем Истина; они обнажают саму изнанку жизни, и изнанка эта — убога. А сила, которая толкает его на это,— всеядность языка, которому в один прекрасный день становится недостаточно Бога, человека, реальности, вины, смерти, бесконечности, Спасения, воздуха, земли, воды, огня, денег, и тогда он набрасывается сам на себя».

Как ни соблазнительна — ввиду блестящего исполнения — лингвистическая теория, позволю себе усомниться, что литература — это только борьба языка с самим собой. Тем более сам ИБ думает и другое и пишет, в частности, что, хотя Достоевский был неутомимым защитником Добра, не было, если вдуматься, и у Зла адвоката более изощренного. Тема Зла, а точнее, сюжет Зла — не менее настойчивый (чтобы не сказать, навязчивый) в прозе — и в поэзии — ИБ, чем лингвистический. Но если последний, зарождаясь в русском языке, размыкается интернационально (скажем, аналогия «Цветаева—Оден»), то сюжет Зла кажется ИБ навсегда застрявшим в покинутой им стране, а потому нетранспортабельным, непереводимым. Вот его ламентации на неистребимость русского опыта и на его «несовместность» с западной реальностью:

«Мое впечатление, по крайней мере, таково, что любой исходящий из России опыт, даже когда он схвачен с фотографической буквальностью, попросту отскакивает от английского языка, не оставляя на его поверхности даже царапины. Конечно, память одной цивилизации не может и, наверно, не должна стать памятью другой. Но когда язык не в силах восстановить отрицательные реалии чужой культуры, возникает худшая из тавтологий.

Что говорить, история обречена на самоповтор: выбор у нее, увы, как и у человека, не больно велик. Но тогда хорошо бы хоть отдавать отчет, жертвой чего ты становишься, имея дело с экзотической семантикой, которая преобладает в таких отдаленных сферах, как Россия. Иначе попадаешь в капкан собственных концептуальных и аналитических навыков... Слова эти сами по себе — свидетельство, что я далек от того, чтобы обвинять английский язык в неэффективности; как не оплакиваю я и погруженные в сон души тех, для кого этот язык является родным. О чем я единственно сожалею, так о том, что такой продвинутой идее Зла, каковая имеется у русских, воспрещен вход в любое другое сознание по причине конвульсивного русского синтаксиса. Многие ли из нас могут припомнить Зло, которое так запросто, прямо с порога: обратилось бы: "А вот и я — Зло. Ну, как дела?"»

К этому сюжету — разветвленной, конвульсивной, инквизиционной природе Зла в одних культурах и его непереводимости (по крайней мере, во всех извивах и сцеплениях) в другие культуры и языки — ИБ возвращается в своем «византиуме», лучшей из написанной им прозы. Отметив все достоинства Западной (Римской) цивилизации в сравнении и по контрасту с Восточной (Византийской, точнее — исламизированной Византией), ИБ указывает заодно и на упущение Запада: «Недостатком системы, выработавшейся в Риме, недостатком западного христианства явилось его невольное ограничение представлений о Зле... Разведясь с Византией, Западное Христианство тем самым приравняло Восток к несуществующему и этим сильно занизило свои представления о человеческом негативном потенциале... Непростительная ошибка Западного Христианства со всеми вытекающими из оного представлениями о мире, законе, порядке, норме и т. п. заключается именно в том, что ради собственного торжества оно пренебрегло опытом, предложенным Византией».

Бессмысленно ловить ИБ на ошибках и противоречиях, ибо вся его концепция «Запад—Восток», которым, по Киплингу, никогда не встретиться, построена на личных впечатлениях, допущениях, гипотезах, преувеличениях, пусть даже ошибках. Потому что не по оплошности, а из принципа. Кто попрекнет его в недостатке эрудиции, хотя его образование и лишено систематичности, в нем много провалов и лакун? С тех пор как бросил школу в восьмом классе, он — самоучка. Самообразовываясь, он отбирает только те знания, в которых испытывает нужду — как кошка выбирает нужную ей траву в многотравье. Он потому и ушел из школы, чтобы не засорять голову лишним хламом. Он боится ненужного знания, чтобы не оказаться в положении флоберовского персонажа, который приобрел часы и потерял воображение.

Противопоставляя Запад, который соединил Римское право с Христианством,— Востоку, где Христианство было овосточено дважды — сначала Византией, а потом Исламом, ИБ больше полагается на свой инстинкт и интуицию, чем на знание. «Я не историк, не журналист, не этнограф. Я, в лучшем случае, путешественник, жертва географии, не истории, заметьте, а географии. Это то, что роднит меня до сих пор с державой, в которой мне выпало родиться, с нашим печально, дорогие друзья, знаменитым Третьим Римом».

Это не единственный мостик, перекинутый ИБ между исламизированным Христианством в поздней Византии и «христианским халифатом», как именовал Чаадаев Россию,— вот, кстати, культурологическая традиция, к которой в этом вопросе примыкает ИБ. Да, он подменяет историю географией, но здесь он тоже не оригинален — хотя бы поэтому не стоит его попрекать этим. Либо вместе с ним — Ипполита Тэна, Ключевского и прочих. То же — с подменой истории антропологией.

Пора остановиться — дневниковую запись я превращаю в эссе об эссеистике ИБ. Не включить ли в него то, что здесь написал?

(Включил. Частями прочитанное на радио «Свобода», полностью это 20-страничное эссе вошло в «Призрак, кусающий себе локти». А сб. статей ИБ в «ИЛ» так и не вышел.)

* * *

Позвонила Лена Довлатова.
— Вы уже знаете? Иосиф умер.
Так я узнал о смерти ИБ. Умер ночью, но не во сне. Обнаружили под утро. Дверь открыта, лежит на полу, лицо в крови, очки разбиты при падении. Это в опровержение, что умер счастливой смертью во сне. Счастливых смертей не бывает, никому из живых неизвестно, что испытывает человек, умирая во сне. ИБ умер наяву.
Зимы он боялся, зима для него синоним смерти. В стихотворении, нам с Леной Клепиковой посвященном, есть такая строфа:

> Февраль довольно скверный месяц.
> Жестокость у него в лице.
> Но тем приятнее заметить:
> вы родились в его конце.
> За это на февраль мы, в общем,
> глядим с приятностью, не ропщем.

Как для Сократа философствовать, так для ИБ писать стихи значило упражняться в смерти. Он многократно отрепетировал ее в стихах, в думах, в разговорах. За полгода до присуждения ИБ Нобелевской премии Довлатов сообщил мне конфиденциально, что там, в Стокгольме, кому надо дали понять, чтобы поторопились, ИБ не из долгожителей. Четверть века тому он зашел к Лене в редакцию «Авроры» прощаться — ложился на операцию геморроя: «До встречи... на кладбище». Но главное прощание в стихах — от «На Васильевский остров я приду умирать» до «Век скоро кончится, но раньше кончусь я».
К вечеру, когда Лене надоели мои причитания в связи с его смертью, она сказала:
— Он столько раз прощался с жизнью, что было бы даже неудобно обмануть читателя и продолжать жить как ни в чем не бывало.
Интенсивность его проживания, точнее — прожигания жизни сказалась в его преждевременном одряхле-

нии. Вот именно: не почему так рано умер, а почему так рано постарел. В 50 выглядел стариком, и это в Америке, где, наоборот, семидесятилетние выглядят с полтинник. В Америке он слинял, нацелясь на карьерные блага, а под конец — на семейное счастье. Плюс, конечно, переход на английский, заказная публицистика, профессорское популяризаторство. Другое дело, что в петербургский период он достиг таких заоблачных высот, что даже его спуск (или замедленное падение) с них — все еще уровень, недосягаемый другим русским пиитам.

При всей краткости его жизни, его таланта на всю ее не хватило. Формула Пастернака — «Живой, и только, до конца...» — к нему неприменима. Знал об убыли таланта, оскудении поэтического дара, сам писал, что жизнь оказалась длинной, но было обидно, когда обнаруживали другие. Стих держался на одной технике, внутри все мертво, без божества, без вдохновенья. Редкие вспышки прежнего таланта.

Как ни рано — по годам — ИБ умер, он пережил самого себя.

Как в том фильме про американского музыканта в Париже, в котором Довлатов видел себя и зазвал меня смотреть по видику: «Он все делал раньше нас, а потому и из жизни ушел раньше...»

* * *

Умер Исайя Берлин, друг Ахматовой и Бродского, который на основании стишка Архилоха («Лиса знает много вещей, но еж знает одну большую вещь...») поделил писателей на лис, преследующих много, часто не связанных между собой и противоречивых, целей (Аристотель, Гёте, Пушкин, Бальзак, Тургенев и Джойс), и целеустремленных, связующих все в один узел-принцип ежей (Платон, Данте, Паскаль, Достоевский и Пруст). Толстой — это лиса, которая хотела быть ежом. А сам Берлин? Типичный пример лисы. Постоянно встречающийся в мировой культуре тип евреякультуртрегера — культурного исполнителя, а не культурного творца. Недаром так много евреев среди музыкантов-исполнителей. Раскидка довольно широкая — от гениального связного между античной классикой и современниками (и потомками) Монтеня до посредственного эпигона Кушнера (общий курс по русской литературе для невежд-попутчиков). Перефразируя Троцкого: самая выдающаяся посредственность нашей поэзии. Бывают плохие поэты, но настоящие, а Кушнер, может, и хороший поэт, но не настоящий.

* * *

Кстати о Кушнере. Давно — многие годы — не читал его стихов. А тут вдруг случайно набрел на подборку в «Новом мире» (1997, № 1). Проснулся вдруг прежний к нему интерес. Что, если я был не совсем прав в тотальном отрицании его в «Романе с эпиграфами»? С первых строчек даже понравилось, так был благожелательно, расслабленно, ностальгически настроен. «Я смотрел на поэта и думал: счастье, что он пишет стихи, а не правит Римом» — стихотворение памяти ИБ с верным наблюдением над тиранством покойника. Но дальше сплошь стиховой понос. Умственная немочь от инкубаторских условий советского существования. Удручающая зацикленность на себе, с очевидной ложью и приписыванием ИБ чуть ли не предсмертного напутствия Кушнеру, типа державинского — Пушкину. «Целовал меня: Бог с тобою!» — в двояком смысле. Не только, что хуй с тобою, живи, несмотря на... но и: «С тобою Бог!» И далее бездарные вирши про Зоила (не меня), который останется в веках благодаря тому, что поэт прихлопнет его точным словом, про пьедестал, на котором стоять поэту — а кто тебя ставит на него? сам же и вскарабкался. Фет: «хвалить стихи свои — позор». Тем более хвалить свои стихи в стихах же. Такого рода стишки — прижизненный самому себе памятник. Понятно, рукотворный и самодельный. Памятник лилипуту. Суета сует: не надеясь на потомков, самому закрепиться за пределами своего времени и тленья убежать. Уже за 60, хреновый для поэтов возраст, а он все еще выёбывается. Зоилы, наоборот, укрепляют и укрупняют это мизерное, фиктивное явление, обращая на него внимание. В принципе, я ему сослужил добрую службу «Романом с эпиграфами». Выпрошенная им у ИБ похвала — чтобы он защитил своим авторитетом бедного Сашу от моего романа, пусть даже не ссылаясь на сам роман. Хотя иначе как посредственным человеком и посредственным стихотворцем ИБ его не называл (эту характеристику приводит и друг Бродского Андрей Сергеев в своем мемуаре), а в стихе, ему посвященном, припечатал «амбарным котом». В перерыве ИБ окружили поклонники, а Кушнер стоял в стороне, словно не его это вечер. По сути, так и было — все пришли на вступительное слово ИБ. На второе отделение ИБ не остался. Триумф победителя.

Стихотворение, посвященное Кушнеру, очень сильное, редкое в поздней лирике ИБ, вровень с его классическими стихами. Уж оно точно написано «стоячим» — так его подзавел «амбарный кот», который потом приложил немало усилий, чтобы воспрепятствовать его публикации, еще бы лучше — уничтожить (как и мой «Роман с эпиграфами», на защиту от которого мобилизовал друзей и гэбуху), а когда понял всю их тщетность, вынужден был привести в своем мемуарном фальсификате — как бы впервые, хотя уже вышел последний сборник ИБ, куда стихотворение вошло.

> Не надо обо мне. Не надо ни о ком.
> Заботься о себе, о всаднице матраса.
> Я был не лишним ртом, но лишним языком,
> подспудным грызуном словарного запаса.
>
> Теперь в твоих глазах амбарного кота,
> хранившего зерно от порчи и урона,
> читается печаль, дремавшая тогда,
> когда за мной гналась секира фараона.

С чего бы это вдруг? Серебряный висок?
Оскомина во рту от сладостей восточных?
Потусторонний звук? Но то шуршит песок,
пустыни талисман, в моих часах песочных.

Помол его жесток, крупицы — тяжелы,
и кости в нем белей, чем просто перемыты.
Но лучше грызть его, чем губы от жары
облизывать в тени осевшей пирамиды.

Четыре эти строфы — результат внимательного чтения «Романа с эпиграфами», его стихотворное резюме. Вплоть до прямых совпадений — от «амбарного кота, хранившего зерно от порчи и урона» (в то время как «грызун» — сам ИБ) до «в тени осевшей пирамиды». То, для чего мне понадобилось 300 страниц, ИБ изложил в 16-ти строчках. Боль, обида, гнев, брезгливость — вот эмоциональный замес, послуживший импульсом этого стихотворения, в котором ИБ объявляет Кушнера своим заклятым врагом. Как и было.

Стихотворение это аннулировало комплиментарное, вынужденное выступление ИБ на его вечере, и вот хитрован Кушнер, перебздев, попытался обезвредить, обесточить стихотворение, перевести в план литературной полемики, вымышляя обиду ИБ на критику Кушнером его поэтики и приписывая ему реплики, даже стилистически немыслимые в его устах. Тем более сам ИБ оставил очень четкий комментарий к этому стихотворению в письме Кушнеру: «Все это — только буквы, и если в них есть доля правды, то не обижаться на это следует, а 1) посетовать, что дела обстоят именно так, а не иначе, и 2) что буквы способны на подобие правды».

Уж коли прибегать к зоологическим аналогиям, то Кушнер скорее цыпленок русской поэзии. Цыплячьи стишки, цыплячья душа. Даже как он, не решаясь ответить самолично на «Роман с эпиграфами», приписывает другим: сам не читал, но друзья сказали, что неправда; Бродский не смог одолеть «Роман с эпиграфами» и сказал, что Соловьев выступал в Америке с лекцией против

Сахарова явно по заданию органов, с которыми был тесно связан. То есть вот каков автор — обругал не только меня, но и Сахарова. Дискредитация автора и совет читателям не читать роман с ссылкой на авторитет ИБ. А почему он не ссылался на ИБ, пока тот был жив?

С головой выдает Кушнера невежество провинциала, незнание американской фактуры — приписывает ИБ в своих лжемемуарах то, что тот, будучи ньюйоркцем и регулярным читателем «Нью-Йорк Таймс», говорить не мог. Ни с какой антисахаровской лекцией я не выступал, а спустя две недели после приезда в США напечатал, в соавторстве с Леной Клепиковой, сочувственную, хоть и критическую статью о Сахарове в «Нью-Йорк Таймс», где назвал его Дон Кихотом и полководцем без войска. (Я и теперь полагаю, что западные идеи в буквальном приложении к России не срабатывают, чему доказательство перманентный кризис в конце 90-х.)

Но и с советской фактурой у этого лжевспоминальщика полный разброд. Единственным веским доказательством моей связи с власть предержащими могла бы стать защита диссертации в Пушкинском доме, где диссертации в самом деле не защищают, и для меня одного, утверждает Кушнер, было сделано исключение. На самом деле я защитил свою пушкинскую диссертацию в Институте театра, музыки и кинематографии, о чем свидетельствует выданный мне диплом. Никакого отношения к Пушкинскому дому не имел и даже никогда там не был.

С тех пор я опубликовал сотни антисоветских и антикагэбэшных статей, которые таможенники в Шереметьево, по инструкции КГБ, отбирали у иностранцев, вырезая из провозимых ими газет и журналов: «Соловьев нас не любит»,— объясняли они. Еще при жизни Андропова мы с Леной выпустили на разных языках книгу о нем, которую рецензенты, в том числе американские, считали самой антикагэбэшной книгой последнего времени. Понятно, ИБ был в курсе этих публикаций. Что касается

«Романа с эпиграфами», то ИБ читал его дважды — в рукописи, а спустя 13 лет в американском издании.

Мне также смешно, как человеку, который имел достаточно мужества, чтобы вступить в рискованную и опасную конфронтацию с властями, выслушивать слабоумные инсинуации от амбарного кота, который нежился в тени осевшей пирамиды, пока она не рухнула окончательно. Думаю: схожее чувство испытывал ИБ, когда не выдержал и выдал свой стих-оплеуху.

Ощущение нобелевского триумфа над советскими печатными пиитами сменилось вскоре у него завистью к таким, как Кушнер. Схожее чувство испытывал Фишер к советским шахматистам, Артур Миллер — к советским писателям: с зарплатами, пенсиями, государственным вэлфером и проч. Сладкая жизнь на халяву. А здесь всего приходится добиваться самому, доказывать себя снова и снова. ИБ буквально выгрызал свою мировую славу. Если, по Монтеню, нельзя судить о человеке, пока он не умер, то теперь, после смерти ИБ, определенно можно сказать, что смертельный этот поединок выиграл Кушнер.

Победа в вечности, безусловно, закреплена за ИБ, зато здесь, на земле — за Кушнером. Самой своей смертью ИБ признал свое поражение, и Кушнер закрепил свою победу с помощью лжемемуара, который сочинил и опубликовал, несмотря на предсмертное заклинание ИБ: «Не надо обо мне...»

Поэт-воришка, мемуарист-врунишка.

Из иждивенцев-шестидесятников Кушнер — самый непотопляемый.

Тем не менее мстительная злоба этого цыпленка русской поэзии на меня понятна. Как сказал мне Битов на банкете в советском консульстве в Нью-Йорке: кому охота оказаться при жизни отрицательным персонажем чужих воспоминаний. Так что, когда в следующий раз Кушнер назовет меня вором, убийцей и проч.— понять и простить.

* * *

Миша Ф. сказал, прочтя «Роман с эпиграфами», что у чукчи 100 слов для обозначения белого цвета. Я не чукча, а для Кушнера достаточно одного слова, от которого я воздержусь по изложенной несколькими строчками выше причине.

* * *

Кушнер — психопатологический феномен. Но такой ли уж феномен? Литература сплошных гениев, если судить по их триумфальным заявлениям. Прежде такого рода самореклама была достоянием эпатеров, типа Бальмонта и Северянина, тогда как великие, наоборот, скромничали и помалкивали. К сожалению, даже у ИБ под конец появился этот склеротический оттенок в стихах, когда он написал о мраморе, застрявшем у него в аорте. Но ИБ был — по крайней мере в российский период и первые годы иммиграции — самым талантливым среди них, а они-то чего засуетились?

Найман назвал свой завистливо-реваншистский мемуар «Славный конец бесславных поколений». В самом деле, дорвались. А Женя Рейн озаглавил новомировскую подборку «Мы правим бал...» — кажется, даже не заметив сатанинского прообраза: «Сатана там правит бал...» Вот именно: что-то сатанинское на их балу, конечно, есть. Только помельче. Дорвались чертенята, дорвались до славы.

* * *

Напористые, нахрапистые питерцы-шестидесятники — поведенческая школа ИБ. На их фоне скромность Пастернака, Мандельштама, Зощенко кажется патологией. Литература как групповуха и одиночество настоящего писателя. Того же ИБ. «Ты царь: живи один...» Не люблю групповуху ни в любви, ни в туризме и меньше всего в литературе.

* * *

Если честно, прозаиком я стал поздно, в 48 лет, осенью 1990 года, как следствие двойной потери — мамы и Довлатова. Некрофильский импульс. Смерть как вдохновение, Танатос как Пегас. За несколько месяцев написал девять рассказов, которые вошли в московский сб. «Призрак, кусающий себе локти» — включая два рассказа, прямо посвященные обеим смертям: «Умирающий голос моей мамы...» и «Призрак, кусающий себе локти». Смерть ИБ укрепила меня в моих планах — в январе 1996 года я начал, а спустя полгода кончил «Похищение Данаи», в 1997-м завершил окончательно «Семейные тайны», а сейчас, весной 1998-го, кончаю «Матрешку». Я здесь один, а потому обязан работать, в том числе за мертвых. В меру отпущенных мне сил. Таков стимул, если его из подсознанки вывести наружу.

Что касается «Романа с эпиграфами», моей несомненной и одинокой удачи, то он родился на таком скрещении обстоятельств, что следует счесть случайностью. Как превращение обезьяны в человека. Продолжения, увы, не последовало, хоть я и сочинил на его инерции роман-эпизод «Не плачь обо мне...» ИБ был прав, признав «Роман с эпиграфами» и ругнув «Не плачь обо мне...», хоть автору было обидно.

* * *

Умирает Гриша Поляк: рак прямой кишки обнаружен на стадии метастаз в печени. Бомбардируют печень химиотерапией, изначальный рак неоперабелен. Как он подзалетел, бедный, а ведь так пекся о своем здоровье и, чтобы не работать, измышлял мнимые болезни, а его тем временем подстерегала настоящая. Как у Бергмана в «Седьмой печати». Актер притворяется умершим, убегает от чумы в лес, лезет на дерево, а смерть его подпиливает: «Почему меня!»

Как странно, зная, что он вот-вот умрет, слушать его по телефону. Со смертного одра он спрашивает, не сохранилось ли у меня чего из ИБ, но кроме посвященного нам с Леной Клепиковой поздравительного стихотворения, которое я опубликовал в «Романе с эпиграфами», ничего что-то не припоминалось. Зато Гриша вдруг вспомнил — внутреннюю рецензию на роман летчика-графомана, которую ИБ сочинил по просьбе Лены, тогда редактора питерского журнала «Аврора». «Надо порыться», говорю я, понимая, что уже не успею. А потом будет не для кого. Нет больше рядом такого ненасытного архивиста, как Гриша Поляк.

Гришу жалко. Как и всех нас. Кажется, он на год меня моложе. 43-го года, как Миша Шемякин: держись, Миша, не умирай. Довлатов был на год старше, Бродский — на два.

Что их объединяет, помимо преждевременной смерти? Все трое ньюйоркцы, одного поколения, рожденного в начале сороковых, абсолютно преданы литературе, хотя один писал прекрасную прозу, другой гениальные стихи, а третий ничего не писал, кроме небольших заметочек, предварявших его архивные публикации.

Я уговаривал Поляка сочинить мемуар о Довлатове, которого он знал как никто — был соседом, близким другом, ежедневно, точнее, ежевечерне с ним встречался, чему я свидетель, так как с некоторых пор мы гуляли втроем (не считая Яши, Сережиной собаки), был первопечатником Довлатова, издавая его книжки в своем издательстве «Серебряный век», и выполнял все его поручения — от крупных до бытовых. А главное — единственным в мире человеком, которого застенчивый Сережа не стеснялся, а ведь стеснялся даже своей жены. Это как в стихотворении Слуцкого: «Надо, чтоб было с кем не стесняться...» Редкая в человеческом общежитии удача — Довлатову повезло на человека, которого не надо было стесняться. Однажды, спьяну, он разбил Грише очки, но именно ослепший без очков Поляк привел Сережу той ночью домой. Фактически он был членом семьи Довлатовых и сохранил ей верность после смерти Сережи. Вот я и думал, что такому человеку просто грех не поделиться воспоминаниями о самом популярном ныне в России прозаике. А он успел только дать этим воспоминаниям, которые уже никогда не напишет, название: «Заметки Фимы Друкера». Под этим именем Довлатов вывел его в повести «Иностранка». Образ иронический и доброжелательный. В жизни Сережа тоже подшучивал над ним, но беззлобно:

— Гриша — книголюб, а не книгочей. Книг не читает, а только собирает и издает. Не верите, Володя? Спросите у него, чем кончается «Анна Каренина»?

Уходят те, кого ты знал и кто знал тебя, и уносят по частице тебя самого. И хоть ты пока еще жив, но ты как бы уменьшаешься в размере, улетучиваешься, испаряешься, пока не сойдешь на нет, даже если будешь все еще жив.

Как долго я живу, думаю я, провожая мертвецов. Боюсь, в нашем и без того немногочисленном военном поколении не будет долгожителей. Вспоминаю точный стих Слуцкого про нас: «Выходит на сцену последнее из поколений войны — зачатые второпях и доношенные в отчаяньи...»

А сейчас — сходит со сцены.

ПОСТСКРИПТУМ

Пародия сопровождает нас до могилы — и за ее пределы. Посмертный юмор судьбы следует учитывать тем, кто печется о посмертной славе.

Приключения с телом начались сразу же после кончины. Утром его вдова отправилась с ближайшими друзьями в соседнее кафе, а на дверях повесила записку с координатами этого кафе и с просьбой в дом не входить. Однако поэтесса Т., бывшая когда-то его секретаршей, но давно отставленная и к демиургу доступа последние годы не имевшая, из-за чего была великая обида (помню ее день рождения, когда обещан был «генерал», но не явился; Т. в расстроенных чувствах, день рождения насмарку), взяла реванш и, несмотря на записку и полицейского, проникла в дом и провела у трупа полтора часа, пока не была выдворена разгневанной вдовой. Как беззащитен покойник! Если мертвому дано видеть, что творится с его телом, легко представить ужас ИБ, когда он беспомощно взирал на недопустимого соглядатая.

Что произошло за эти полтора часа между живой поэтессой и мертвым поэтом, вряд ли когда станет известно. Вариант «нравится не нравится — спи, моя красавица» с подменой на мужской род отпадает именно ввиду этой подмены, хотя Миша Шемякин изобразил в серии казановских рисунков мертвого сердцееда в гробу со стоящим болтом и скачущую на нем фанатку-некрофилку. Думаю, впрочем, что и треп на высокие темы, которого Марина великая мастерица, пришиб бы покойника ничуть не меньше. Как профанация.

Хождения по мукам тела великого поэта на этом не закончились. Спор, где ему быть захороненным — в Нью-Йорке или в Питере («На Васильевский остров я приду умирать...») был решен в пользу Венеции, тем более сам возжелал, чтобы его бренные останки покоились на Сан-Микеле:

> Хотя бесчувственному телу
> равно повсюду истлевать,
> лишенное родимой глины,
> оно в аллювии долины
> ломбардской гнить не прочь. Понеже
> свой континент и черви те же.
> Стравинский спит на Сан-Микеле...

Венеции ему пришлось дожидаться 17 месяцев. В конце концов виза была выдана, пропуск в вечность получен, ИБ отправился в Италию. Первая неприятность произошла в самолете: гроб раскрылся. А когда, уже в Венеции, его грузили на катафалк, гроб переломился пополам. Переложенный в другой гроб, ИБ прибыл на гондоле на Сан-Микеле. Пытались было положить его в русской части кладбища, между могилами Дягилева и Стравинского, но Русская Православная Церковь разрешения не дала, потому что ИБ не православный. Несколько часов длились переговоры, в конце концов решено было хоронить в евангелистской части — в ногах у Эзры Паунда: два поэта, еврей и антисемит. Поверх барьеров, так сказать. Вдова, близкие, друзья, роскошный венок из желтых роз от Ельцина и проч. Тут, однако, обнаруживается, что в могиле уже кто-то есть. То есть чьи-то останки. Венецианские могильщики в срочном порядке роют новую, куда и опускают на веревках гроб. Стихи над могилой, комаровские ландыши, кремлевские розы. Все расходятся. Один из провожавших (не Харон) возвращается и обнаруживает, точнее, не обнаруживает гигантского венка от российского президента. Некто уже успел перетащить его на могилу Эзры Паунда. Если только не сам Эзра. Венок от Бориса Ельцина на могиле Эзры Паунда! Кощунство? Фарс? Игры покойничков? Чтобы сам Эзра спер ельцинский венок? С него станет.

Знал бы ИБ, что ждет его за гробом!

Мораль см. выше: бесчувственному телу равно повсюду истлевать.

Без всяких «хотя».

МОЙ ДРУГ ДЖЕЙМС БОНД
докурассказ
(2002)

Я уже пытался несколько раз рассказать эту историю в нью-йокских газетах и по радио — «Новое русское слово», «В новом свете», «Народная волна». Причем каждая попытка вызывала, с одной стороны, скандал, а с другой — приток новых сведений, не менее сенсационных, чем те, что я излагал изначально. Получалось что-то вроде снежного кома, который катит с горы, становится все больше и набирает скорость. Хотя по природе своей я — антитабуист и возмутитель спокойствия, и анекдот о скорпионе, жалящем черепаху, наверное, про меня, но как раз в данном конкретном случае я опирался на документы, которые факсимильно приложил к публикации. Во избежание дальнейших пустопорожних споров хочу заранее предупредить, что лично у меня собранный материал, который я сейчас собираюсь в очередной раз предъявить, вызывает больше вопросов, чем ответов. Потому и избранный жанр — не статья, а рассказ, хоть и построенный на документальном материале. Отсюда его лирическая, вопросительная интонация. Но именно вопросы и важны, потому что автор на основании полученной информации пытается переосмыслить ход текущей истории, произвести переоценку известных людей и исторических явлений. Это и есть главный побудительный мотив написания рассказа. Не компромат на «великих мира сего», а несколько зафиксированных (см. иллюстрации) фактов из их жизни и деятельности. А уж выводы я и подавно *не собираюсь делать, оставив это трудоемкое занятие самим читателям.*

Берта Тодда я знал, наверное, с четверть века — ну, чуть меньше, но узнал его только после его смерти. Точнее: стал узнавать, когда он лежал в коме в Норт Шор, в госпитале в Куинсе, в пяти минутах от моего дома: я ходил туда к Лене Довлатовой, которая упала с подоконника и сломала колено, и не подозревал, что этажом ниже умирает мой давний приятель. За неделю до этого мне позвонила Лиля, его последняя де-юре жена (де-факто уже бывшая), и сказала, что Берт исчез, дома его, по-видимому, нет, до него не дозвониться. Я сказал: ломать дверь.

У Берта была лимфома, его бомбардировали химио- и радиотерапией, просверлили в черепе дырку и через нее всаживали лекарство в спинной мозг. Он уже не чувствовал ног и рук, но вел себя мужественно, рулил свой «Форд Таурус», мотаясь между Нью-Джерси, куда собирался переехать к сыну от предпредыдущего брака, и старой квартирой в Куинсе, рядом с колледжем, и говорил, что победит рак. Был ли он в самом деле оптимистом или хотел им казаться — не знаю. Он был скрытен, но черта эта оказалась не личной, а ведомственной, о чем я тоже узнал после его смерти. Я ему позвонил на следующее утро после его исчезновения — он снял трубку и сказал, что чувствует себя лучше. Я решил, что с ним все ОК, и замучил его вопросами: неделю назад он подарил Лене Клепиковой компьютер, у нее не все там ладилось. Это был его последний разговор: ночью дверь взломали, он лежал на полу, а когда сын и жена переложили его на кровать, раздался мой звонок. Слава богу, сын не понимал ни слова по-русски, но откуда мне было знать? Тем более, не первый раз мы поднимали тревогу, а он, выяснялось, заночевал у какой-нибудь девки — ходок был еще тот. В тот же день его перевезли в Норт Шор госпиталь, куда я ходил к Лене Довлатовой, а потом стал ходить к обоим — даже странно, что мы разминулись с Евтушенко, а встретились только на панихиде. Берт уже не откликался, никого не узнавал, был овощ, а не человек. Хотя кто знает...

Пару раз он пытался вырвать капельницу — пришлось надеть на него наручники и приковать к кровати. Оброс бородой, ну чистый викинг! Если бы не все эти трубочки, я решил бы, что он просто заснул, как засыпал иногда у нас, пока загружал компьютер,— был безотказен, а я, стыдно сказать, типичный *user*. Но как раз тогда, чисто выбритый, с отвисшей челюстью, он казался мертвецом, но я сам напоминаю себе мертвеца, когда просыпаюсь, лежа на спине, с полуоткрытым ртом. Врач сказал Лиле, что надежды никакой, клинически он мертв, но в таком вегетативном состоянии может протянуть недели, месяцы и даже годы, чем напугал соломенную вдову и нью-джерсийского сына, которые прямо у смертного одра Берта начали борьбу за его пенсионный фонд, а тот перевалил, по слухам, за миллион: Берт был скуп, что объяснялось его шотландскими корнями и мормонским воспитанием. Совсем как у Толстого, когда умирает старший Безухов. Я был, понятно, на стороне Лили и Анны Беллы, их с Бертом четырнадцатилетней дочки: они полностью от него — а теперь от его наследства — зависели и больше походили на сестер, чем на мать и дочь. Тем более, несмотря на Лилины просьбы, он наотрез отказался застраховать свою жизнь: на чужой смерти никто не должен наживаться, говорил он. Сын был компьютерщик и исправно зачинал детей одного за другим в слабеющей надежде на продолжателя рода, но одна за другой упрямо рождались одни девочки.

На панихиде я увидел всех жен Берта — последняя, понятно, не была знакома с первой: мормонкой, старше Берта, относилась к нему как к сыну, а вот — пережила и прибыла из их родной Юты в Нью-Йорк со своим новым мужем как на торжество: жизни над смертью. Такие панихиды натуральным образом переходят в «пати», где встречаются люди вовсе незнакомые либо давно не видевшие друг друга. Как я — Евтушенко, хоть он мой сосед по Куинсу, но связывал нас только Берт, друживший с обоими. А Женя был в обиде на меня за «Евтуха», как я его обозначил в «Романе с эпиграфами»: в главе «Три поэта» — о поэтическом турнире Бродского, Евтушенко и Кушнера в моей питерской квартире. Так называл его Бродский — еще до их разрыва. Он всех коверкал: Барыш, Шемяка, Лимон, Маяк, Борух. Я не поддерживал с Женей отношений после отвала и не откликался на неоднократные, еще до публикации «Романа с эпиграфами», попытки Берта нас заново подружить — даже в тот раз, когда Женя в очередную гастроль в США не собрал зал (опять-таки, по его мнению, из-за Бродского) и остро нуждался в утешении, и Берт звонил мне из его номера, но я не пригласил и не приехал — только отчасти из-за своего тогдашнего нелюдимства, но еще и из инстинкта самосохранения или из мании преследования, которая у меня срабатывала здесь на каждого совка. Тем не менее спустя годы, уже в пору гласности, я передал Жене через Берта, который наладился в Москву, только что вышедший в Нью-Йорке злосчастный «Роман с эпиграфами» — с автографом, содержания которого, само собой, не помню. Потом Берт рассказывал, что Женя прочел роман за ночь (как раньше Фазиль, а позднее Булат), а наутро:

— Никогда не видел Женю таким разгневанным,— рассказывал Берт, возвратясь.

Маловероятно, что только из-за Евтуха: не в прозвище, а в самом «Романе с эпиграфами» дело. Боюсь, этот рассказ ему тоже придется не по ноздре, хоть я и держу слово, данное ему на панихиде Берта, и Евтухом больше не называю. Еще меньше этот рассказ понравился бы Бродскому, но я пишу не для моих героев, живых или мертвых — без разницы, чтобы им угождать, а для себя самого. По внутренней потребности разобраться в случившемся, в узнанном.

Когда Евтушенко снял квартиру рядом в Куинсе, зашел как-то Берт и спросил — нет ли у нас затычки для ванной, Женя просит:

— Говорит, если у тебя найдется, он все простит.

Увы, не нашлась, и наше с Женей примирение — как оказалось, ненадолго — случилось только на панихиде Берта.

— Если я вам жму руку, значит прощаю за Евтуха,— сказал Евтушенко и тут же обрушил на меня — с ссылкой на своего тезку Рейна — новую версию конфликта с Бродским: будто бы Бродскому подкинул чернуху на него Марамзин, а тот действовал по заданию гэбухи, которая завербовала его, пока он сидел в следственном изоляторе Большого дома.

В «Романе с эпиграфами», а потом в нашей первой с Леной Клепиковой политологической книге «Андропов: тайный ход в Кремль» подробно излагается история, которая поссорила самого известного русского поэта с самым талантливым. Вкратце: будто бы с Евтушенко советовались о Бродском на самом высоком гэбистском уровне, и Евтушенко сказал то, что от него ожидали услышать — да, ему не представляется судьба Бродского в России, но хорошо бы тому упростили формальности и облегчили отъезд. Эту историю я слышал в смутном изложении от Бродского за два дня до его отъезда из России и, спустя полтора месяца, от Евтушенко. Здесь мне придется процитировать «Роман с эпиграфами:

Я понял, что он мне рассказал о разговоре с Андроповым в опровержение возможной версии Бродского. А откуда Ося все это взял? От того же Евтуха? Вряд ли от Андропова...

Повинную голову меч не сечет, а Женя, похоже, был не уверен, правильно ли он поступил, угадывая мысли и желания председателя КГБ. А какое чувство было у Пастернака после разговора со Сталиным о судьбе Мандельштама?

Прошлым летом в Коктебеле, едва приехав и не успев еще пожать Женину руку, я подвергся с его стороны решительному и жестокому нападению — без обиняков он выложил мне все, что думает о Бродском, который испортил ему американское турне: инспирированная Бродским и компрометирующая Евтушенко статья во влиятельной американской газете, а из-за нее, впервые за все его поездки в Америку, полупустые залы, где он выступал. Фотограф нас заснял во время этого разговора, лицо на фотографии у Жени разъяренное.

Шквал агрессивных оправданий — Евтух настаивал на полной своей невиновости перед Бродским.

Я склонен ему верить, убрав прилагательное «полная» — скорее всего, он и в самом деле невиновен или виноват без вины, так что зря Бродский затаил на него обиду.

Тех читателей, которых интересуют подробности, отсылаю к «Роману с эпиграфами», а тот выдержал уже несколько изданий в Нью-Йорке, Питере и Москве (последнее под названием «Три еврея»), то есть доступен. Так или иначе, Евтушенко и Бродский были зациклены друг на друге — бельмо на глазу один у другого, и Берт, великий миротворец, попытался и их помирить, хотя там вражда — в отличие от нашей с Женей — была не на жизнь, а на смерть. Я уже рассказывал историю их мнимого примирения в «Двух Бродских», прошу прощения за вынужденный повтор. К тому времени Бродский уже вышел из Американской академии искусств в знак протеста, что в нее иностранным членом ввели Евтушенко, объясняя свой демарш объективными причинами, хотя налицо были как раз субъективные. И вот Берт сводит Евтушенко с Бродским в гостиничном номере, а сам спускается в ресторан, заказывает столик в надежде славы и добра. Выяснив отношения, пииты являются через час, поднимают тост друг за друга, Ося обещает зла на Женю не держать. Все довольны, все смеются — больше других, понятно, домодельный киссинджер. Недели через две Берт встречает общего знакомого, тот рассказывает, как в какой-то компании Бродский поливал Евтушенко. Берт заверяет приятеля, что это уже в прошлом, теперь все будет иначе, он их помирил. «Когда?» Сверяют даты — выясняется, что Бродский поливал Женю после их примирения. Наивный Берт потрясен:

— Поэт хороший, а человек — нет.

«Про Евтушенко можно сказать наоборот»,— промолчал я (и хорошо сделал, потому что теперь не уверен) и рассказал Берту анекдот, как один индеец раскроил другому череп трубкой мира.

Другой вопрос: Берт мирил Бродского с Евтушенко из общехристианских (как-никак мормон!) или дружеских побуждений? Их с Женей связывала сорокалетняя дружба, с первого приезда Жени в Америку, когда Берт, тогда аспирант Гарварда, пообещал безвестному Евтушенко устроить гастрольное турне по всей Америке. Фантастика! Берт, однако, сдержал слово и привез в Москву контракт на выступления в 28 колледжах. Женя, в свою очередь, познакомил его с Окуджавой, Вознесенским, Ахмадулиной и Аксёновым — этот десант и был сброшен Россией на Америку. Да только всё не так просто, что и выяснилось на Бертовой панихиде, почему, собственно, я и упоминаю все эти детали, которые заиграют после того, как я оглашу то, что узнал.

Важно также упомянуть, что власти поначалу препятствовали американским контактам «великолепной пятерки» и, в частности, сорвали первую американскую гастроль Евтушенко, подозревая провокацию ЦРУ, что легче всего объяснить манией преследования у КГБ, хотя это была не мания, а реальность, но я опять забегаю вперед.

Не знаю, как у Евтушенко, но у Берта никого ближе и родней в этом мире не было. Шутя я как-то сравнил их с однояйцевыми близнецами. Стоило Жене мигнуть — и Берт бросал все и устремлялся к другу. Лиля обижалась, когда он целыми днями пропадал где-то с Женей, оставляя ее одну с Анной Беллой, названной так в честь двух русских поэтесс. (Думаю, что и Лилю, красивую татарку чистых кровей, Берт выбрал в жены из-за разительного сходства с юной Ахмадулиной, первую книгу которой он перевел на английский.) Да я и сам свидетель: уже в нашу с Леной бытность в Куинс-колледже, когда Евтушенко нагрянул нежданно, Берт, всех подведя, бросил классы и отправился с ним в очередное турне. Это чуть не стоило ему кафедры, которую он возглавлял,— меня тогда удивило, как Берт выкрутился. Теперь-то все встает на свои места. Как и то, что скуповатый по природе Берт, когда расходы на организацию выступления превышали сборы от него, выкладывал Жене гонорар из собственного кармана. Выходит, не из собственного. А Евтушенко об этом знал? Когда он пожаловался Берту, что его шантажирует КГБ, Берт тут же организовал ему охрану из трех телохранителей, сославшись на помощь сенатора Джарвица.

Не из-за этой ли поглощающей дружбы Берт проморгал другого русского поэта — Бродского, хотя именно по инициативе профессора Тодда того взяли в 73-м в на семестр в Куинс-колледж (нас с Леной в 78-м на два семестра, а Евтушенко в 94-м с тенюром)? Отношения у них не сложились, и спустя несколько лет Бродский, помню, морщился при одном упоминании Берта Тодда. Или дело в ревности, которую Бродский, требовавший от друзей абсолютной лояльности, испытывал к Евтушенко, а потому предпочел в друзья и переводчики «незанятого» Барри Рубина? (Вера Данэм, другой профессор Куинс-колледжа, досталась Вознесенскому — такое вот распределение ролей.)

Так или иначе, заштатный Куинс-колледж стал на какое-то время пристанищем и убежищем рашн политикал эмигре. Хоть Евтушенко и не эмигре в буквальном, статусном смысле, да и времена другие, когда Россия, перестав быть супердержавой, ушла из мировых новостей и русские кафедры повсюду, включая Куинс-колледж, позакрывали, но Берту тем не менее удалось протащить сюда Евтушенко почетным профессором: *distinguished professor*. Из-за чего и разразился скандал с участием Бродского, уже на исходе его жизненых сил, ибо, как считал Бродский, Евтушенко взяли на место несправедливо уволенного Барри Рубина. Но скандал все-таки не такой сильный, на весь город, как несколькими годами раньше, когда в должности заведующего новообразованной кафедрой иудаистики не утвердили Томаса Бёрда — потому что не еврей (бельгиец). Несмотря на знание тем идиша и идишной культуры, но спонсоры-ортодоксы, когда на них накинулись евреи-либералы из «Нью-Йорк Таймс» (в таком случае, писали они, зав. античной кафедрой должен быть древний грек или древний римлянин), ссылались именно на идиш: кому нужен идиш, когда зав. иудаистской кафедрой должен знать иврит? Понятно, антисемиты возрадовались этому скандалу как доказательству еврейской, с библейских времен, ксенофобии. Их бы успокоило разве что если бы шефом иудаистики был назначен антисемит. Как в гестапо. Томас тоже был на панихиде Берта и единственный из выступавших плакал. По Берту? По себе? Та история его здорово подкосила.

Проживи Бродский пару месяцев дольше, он, возможно, и довел бы второй куинсколледжный скандал до крещендо, то есть до уровня первого, с выносом избяного сора на страницы «Нью-Йорк Таймс», главного мирового арбитра и вершителя судеб. Судьба распорядилась иначе, а сослагательные гипотезы прошлого — в отличие от футурологических — невозможно ни подтвердить, ни опровергнуть.

На панихиде Берта — точнее, на последовавшей за ней тусовке — мне и вручили два письма; о содержании одного я знал раньше, другое оказалось для меня полным сюрпризом. Меня предупредили, чтобы я читал их не прилюдно, лучше — дома, но — нетерпение сердца! — я не внял и вышел из Klapper Hall на лужайку кампуса. Уже зажглись фонари и звезды, с куинсовского холма, как на ладони, сиял силуэт Манхэттена (минус голубые башни-близнецы, к «дыре в пейзаже» надо было еще привыкнуть), стояло бабье, или, как здесь говорят, индейское лето, я был в легком подпитии, но письма меня мгновенно отрезвили. Одно — от Бродского президенту куинсовского колледжа: про уволенного Барри Рубина и взятого Женю Евтушенко. Другое — от Берта второй жене, которую он попрекал, что та раскрыла его тайну третьей жене: что он был агентом ЦРУ.

Когда я вернулся в Klapper Hall, там слегка поредело, но Женя все еще тусовался с нервным пианистом из

«Русского самовара» и парочкой бухарских студенток; несостоявшийся шеф иудастики Томас Бёрд утирал слезы, которые начал проливать на трибуне; вдовы Джеймса Бонда сбились в кружок и делились впечатлениями о жизни с ним (предположил я). Последняя, тридцатью тремя годами его младше (Лиля, мой гид по панихиде, все более походившей на склеп, где плакальщики — они же мертвецы), сообщила, что Берт был сексуально энергичен и, как латентный педофил, предпочитал субтильных женщин, а Лиля как раз из породы «маленькая собачка до смерти щенок». Я стал гадать, а где же здесь представитель той организации, к которой тайно принадлежал наш с Женей mutual friend[1], и знает ли Евтушенко о том, что был связан дружбой не просто со своим переводчиком и импресарио, но со шпионом — и знал ли об этом раньше?

It would not be honest if I did not tell you that I was terribly disappointed that you should have told Lilia that I had worked for the CIA... — пишет Берт в своем письме.— *It was not your right to tell her what I had once told you in intimacy and with a solemn promise from you that you would never tell anyone. There were then and there have remained serious reasons for this and I can only understand the lapse on your part as a combination of your continuing pain and anger at me and the reasonable surmise that time has passed and it does not matter now. It does[2].*

---

[1] Общий друг *(англ.).* «Our mutual friend» — название романа Ч. Диккенса.— *Примеч. ред.*

[2] *Было бы нечестно не сказать тебе, что я был ужасно разочарован, что ты сказала Лиле, что я работал на ЦРУ... Ты не имела права говорить ей то, что я сказал тебе однажды в минуту близости, взяв с тебя клятву, что ты никому больше не скажешь. Для этого были — и до сих пор — серьезные причины, и я могу объяснить эту промашку с твоей стороны все еще длящейся болью и гневом на меня и вполне понятным резоном, что время прошло и это больше не играет никакой роли. Играет.* (Намек на то, что Берт в это время — письмо написано в 93-м — продолжал сотрудничать с ЦРУ.— *В. С.)*

Все вдруг предстало в ином, ярком до рези свете: от организованных Бертом американских турне Евтушенко с телохранителями и гонорарами не из собственного все-таки кармана, когда не было сборов,— до самого шестидесятничества как политического — скорее, чем культурного — явления. А я-то подозревал Берта в связях с гэбухой (не на стукаческом, понятно, уровне) и материализовал свои подозрения в герое-рассказчике моего псевдодетектива «Матрешка», которого списал с него, не догадываясь о его главной служебной и жизненной функции (роман и посвящен Берту). Что, впрочем, не мешает одно другому — мог быть и двойным шпионом. Как по ту сторону евклидова пространства сходятся параллельные линии, так и две эти организации-близняшки где-то за пределами противостояния супердержав — как, скажем, сейчас, но и тогда, на иной, правда, высоте... бла-бла-бла. Но тогда не есть ли и шестидесятничество побочный продукт этого мистического, за земными пределами, сотрудничества ЦРУ с КГБ, а наш с Женей общий друг — гермес, посланник, посредник этих богов всемирного политического Олимпа?

Тысячи вопросов сверлили мой мозг в связи с Бертовым признанием. Я даже позабыл о доносе на Евтушенко, сочиненном Бродским за два с половиной месяца до смерти, а Ося как раз от шестидесятничества всячески открещивался, да и не был шестидесятником ни по возрасту, ни по тенденции, ни по индивидуальности — слишком яркой, чтобы вместиться в прокрустово ложе массовки: одинокий волк. Их — Евтушенко и Бродского — контраверзы были общеизвестны, но одно дело — устные наговоры, другое — такое вот совковое письмецо!

One can't think of a more grotesque irony that this,— писал Бродский, сравнивая увольняемого из Куинс-колледжа Рубина и взятого туда Евтушенко на гамлетов манер, как тот отца с отчимом: — *You are about to kick out a man who for over three decades studiously sought to bring the American public to a greater under-*

*standing of Russian culture and hire an individual who
during the same period was systematically spewing poison
of the 'stars on your banner are bullet holes, America' vari-
ety in the Soviet press. Times have changed, of course, and
bygones should be bygones. But "the end of history," Mr.
President, doesn't yet mean the end of ethics. Or does it?*[1]

Хмель у меня как рукой сняло, но теперь я был пьян
открывшейся мне интригой и возможностью тут же
продлить ее во времени, пусть и в том же пространстве Куинс-колледжа. Тем более человек, вручивший
мне телегу Бродского на Евтушенко, уже слинял, да и
не брал с меня слово хранить вечно. Но тут я вспомнил, как однажды сидели мы с Бертом у него дома и
трепались под уютное жужжание факса, пока адская
эта машина не гильотинировала полученный документ, и Берт, прочтя, передал мне: отказ другого но-
бельца, Милоша, от предложенной ему докторской
мантии Куинс-колледжа по той причине, что там преподает Евтушенко. Хоть он и не хочет вмешиваться в
дрязги русских, писал Милош, но принятие почетной
степени в этой ситуации было бы оскорблением памяти Бродского.

— Если бы ты знал, сколько Женя натерпелся от
Бродского! — сказал Берт.— Женю тотально бойкоти-
руют, отказ за отказом, всеобщий остракизм. Особенно
здесь, в Нью-Йорке. Какой-нибудь прием или банкет —
приглашают Евтушенко, а потом отменяют приглашение из-за того, что гости отказываются с ним рядом

---

[1] *Трудно представить больший гротеск. Вы готовы вышвырнуть
человека, который свыше трех десятилетий изо всех сил старался
внедрить в американцев лучшее понимание русской культуры, а бе-
рете типа, который в течение того же периода систематически
брызжет ядом в советской прессе, как, например, «звезды на твоем
флаге — дыры от пуль, Америка». Конечно, времена меняются, и кто
прошлое помянет, тому глаз вон. Но «конец истории», мистер Президент, не есть еще конец этики. Или я не прав? (Стиховую цитату
Евтушенко даю в обратном переводе, потому что недосуг рыскать по
его сборникам.— В. С.)*

сидеть. Я ему не рассказываю, не хочу огорчать. И этот факс тоже не покажу. Женя очень ранимый.

Ранимый так ранимый, решил я, и письмо Жене на поминках Джеймса Бонда не показал, удержался. Но на другой день Женя звонит мне сам, он улетает на месяц в Москву, полчаса трепа после четвертьвековой тишины, две главные темы — сначала я (веселым был всегда, но появилась легкость, с какой я обижаю людей; да, мы такие, как вы рассказываете, но у вас нет сожаления, что мы такие, вы пишете без боли — и тут я вспомнил, как давным-давно, в другой жизни, в Москве, одна женщина сказала, что любопытство выело во мне все остальные чувства), потом Бродский. Тут я не утерпел и, к слову, зачитал доносительный абзац из письма Бродского. Евтушенко был потрясен — привык к оральным наездам, никак не ожидал письменного. В голосе у него была растерянность:

— Подарок на Новый год.

— Ну, до Нового года еще надо дожить.

— Как бы достать это письмо?

— Оно передо мной.

— Вы собираетесь его публиковать?

— Факсимильно? Не знаю. Но помяну или процитирую в моем романе о человеке, похожем на Бродского,— это уж точно. В главе «Бродский — Евтушенко».

— Вы пишете роман о Бродском?

— О человеке, похожем на Бродского,— еще раз уточнил я на всякий случай.— Чтобы сделать Бродского похожим на человека.

Перешли на стихи Бродского. Женя сказал, что лучшие написаны в России. Я добавил пару-тройку первых лет в Америке, когда Ося был одинок, неприкаян и писал «стоячим», до карьерного броска к Нобелю. Женя: это даром не проходит. Я, со ссылкой на Лену Клепикову: Ося окончательно испортил себе здоровье уже здесь, тратя неимоверные усилия на добычу «славы и деньжат», которые «к жизненному опыту не принадлежат». Классный стишок Бориса Слуцкого! Женя, оказалось, говорил не о теле: перегородок в душе нет. Я, без ссылки на Бродского: душа за время жизни приобретает смертные черты. Женя, снова не распознав цитату, на этот раз своего вечного антагониста: об этом уже написано — Дориан Грей.

Не помню, кого из нас первым кольнуло, что позабыли покойника.

— Джеймс Бонд высшего класса. Вы знали, что он был летчиком ВВС, потом служил аналитиком Пентагона? Пока его не перебросили на русскую культуру.

— Творческая комнадировка ЦРУ,— сказал я.

— ЦРУ? — удивился Женя.

Или сделал вид, что удивился?

Или Берт пользовался эвфемизмом, называя ЦРУ Пентагоном?

Я не стал ссылаться на второе письмо, а просто подтвердил взятую из него информацию, прикусив язык на моей гипотезе о шестидесятничестве как гигантской провокации ЦРУ (вкупе с КГБ?). Но если ЦРУ организовывало первые турне Евтушенко по Америке, то не по его ли почину, пусть и с подачи Берта, Куинс-колледж дал нам с Леной ни за что ни про что двенадцать кусков сразу по приезде в Америку? После выхода «Романа с эпиграфами» парочка его негативных персонажей, приблатненных гэбухой литераторов, распространяют инсинуации, что я тайный агент КГБ, а я в действительности тайный агент ЦРУ, сам того, правда, не ведая? А если я двойной агент? Ну и дела!

А тогда сколаршип от Куинс-колледжа и в самом деле свалился на нас как снег на голову (одновремено с более почетным, но и более скромным грантом от Колумбийского университета, который пришлось отложить на год). Собственно, Куинс-колледж давал только 8 тысяч, а еще четыре добавлял фонд Форда, который помогал советским эмигре со степенями (у меня была кандидатская), замаливая антисемитские грехи Генри Форда, как нам объяснила Мери Маклер, руководительница программы. Она же прямо сказала, что в Куинсе нам ничего не светит, и даже не хотела подавать туда наши документы, а толкала в университеты, и по крайней мере четыре предложили нам аспирантуру плюс преподавание; мы отказались, о чем Лена с каждым годом жалеет все больше и горьше. Вопрос о куинсовском гранте по ротационной системе решали два человека — зав. политкафедрой Генри Мортон и зав. русской Алберт С. Тодд. В этом году была как раз очередь Берта, и он выбрал нас.

Он был первым американцем — нерусским и неевреем, с которым мы познакомились (вторым и третьим — профессор Колумбийского университета Роберт Белнап и поэт, эссеист и переводчик Гай Дэниэлс). Высокий, статный, седовласый, студентки льнули к нему, да и он не оставался равнодушным к их девичьим и постдевичьим прелестям. Время от времени на этой почве возникали конфликты с родителями или с администрацией колледжа. А отсутствие внятных эмоций я счел чертой его характера: скрытен по натуре. Оказалось — профессиональный, благоприобретенный навык.

Однажды, правда, я застал его плачущим, задолго до болезни, это было связано с семейными обстоятельствами, замнем для ясности. Утешая Берта, я вспомнил название фильма с Полом Ньюменом «WASP's тоже плачут», хотя Берт только White, не чистокровный Anglo-Saxon (шотландская примесь) и не Protestant, а мормон.

Бертово жмотство не мешало ему быть щедрым. Помимо непыльного гранта, он нас вводил в американскую жизнь, знакомил с нью-йоркскими окрестностями — с ним мы впервые побывали на Лонг-Айленде (мы выехали часов в семь, чтобы поспеть на стоянку бесплатно). С тех пор Лонг-Айленд — наша с Леной еженедельная дача.

Когда наш грант кончился, отношения продолжались — Берт был главным советчиком, когда наш сын поступал в колледж (Джорджтаун был выбран с его подачи), когда мы покупали наш первый кар («Тойота Камри»), ввел меня в компьютерный, а потом интернетный мир, покупал для меня компьютеры, загружал их программами и, как что, оказывал техпомощь. За несколько месяцев до смерти подарил Лене шикарный компьютер (взамен ее устарелого) со всеми причиндалами — монитором, сканером, принтером и коробкой дисков и дискет. Щедрый дар. Как и в отношениях с Сережей Довлатовым, я остался в долгу у Берта. Один раз, правда, я повез его на «Тойоте Камри» пересдавать водительский экзамен — водитель Берт был лихой и время от времени у него отбирали права. Не имея права сесть за руль машины, он рулил самолет, и на мой вопрос, что легче, ответил мгновенно:

— Конечно, самолет. Ни пробок, ни светофоров, возможность столкновения — минимальная.

Еще я был постоянным консультантом Берта по переводам — особенно намучились мы со сленговым и, по сути, непереводимым Высоцким. Вместе с группой энтузиастов (режиссер-израильтянин, американские актеры, художник Миша Шемякин) Берт готовил спектакль о Высоцком. Мне эта затея казалась обреченной — к сожалению, я оказался прав. А переводчик русских стихов Берт был отменный, чему помогало не только блестящее знание обоих языков, но собственные Бертовы юношеские (и позже) упражнения в поэзии. На вечере в манхэттенском ресторане «Дядя Ваня» он читал в том числе свои стихи. Переводить прозу Берт терпеть не мог.

Однажды я спросил его, кто знает лучше: он — русский или Евтушенко — английский? Берт удивленно вскинул брови. Я понял, что сморозил глупость.

На мой вопрос, почему Куинс-колледж из многих претендентов выбрал именно нас с Леной, Берт сослался на нашу статью об академике Сахарове в «Нью-Йорк Таймс», за которую мы подверглись остракизму со стороны эмигрантских изданий:

— Неортодоксальное мышление. Мы были поражены.

Тогда я решил, что под «мы» он имеет в виду коллег по Куинс-колледжу.

Я сказал, что эта статья принесла нам символический гонорар — $150 и кучу неприятностей.

— Ничего себе символический! — сказал Берт и, быстро сосчитав в уме, назвал сумму: — 12 150 долларов. За 750 слов!

Для чего мы были нужны ЦРУ? Чтобы держать нас под колпаком? Или как свежаки — источник новой информации о России? Наше спринтерское диссидентство заключалось в образовании независимого информационного агентства «Соловьев—Клепикова-пресс», чьи сообщения довольно широко печатались в американской и европейской прессе. Одна только «Нью-Йорк Таймс» посвятила нашему пресс-агентству три статьи, одну — с портретом основателей на первой странице. Мы были «старс», но скорее падучие, кратковременные, с мгновенной магниевой вспышкой известности, потому что одно — вести репортаж из тюрьмы, а другое — комментировать ее нравы извне, как мы стали делать в наших более-менее регулярных статьях в американской периодике, сменив одну державу на другую. Что еще хотело выжать из нас ЦРУ, дав нам куинсовский грант? Почему не вступило в прямой контакт? Или все-таки временный приют в Куинс-колледже был нам предоставлен объективным решением ученого совета, пусть и с подачи Джеймса Бонда, а для него это было личным решением — из интереса и симпатии к нам? Последний вариант меня бы больше устроил, но скорее всего решение было принято по совокупности.

Помимо лекций на славик и политикал факультетах мы вели с Бертом подробные беседы о цензуре и КГБ, он записывал их на магнитофон. Свой интерес объяснял тем, что собирается писать на эту тему исследование, которого так и не написал. Во всяком случае, научного. Вот чем он нас поражал (да и не только нас, в славистском мире к Берту относились пренебрежительно) — полным отсутствием у него научных работ. Теперь понятно почему.

Другой профессор-славист Джон Глэд, лет на десять, наверное, младше Тодда, прочитав этот рассказ в нью-йоркской газете, не только подтвердил версию, но и дополнил как бы с другой стороны. Берт, оказывается, рассказывал Джон нам с Леной в тайском ресторане в Манхэттене, помимо того что принимал русский диссидентский десант в Америке, участвовал также в высадке американского студенческого десанта в Россию. Джон Глэд как раз и был одним из сотен студентов, которые получали от Берта Тодда необходимые инструкции перед поездкой в СССР, и властные полномочия у него, по словам Глэда, были весьма широкие. Такой случай, к примеру: Джон Глэд ухитрился потерять свой американский паспорт за несколько часов до отлета — Берт Тодд тут же выдал ему новый. Еще больше поразило Джона Глэда, какие огромные денежные средства были в распоряжении Тодда.

Соответственно с его официальными заслугами — как слависта и переводчика, Берту Тодду был посвящен скромный, в 200 слов, без портрета, некролог в «Нью-Йорк Таймс» — сразу же под большим некрологом чудака, который прославился на всю страну тем, что забивал молотком себе гвозди в нос.

> Что слава? — Яркая заплата
> На ветхом рубище певца.

В этом моем рассказе два письма и, соответственно,— два сюжета. Они смыкаются на Берте Тодде, который был агент ЦРУ и друг Евтушенко. И теперь еще загадочнее выглядит интрига с получением Женей синекуры от Куинс-колледжа, когда из него по сокращению штатов выгнали Барри Рубина. Само собой, Бродский ввинтился в эту интригу по обеим причинам — объективным и субъективным: чтобы защитить старого друга и чтобы в очередной раз шарахнуть по старому врагу. Благо есть повод. Да еще какой!

Помимо застарелой обиды, Бродский терпеть не мог конкурентов. Слышу: «Какой Евтушенко ему конкурент!» В поэзии — никакой, но в знаковой системе эпохи у Евтушенко место значительно большее, чем в русской поэзии. Не говоря уже об американском, а тем более нью-йоркском культурном истеблишменте: два русских поэта — не слишком много? Два поэта-культуртрегера, два полпреда русской культуры на один космополитичный Нью-Йорк — как поделить между ними здешнюю аудиторию?

Думаю, для Бродского было мучительно узнать, что Евтушенко перебирается в Нью-Йорк для постоянной работы в Куинс-колледже. А с концом вражды между Америкой и Россией у Жени даже появлялось некое преимущество: он был послом новой России, тогда как Бродский — бывшей. Что Бродский не учел — в Америке подобные доносы имеют обратное действие. Но и в любом случае, на контринтригу (если была начальная интрига) у Бродского уже не было времени. Через два с половиной месяца Евтушенко стоял у гроба Бродского, не подозревая о телеге, которую покойник послал президенту Куинс-колледжа. А если бы знал? Все равно пришел бы — из чувства долга. Как поэт — к поэту. Как общественный деятель — на общественное мероприятие.

Представляю себе настроение Бродского, если бы он мог глянуть из гроба на заклятого врага. Да и не на него одного! Как все-таки мертвецы беспомощны и беззащитны.

Того же Берта взять. Если бы он присутствовал на параде своих жен (плюс любовниц), в который превратились его поминки, и подглядел нас с Евтушенко, которых он тщетно пытался помирить, пожимающих друг другу руку? Или меня на кампусе, читающего его письмо о том, что он был агентом ЦРУ? Или заглянул бы сейчас в мой компьютер, который он же мне и установил, а потом добавлял память и загружал программы, и прочел рассказ, в котором мне осталось самое большее два-три абзаца?

Да еще кой-какие вопросы.

Догадывался ли Евтушенко со товарищи о роли, что предназначалась им в «куинсовском» проекте ЦРУ? Понимал ли Берт сверхзадачу порученной ему культурной миссии? А как в самом ЦРУ — сознавали в его мозговом центре, что проамериканский литературный диссент подтачивал сами основы советского государства, оправдывая худшие подозрения КГБ? В конце концов «империя зла» рухнула, но, как мы видим, не в одночасье. Мой друг Джеймс Бонд выполнял патриотический долг и вместе со своими подопечными московскими литераторами также приложил к тому руку.

Святое дело?

Зависит от того, как посмотреть.

ЗАПРЕТНАЯ КНИГА О БРОДСКОМ,
или Свобода слова по-питерски
(2004)

Известно: плох тот убийца, который не может совершить убийство в свое отсутствие. Мне это удается — и неоднократно. Особенно в Питере, откуда я родом. Хоть напоследок удалось вырваться из этого гиблого города, и в Нью-Йорк я отвалил уже из Москвы. Но вот беда — не дает Питер о себе забыть, потому что сам никак не может забыть обо мне. Или это я не даю ему о себе забыть?

Такой вот случай. Сочинив новую книгу, я, как говорили прежде, в докомпьютерную пору, пишу с полдюжины писем российским издателям, с которыми не знаком ни лично, ни — в большинстве случаев — заочно, и предлагаю эту книгу издать. Обычно это московские издатели, но зная, что главредом одного из питерских издательств служит переводчик и литкритик В. Т., который однажды принял участие в радиообсуждении моих «Трех евреев» и вообще пишет вроде бы независимо, и часто диатрибы против той же питерской литературной кодлы, что и я, предложил ему нашего с Леной Клепиковой «Довлатова вверх ногами».

Надо отдать ему должное — он ответил мгновенно и попросил две недели. Однако книгу перехватило московское издательство «Совершенно секретно», с основателем которого, трагически погибшим Артемом Боровиком, у нас с Леной были когда-то приятельские отношения. Так что, как любит выражаться В. Т., его контора пролетела, как крыша над Парижем. О чем я ему честно и сообщил. Наши пути еще разок пересеклись, когда Наташа Дардыкина написала в «МК» восторженную рецензию на мой роман «Семейные тайны» и номинировала его на премию «Национальный бестселлер», которой В. Т. и заправляет. К тому времени, пышущий ядом и изливший его уже на всех окрест, он зачислил меня во враги, о чем я, понятно, и не подозревал, а потому в очередную рассылку своей новой книги «Post mortem», после того как Игорь Захаров и Ирина Богат, с которыми у меня был на нее договор, усомнились, что та отвечает канонам академической биографии (не сравниваю, но Андре Моруа сказал про «Диккенса» Честертона, что это одна из лучших когда-либо написанных биографий, и прежде всего потому, что вовсе не биография), включил возглавляемое В. Т. издательство в число адресатов. Не подозревал я и о том, что В. Т., нарушая элементарные приличия в отношениях с автором, вместо того чтобы лично ответить (или не ответить) автору, разразится в питерских «Известиях» «открытым письмом Владимиру Соловьеву», о существовании коего я узнал спустя год или больше, и то совершенно случайно, от прибывшего в Нью-Йорк Ильи Штемлера.

Все мои попытки найти это письмо в Интернете результата не дали, зато я обнаружил несколько цитат из него в чьем-то, опять-таки интернетном, резком ответе на послание. Содержание письма В. Т., насколько я понял, сводилось к отказу меня печатать, что вполне можно было сделать, послав мне однофразовую «емельку». Однако мстительная первопричина открытого (а для меня до сих пор закрытого) письма, думаю, все-таки не только в том, что я в свое время отозвал свое предложение с «Довлатовым вверх ногами», а в том, что мы с В. Т. пусть не враги, скорее даже единомышленники, но именно поэтому конкуренты, и я написал в «Трех евреях» об отношениях — Бродского и скушнера — за четверть века до того, как этой темой занялся сам В. Т. И часто очень неплохо — см., к примеру, его эссе «Похороны Гулливера»,— так что на меня он напал из перестраховки либо по злобе, а то по пьяни. Откуда мне знать! Да и не очень интересно.

Судя по отрывкам, уровень его антисоловьевской филиппики значительно ниже даже его среднего уровня. Он, к примеру, советует мне, вместо того чтобы пересказывать сплетни двадцатипятилетней давности, рассказать о моем кураторе из КГБ и намекает, что им мог быть нынешний президент России. Бедный Путин — вот уж точно возвел на него напраслину. Зря грешите на президента, уважаемый! Кто знает, пишет намеками В. Т. Чего гадать, когда я сам назвал в «Трех евреях» поименно и гэбистов, которые меня вызывали, и задействованных гэбухой питерских писателей. И дабы именно как конкурента нейтрализовать меня окончательно, пишет, что скушнер и я похожи — оба чернявенькие, маленькие и подпрыгиваем. Это, конечно, очень сильный аргумент, наповал, Соловьев в нокауте. Куда проще было сказать, что оба — евреи, их спор — междусобойчик, что им делить-то? Секрет полишинеля: третий еврей в «Трех евреях» — автор, который никогда этого не скрывал и никем другим не притворялся. Но к слову — в отличие от скушнера — я не чернявенький (другой масти) и не подпрыгиваю (другая походка, иной стиль). Хотя как развернутая метафора еврея — сгодится, хоть и для бедных. Случаем, великий русский националист В. Т. не путает меня с самим собой? Хочу посоветовать ему словами его тезки Виктора Сосноры:

Жить добрее, экономить злобу.

А то ведь и злобы у нас квота — может не хватить на оставшуюся литературную деятельность. И на жизнь — мы на самом ее краю, если только не патологические долгожители.

Рассказываю все эти байки к тому, что моя жизнь в Питере продолжается в мое отсутствие — как у того честертонова убийцы, который мог совершить убийство в свое отсутствие. Опускаю скушнера с его уж и вовсе водевильной историей, что я был приставлен к нему в качестве соглядатая. Велика честь для такого поэта-совка, как он. Последний пример моего тайного присутствия в Питере, где физически меня не было, наверное, уже с дюжину лет,— скандал вокруг моей невышедшей книги, тогда еще именуемой «Post mortem». Он начался в Питере в конце мая 2004-го, за пару месяцев до ее объявленного издания, которое так в Питере и не состоялось, а издательство оказалось под угрозой выселения за одну только попытку ее издать.

....
....
....

История хоть и срамная, но мне не привыкать. В конце концов, это я первым тридцать лет назад порвал с питерской бандочкой литературных головорезов и мароедов (а теперь и мертвоедов — на чужой славе, себе в карман), приблатненной тогда гэбухой,— порвал буквально, физически и метафизически, «Романом с эпиграфами», который теперь известен по «захаровскому» изданию как «Три еврея». Ждать после моего разрыва объективности от людей, выведенных в той книге под их собственными именами,— нет, не такой все-таки я наивняк. Однако по привитому с детства джентльменству я полагал, что борьба будет вестись по правилам, в рамках литературы, не прибегая к запретным приемам. Пальцем в небо! В ходу у этой братии главный в литературе запретный прием — запретить книгу: сначала «Трех евреев», теперь «Post mortem».

Обычно я ссылаюсь на три издания «Трех евреев» — по одному на каждого еврея (☺): нью-йоркское, питерское, московское. Даже четыре: «Новое русское слово», тогдашний флагман свободной прессы в русской диаспоре, печатало главы из книги серийно, в номерах, наверное, десяти, по полосе в каждом, а потом в течение пары месяцев шла дискуссия с участием автора.

Я предъявляю эти копирайтные данные в качестве доказательства, что негативным либо маргинальным героям «Трех евреев» не удалось уничтожить их автора. Честно говоря, хорошая мина при плохой игре. Есть старая поговорка, смысл которой уже мне не ясен: Питер бока вытер. Применительно ко мне, думаю: Питер меня обанкротил.

Да, автор остался жив, «Три еврея» — как книга — тоже выжили, но уже к нью-йоркскому изданию (спустя пятнадцать лет после написания), а тем более к российским (спустя четверть века) она идеологически и эмоционально выдохлась, потеряла свой полемический запал, а главное — утратила аудиторию, на которую была рассчитана. К тому времени читатели вообще отхлынули от литературы, потеряв к ней злободневный интерес. Сам жанр книги изменился: из горячечной адреналиновой исповеди она превратилась в мемуары, а то и в «весьма талантливый памфлет», как написал благоволящий к ней критик Павел Басинский. Конечно, питерские заговорщики с их хорошо развитым запретительным инстинктом (если даже смогли изуродовать новомировскую подборку еще живого Бродского, изъяв из нее лучший стих — про амбарного кота) предпочли бы уничтожить ее вовсе, и каждое ее новое издание было для них ударом под дых, но — прошу прощения за банальность — хороша ложка к обеду. Или, как говорят здесь, в Америке, the right man at the right time (& in the right place).

История с изданием — точнее с неизданием «Трех евреев» — тоже роман, с сюжетом, интригой и, увы, без катарсиса, зато с happy end — пусть и условным, а может, и мнимым. Кто знает, может, они спасли мне жизнь, препятствуя полтора десятилетия изданию «Трех евреев»? С наступлением либеральных времен питерская мафия еще больше окрепла, и вот теперь, уже в новую политическую пору, они опять, пользуясь общим зажимом, надеются наложить замок на уста мои и заморозить мой роман на неопределенный срок, но уже другой, новый, то есть сделать его, учитывая отпущенное нам жизненное время, посмертной книгой. Надеюсь, на этот раз не выйдет.

Теперь меня одинаково удивляет, когда не издают — та же запретная книга о Бродском — и когда печатают (вызывающие главы из нее в «Литгазете», «Новом русском слове», «Русском базаре», «В новом свете». «Панораме»). Разве не поразительна публикация «Мяу с того света» в «Литературке»? Ох уж эти питерские «либералы», готовые перегрызть глотку любому инакомыслящему и предпочитающие сотрудничество с властями сожительству с отморозками с их нестайным сознанием. Увы, в Америке Бродский стал таким же: беспрекословно подчинялся здешнему истеблишменту, но в русской коммюнити был литературным паханом, свободомыслия, а тем более инакомыслия, не терпел.

Мне-то что! Я еще боялся умереть автором одной книги, как Грибоедов!

Жив курилка! То есть я.

Они потому еще боятся моей книги, что, написанная вровень с лучшими стихами героя, на которые она вся сориентирована, она закрывает жанр бросковедения, делает ненужными все эти бесчисленные, написанные под гранты либо из графоманства и честолюбия статьи, эссе, мемуары, книги. Несть им числа, хотя есть, понятно, и среди них исключения.

Неожиданную поддержку получил из Оклахомы: позвонил Женя Евтушенко, который поначалу обиделся на меня за публикацию повсюду рассказа «Мой друг Джеймс Бонд» — об отношениях Евтушенко — Бродский, а тут говорит:

— Вы, конечно, правильно сделали, что опубликовали это письмо Бродского против меня и свой к нему комментарий.

И добавил еще парочку жареных деталей, от которых я пока воздержусь.

Два года понадобилось Жене, чтобы признать мою правоту, а главное — мое право как писателя и журналиста писать то, что я думаю.

В одном специализирующемся на Бродском издательстве, которое запросило у меня книгу, мне посоветовали изменить имена героев и убрать цитаты Бродского. Чтобы сделать главного героя анонимным? Чтобы обесточить сюжетный и концептуальный напряг книги? Чтобы обесценить ее художественные и эвристические достоинства?

Лена Клепикова, наоборот, сомневается, зачем вся эта игра с эквивалентами, когда Бродский есть Бродский и герой моего романа сюжетно, бытово и даже стилистически совпадает с прототипом. Даже англицизмы и нехарактерные для русского языка синтаксические конструкции, которые у иных читателей вызовут возражения, прямо заимствованы из «американской» речи Бродского, чему множество свидетельств в его стихах, интервью, воспоминаниях о нем, да и на памяти автора. Вплоть до религиозной нетерпимости и несоблюдения политкорректности по отношению к своим коллегам — как живым, так и умершим (в каждом случае в комментарии указан источник). А вот что он выдал в «Оде на независимость Украины»:

> ...С Богом, орлы и казаки, гетьманы, вертухаи,
> Только когда придет и вам помирать, бугаи,
> Будете вы хрипеть, царапая край матраса,
> Строчки из Александра, а не брехню Тараса.

Неизбежный вопрос под завязку: как бы отнесся к моей книге ее главный герой? Что не авторизовал бы — это само собой, да и не больно надо, никогда бы с такой просьбой к нему не обратился. И вообще с просьбами к нему не обращался, обеспечив себе тем самым независимость, ибо зависеть от царя, зависеть от народа, а тем более от Бродского — не все ли нам равно. Вот именно! Покровительство Бродского было способом самоутверждения этого закомплексованного с детства человека. Гениальную формулу выдал Сережа Довлатов, которому Бродский казался всемогущим в раздаче американских благ (что не так): «Иосиф, унизьте, но помогите!»

Крик о помощи утопающего.

Помогал, но не помог.

Однако и участвующим, вместе с земляками-питерцами, в попытках запретить мой новый роман, Бродского не представляю. Иной уровень, да и не снизошел бы. На все прежние призывы питерцев поучаствовать в травле автора «Трех евреев» или хотя бы публично отмежеваться от моей книги отвечал, по словам одного из ходоков, однозначно и лапидарно: «Отъебись». Полагаю, что хоть здесь я застарахован: если он при жизни вел себя по отношению ко мне по-джентльменски, то и из своей сан-микельской могилы не бросит в меня камнем.

В разгар скандала — когда Питер отказался издавать мою книгу — мы с Леной поехали в наш любимый Камсет-парк на Лонг-Айленде, где каждый сам по себе, а сходимся только к вечеру, за ужином на берегу залива. Парк этот божественный и на меня действует умиротворяюще, вдохновительно, я там подружился с одним шикарным деревом — на самом деле их четыре, но они срослись кронами и летом выглядят как одно. Чего там только нет — сирень всех сортов, жимолость с дурманящим запахом, магнолия, рододендроны всех цветов, тюльпаново дерево с гигантскими цветами, каштаны, боярышник, шелковица; акация и черемуха, наперекор всем климатическим правилам, цветут одновременно; даже секвойя, единственная в нью-йоркском штате. Не говоря о живности — от зайцев и барсуков до лис с лисятами.

С зеленого холма там чудный открывается вид: сначала пресное озерко с дикими гусями и утками, через узкий перешеек — залив с белыми парусами. Соловей выдал пару рулад лично для меня, потом я слушал перекличку двух сов — на воле и в клетке, в здешнем птичьем уголке.

В заливе плавал замеченный мной недели три назад одинокий лебедь с пятью лебедятами. Я уже знаю его историю — самку сбила насмерть машина, я горевал над ее трупом, прибитым волной к запруде у моста, когда стояла высокая вода. Лебеди живут парами и хранят верность друг другу всю жизнь. А это случилось как раз в разгар высиживания яиц. Лена тут же взяла пессимистичный вариант, тем более сюда залетают черноспинные канадские чайки-убийцы и даже у лебедей-супругов склевывают яйца и убивают детенышей. Я видел, как обычно держатся семейные пары: плывут рядышком, а между ними, под их защитой — детеныши. И вот, в очередной свой наезд сюда, я увидел этого лебяжьего вдовца, выгуливающего по заливу пяток сереньких лебедят. Все это время, выходит, он сидел на яйцах. Чудо! Лена тут же сказала, что они обречены — одному родаку их не защитить от черных чаек. И вот каждый раз мы приходим сюда и видим этого одного-одинешенька с пятью подрастающими лебедятами. А тут еще откуда ни возьмись появилась вдова или незамужка с явными видами на вдовца с детенышами. Когда я спустился к воде и стал крошить хлеб, лебедь с лебедятами клевали, а чужак приблизился ко мне и стоял на страже, определив дистанцию между мной и лебедями. Не так чтобы агрессивно, но недвусмысленно. Думаю, ему это зачтется и лебяжье семейство примет его в свою компанию. И птенцам при такой двойной защите легче выжить. Даже Лена теперь надеется на хеппи-энд. Дай-то Бог!

Надо же, так совпало — именно сегодня мне попалась машина с откинутым верхом и независимой такой, самодостаточной гёрлой за рулем, а на номере (я коллекционирую самые занятные) «2 of me» вместо обычного «2 of us». Почище виденной мной однажды «Tough girl». Даже не знаю, как это перевести. Вспомнил — по ассоциации — Ницше: «Немногие мне нужны, мне нужен один, мне никто не нужен».

Вот так-то.

Выйдя из машины, я заметил на земле десятидолларовую купюру.

— Единственная положительная эмоция за весь день,— пошутил я.

Оказалось, половинка десятки, кем-то нарочно или нечаянно разорванной. Как в шпионском детективе.

— Судьба с тобой поступает прямо-таки садистски,— констатировала Лена.— Сначала обложка книги, а сама книга запрещена, а теперь вот половинка десяти долларов. Что будешь с ней делать?

— Возьму. На память о судьбе.

Еще я нашел в тот день подкову без дырочек, как бы и не от лошади — на счастье или наоборот?

На следующий день по дороге в библиотеку Лена подобрала целехонький сотник, который бесхозно валялся на тротуаре. Второй раз ей так везет. Первый — вскоре после нашего приезда в Нью-Йорк. Мы впервые видели такую крупную купюру и не поверили, что настоящая. Тогда мы как раз сидели на мели, денег не было совсем. Отправились в супермаркет проверить и, если настоящая, отоварить бумаженцию. Но это совсем другая история.

Касаемо истории с изданием моей книги — что ни говори, это событие в моей бессобытийной жизни. Если не считать событием мою борьбу с двойным временем, которую я затеял в мемуарном романе «Записки скорпиона» и из которой не знаю, как теперь выбраться. Можно и так сказать: несостоявшийся, но все еще тлеющий литскандал вклинился в мое мемуарно-романное писательство и оторвал от моей, на измор, борьбы с хроносом и от куда более болезненных эпизодов моей жизни, которые тем более болезненны, что не знаешь, были или нет, а мне ну никак не примириться с невнятицей прошлого. То есть увел от бездны. Той самой, которая бездну же призывает голосом водопадов своих: abyssus abyssum invocat... (дальше не помню). Тысячу раз прав Парменид: акт и объект исследования совпадают. Мучительно вспоминаю канувшую незнамо куда жизнь, а она бурно продолжается в мое отсутствие, но с моим непосредственным участием в главной роли, как у честертонова убийцы.

Ну как тут не поблагодарить питерцев за отвлек!

СОДЕРЖАНИЕ

КНИГИ ВЛАДИМИРА СОЛОВЬЕВА:

Роман с эпиграфами

Три еврея

Не плачь обо мне...

Операция «Мавзолей»

Призрак, кусающий себе локти

Варианты любви

Похищение Данаи

Матрешка

Семейные тайны

Post mortem

Как я умер

Записки скорпиона

В СОАВТОРСТВЕ С ЕЛЕНОЙ КЛЕПИКОВОЙ:

Юрий Андропов: Тайный ход в Кремль

В Кремле: от Андропова до Горбачева

М. С. Горбачев: путь на верх

Борис Ельцин: политические метаморфозы

Парадоксы русского фашизма

Довлатов вверх ногами

ТЕЛЕФИЛЬМЫ ВЛАДИМИРА СОЛОВЬЕВА:

Мой сосед Сережа Довлатов

Семейная хроника отца и сына Тарковских

Парадоксы Владимира Соловьева

ИЗДАТЕЛЬСТВУ «НАТАЛИС» — 10 ЛЕТ!

СПИСОК ЛУЧШИХ КНИГ,
ВЫПУЩЕННЫХ ИЗДАТЕЛЬСТВОМ:

Серия «Восточные арабески». Здесь публикуются классические трактаты и эссе, записки путешественников о жизни народов Востока. Многие из этих произведений впервые напечатаны на русском языке.

Книга Прозрений
Сост. В. В. Малявин

Книга Мудрых Радостей
Сост. В. В. Малявин

Книга Путешествий
Сост. В. В. Малявин

Книга японских обыкновений
Сост. А. Н. Мещеряков

Книга о Великой Белизне.
Ли Бо: поэзия и жизнь
Сост. С. А. Торопцев

Серия «Memoria». Здесь собраны воспоминания современников о своих гениальных соотечественниках.

Анна Ахматова в записках Дувакина
Сост. О. Ю. Фигурнова

Осип и Надежда Мандельштамы
Сост. О. Ю. Фигурнова

Федор Шаляпин. Воспоминания. Статьи
Сост. Н. Н. Соколов

Иван Козловский. Воспоминания. Статьи. 2 т.
Сост. Т. Д. Малахова

Клавдия Шульженко. Петь — значит жить
Сост. А. Л. Вартанян

НАТАЛИС

Серия «Восточная коллекция» вместила в себя все лучшее из литературного и философского наследия великих цивилизаций Востока. Задача серии не только расширить наши знания о восточных культурах, но и дать читателям вдохнуть изысканный аромат мудрости Востока.

ал-Масуди
Золотые копи и россыпи самоцветов
Пер. с арабского Д. В. Микульского

Аокумо. Голубой паук
Пер. с японского Е. А. Рябовой

А. Н. Мещеряков
Книга японских символов

Поэзия Золотой орды
Пер. Р. Р. Бухараева

Кабир
Золотые строфы
Пер. с авадхи и браджа Н. Б. Гафуровой

А. Ю. Милитарёв
Воплощенный миф.
«Еврейская идея» в цивилизации

Хакани
Дворцы Мадаина
Пер. с фарси М. И. Синельникова

Каталог гор и морей. Шань хай цзин
Пер. с китайского Э. М. Яшиной

Диалоги японских поэтов
Пер. А. Н. Мещерякова

Е. Штейнер
Без Фудзиямы

Эти книги можно приобрести в магазине «Восточная коллекция» по адресу:

г. Москва, Большой Левшинский пер., д. 8/1, строение 2
ст. м. «Смоленская», «Кропоткинская», «Парк культуры»
Ждем Вас ежедневно, кроме воскресенья с 11 до 19 часов

Тел. (495) 201-34-38
Сайт в Интернете: www.natalis.ru; e-mail: natalis_press@mail/ru

НАТАЛИС

Владимир Соловьев

POST MORTEM.
Запретная книга о Бродском.
Фрагменты великой судьбы:
роман с автокомментарием

Издатель *И. А. Мадий*

Главный редактор *А. Р. Вяткин*
Исполнительный директор *В. А. Мадий*

Редактор *Т. К. Варламова*
Художник *Г. С. Джаладян*
Корректор *Т. Г. Шаманова*

Подписано в печать 2.04.2006 г. Формат 60x84 1/16.
Бумага офсетная. Печать офсетная.
Гарнитура «Журнальная новая». Усл.-печ. л. 31,73.
Тираж 5000 экз. Заказ № 2000.

Издательство «Наталис»
119035, Москва, Б. Левшинский пер., д. 8/1, стр. 2.
Телефон: (095) 201-34-38, e-mail: natalis_press@mail.ru.
Сайт в Интернете: www.natalis.ru

ИД «Рипол Классик»
107140, Москва, Краснопрудная ул., д. 22а, стр. 1
Телефон (095) 513-57-77, e-mail: info@ripol.ru.
Сайт в Интернете: www.ripol.ru

По вопросам оптовой закупки книги
обращаться в издательство «Рипол Классик»
по телефону (095) 513-57-77
и в магазин «Восточная коллекция»
при издательстве «Наталис» по адресу:
19035, Москва, Б. Левшинский пер., д. 8/1, стр. 2.
Телефон: (095) 201-34-38, e-mail: east_coll@hotbox.ru.

Отпечатано в полном соответствии с качеством
предоставленных диапозитивов в ОАО «Дом печати — ВЯТКА»
610033, г. Киров, ул. Московская, 122

ISBN 5-8062-0218-6

9 785806 202186